John Wimber
HEILUNG IN DER KRAFT DES GEISTES

John Wimber

Heilung in der Kraft des Geistes

Projektion J Verlag GmbH · Wiesbaden

3. Auflage 1992

Titel der Originalausgabe: Power Healing

© 1986 by John Wimber and Kevin Springer
Published by Hodder and Stoughton, 47 Bedford Square, London WC1 B3 DP, England

© der deutschen Ausgabe 1987 by Projektion J Verlag GmbH, Niederwaldstraße 14, D-6200 Wiesbaden
ISBN 3-925352-06-6

Übersetzung: Andrea Gleiß
Umschlaggestaltung: Wepler & Burfeind, Hamburg
Druck: Schönbach-Druck GmbH, Erzhausen

INHALT

TEIL I: WARUM HEILT JESUS?

TEIL II: WAS HEILT JESUS?

TEIL III: WIE HEILT JESUS DURCH UNS?

DANK

Unsere Frauen haben bei der Entstehung dieses Buches große Opfer gebracht. Carol Wimber hat es gelesen und zu jedem Abschnitt wertvolle Kommentare geliefert. Auch hat sie uns erlaubt, viele Geschichten aus ihrem eigenen Leben zu veröffentlichen. Suzanne Springer verbrachte viele Abendstunden damit, die verschiedenen Entwürfe Korrektur zu lesen. Sie beklagte sich nie über die vielen Änderungen, die das Schreiben eines Buches nun einmal mit sich bringt.

Kevin Perrotta, Chefredakteur der Zeitschrift *Pastoral Renewal* in Ann Arbor, Michigan, las die ersten Entwürfe und machte Vorschläge, die das Buch wesentlich verbessert haben. Dr. Peter Davids, Gastprofessor für Neues Testament am Regent College in Vancouver, British Columbia, half uns besonders dabei, diejenigen Abschnitte zu redigieren und zu verbessern, die neutestamentliche Kommentare enthalten.

Etliche andere halfen uns dadurch, daß sie die Abschnitte des Manuskripts lasen, die ihren Erfahrungs- und Ausbildungsbereich betreffen. Ihre Kommentare waren sehr hilfreich. Zu ihnen gehören Dr. John White, Autor und Arzt, Thousand Oaks, Kalifornien; Dr. John Carter, Professor der Psychologie an der Rosemeade School of Psychology, La Habra, Kalifornien; Dr. Russell P. Spittler, Professor für Neues Testament am Fuller Seminary in Pasadena, Kalifornien; Dr. Alan Cole, Church Missionary Society of Australia, Sydney; und Dr. C. Peter Wagner, Dekan der School of World Mission, Fuller Seminary, Pasadena, Kalifornien.

Viele andere ermutigten uns und machten eine Fülle hilfreicher Vorschläge. Von vielen erhielten wir die Erlaubnis, Geschichten aus ihrem eigenen Leben als Illustration zu verwenden. Zu ihnen gehören: Sam Thompson, Hauptpastor der Vineyard Christian Fellowship in Anaheim; Dave Nodar, Leiter von The Lamb of God, Baltimore, Maryland; Fr. John Bertolucci, St. Francis Association for Catholic Evangelism in Steubenville, Ohio; und Anne Watson, York, England.

August 1986   John Wimber
Yorba Linda, Kalifornien   Kevin Springer

VORWORT ZUR DEUTSCHEN AUSGABE

Das vorliegende Buch vermittelt wichtige Grundlagen des Dienstes von John Wimber, von dem ich entscheidende Impulse für die kirchliche Entwicklung in Deutschland und Europa erwarte. Die Zielorientierung seines Dienstes ist klar: Christen sollen für ein missionarisches Engagement ausgerüstet werden, für eine evangelistische Arbeit in ihrem persönlichen und gesellschaftlichen Umfeld. Die Dringlichkeit dieses Anliegens wird in kirchlichen Kreisen zunehmend wahrgenommen; über neue Wege der Evangelisation wird nachgedacht.

Vor allem zwei Merkmale kennzeichnen den Dienst von John Wimber und die notwendigen Ansätze, die wir in Europa brauchen: Erstens: John Wimber arbeitet im Team. Er vermeidet jede Fixierung auf seine Person. Der Gebetsdienst wird fast ausschließlich von den Mitarbeitern der Teams getragen. Damit nimmt er sich selbst zurück und schließt aus, daß sich Erwartungen an seine Person richten. Zweitens: John Wimber's Dienst ist nicht auf punktuelle Erfolge ausgerichtet. Die Konferenzen in den einzelnen Ländern sind eingebettet in eine mehrjährige Strategie. Darüber hinaus ermöglichen die Nachfolgekonferenzen an der kirchlichen Basis eine umfassende Nacharbeit. Hier können erlernte Prinzipien vertieft und in überschaubarem Rahmen eingeübt werden.

In dem Buch »Heilung in der Kraft des Geistes« wird kein neues Thema behandelt. John Wimber hat den Heilungsdienst — das Gebet für Kranke — wirklich nicht erfunden oder neu entdeckt. Die Frage, wie Gott heilt und wie wir selbst in der rechten Weise für kranke und notleidende Menschen beten können, beschäftigt die Christenheit seit ihren Anfängen.

Es ist eine Frage, die zweifellos im Zentrum des Glaubens steht. Auch und gerade im Hinblick darauf, daß wir nach Antwort suchen, wie sich das Evangelium ausbreiten soll, wie gottferne Menschen heute zum lebendigen Glauben an Jesus Christus kommen. Immer wieder gab es Christen, die damit rechneten, daß Gott sein Heil für uns Menschen sichtbar macht, daß er uns an Geist, Seele und Leib anrührt. Insofern sind der Inhalt des Buches und der Dienst von John Wimber keine Neuentdeckung. Wimber steht in einer fast zweitausendjährigen Tradition der christlichen Kirchen. Auffallend ist, welche Bedeutung John Wimber dem Thema Heilung einräumt. Das wird erst dann verständlich, wenn wir ein umfassendes Verständnis von Heilung haben, wie Wimber es darlegt: Gott will uns Menschen vergeben und reinigen. Er will uns ganz — Geist, Seele und Leib — anrühren und heil machen. Es ist sein Wunsch, uns von seelischen Nöten und dämonischen Bindungen zu befreien. Das ist eine umfassende Vorstellung von Heilung, die weit über die rein physische Genesung hinausgeht.

Mit seinem Buch berührt Wimber einen entscheidenden Nerv unserer kirchlichen Situation. Es geht um eine entscheidende Frage, nämlich: Ist Gott heute erfahrbar? Wendet er sich uns Menschen heute noch zu und verändert er uns? Die heutige Theologie beantwortet diese Fragen eher verneinend. Sie findet eine Reihe von Erklärungsmodellen, warum wir vieles heute nicht mehr so nehmen können, wie es in der Bibel steht. Darüber hinaus reduziert sie Gotteserfahrung auf die Erfahrung von Gemeinschaft, einem positiven menschlichen Miteinander. Wimbers Buch weist in eine völlig andere Richtung. Es verkündet den erfahrbaren und gnädigen Gott, der uns Menschen sucht und unseren Nöten begegnen will. Daß wir in der westlichen Welt dieses heilende Wirken Gottes zu wenig erleben, liegt daran, daß unser modernes Denken sich dagegen sperrt. Obwohl doch die Grundlagen unseres Glaubens darauf beruhen: Auferstehung, Jungfrauengeburt, Jesu Wunder, Himmelfahrt und Pfingsten.

Verblüffend ist die Offenheit, mit der John Wimber das Thema Heilung behandelt. Nur wenige haben wie er den Mut, so offen und ehrlich auch von ihren »demütigenden Erfahrungen« und Mißerfolgen zu reden. Beim Lesen des Buches stellt sich nicht das Gefühl ein, es mit einem besonders komplizierten und sensiblen Thema zu tun zu haben. Daß John Wimber über eigene — auch negative — Erfahrungen spricht, er andere zu Wort kommen läßt und seine Sicht niemals verabsolutiert, kann der Sache nur dienen und die Frage des Gebetes um Heilung besser verstehen helfen.

Unbequem ist das Buch, weil es den Heilungsdienst nicht auf eine exklusive Stufe hebt, die für den »normalen Christen« zu weit weg oder erst nach Jahren der Erfahrung und Bewährung erreichbar scheint. Damit gilt die Herausforderung, für alle Nöte unserer Mitmenschen uneingeschränkt zu beten. Wimber macht selbst deutlich, warum er zu beten begann: »Gehorsam gegenüber Gottes Wort ist für mich der Hauptgrund, warum ich für Kranke bete, selbst wenn als Antwort auf meine Gebete keine Heilung geschieht. Vor langer Zeit habe ich gesehen, daß es besser ist, wenn ich für einhundert Menschen bete und nur einer davon geheilt wird, als daß ich überhaupt nicht um Heilung bete und daher auch kein Mensch geheilt wird.« Wir brauchen die offensive Unbefangenheit, wie sie John Wimber praktiziert. Keiner hat etwas davon, wenn wir das Gebet um Heilung mit einer falschen Aura der Heiligkeit umgeben oder es zu einem Tabu machen. Das Gebet um Heilung ist keine Sonderaufgabe für besonders geistliche und glaubensstarke Menschen. Es ist vielmehr ein Teil des missionarischen Auftrages, der für alle gilt, die Jesus nachfolgen wollen (Markus 16,15-18).

Unbequem ist das Buch aber auch deshalb, weil deutlich wird, daß das Gebet für Kranke immer mit einem Risiko verbunden ist. Diese Unsicherheit und Unverfügbarkeit läßt sich in allen Zeilen des Buches herauslesen. Es ist Gottes Wille, daß wir ihn um sein Erbarmen und um seine Hilfe bitten. Unser Auftrag besteht darin, sein Heil auf unsere Mitmenschen herabzurufen. Doch dieser Gebetsdienst ist niemals verfügbar. Es gibt nicht *den* Weg zur Heilung oder *die* Methode. Der Verfasser weiß ein Lied davon zu singen: Er selbst predigte monatelang über Heilung und betete »erfolglos« für Kranke.

Wimber vertritt kein Erfolgskonzept, das Heilung garantiert. Er selbst erlebte den Durchbruch zum Heilungsdienst als persönliche Not, Grenzerfahrung und inneren Zerbruch. Negative Erfahrung, Zweifel, Ängste, Menschenfurcht und Unsicherheit verschweigt er nicht. Damit macht er uns allen Mut.

Günter Oppermann

Projektion J Missionswerk e.V.
Hochheim

10

EINLEITUNG

Im Januar 1983 reiste ich mit zwei Freunden nach England, um für einen meiner guten Freunde zu beten: David Watson. Seine Ärzte hatten ihm gerade erst Leberkrebs diagnostiziert. Sie schätzten seine weitere Lebensdauer auf etwa ein Jahr. Am Telefon hatte ich ihn schon wissen lassen, daß ich für seine Heilung betete. Ja, meine ganze Gemeinde, die Vineyard Christian Fellowship von Anaheim in Kalifornien, betete für ihn. Mein Gebet für seine Heilung war von einer Mischung aus Verzweiflung (denn David war mein guter Freund) und Zuversicht (weil ich in der Vergangenheit erlebt hatte, daß einige Menschen von derselben Krankheit geheilt worden waren) geprägt.

Als meine Begleiter und ich in London eintrafen, war es unser Hauptanliegen, David erst einmal unsere Liebe und Anteilnahme auszudrücken. Da wir die ganze Nacht geflogen waren, beschlossen wir, direkt ins Krankenhaus zu gehen, um David zu begrüßen und ihm zu sagen, daß wir am nächsten Tag, wenn wir besser ausgeruht wären, für seine Heilung beten würden. Dieser Morgen jedoch, es war ein Mittwoch, verlief anders als geplant.

Bei David angekommen, unterhielten wir uns mit ihm zunächst über die Ereignisse, die zu seiner Einweisung ins Krankenhaus geführt hatten. Dann begann ich, unseren Plan zu erklären, daß wir am folgenden Tag wiederkommen wollten. Ich bemerkte, daß David sehr besorgt um seinen Zustand war, darum bat ich Gott in meinem Herzen, uns zu Werkzeugen seiner Liebe und seines Friedens zu machen. Während wir sprachen, spürten wir die Gegenwart Gottes im Raum; ich hatte das Gefühl, von dem ich im Laufe der vergangenen Jahre gelernt hatte, es mit der Gegenwart des Heiligen Geistes in Verbindung zu bringen. Es war eine wunderbare Ruhe, die Angst und Unglauben vertreibt. So schlug ich vor, daß wir doch jetzt schon beten sollten. Wir taten es also und dankten Gott zunächst für sein Erbarmen und seine Gnade.

Durch Gebet und Anbetung änderte sich unsere Haltung; aus Angst und Sorge wurden Vertrauen und Frieden. Dann beteten wir für Davids Heilung; wir alle empfingen Einsicht in Davids geistlichen Zustand, von dem wir vorher nichts gewußt hatten; die Bibel nennt solche Einsicht »Worte der Erkenntnis«. Der Heilige Geist offenbarte uns diese Dinge, und sie halfen uns sehr; wir wußten nun viel besser, wie wir für David beten konnten. Auch nach dieser Gebetszeit, den ganzen Tag über, empfingen wir noch weitere Erkenntnis über seinen Zustand; dies zeigte uns, daß Gott uns wirklich zu David geführt hatte, um für ihn zu beten. An jenem Morgen beteten wir über eine halbe Stunde, wobei uns die ganze Zeit Gottes Gegenwart und sein Friede bewußt waren. Als wir aufhörten, sagte ich: »Ich spüre, daß das Werk, wozu wir gekommen sind, getan ist.« Obwohl ich sagte, daß wir noch einmal zum Beten wiederkommen würden, war dies meiner Meinung nach die entscheidende Gebetszeit gewesen.

Bei ähnlichen Anlässen hatte ich früher beobachtet, daß Menschen, die schließlich von Krebs geheilt wurden, dieselben Empfindungen und das gleiche Bewußtsein der Gegenwart des Heiligen Geistes erlebt hatten wie auch David jetzt. Er spürte Hitze und ein Prickeln in seinem Körper, was er als »Energie« beschrieb. (Viele Menschen gebrauchen Begriffe wie »Energie« oder »Elektrizität«, um Empfindungen zu benennen, die sie bei dem Gebet um Heilung verspüren. Gottes heilende Macht ist nicht im wörtlichen Sinne Energie oder Elektrizität. Wenn ich für Kranke bete, ist es mir nicht wichtig, ob ich einen Energiestrom verspüre oder nicht, ich sehe allein auf Gott.) Wir hatten alle Frieden bei dem, was geschehen war. Ich sagte David, daß diese Empfindungen Zeichen der Heilung sein könnten, die vielleicht bedeuten, daß der Krebs verschwinden würde. Das, wozu wir gekommen waren — nämlich um zu beten —, hatten wir getan; alles weitere lag in Gottes Hand. Ich sagte weder, daß ich glaubte, David sei geheilt, noch, daß seine zukünftige Heilung sicher geschehen würde.

Mein Dienst für David an jenem Tag ist von vielen kritisiert worden, denn David wurde nicht geheilt. Er starb im Februar 1984. Viele nahmen fälschlicherweise an, als ich sagte: »Das Werk, wozu wir gekommen sind, ist getan«, hätte ich gemeint, David sei geheilt. Wenn ich noch einmal für David beten müßte, würde ich wieder genauso vorgehen. Ich spürte, daß es Gottes Wille war, für Davids Heilung zu beten. Diese Führung steht auch in Einklang mit Gottes Wesen. Vielleicht ist außer Davids Frau und seinen Kindern keiner mehr enttäuscht darüber als ich, daß David nicht geheilt wurde. Ich weiß nicht, warum er nicht geheilt wurde — ich verlor meinen besten Freund —, aber ich habe nicht aufgehört, für Kranke zu beten, und ich werde es auch in Zukunft tun.[1]

David Watson berichtete über das, was an jenem Tag geschah, als wir für seine Heilung beteten. Ich las diesen Bericht erst, als er in seinem Buch *Fear No Evil* veröffentlicht wurde. Wer diesen Bericht liest, mag daraus schließen, ich hätte behauptet, David sei geheilt; ich verstehe seinen Bericht auch so. Als David *Fear No Evil* schrieb, war er sehr krank und klammerte sich noch immer an die Hoffnung, daß Gott ihn um all der anderen Menschen willen heilen würde — um seiner Frau und Kin-

der, um seiner Freunde und Kollegen willen. Seine Beweggründe waren
selbstlos, er hoffte es aus Liebe zu seiner Familie und seinem Land und
weil er sich seiner Aufgaben bewußt war.

In einem Brief vom 15. März 1986 an C. Peter Wagner äußert sich
Anne Watson über die Art und Weise, wie ich für David um Heilung
gebetet habe. Freundlicherweise hat sie mir erlaubt, einen Teil dieses
Briefes hier wiederzugeben:

»John Wimber hat David nie Heilung versprochen oder ihn je in meiner Anwesenheit für geheilt erklärt. Das Gegenteil trifft zu. Mehr als
einmal hat er uns die Tatsache vor Augen gehalten, daß er weder behaupten noch versprechen könne, daß David geheilt werde. Und bevor er ein-
willigte zu beten, fragte er uns, ob wir dies genauso sähen wie er. Ich war
nicht im Krankenhaus, als John und die anderen Pastoren zum ersten Mal
für David beteten, aber David hat mir selbst erzählt, was er erlebt hat.
Ich fragte ihn, wie es um seine Heilung stände, und er erzählte mir, was
ich oben beschrieben habe.«

Obwohl ich nicht einfach Heilung versprechen konnte, zögerte ich
nicht, immer wieder für Davids Heilung zu beten. Im Dezember 1983
brachten Teddy und Margaret Saunders David Watson für einen achttägi-
gen Aufenthalt in mein Haus nach Yorba Linda. Während dieser Zeit beteten Heilungsteams der Vineyard Christian Fellowship von Anaheim fast
rund um die Uhr für David. Wir beteten stundenlang, ohne Unterbrechung, mit ihm. Trotzdem sammelte sich immer mehr Flüssigkeit in
seinem Körper an; ich wußte, daß er im Sterben lag. Ich konnte seinen
Anblick kaum noch ertragen, denn ich liebte ihn so sehr.

Eines Tages, gegen Ende seines Aufenthaltes bei uns, hatte ich ein
langes, offenes Gespräch mit ihm. Bis dahin hatte er immer noch Pläne
für das kommende Jahr gemacht, so, als wäre er nicht krank. »David«,
sagte ich, »du liegst im Sterben und tust so, als würdest du gesund
werden.«

»Ich weiß«, sagte er.

»Wenn Gott in seiner Allmacht nicht eingreift, wirst du sterben«, sagte ich. »Geh nach Hause und bring alles in Ordnung. Dein Glaube an
Christus ist mir eine ständige Quelle der Ermutigung gewesen. Aber du
mußt erkennen, daß du bald sterben wirst.«

David sagte, daß sein Vertrauen auf Gott nicht erschüttert werde, ganz
gleich, ob sich sein Zustand bessere oder nicht. Ich stand auf und um-
armte ihn. Da weinte David zum erstenmal, seit er von seiner Krankheit
wußte. »John«, sagte er, »versprich mir, daß du, wenn ich sterbe, nicht
aufhören wirst, das Evangelium vom Reich Gottes zu predigen und für
die Kranken zu beten.« Ich versicherte ihm, daß ich damit fortfahren
würde.

David Watsons Geschichte ist ein Beispiel für das Prinzip, das mich
leitet, wenn ich um Heilung bete: Gehorsam gegenüber Gottes Wort ist

für mich der Hauptgrund, für Kranke zu beten, selbst wenn als Antwort auf meine Gebete keine Heilung geschieht. Vor langer Zeit habe ich beschlossen, daß es besser ist, wenn ich für hundert Menschen bete und nur einer davon geheilt wird, als wenn ich überhaupt nicht um Heilung bete und daher auch kein Mensch geheilt wird.

Woher weiß ich, daß es der Wille Jesu ist, wenn ich für die Kranken bete? Die Bibel lehrt uns, daß wir den Auftrag haben, Gottes Willen auf der Erde zu tun. Dieser Wille wird in Jesu Leben und Verkündigung sichtbar. Was den Heilungsdienst betrifft, so heißt es, Jesus »heilte viele, die an mancherlei Krankheiten litten« (Mk. 1,34 — Zürcher); er gab den Zwölfen »Gewalt und Macht . . ., daß sie Krankheiten heilen konnten« (Lk. 9,1); er gebot den Zweiundsiebzig: »Heilt die Kranken . . . und sagt den Leuten: Das Reich Gottes ist nahe zu euch gekommen« (Mk. 16,18).[2] Darum bete ich im Gehorsam gegenüber Jesu Leben und Verkündigung für die Heilung von Menschen.

Johannes sagt mehrfach, daß Jesus kam, um den Willen seines Vaters zu tun (Joh. 4,34; 5,50; 6,38; 8,26; 9,4 10,37; 12,49-50; 14,31; 15,10; 17,4). Außerdem war alles, was Jesus tat, gut: »Sie erstaunten im höchsten Maß (daß er den Taubstummen heilte) und sprachen: Er hat alles wohl gemacht« (Mk. 7,37). Jesus lehrte seine Jünger zu beten: »Unser Vater im Himmel! Dein Name werde geheiligt. Dein Reich komme. Dein Wille geschehe wie im Himmel so auf Erden« (Mt. 6,9-10); Jesus wollte, daß seine Jünger so lebten wie er. Als Jesus am Kreuz seinen Geist aufgab, rief er laut: »Es ist vollbracht!« Damit wollte er sagen, daß er das erfüllt hatte, wozu er vom Vater gesandt war (Joh. 19,30). In Matthäus 28,18-20, dem Missionsbefehl, sagte Jesus zu seinen Jüngern: »Geht hin und macht alle Völker zu Jüngern . . . *Lehrt sie, alles zu halten, was ich euch befohlen habe.*« Sie sollten sein Werk ausführen, was das Gebet für Kranke mit einschloß.

Unser Ziel, wenn wir für Kranke beten, ist, daß diese geheilt werden und daß sich als Folge davon das Reich Gottes ausbreitet. Das Leben von Doug Coomb ist ein gutes Beispiel für eine solche Heilung. Am 10. Februar 1985 reichte Doug bei der Gemeinde in Toronto, Ontario, in der er mehr als vierzehn Jahre als Pastor gedient hatte, sein Rücktrittsgesuch ein. Am selben Tag noch bestiegen er und seine Frau Mary ein Flugzeug, um nach Kalifornien zu fliegen. Sie wollten dort Urlaub machen und wieder Sinn in ihr zerrüttetes Leben bringen. »Ich war geistlich und körperlich ausgebrannt«, erzählte mir Doug später. »Ich spürte, daß ich jahrelang meinen Dienst aus eigener Kraft getan hatte — ich war erst vierundfünfzig Jahre, fühlte mich jedoch wie ein alter Mann. Ich war voller Zorn und Bitterkeit gegenüber Gott und einigen Menschen, die mich enttäuscht hatten. Als ich in Los Angeles ankam, empfing mich mein Bruder Wayne mit den Worten: ›Du siehst ja aus, als ständest du kurz vor dem Sterben.‹«

Wayne teilte Doug und Mary mit, daß er sie für eine Konferenz über »Zeichen und Wunder und Gemeindewachstum« angemeldet hätte. Ich sollte der Hauptsprecher sein. Doug und Mary waren nicht begeistert, aber da sie Waynes Gäste waren, fühlten sie sich verpflichtet, an der Konferenz teilzunehmen.»Ich wußte nicht einmal, was die Veranstalter der Konferenz mit ›Zeichen und Wundern‹ meinten, aber ich war *überzeugt* davon, daß es mir nicht gefallen würde«, sagte Doug.»Ich hatte gelernt, allen übernatürlichen Erscheinungen gegenüber wachsam zu sein, besonders gegenüber den geistlichen Gaben.

So begann also die Konferenz. Die Anbetungsmusik gefiel mir nicht, und ich ärgerte mich über die Menschen, die mit erhobenen Händen sangen. Die ersten beiden Tage fühlten Mary und ich uns sehr unwohl. Wir waren Beobachter, nicht Teilnehmer. Und doch brauchten wir dringend Hilfe; wir waren tief verletzt; wir brauchten eine geistliche und körperliche Erneuerung.

Am Donnerstagabend geschah etwas Merkwürdiges. Ich verstehe es nach wie vor nicht. Während der Anbetungszeit empfand ich die Musik plötzlich als Segen. Ich fühlte einen Frieden, auch wenn ich meine Hände noch immer zusammenballte, entschlossen, nicht die Beherrschung zu verlieren. Nachdem John Wimber gesprochen hatte, bat er alle Pastoren, zum Gebet nach vorne zu kommen. (Von den 3100 Konferenzteilnehmern waren etwa 1000 Pastoren aus vielen verschiedenen Konfessionen.) Zu meiner großen Überraschung ging ich mit nach vorne. Ich weiß nicht, warum; etwas zog mich. Dann hörte ich, wie John ganz ruhig ein einfaches Gebet sprach: ›Komm, Heiliger Geist, diene deinen Knechten.‹

Ich fiel hinüber in die Arme eines mächtigen Mannes, der, wie ich später erfuhr, ein professioneller Fußballspieler war und zu den New York Giants gehörte. Wir waren uns noch nie begegnet. Er sagte: ›Sie sind ein Pastor aus Kanada, der gerade seine Gemeinde verlassen hat. Der Herr beruft Sie in eine neue Gemeinde, und er wird noch viele Jahre zu Ihrem Leben hinzufügen. Er wird Ihnen die Gabe der Evangelisation geben.‹ Es war völlig unmöglich, daß er gewußt haben konnte, daß ich Kanadier war oder daß ich gerade meine Gemeinde verlassen hatte. Während er diese Dinge aussprach, fühlte ich durch meinen ganzen Körper einen Strom von Wärme fließen, und zum erstenmal seit vielen Jahren spürte ich Gottes Freude und seinen Frieden. An jenem Abend wurde ich befreit von Zorn, Zynismus und Bitterkeit. Tief in meinem Herzen hatten diese Dinge Wurzeln schlagen dürfen, und das hatte mich daran gehindert, in meinem Leben mit Gott voranzukommen. Körperlich fühlte ich mich wie neu geboren, als ob mehrere Jahre zu meinem Leben hinzugefügt worden seien. Ich konnte mich nur freuen und Gott danken. In jener Nacht konnte ich kaum schlafen, Gottes Freude und seine heilende Kraft waren mir zur spürbaren Wirklichkeit geworden.

Jetzt fehlte nur noch eines: auch meine Frau Mary brauchte Heilung und Erneuerung. Am nächsten Morgen, als wir auf dem Weg zur Kirche waren, erzählte sie mir von ihrem Wunsch, dieselbe Erfahrung zu machen, die Gott mir am Abend zuvor geschenkt hatte. Kaum hatte sie dies gesagt, da kam zu meiner großen Überraschung der Fußballspieler der New York Giants auf uns zu. Er betete für meine Frau, und auch sie wurde geheilt.

Im Juni wurde ich Pastor der Mississauga City Baptist Church, einer Gemeinde am Rande von Toronto, die aus ungefähr 120 Familien bestand. Ich war gerade erst zwei Tage im Dienst, da bekam ich einen Anruf von einem Mann, der mich in gebrochenem Englisch fragte, ob ich zu ihm kommen und ihm erklären könne, wie man Christ wird. Während all der Jahre meines Dienstes hatte ich nie eine solche Anfrage erhalten. Als ich dort eintraf — der Mann wohnte in einem großen Gebäudekomplex mit vielen Wohnungen — , waren noch fünf weitere Besucher zugegen, fast alles Kolumbianer. Ich erklärte ihnen in einfachen Worten das Evangelium, und der Mann, der mich eingeladen hatte, gab sein Leben, zusammen mit seiner Frau, in Christi Hände. In der nächsten Woche lud er mich erneut ein, nur trafen wir uns diesmal in dem Gemeinschaftsraum des Wohngebäudes. Alle Plätze waren besetzt. Seitdem vergeht kaum ein Tag, an dem ich nicht das Evangelium predige oder für Kranke bete.

Innerhalb eines Jahres hat sich die Mississauga City Baptist Church mehr als verdoppelt, ich bin jetzt für mehr als 600 Menschen zuständig. Das ist um so bemerkenswerter, als in dieser Gegend Menschen aus sehr viel verschiedenen Bevölkerungsgruppen wohnen. Normalerweise wirkt sich dies eher negativ auf Gemeindewachstum aus. Unsere Gemeinde besteht zu fünfzig Prozent aus Weißen, zu dreißig Prozent aus Schwarzen und zu zwanzig Prozent aus Asiaten. Zur Zeit leiten wir viele dazu an, für die Kranken zu beten.«

In diesem Buch geht es um göttliche Heilung; die Geschichten von David Watson und Doug Coomb stellen eine gute Zusammenfassung des Themas dar. Beide erlebten, daß Gott Heilung schenkt, sie empfingen seine Liebe und sein Erbarmen. Für den einen von ihnen bedeutete dies Leben und einen sich ausweitenden Dienst. Für den anderen bedeutete es, zum himmlischen Vater nach Hause zu gehen. In beiden Fällen war es meine Aufgabe, zu gehorchen, um Heilung zu beten und Gott zu vertrauen, daß er die Gebete erhört.

Wenn Sie nun dieses Buch lesen, so bitte ich Sie sehr darum, nicht nach Formeln und Methoden Ausschau zu halten, mit Hilfe derer Sie den Tod vorübergehend aufhalten können; suchen Sie vielmehr den Herrn selber, ihn, der das Leben gibt, Jesus Christus. Auf diese Weise werden Ihre Gebete immer Heilungskraft haben, unabhängig von sichtbaren Ergebnissen.

16

Teil I

Warum heilt Jesus?

Kapitel 1

Ein langer Weg

Es war ein sonniger Nachmittag im Juni 1964, an dem Sean, mein dreijähriger Sohn, von zu Hause weggelaufen war. (Wir wohnten in Yorba Linda in Kalifornien.) Meine Frau Carol war nicht sehr beunruhigt, als sie merkte, daß Sean nicht da war, denn wir wohnten sehr still und geschützt. Unsere Wohngegend war umgeben von Eukalyptusbäumen und Orangenhainen, von denen es bei uns viele gab. Daher auch der Name unserer Gegend — Orange County. Die Orangenhaine waren ideale Plätze für Bienen. In den meisten Gärten hinter den Häusern standen viele weiße Bienenhäuser, deren Waben reichen Ertrag brachten.

Als Carol in den Vorgarten ging, um Sean zu suchen, hörte sie Schreie aus einem anderen Garten weiter unten an der Straße. Auch wenn dies nur ein dürftiger Hinweis war, wußte Carol doch sofort — so, wie nur eine Mutter es wissen kann — , daß Sean in Gefahr war. Sie rief mich zu Hilfe, und wir rannten die Straße hinunter.

Wir fanden den kleinen Sean. Er lief gerade völlig ziellos den Hügel in einem benachbarten Garten hinunter, war ganz verschreckt und versuchte, die Bienen abzuwehren, die ihn stachen. Er war zwischen die Bienenkörbe eines Nachbarn geraten und hatte dadurch einen Bienenschwarm gereizt.

Wir nahmen Sean hoch, schlugen die Bienen ab und brachten ihn in aller Eile nach Hause. Bevor wir noch zu Hause ankamen, sah ich, wie sich auf seinem ganzen Körper rote, häßliche Schwellungen bildeten. Mein Herz raste, ich rannte durch die Gärten, dann zu unserer Haustür hinein und ins Schlafzimmer. Dort legte ich Sean auf unser Bett. Er hatte nun endlich aufgehört zu schreien, vielleicht weil Carol und ich ihn hielten, eher jedoch, weil er unter Schockwirkung stand. Als ich ihm sein Hemd auszog, fand ich noch mehr der roten häßlichen Stiche.

Sean in solch einem Zustand vorzufinden, hatte auch mir einen Schock versetzt, doch ich riß mich zusammen und fing an, für seine Heilung zu beten. »Aber wie soll ich beten?« dachte ich. Erst kürzlich hatte mich mein Pastor vor den, wie er es nannte, Gefahren der Geistesgaben wie Heilung und Sprachengebet gewarnt. »Sie bringen Uneinigkeit«, sagte er mir. »Und der Teufel redet uns ein, sie wären von Gott. Am besten, man läßt die Finger davon. Was du brauchst, ist gesunde Lehre, nicht solche Auswüchse wie diese Gaben.« Was sollte ich davon halten? Ich war erst kurze Zeit Christ und wollte keine Fehler machen.

Aber der Zustand meines Sohnes nahm den Argumenten des Pastors ihr Gewicht. Ich fing an, um Heilung für Sean zu beten, doch wußte ich nicht, wie ich das tun sollte. Ich war verzweifelt, mir fehlten die Worte; da kam aus meinem Mund plötzlich eine Sprache hervor, die ich nicht kannte. Mein »Sprachengebet« wurde immer wieder von dem Ausruf unterbrochen: »Heile ihn, Jesus, heile ihn.« Je länger ich betete, desto größer wurde mein Glaube und desto stärker fühlte ich mich. Ich spürte, wie Glaube für Heilung in mir wuchs (ich hätte das damals allerdings nicht benennen können). Während ich betete, sah ich, wie Seans Schwellungen zurückgingen. Nach fünf Minuten schlief er ganz friedlich ein; ich war verwirrt durch all das, was geschehen war. Als Sean ein paar Stunden später erwachte, war an seinem Körper nur noch eine kleine rote Stelle zu finden. Er war geheilt.

Zweifel kommen

Zuerst waren Carol und ich ganz außer uns vor Freude über Seans Heilung. Aber schon bald wurden wir durch andere Einflüsse dazu verleitet, an der göttlichen Heilung zu zweifeln. Anfangs glaubte ich, daß Gott ihn auf übernatürliche Weise geheilt hatte. Aber da ich immer wieder hörte, daß Gott heute nicht mehr auf diese Weise heilt, verlor ich die Zuversicht. Ich nahm eine passive Haltung ein und dachte: »Wie will man das wissen? Vielleicht gibt es Heilung, vielleicht auch nicht. Vielleicht wurde Sean geheilt, aber es ist wahrscheinlicher, daß er einfach auf natürliche Weise wieder gesund geworden ist, vielleicht ist er immun gegen Bienenstiche.« (Dieser Gedanke wurde später widerlegt, als Sean auf eine Biene trat und sein Fuß so sehr anschwoll, daß ihm sein Schuh nicht mehr paßte.)

Zu derselben Zeit etwa wurden Carol und ich zu einem charismatischen Hauskreis eingeladen. Die meisten Leute, die dort hinkamen, gehörten protestantischen Gemeinden an. Im Hauskreis betete jemand in Sprachen und legte das Sprachengebet auch aus (siehe 1.Kor. 14,26-28). Wir wußten nicht, was wir davon halten sollten. Die Auslegung begann mit den Worten: »So spricht der Herr . . .« und war direkt an die Menschen in dem Kreis gerichtet. Carol fühlte sich unwohl dabei. (Ich kann mich nicht mehr an die Einzelheiten der Auslegung erinnern.)

Carol entschloß sich, mehr über die Gabe der Glossolalie und deren Auslegung in Erfahrung zu bringen. Irgend etwas erschien ihr nicht richtig zu sein. Sie schlug alle Bibelverse nach, die von Sprachengebet und Auslegung handeln, und entdeckte, daß man im Sprachengebet immer Gott lobt, entweder direkt oder in der Aussageform. Sie konnte jedoch nirgendwo finden, daß Gott durch die Gabe des Sprachengebet zu uns Menschen spricht und uns Anweisungen gibt.[1] »Das Sprachengebet und die Auslegung können nicht vom Herrn gewesen sein«, dachte Carol. Sie schloß daraus, daß das Ganze ein Schwindel gewesen war. Hinter der charismatischen Bewegung mußte ein mächtiger Dämon stecken, vielleicht der Antichrist selbst. Carol erzählte mir von ihrer Entdeckung, und auch ich kam zu der Überzeugung, daß der Hauskreis, den wir besucht hatten, nicht von Gott gewesen war. Wir nahmen diese eine Erfahrung und beurteilten damit *alle* Geistesgaben, einschließlich der Gabe der Heilung. Wir zogen die Schlußfolgerung, daß wir uns vor den Gaben in acht nehmen sollten. Natürlich waren wir nun den Geistesgaben gegenüber nicht mehr offen.

Wenn ich jetzt auf unser erstes charismatisches Gebetstreffen zurückblicke, erkenne ich, daß wir uns damals schuldig gemacht haben, weil wir vorschnell verallgemeinerten. Wir gingen davon aus, daß dann, wenn innerhalb einer Bewegung eine Lehre oder die Art und Weise, wie etwas getan wird, falsch ist, die ganze Bewegung falsch sein muß. Natürlich kommt es vor, daß durch Irrlehre an einem Punkt, wie z. B. der Auferstehung oder der Jungfrauengeburt, eine ganze Bewegung in Häresie hineingeraten kann. Aber in diesem Fall meinten wir, wenn das Sprachengebet und die Auslegung falsch seien, würde automatisch auch in so wichtigen Glaubensgrundsätzen wie der Lehre von Jesu Sühnetod Irrlehre verbreitet. Außerdem zogen wir die Schlußfolgerung, daß, wenn Sprachengebet und Auslegung nicht von Gott waren, auch alle anderen Geistesgaben nicht von Gott kommen konnten — einschließlich Heilung.

Das, was Carol und ich erlebten, ist beispielhaft für die Erfahrung vieler Christen, wenn es um die Frage der göttlichen Heilung geht. Für dieses tief verwurzelte Widerstreben gibt es viele Gründe, die ich in den folgenden Abschnitten des Kapitels darstellen will.

Begriffsklärung

Viele Christen sind sehr zurückhaltend, wenn es um Heilung geht, weil sie befürchten, daß es sich dabei um einen gefährlichen Irrtum, ja sogar um okkulte Praktiken handeln könnte. Diese Sorge ist durchaus verständlich. New-Age-Bewegungen wie »Psychic Healing« und viele Ansichten der holistischen Medizin haben sich im Westen weit verbreitet. Dadurch gewinnen auch die östlichen Religionen immer mehr an Einfluß, besonders der Pantheismus (der Glaube, daß die ganze Schöpfung Gott ist).[2]

J. Sidlow Baxter führt in seinem Buch *Divine Healing Of The Body* vier Begriffe auf, die normalerweise gebraucht werden, wenn im Zusammenhang des christlichen Glaubens von Heilung die Rede ist: göttliche Heilung, Wunderheilung, Glaubensheilung und übernatürliche Heilung.

»Jeder dieser Begriffe wird von verschiedenen Gruppen mit unterschiedlicher Bedeutung gebraucht«, sagt Baxter,»dadurch entsteht Verwirrung und manchmal auch schmerzliche Enttäuschung.« Wenn ich von Heilung im Zusammenhang des christlichen Glaubens spreche, so verwende ich am liebsten den Begriff»göttliche Heilung«. Was ich mit göttlicher Heilung meine, unterscheidet sich aber deutlich von dem, was Mary Baker Eddy über Heilung lehrt. Die Christliche Wissenschaft lehnt die Vorstellung eines *persönlichen* Gottes ab. Die Christen dagegen lehren, daß Christus Gott ist, die zweite Person der Dreieinigkeit — ganz Gott und ganz Mensch. Jesus ist weder ein unpersönliches»Es«, wie es die östlichen Religionen beschreiben, noch das vage »moralische Prinzip«, von dem viele moderne Theologen sprechen. »Denn in ihm lebt die ganze Fülle der Gottheit leibhaftig«, schreibt Paulus in Kolosser 2,9 (siehe auch Hebr. 1,2-4).»Wenn wir von ›göttlicher Heilung‹ sprechen«, schreibt Baxter,»so meinen wir damit immer Heilung, die durch direktes Eingreifen des einen und einzig wahren Gottes geschieht, durch den lebendigen und *persönlichen* Gott, der sich in der Heiligen Schrift und auf herrliche Weise durch unseren Herrn Jesus Christus offenbart hat.«[3]

Der Begriff»göttliche Heilung«ist aus folgenden Gründen besser als die anderen Begriffe (einschließlich»Psychic Healing«):

∗ *Wunderheilung:* Der Schwachpunkt dieses Begriffes liegt darin, daß auch Satan und die Dämonen Wunder vollbringen (siehe 5. Mose 13,1-3; Apg. 8,9-25; Offb. 13,13; 16,14; 19,20). So können Heilungen durch Wunder zwar göttliche Heilungen sein, aber sie können auch anderen Ursprungs sein.

∗ *Glaubensheilung:* Wer diesen Begriff hört, könnte daraus schließen, der wichtigste Faktor bei einer Heilung sei der persönliche Glaube und nicht Jesus Christus. Obwohl Glaube bei der Heilung wichtig ist, verwende ich lieber den Begriff»göttliche Heilung«, weil dadurch Gottes Handeln betont und in den Mittelpunkt gestellt wird und der Blick nicht so sehr auf den Menschen fällt.

∗ *Übernatürliche Heilung:* Baxter schreibt:»Wenn wir von ›übernatürlicher Heilung‹ sprechen, so meinen wir (ein) wissenschaftlich nicht erklärbares Wunder. Wir denken dabei nicht immer an göttliche Heilung, denn übernatürlich ist nicht gleich göttlich. Satan und seine Engel und Dämonen sind übernatürliche Wesen und können daher übernatürliche Werke vollbringen . . .«[4]

∗ *Psychic Healing:* Hierbei werden okkulte Praktiken angewandt wie z. B. Psychometrie (Diagnose an Hand eines persönlichen Gegenstandes des betreffenden Menschen), Diagnose durch ein Medium oder eine spiritistische Diagnose, die durch Geister gegeben wird, sowie Hellsehen. Diese Praktiken sind in der Bibel strikt verboten (5. Mose 18,9-13).

Linda Coleman schreibt in einem Artikel mit der Überschrift: »Christian Healing: Is It Real?« (»Wie sieht es mit der Echtheit christlicher Heilung aus?«):

»John Stott stellt dar, daß ›jede Heilung göttliche Heilung ist, ob sie nun ohne zusätzliche Hilfe geschieht oder durch die Anwendung medizinischer und psychologischer Behandlung oder durch einen operativen Eingriff‹. Stotts Feststellung hat in ihrem Zusammenhang ihr Recht, aber wir ziehen es vor, den Gebrauch des Begriffes »göttliche Heilung« auf Fälle zu beschränken, in denen Gott direkt eingreift, auf Fälle also, in denen Gott weder durch die natürlichen Heilungskräfte des Körpers noch durch das Können von Ärzten und Krankenschwestern heilt.«[5]

Dem entspricht mein Verständnis von Heilung im Zusammenhang des christlichen Glaubens und besonders mein Verständnis des Begriffes »göttliche Heilung«. Ich schreibe aus einer klaren christlichen Perspektive über Heilung, einer Perspektive, die auf ein reiches Erbe sowohl aus der evangelischen als auch aus der katholischen Tradition zurückgreifen kann.

Viele Gruppen, die von östlichen Religionen geprägt sind — zum Beispiel Transzendentale Meditation oder Eckankar —, berichten, daß bei ihnen regelmäßig Kranke geheilt werden. Christen sollten solche Berichte nicht von vornherein abtun; in vielen Fällen mag es durchaus stimmen, daß Menschen geheilt werden. Was wir jedoch ablehnen müssen, sind die Kräfte, die hinter diesen Heilungen stehen. Denn diese Kräfte sind nicht Gott. Auch in der Bibel wird von Wundern berichtet, deren Urheber nicht Gott war. Denken Sie zum Beispiel an die ägyptischen Zauberer in 2. Mose 7,8-13. Ich will damit folgendes klarstellen: Wenn man akzeptiert, daß es außerhalb des christlichen Glaubens übernatürliche Heilungen gibt, bedeutet das nicht, daß man damit die Möglichkeit göttlicher Heilung abstreiten müßte. Berichte übernatürlicher Heilungen, die nicht aus dem christlichen Bereich kommen, werden oft aus falschen Gründen abgelehnt: viele Christen nehmen an — und dies mehr aus einem eher weltlichen Skeptizismus —, daß alle Berichte über Heilungen grundsätzlich gefälscht sind. Sie gehen davon aus, daß heute keine Wunder mehr geschehen. Im siebzehnten Jahrhundert äußerte sich Blaise Pascal folgendermaßen zu diesem Problem:

»Mir scheint, der eigentliche Grund (für die vielen falschen Wunder, falschen Offenbarungen usw.) liegt darin, daß es auch echte gibt. Denn es würden nicht so viele falsche Wunder geschehen, wenn es nicht auch echte gäbe; noch könnten so viele falsche Religionen existieren, wenn es nicht eine wahre gäbe . . . Daher sollten wir nicht folgern, daß es keine echten Wunder gibt, nur weil so viele falsche geschehen, sondern sollten im Gegenteil sagen: Es gibt echte Wunder, weil so viele falsche geschehen, und falsche Wunder geschehen nur, weil es auch echte gibt; entsprechend gibt es falsche Religionen nur darum, weil es eine wahre gibt.«[6]

Zwei Philosophien, eine Weltanschauung

Pascals Aussage deckt einen weiteren Grund dafür auf, warum sich viele Christen der göttlichen Heilung widersetzen: es ist der starke Einfluß der säkularisierten westlichen Weltanschauung. Viele Christen glauben aufrichtig an Christus, aber ihr Denken ist durch den Säkularismus verdorben, insbesondere durch Materialismus und Rationalismus.

Materialismus und Rationalismus bilden in unserem Verstand ein feinmaschiges Gitter, durch das alle unsere Erfahrungen gesiebt werden. Diese beiden Strömungen, die gemeinsam den Eckstein des moderen Säkularismus bilden, lassen sich auf die französische Aufklärung des achtzehnten Jahrhunderts zurückführen. Sie haben in den vergangenen 200 Jahren im westlichen Denken tiefe Wurzeln geschlagen.

Die materialistische Philosophie geht davon aus, daß außerhalb der Materie und deren Bewegungen und Veränderungen nichts existiert; daß es in diesem Leben keinen übernatürlichen Bezugspunkt gibt. Die rationalistische Philosophie besagt, daß es für jedes menschliche Problem eine rationale Lösung gibt, und daß man mit Hilfe des Verstandes alles begreifen kann; die Möglichkeit göttlicher Vorhersehung wird ausgeschlossen. Einige Aspekte des Säkularismus stehen ganz offensichtlich im Widerspruch zur christlichen Weltanschauung, z. B. das Begehren materieller Werte und häufiger Partnerwechsel. Diese Aspekte sind vielen Christen klar, trotzdem werden sie auf die eine oder andere Weise vom Säkularismus beeinflußt. Dies zeigt sich zum Beispiel daran, daß es vielen Christen schwerfällt, an ein übernatürliches Eingreifen in die Welt der Materie zu glauben, besonders wenn es sich dabei um körperliche Heilung handelt.[7]

Viele westliche Christen würden sicherlich Einspruch gegen diese Analyse erheben und behaupten, daß sie weder von Materialismus noch von Rationalismus beeinflußt sind. Sie würden erklären, daß sie durchaus an übernatürliche Phänomene wie die Jungfrauengeburt, die Gottheit Jesu und die Auferstehung glauben. Aber der Einfluß des Säkularismus macht sich oft unbemerkt an ganz anderen Stellen breit. So glauben viele Christen zwar grundsätzlich an die Möglichkeit übernatürlicher Phänomene, auch an göttliche Vorhersehung, und sie bestreiten in keiner Weise die Ereignisse, die in Zusammenhang mit Christi Leben, Sterben und Auferstehung stehen. Der Säkularismus *verleitet* Christen jedoch dazu, Berichte über übernatürliches Geschehen in der heutigen Zeit anzuzweifeln.

Auch in der theologischen Literatur läßt sich der Einfluß des Säkularismus feststellen, selbst in der Auswahl der theologischen Werke, die in evangelikalen Seminaren benutzt werden. Vor einigen Jahren bat einer meiner Kollegen den Bibliothekar eines großen anerkannten evangelikalen Seminars in den Vereinigten Staaten, ihm eine Liste der in der Bibliothek am häufigsten verwandten Nachschlagewerke zusammenzustellen. Besonderen Wert legte er auf Bücher, die die Studenten des ersten und zweiten Semesters benutzten. Der Bibliothekar erstellte eine Liste, die siebenundzwanzig Werke umfaßte, wobei die meisten mehrbändig waren. Dazu gehörten *The New International Dictionary Of New Testament Theology* und Enzyklopädien wie *The New Catholic Encyclopedia*. Mein Kollege analysierte jedes Buch sehr sorgfältig und zählte die Seiten, die Heilungen, Zeichen und Wunder zum Thema hatten. Von den insgesamt 87125 Seiten, die er untersuchte, hier nun die Anzahl (und Prozentzahl) derjenigen, die Heilungen, Zeichen und Wunder behandelten:

	Seiten	Prozent
Heilungen:	71	0,08
Wunder:	131,5	0,15
Zeichen und Wunder:	85	0,10

Wenn man die hohe Anzahl der Verse, die im Neuen Testament von Heilungen, Zeichen und Wundern sprechen (besonders in den Evangelien), mit der geringen Anzahl der Seiten vergleicht, die in moderner theologischer Literatur denselben Themen gewidmet sind, ist es doch berechtigt anzunehmen, daß auch die christlichen Theologen vom Säkularismus beeinflußt sind.

Natürlich ist nicht aller Skeptizismus schlecht. Ich sage nicht, daß wir leichtgläubig sein sollten. Das Problem besteht darin, daß wir unsere Aufmerksamkeit nur auf bestimmte Dinge richten und manchen anderen Themen keinen Raum in unserem Denken geben. Viele Berichte über Heilungen sind erlogen, z. B. die phantastischen Fälschungen Elmer Gantrys. Solchen Leuten geht es nur um den materiellen Gewinn. Sie nutzen die Christen aus und täuschen aufrichtigen Menschen etwas vor. Die katholische Kirche hat strenge Kriterien für die Echtheit von Wundern. Eine Frage bei der Heiligsprechung lautet z. B.: Sind durch diesen Menschen Wunder geschehen? Man sucht im Leben des Betreffenden nach einem überzeugenden Beweis, nach einem übernatürlichen Siegel der Bestätigung.

Christen, die im Spinnennetz des westlichen Säkularismus gefangen sind — und es gibt kaum einen von uns, der nicht in irgendeiner Weise davon beeinflußt wäre —, müssen erst einmal ein beachtliches Hindernis überwinden, bevor sie für Kranke beten können. Dieses Hindernis ist der Glaube oder der Verdacht, daß übernatürliche Heilung heute nicht mehr möglich ist.

Entgegengesetzte theologische Richtungen

Es gibt eine lange Tradition theologischen Denkens, die besagt, daß es keine Wunder mehr gibt. Viele glauben, man könne aus der Bibel ableiten, daß es seit der Zeit der frühen Kirche keine Heilungen mehr gebe. Je nach theologischer Richtung wird entweder gelehrt, daß Heilungen (und Zeichen und Wunder im allgemeinen) aufhörten, nachdem sich die Autorität der Apostel gefestigt hatte (gegen Ende des apostolischen Zeitalters), oder aber nachdem in vielen Ländern Gemeinden gegründet und die Kirche weitgehend etabliert war. (Diejenigen, die den letzten Standpunkt vertreten, meinen, Zeichen und Wunder hätten dazu gedient, die Echtheit der christlichen Botschaft zu bekräftigen. Viele Theologen vertreten die Ansicht, daß die offizielle Etablierung der Kirche mit dem Konzil zu Karthago 397 n. Chr. geschah. Auf diesem Konzil legten die versammelten Bischöfe endgültig fest, welche Schriften zum Kanon des Neuen Testamentes gehörten.)

Die hartnäckigsten Verfechter der Lehre vom Aufhören der Zeichen und Wunder sind die Dispensationalisten. Sie glauben an bestimmte Heilszeiten: Zeiträume innerhalb der Geschichte, in denen Gott auf besondere Weise wirkte. Durch die Scofield Bible, in deren Fußnoten der Dispensationalismus stark zu Wort kommt, hat sich die Theorie vom Ende der Wunder unter Millionen englischsprachiger evangelikaler Christen und Fundamentalisten verbreitet.

Auch unter den Reformierten und Lutheranern vertreten viele die Auffassung, daß es keine Geistesgaben mehr gibt.[8] Sowohl Calvin als auch Luther (der jedoch später seine Haltung zu dieser Frage änderte) glaubten, daß die Geistesgaben nach dem ersten Jahrhundert aufgehört hätten. (Calvin und Luther lebten ungefähr 200 Jahre vor der Aufklärung. Sie verneinten göttliche Heilung, weil sie einerseits die katholische Heiligenverehrung ablehnten und andererseits eine katholische Theologie des Leidens übernommen hatten.)

Calvin schreibt in seiner *Institutio:*

»(Die) Gabe der Heilung sowie die anderen Wunder, die nach dem Willen des Herrn eine Zeitlang wirksam waren, haben aufgehört, damit die Predigt des Evangeliums für alle Zeiten allein wunderbar sei ... (Heilung) hat nun mit uns nichts mehr zu tun, die wir mit der Verwaltung solcher Kräfte nicht beauftragt sind.«[9]

Luther schrieb in seinen *Predigten über das Johannesevangelium,* daß die Zeiten der Wunder auf die Zeit der frühen Kirche begrenzt waren und »daß die Apostel das Wort gepredigt und uns ihre Schriften hinterlassen haben; über das hinaus, was sie schrieben, gibt es keine weitere Offenbarung, wir brauchen keine neue oder besondere Offenbarung oder Wunder«.[10] Man sollte nicht übersehen, daß Luther in späteren Werken seinen Glauben an derzeitige Wunder Gottes bezeugte.

Im Unterschied zu der Auffassung vieler evangelischer Theologen geht die katholische Theologie von der Möglichkeit aus, daß auch heute noch Wunder geschehen. Francis MacNutt schreibt: »Tatsächlich sollte Gebetsheilung für uns Katholiken leichter zu verstehen sein als für die meisten Protestanten. Als Katholiken sind wir sozusagen mit den Heiligen groß geworden, denen von Gott außerordentliche Gaben zuteil wurden; unter anderem auch die Gabe der Heilung, die heute noch bei einer Heiligsprechung nachgewiesen werden muß. Daraus folgt, daß die meisten traditionellen Katholiken ohne große Schwierigkeiten die Möglichkeit göttlicher Heilung annehmen. Schwieriger wird es schon, wenn wir glauben sollen, Heilung gehöre zum Alltag des Christen.«[11]

Evangelikale Christen, die nicht an göttliche Heilung glauben, sind an einem Punkt durchaus biblisch: Jesu Heilungsdienst verteidigen sie voll Eifer; Zeichen und Wunder in der heutigen Zeit jedoch lehnen sie aus theologischen Gründen ab. An diesem Punkt ist ihr Glaube mehr von Rationalismus und Materialismus als von der Bibel geprägt. Da wir ja das Neue Testament haben, so ihre Argumentation, ist es nicht mehr nötig, daß sich unser Glaube an Christus auf die Erfahrung von Zeichen und Wundern gründet. Diese Theologie ist, auch wenn es bestritten wird, teilweise von Materialismus und Rationalismus beeinflußt.

Manche Christen halten Wunder sogar für *gefährlich;* Jesus habe schon davor gewarnt: »Denn mancher falsche Christus und falsche Prophet wird auftreten und Zeichen und Wunder tun, so daß sie auch die Auserwählten in die Irre führen würden, wenn es möglich wäre. Ihr aber gebt acht!« (Mk. 13,22-23). Sie interpretieren diese Verse als Warnung vor jeglichen Wundern! Dieses Verständnis von Heilung — daß Heilung zwar in der frühen Kirche sinnvoll war, Christen heute aber dadurch nur in die Irre geführt werden — beunruhigt viele, so daß sie nicht bereit sind, für Kranke zu beten.

Viele Christen, die göttliche Heilung abstreiten, verstehen deren Sinn nicht. Sie glauben meistens, daß Heilungen nur dazu dienten, die Echtheit des Evangeliums und den Zeugendienst der Christen im ersten Jahrhundert zu bekräftigen. Da nach der weitgehenden Etablierung der Kirche, so ihre Argumentation, Heilungen und andere Wunder nicht mehr wichtig waren, nahm Gott die Geistesgaben zurück.[12] Heilungen dienten (und dienen nach wie vor) zur Bekräftigung des Evangeliums und unterstützen die Gründung der Kirche. Doch haben Heilungen auch noch andere Auswirkungen, wie zum Beispiel die folgenden:

✱ Christi Mitleid und Erbarmen wird sichtbar (Mt. 14,14; 20,34; Mk. 1,41);
✱ Heilung bezeugt die Wahrheit dessen, was Christus über sich selbst aussagt (Mt. 8,14, 17; Lk. 5,18-26);

∗ durch Heilung wird deutlich, daß Gottes Reich nahe herbeigekommen ist (Mt. 4,23);
∗ Heilung zeigt, daß Jesus der ist, den der Vater verheißen hat (Mt. 11,1-6);
∗ Heilung zeigt auf körperlicher Ebene, was Gott auf geistlicher Ebene für uns tun will (Mt. 9,1-8);
∗ durch Heilung werden Menschen zur Buße geführt (Lk. 10,8-12);
∗ Heilung zeigt, daß das Evangelium sowohl für die Juden als auch für die Heiden ist (Lk. 7,1-10).

Die meisten Christen, die sich aus theologischen Gründen göttlicher Heilung widersetzen, führen jedoch, was Wunder betrifft, zwei gewichtige Punkte an. Erstens lehrt sowohl das Alte als auch das Neue Testament, *daß Wunder nur begrenzte Auswirkungen haben.* Da die Herzen der Menschen verhärtet sind, rufen Wunder bei den Zeugen des Geschehens nicht immer Glauben hervor. Jesus hat zum Beispiel immer wieder vor den Augen der Pharisäer Wunder vollbracht, mit dem Erfolg, daß sie ihre Herzen noch mehr verhärteten (Mt. 16,5-12). Einmal weigerte er sich sogar, ein Wunder für sie zu tun, er bezeichnete sie als »böses und abtrünniges Geschlecht« (Mt. 16, 1-4). Zweitens sind Wunder dem Glauben an Christus untergeordnet und von geringerem Wert. Sie weisen auf Christus hin, ersetzen aber nicht den Glauben. So können also auch heute Wunder helfen, an Christus zu glauben, doch sind sie nicht unbedingt notwendig.[13]

Was ist mit dem Leiden?

Ein weiterer wichtiger Grund, warum viele Christen der göttlichen Heilung widerstreben, ist die Vorstellung, daß alles Leiden von Gott geschickt ist und zu unserem Besten dient. Wenn man für Kranke betet, würde dies also bedeuten, Gottes Willen entgegenzuhandeln. Man glaubt, daß eine Heilung dem Christen die Möglichkeit nähme, mit Christus zu leiden und dadurch in ihm zu wachsen.

Das Hauptziel der Heilung ist nicht, uns Schmerzen und Krankheit zu nehmen, sondern uns von den Folgen unserer Sünde zu befreien. C. S. Lewis sagt, daß Gott unsere Schmerzen und Krankheit dazu gebraucht, um unser rebellisches Selbst zu brechen (ein Vorgang, der in theologischer Sprache Kasteiung heißt). Er schreibt:»Schmerz ist nicht nur das Böse, das man sofort als solches wahrnimmt, sondern das Böse, das wir in keinem Fall ignorieren können ... Der Schmerz zwingt uns, zu handeln. Wenn es uns gutgeht, spricht Gott im Flüsterton mit uns, er spricht zu unserem Gewissen, aber wenn wir Schmerzen haben, so ist seine Stimme laut: Schmerzen sind sein Megaphon, mit dem er eine taube Welt erreichen will.«[14]

Wenn der Schmerz bewirkt, daß wir aufhorchen, so ist göttliche Heilung in vielen Fällen das Ereignis, welches uns zum Kreuz Jesu Christi führt. Dort werden wir befreit von der Ursache aller Krankheit: der Sünde. Göttliche Heilung kann, ebenso wie auch Krankheit, Heiligung bewirken. Denn durch die Heilung erfahren wir Gottes Mitleid und Erbarmen. In manchen Fällen gebraucht Gott das Leiden, um Menschen zu sich zu ziehen. Aber dies heißt nicht, daß wir es passiv über uns ergehen lassen sollten.

Ein evangelikaler Theologe wurde kürzlich gefragt: »Ist es nicht wichtig, Heilung zu betonen, besonders in den Gemeinden, wo praktisch nie Heilung geschieht?« Seine Antwort bestand in einer Warnung. Göttliche Heilung sei gefährlich, weil sie dem Wirken des Heiligen Geistes in uns, der Charakterformung (Heiligung), entgegenwirken könne. Sie könne eine Haltung entstehen lassen, die das Leiden nicht akzeptiere. Er setzte voraus, daß die biblische Aussage, wir sollen mit Christus leiden, identisch sei mit dem Erleiden von Krankheit. Diese Argumentation wurzelt in der Interpretation vom »Stachel im Fleisch« des Paulus als körperliches Leiden (2. Kor. 12). Er gebrauchte diese Deutung zur Untermauerung seines Standpunktes. Sein Anliegen war nicht, zu behaupten, es gäbe keine göttliche Heilung mehr (im Gegenteil, im Verlauf des Gespräches sagte er sogar, daß es auch heute noch göttliche Heilung gibt), vielmehr wollte er darstellen, daß göttliche Heilung Gottes Werk der Heiligung entgegenwirken kann.[15]

Ich möchte auf solche Bedenken antworten, daß das Suchen und Empfangen von Heilung das Leben nicht plötzlich einfach macht, weder für den, der betet, noch für den, der geheilt wird. Meine eigene Erfahrung ist eine gute Illustration dafür: Seitdem ich für Kranke bete, begegne ich Schwierigkeiten, die ich vorher nicht kannte. Als ich anfing, für Kranke zu beten, war dies gleichzeitig eine Zeit der Reinigung; Gott zeigte mir meinen Stolz und meine Unabhängigkeit. Zehn Monate lang betete ich für Kranke, und zehn Monate lang gab es nur Mißerfolge. Ich wurde ausgelacht und verspottet, doch ich blieb bei meinem Entschluß, für die Kranken zu beten. Oft wurde ich zornig auf Gott. Doch er gebrauchte mich erst in dem Moment für Heilungen, als ich an das Ende meiner eigenen Kraft gekommen war und anerkannte, daß ich ohne ihn nichts tun konnte. Dieser Heiligungsprozeß ist noch nicht abgeschlossen: immer, wenn ich meine, es geschafft zu haben, reinigt mich Gott erneut. So schließt das Gebet für Kranke also nicht aus, daß man gleichzeitig durch Schwierigkeiten wächst. Auch haben Menschen, die geheilt werden, nach ihrer Heilung nicht automatisch ein einfaches Leben. Sie können Gott nur viel besser dienen. Auch von ihnen wird nach wie vor verlangt, ihr Leben für Christus hinzugeben.

Es trifft sicherlich zu, daß uns das Leiden an einer Krankheit auch geistlich wachsen läßt. Gott segnet uns in allen Schwierigkeiten und Notlagen, wenn wir ihm nur vertrauen und uns auf ihn verlassen. Göttliche Heilung und das Wachsen durch Leiden schließen sich nicht gegenseitig aus; wir sind nicht gezwungen, uns für das eine oder das andere zu entscheiden. Dies ist allerdings vielen Menschen nicht klar.

Nach dem Zweiten Weltkrieg befaßte sich der französische Intellektuelle Albert Camus in seinem Roman *Die Pest* mit der Frage, welche Haltung man zum Leiden einnehmen sollte.[16] Die Geschichte spielt vor dem Zweiten Weltkrieg in dem algerischen Hafen Oran; dort war von Ratten die Beulenpest auf die Menschen übertragen worden, und die Stadt war daher von der Außenwelt abgeschnitten. Oran wird zum Schauplatz eines Stückes über die Moral, in dem Camus den Leser zwingt, sich zwischen zwei Philosophien (wie er es nennt) zu entscheiden: zwischen einer humanitären Gesinnung und dem Theismus. Die humanitäre Gesinnung wird symbolisiert durch einen Arzt, der die Pest bekämpft; der Theismus durch einen Priester, der mit Passivität reagiert und die Seuche als Gottes Willen hinnimmt.

Camus macht klar, daß der Leser, der sich dem Arzt anschließt, damit gegen Gott kämpft, der die Pest gesandt hat. Wenn sich der Leser jedoch dem Priester anschließt und sich weigert, die Pest zu bekämpfen, so handelt er damit gegen die Menschheit. Camus folgert daraus, daß die humanitäre Gesinnung richtig und das Christentum falsch ist.

Doch Camus macht in seiner Argumentation einen Fehler: er setzt voraus, daß man, indem man die Pest bekämpft, sich damit auch gleichzeitig gegen Gott stellt, der sie geschickt hat. Die christliche Tradition hat immer gelehrt, daß Krankheit die Folge der Ursünde und daß die Ursache für Krankheit in Satans Reich zu suchen ist. Das heißt, Krankheit ist nicht die Norm, sie ist nicht von Gott, und Jesus Christus kam, um sie zu vernichten. In dem kommenden Zeitalter wird es keine Krankheit mehr geben. Gott kann Krankheit als Mittel gebrauchen, um uns zu ihm zu kehren und unseren Glauben zu reinigen; aber es ist nicht Gott, der Krankheit schickt.

Wenn ein Christ Camus' Standpunkt vertritt, so ist seine Sichtweise der Frage, in welcher Beziehung Gott zum Universum steht, unbiblisch. Camus beendet seine Erzählung damit, daß er Gott sowohl das Gute als auch das Böse zuschreibt, eine Haltung, die Gott zur Ursache des Bösen machen würde!

Für Jesus war Krankheit ein Feind des Menschen. Ihr Ursprung ist böse und aus Satans Reich. Die schlimmste Krankheit ist die Sünde, und alle Folgen der Sünde, einschließlich körperlicher Krankheit und Armut, sind dieser »Urkrankheit« untergeordnet. Das bedeutet nicht, daß jeder Kranke, für den gebetet wird, zu seinen Lebzeiten Heilung erfahren wird; aber es bedeutet wohl, daß jeder die Vergebung der Sünden erlangen kann und daß Gott in vielen Fällen auch körperliche Heilung schenkt. In dem kommenden Zeitalter werden alle, die zu Christus gehören, vollkommene Heilung erfahren: alle Krankheit und Armut, aller Haß und alle Sünde werden vernichtet sein.

Doch die Tatsache bleibt bestehen, daß das Leben der Christen hier auf der Erde von einer bestimmten Art des Leidens gekennzeichnet ist. Paulus schreibt in Römer 8,17: »Sind wir aber Kinder, so sind wir auch Erben, nämlich Gottes Erben und Miterben Christi; denn so gewiß wir mit ihm leiden, werden wir auch mit ihm zur Herrlichkeit erhoben werden.« Paulus und andere Schreiber des Neuen Testamentes lehren, daß Leiden für die Herrlichkeit notwendig ist. Christus ist darin unser Vorbild: »Denn Gott kam es zu . . ., der viele Söhne zur Herrlichkeit geführt hat, daß er den Begründer ihres Heils durch Leiden vollendete.« So sagt es der Schreiber des Hebräerbriefes (Hebr. 2,10). Paulus sagt, daß »die Leiden Christi reichlich über uns kommen« (2. Kor. 1,5), ja er geht sogar so weit, daß er »die Gemeinschaft seiner Leiden« erfahren »und so seinem Tode gleichgestaltet werden« will (Phil. 3,10). In 1. Petr. 4,1 heißt es: »Weil nun Christus körperlich gelitten hat, so wappnet euch mit derselben Gesinnung wie er; denn wer körperlich gelitten hat, der hat aufgehört zu sündigen.« Petrus führt fort: »Ihr Lieben, wundert euch nicht, daß euch die Versuchung wie ein Feuer bedrängt, als ob euch da etwas Ungewöhnliches widerfahren würde, sondern freut euch, daß ihr mit Christus leidet . . .« (4,12-13).

Wie können wir nun menschliches Leiden mit göttlicher Heilung vereinbaren? Ich glaube, die Antwort liegt darin, Gottes Wesen richtig zu verstehen und zu erkennen, daß Gebet um Heilung und Wachstum durch Leiden keine sich gegenseitig ausschließenden Konzepte sind. Meine Argumentation sieht folgendermaßen aus:

1. Gott will nicht direkt das Böse.
2. Gott nimmt das Böse direkt weg.
3. Gott überwindet das Böse manchmal nicht dadurch, daß er es sofort wegnimmt, sondern dadurch, daß er erst seine Absichten durch das Böse zum Ziel bringt. Er durchkreuzt das Böse, so daß es seinen guten Absichten dienen muß.
4. Praktisch bedeutet das für uns, daß wir das Böse zwar auf vielerlei Weise erfahren, uns ihm gegenüber aber nicht passiv verhalten müssen.

Bevor wir diese vier Punkte auf Krankheit beziehen, ist es vielleicht hilfreich, sie zuerst auf Verfolgung anzuwenden. Nur sehr wenige Christen würden sagen, daß wir um Verfolgung beten sollten; wir beten um Erlösung, Bewahrung, Frieden und Befreiung von Unterdrückern. Das Christentum ist eine Religion des Lebens und des Sieges über die Welt, das Fleisch und den Teufel; es ist nicht eine Religion des Todes und des Leidens. Was Verfolgung betrifft, so wissen wir jedoch auch, daß Gott sehr wohl auch dadurch wirkt, ja, auch in ihr den Sieg behält. Ein Bischof, der im dritten Jahrhundert lebte, schrieb:»Das Blut der Märtyrer ist der Same der Kirche« (siehe auch Offb. 6,9-11).

Über Krankheit könnte man dieselben Aussagen machen. Wir Christen beten nicht um Krankheit, sondern wir sind dazu berufen, um Heilung zu beten. Zugleich wissen wir aber auch, daß Gott durch Krankheit wirkt. Was ich deutlich machen will, ist sehr einfach: Nur weil wir wissen, daß Gott auch durch die Not wirkt, sollen wir uns ihr gegenüber noch lange nicht passiv verhalten. Ob man nun glaubt, Krankheit gehöre zu unserem Teilhaben an den Leiden Christi, oder ob man es nicht so sieht, es gilt hier in beiden Fällen das gleiche Prinzip: Gott kann eine Krankheit gebrauchen, aber wir müssen uns ihr nicht passiv hingeben.

Nun bleibt für manchen die Frage bestehen, was denn die Schreiber des Neuen Testamentes gemeint haben, als sie davon sprachen, daß wir »mit Christus leiden« sollen. Manchmal vergessen wir, daß Jesu ganzes Leben aus Leiden bestand: Er, der ohne Sünde war, kam täglich in Berührung mit der Welt, dem Teufel und Sündern. Seine Leiden waren einzigartig, denn er litt nicht um seiner selbst willen. Sein Tod am Kreuz und die damit verbundenen Ereignisse waren der Höhepunkt seines Leidens (Röm. 5,6-11). Die Christen leiden wie Christus, da auch sie in einer Welt leben, die voller Sünde ist, vom Fleisch und vom Teufel geprägt; aber wir unterscheiden uns von Jesus dadurch, daß wir als Sünder leiden. Weil Christi Leben in uns ist, leiden wir unter den Versuchungen des Fleisches und der finsteren Mächte. Mit einem gewissen Recht kann man sogar sagen, daß auch Krankheit zu diesen Leiden gehört, denn wir hoffen auf die Fülle der neuen Welt — auf das Reich Gottes oder, wie es in der Offenbarung genannt wird, auf das neue Jerusalem. In dieser Stadt wird Gott bei den Menschen wohnen, und er »wird abwischen alle Tränen von ihren Augen, und der Tod wird nicht mehr sein, noch Leid, noch Geschrei, noch Schmerz« (Offb. 21,4).

Wenn die Schreiber des Neuen Testamentes uns auffordern, mit Christus zu leiden, denken sie jedoch nicht in erster Linie an Krankheit und Versuchung. Das Leiden mit Christus, von dem Petrus schreibt, ist nicht das Leiden infolge von Sünde. »Selig seid ihr, wenn ihr um des Namens Christi willen geschmäht werdet; denn der Geist der Herrlichkeit, der Geist Gottes, ruht auf euch. Niemand sei unter euch, der als Mörder, Dieb oder Übeltäter zu leiden hat oder als einer, der in ein fremdes Amt eingreift. Leidet er aber als Christ, so soll er sich nicht schämen, sondern Gott mit diesem Namen ehren« (1. Petr. 4,14-16; siehe auch Mt. 5,11-12; Joh. 15,18-20). Mit anderen Worten, wenn die Schreiber des Neuen Testamentes Leiden erwähnen, beziehen sie sich damit auf Verfolgung.

Christen sollten damit rechnen, aus mehreren Richtungen Verfolgung zu erleiden. Zum ersten von Kirchenleitern, Freunden und Mitarbeitern.

In Johannes 1,11 lesen wir: »Er kam in sein Eigentum; doch die Seinen nahmen ihn nicht auf.« Den größten Widerstand erfuhr Jesus von den religiösen Leitern Israels, und Jesus warnte seine Jünger immer wieder vor dem Widerstand der religiösen Führer (Mt. 16,6-12; 23,1-39). Paulus, als er noch Saulus hieß, verfolgte die Gemeinde aus religiösen Gründen. Der Sanhedrin, das höchste jüdische Gericht, ließ die Apostel auspeitschen. Als diese das Gefängnis verließen, waren sie voll Freude darüber, »daß sie gewürdigt worden waren, für seinen Namen Schmach zu erleiden« (Apg. 5,41).

Kaum hatte Jesus angefangen, in der Öffentlichkeit zu wirken, erfuhr er Widerstand von seiner Familie. Nachdem Jesus Kranke geheilt und viele böse Geister ausgetrieben hatte, kamen seine Familienangehörigen »und wollten sich seiner bemächtigen; denn sie sagten: Er ist von Sinnen« (Mk. 3,21). Selbst Maria, der der Engel Gabriel gesagt hatte, daß sie den »Sohn des Höchsten« gebären würde, dessen »Reich . . . kein Ende haben« würde (Lk. 1,32-33), kam nach Kapernaum, um sich Jesu zu bemächtigen. Jesus jedoch war von ihrem Widerstand nicht überrascht. Als man ihm sagte: »Deine Mutter und deine Brüder und Schwestern fragen nach dir«, antwortete Jesus: »Wer sind meine Mutter und meine Brüder? . . . Seht, das sind meine Mutter und meine Brüder! Denn wer den Willen Gottes tut, der ist mein Bruder und meine Schwester und meine Mutter« (Mk. 3,32-34). Jesus muß tiefen Schmerz und Einsamkeit empfunden haben, als die Menschen, die er liebte, sich gegen ihn stellten, doch ließ er sich von diesem Schmerz nicht hindern, den Willen seines Vaters zu tun.

Paulus weist Christen, die mit ungläubigen Ehepartnern verheiratet sind, an, sich nicht scheiden zu lassen (1. Kor. 7,12-14). Auch wenn er in diesem Zusammenhang nicht das Wort »Leiden« gebraucht, so stellt sich doch die Frage, ob es angesichts der vielen Probleme, die eine derartige Ehe mit sich bringt, nicht berechtigt ist, auch hier von Leiden zu sprechen. Die Probleme, die auftauchen, wenn man mit einem Ungläubigen zusammenlebt, nimmt Paulus auch als Anlaß, um sich zu der Frage der Beziehung zwischen Arbeitgeber und Arbeitnehmer zu äußern. »Jeder bleibe seiner Berufung treu, so wie er berufen wurde«, schreibt er (1. Kor. 7,20). Für viele hieß das, Sklave zu bleiben und unter einem grausamen Herrn zu leiden (siehe auch 1. Petr. 2,18). In 1. Petrus 3,1-7 wird die Frage noch ausführlicher behandelt: Petrus gibt den Christen Anweisungen, wie sie mit den Ungläubigen leben sollen, wobei der Kontext des ganzen Briefes von Leiden spricht.[17]

Auch aus anderer Richtung kann die Verfolgung kommen, nämlich von den Menschen in der Welt. Petrus warnte: »Ihr Lieben, wundert euch nicht, daß euch die Versuchung wie ein Feuer bedrängt, als ob euch da etwas Ungewöhnliches widerfahren würde« (1. Petr 4,12). Doch die Christen im Westen sind, wenn sie Widerstand erfahren, allzuoft überrascht. Sie sind überrascht, weil sie an diese Art Leiden nicht gewöhnt sind und nicht glauben, daß auch »die Christen in Amerika« oder »die Christen in Europa« verfolgt werden. Doch diese Annahme ist falsch.

Kürzlich sprach ich mit einem Freund, der mir erzählte, was er Ende der 60er Jahre in einer kleinen Stadt in Neuengland erlebte. Er und seine junge Frau waren Lehrer an einer High-School; durch einen Bibelkreis führten sie viele ihrer Schüler zu Christus. Es dauerte nicht lange, da wußte die ganze Stadt von der Bekehrung der Schüler, doch gleichzeitig kursierten auch viele Gerüchte und Lügen über diesen Bibelkreis. In der Stadt gab es zwei große Gemeinden; als die Pastoren hörten, daß ihre jungen Leute in der Bibel lasen und plötzlich »religiös« geworden waren, verurteilten sie die Bewegung öffentlich von der Kanzel herab. (Keiner der Pastoren sprach direkt mit dem jungen Ehepaar.) Dies entfachte die Empörung der Leute noch weiter. Dem Ehepaar wurde verboten, den Bibelkreis weiterhin auf dem Schulgelände abzuhalten, ihr Auto wurde eine Klippe hinuntergestürzt. Schließlich kam eines Nachts eine Schlägerbande und errichtete im Vorgarten des Hauses, in dem das Paar wohnte, ein schwarzes Kreuz und legte einen schwarzen Kranz davor nieder. Dieser Widerstand jedoch *vergrößerte* nur das Interesse der jungen Leute am Evangelium — sie hatten ihre Eltern noch nie so aufgebracht erlebt. Ja, wir werden Widerstand gegen das Evangelium erleben.

Abgesehen von Johannes starben alle Apostel eines gewaltsamen Todes, als Folge von Verfolgung. Alle großen Reformer in der Kirchengeschichte — von Augustin über Franz von Assisi bis zu John Wesley — sind mißverstanden, verleumdet, verfolgt und abgelehnt worden. Die Christen des zwanzigsten Jahrhunderts setzen Leiden fast ausschließlich mit Krankheit gleich, da sie das Evangelium weder vollmächtig verkündigen noch demonstrieren (und so auch nicht die bittere Frucht des Leidens ernten).

Modelle

Ein weiterer Grund, warum viele Christen göttliche Heilung ablehnen, liegt darin, daß sie sich von der Art derer, die für Kranke beten, abgestoßen fühlen.

Es gibt kaum jemand, der (in den Vereinigten Staaten — Anm. d. Hrsg.) nicht schon im Fernsehen gesehen hat, wie für Kranke gebetet wird. In den sechziger Jahren war Kathryn Kuhlman die bekannteste »Fernseh-Heilerin«. Mir war ihre Sprache zu affektiert, und ihre Kleidung erschien mir zu extravagant. Ihre Art war theatralisch und ihr Auftreten mystisch. Zwischen ihr und mir lagen Welten. Ich kann mich erinnern, wie ich dachte, daß ihre Sendung ein Schwindel sei, eine geschickte Produktion, um die Massen zu verführen. Sobald sie auf dem Bildschirm erschien, schaltete ich ärgerlich ein anderes Programm ein und fragte Carol voller Empörung, wie das Fernsehen so jemandem überhaupt Sendezeit verkaufen könnte. (Einmal allerdings gelang es mir nicht, das Programm schnell genug umzuschalten; ich war bewegt und verwirrt, als ich Kathryn Kuhlmans klare Verkündigung des Evangeliums hörte.) Ihr persönlicher Stil hielt mich eher davon ab, Gottes Werke zu sehen, als daß er mich dem nähergebracht hätte. Obwohl viele Menschen geheilt wurden, konnte ich nicht glauben, daß die Heilungen echt waren.

(Ich erzähle dies nicht, um den Dienst von Kathryn Kuhlman schlechtzumachen. Inzwischen schätze ich Kathryn Kuhlman und habe von ihr gelernt. Ich habe ihr Buch *Ich glaube an Wunder* gelesen und weiß jetzt, daß die Verkündigung »des Wortes Gottes die Grundlage war, auf der sie . . . ihren Dienst aufgebaut hat, und sie glaubte ganz fest, daß man *Vollmacht* haben kann, ohne fanatisch zu sein, wenn man nur das Wort als Maßstab nimmt«.[18] Sie behauptete nie, daß sie die Heilungen vollbringe; sie gab immer Gott die Ehre. Weil in ihrer Verkündigung immer das Werk Christi im Mittelpunkt stand, welches er am Kreuz vollbracht hat, verließen die Menschen ihre Veranstaltungen nie mit dem Gefühl der Enttäuschung oder mit einem Schuldgefühl, weil sie nicht geheilt worden waren.)

Carol und ich besuchten auch einige Heilungsgottesdienste (nicht von Kathryn Kuhlman). Wir waren empört, denn wir hatten den Eindruck, daß die Glaubensheiler nur wegen des finanziellen Gewinnes an den Menschen interessiert waren. Obwohl offensichtlich einige Menschen geheilt wurden, konnten wir nicht glauben, daß diese Heilungen durch Gott geschahen; wir waren davon überzeugt, daß Jesus nie so ein Spektakel veranstalten würde. Die Heiler waren gekleidet wie für eine Theateraufführung, sie schubsten die Menschen, so daß diese hinfielen, und nannten dies dann auch noch die »Kraft Gottes«. Und Geld — sie wollten immer noch mehr Geld und sagten den Menschen, daß sie geheilt würden, wenn sie nur Geld geben würden.

Meine negative Reaktion auf Menschen, die für Kranke beteten, hatte außer diesen Stilfragen noch andere Gründe. Ich traf auf keinen Menschen, der so für Kranke betete, daß es für mich nachahmenswert erschien. Weder verstand noch akzeptierte ich die Menschen, die für Kranke beteten, was zum großen Teil an meiner Entschlossenheit lag, »cool« zu bleiben, obwohl mein eigenes Verhalten diesem Maßstab auch nicht entsprach. (»Coolness« ist ein Euphemismus der Jazzmusiker für Stolz.) Ich suchte gesellschaftliche Anerkennung, wollte Niveau haben. Die meisten, die für Kranke beteten, machten einen törichten, seltsamen und bizarren Eindruck. Aber Gott gebraucht gerade das, was töricht ist, um das Weise zuschanden zu machen, er gebraucht unvollkommene, aber willige Menschen, um seine Herrlichkeit zu offenbaren.[19]

Jede Generation, jeder Mensch mag unterschiedliche Gründe dafür haben, warum er Berichte über Heilungen anzweifelt. In meinem Fall lag es daran, daß ich in den Christen, die den Heilungsdienst ausübten, keine Reife erkennen konnte; außerdem war ich von einer Theologie beeinflußt, die nicht an übernatürliche Phänomene glaubt. Ich will betonen, daß *ich* keine Veranstaltung erlebte, die mich überzeugt hätte; es mag durchaus gute Veranstaltungen gegeben haben, aber ich habe nur schlechte erlebt. Diese zwei Elemente — schlechte Theologie und schlechte Praxis — beeinflußten mich wechselseitig und zerstörten meinen Glauben immer mehr. Je öfter ich hörte, daß Gott heute nicht mehr heilt, um so mehr kritisierte ich diejenigen, die für Kranke beteten; je mehr seltsame Glaubensheiler ich erlebte, desto mehr öffnete ich mich für die theologische Richtung, die besagt, daß es keine übernatürlichen Phänomene gibt.

Kapitel 2

Das Werkzeug wird vorbereitet

Nach dem Erlebnis von Seans Heilung wandte ich meine Aufmerksamkeit der persönlichen Evangelisation zu. Ich glaubte, daß die Gabe der Heilung und des Sprachengebetes nur Auseinandersetzungen und Spaltungen mit sich brachten. Ich dachte: Lieber tue ich das, wovon ich weiß, daß es in der Bibel klar gelehrt wird, als mich durch Fragen und Ängste lähmen zu lassen, die mit so umstrittenen Themen zusammenhängen. In den Jahren 1964 bis 1970 führten Carol und ich Hunderte von Menschen zu einer Entscheidung für Christus. 1970 leitete ich mehrere wöchentliche Bibelstudiengruppen mit insgesamt mehr als 500 Mitgliedern. Viele von denen, die sich bekehrten, schlossen sich unserer Kirche an. Dies trug zu schnellem Wachstum der Gruppen bei. Es war eine reiche Zeit, sowohl für mein persönliches Wachstum als auch für meinen Dienst.

Von 1970 an gehörte ich zur Leitung der Yorba Linda Friends Church. Sowohl die Arbeit in der Gemeinde als auch die persönliche Evangelisation brachten viel Frucht. Ich hatte geglaubt, eine fruchtbare Arbeit sei von Freude und Friede begleitet, verspürte aber von beidem immer weniger. Ich war unzufrieden mit meinem Leben, wußte aber nicht, warum. Ich war beunruhigt und verwirrt.

Zur selben Zeit, als ich begann, in der Leitung der Gemeinde tätig zu sein, fing ich auch an, die in der Nähe gelegene Azusa-Pacific-Universität zu besuchen. Ich legte dort eine Prüfung ab. Durch das damit zusammenhängende Bibelstudium lernte ich wieder ganz neu zu sehen, daß die Grundlagen des Christentums mit übernatürlichen Phänomenen verbunden sind: die Jungfrauengeburt, Jesu Wunder, seine Auferstehung und Himmelfahrt und so weiter. Doch gleichzeitig verstärkte der Unterricht an der Universität auch unbeabsichtigt meine materialistische Sichtweise des Christentums im zwanzigsten Jahrhundert. Dies war mehr ein unterschwelliger Einfluß, der vor allem dadurch entstand, daß gewisse Wahrheiten nicht gelehrt wurden, und nicht etwa durch ein plattes Abstreiten der Existenz übernatürlicher Phänomene.

Dazu will ich ein Beispiel anführen. Viele Gemeinden haben eine feste Vorstellung davon, was es heißt, Gottes Führung zu erfahren. Als junger Christ wurde ich gelehrt, daß Gott uns auf vier verschiedene Arten führt. Erstens fühlen wir uns manchmal gedrängt, bestimmte Dinge zu tun oder zu lassen. Ich wurde gelehrt, daß diese Art Führung sehr subjektiv ist, da sie aus persönlichen Gefühlen besteht. Objektive Bestätigung sei nötig. Zweitens führt Gott durch die Bibel, normalerweise läßt uns der Heilige Geist einen Vers oder Abschnitt, der zu unserer Situation paßt, besonders wichtig werden. Weil diese Art der Führung die Bibel zur Grundlage hat, glaubten wir, sie sei immer verläßlich. Aber leider kann dieses Führungsprinzip, wenn man es auf konkrete Situationen anwendet, auch recht subjektiv sein. Eine dritte Art der Führung geschieht durch den Rat von Ältesten und Freunden. Von Zeit zu Zeit bekam ich Richtungsweisung durch Freunde, die mir sehr geholfen hat, manchmal allerdings war solcher Rat auch nicht hilfreich. Die letzte Art der Führung geschieht durch Umstände. Westliche Christen, so glaube ich, lassen sich am häufigsten durch Umstände die Richtung weisen, d.h. sie richten ihr Leben nach Umständen und Situationen aus, ohne diese zu hinterfragen. Diese Methode ist jedoch nicht sehr zuverlässig.

Diese vier Punkte sind mögliche Kriterien, um Gottes Führung zu erkennen. Aber abgesehen vom ersten bewegen sie sich alle auf der Ebene der nachweisbaren Erfahrung; in unserer rationalistischen, westlichen Kultur sind diese Kriterien der göttlichen Führung leicht zu verstehen und zu akzeptieren. Selbst wenn man sich gedrängt fühlt, etwas Bestimmtes zu tun, denkt man dabei eher an ein Gefühl als an eine übernatürliche Salbung. (»Achte auf deine Gefühle«, dies ist ein Glaubenssatz der westlichen Gesellschaft, vielleicht hat ihn uns die moderne Psychologie aufgeschwatzt, eine Reaktion auf den erdrückenden Materialismus und eine unpersönliche Massenkultur.)

Aber die Bibel beschreibt noch weitere Möglichkeiten, wie Gott sein Volk führt. Das Alte und das Neue Testament sind zum Beispiel voll von Berichten über Träume, Visionen, Prophetien und Engel, die als Boten gesandt wurden. Obwohl dies in der Bibel anerkannte Methoden der Führung Gottes sind, habe ich mich jahrelang geweigert, sie als für heute gültig zu akzeptieren. Ich verbannte sie in einen anderen Zeitabschnitt der Kirchengeschichte und glaubte, daß Gott zu anderen Zeiten anders gewirkt hat. Ich kam zu der Überzeugung, daß Menschen, die behaupteten, solche Erfahrungen gemacht zu haben, entweder vom Teufel in die Irre geführt waren oder unter seelischen Störungen litten. In meine westliche Weltanschauung paßten nur Methoden der göttlichen Führung, die mit dem Verstand und empirischen Mitteln nachprüfbar waren; alles, was ich nicht mit meinem Verstand begreifen konnte, war gefährlich. Träume und Visionen ließen sich, so meinte ich, nicht mit der gesunden Lehre vereinbaren.

Verwirrende Erfahrungen

So glaubte ich inzwischen auch, daß es heute keine übernatürlichen Phänomene mehr gibt. Trotzdem machte ich ab und zu Erfahrungen, in denen übernatürliche Elemente vorkamen. Dies geschah besonders in persönlichen Evangelisationsgesprächen.

Einmal zum Beispiel, nach einer Unterrichtsstunde an der Bibelschule, wurde meine Aufmerksamkeit auf einen Studenten gelenkt, der sich noch mit dem Professor unterhielt. Der Student hieß Francisco. Wir beide waren die ältesten Studenten der Klasse; er war vierzig, ich achtunddreißig. Ich betete und fragte Gott, was in Franciscos Leben vor sich ginge. Gottes Antwort bestand darin, daß er mir in meinen Gedanken einen Eindruck gab:»Mein Geist ist auf ihm. Ich rufe ihn zur Rettung.«Ich nahm an, daß der Professor ein evangelistisches Gespräch mit ihm führen würde. Aber das tat er nicht. Ich denke, daß er nicht erkannte, daß die Gelegenheit zu einem solchen Gespräch da war.

So ging ich auf Francisco zu und versuchte, mit ihm zu sprechen. Aber er war zu erregt, um sich auf ein Gespräch einzulassen; er ließ mich einfach stehen. Ich betete für ihn und mir fiel ein, daß wir auch die nächste Unterrichtsstunde gemeinsam hatten.

Während des Unterrichts betete ich weiter für Francisco. Als etwa die Hälfte der Stunde vorbei war, spürte ich, wie der Heilige Geist erneut zu meinem Herzen sprach:»Es wird alles gut werden. Entspanne dich.«In mir war plötzlich Friede, und ich wußte, daß Gott mein Gebet für Francisco erhören würde.

Als die Stunde vorbei war, verließen alle den Raum bis auf Francisco und mich. Als ich auf ihn zuging, legte er den Kopf auf seine Arme und begann zu weinen. Dann sah er auf und fragte mich, was ich im Sinne hätte, warum ich die ganze Zeit mit ihm sprechen wolle. Ich holte tief Atem und sagte:»Ich glaube, Gott hat mich geschickt. Er will, daß du zu ihm kommst.«

Francisco starrte mich einen Moment lang an, dann begann er mir zu erzählen, warum er sich Gott nicht zuwenden könne.»Ich schaff' es nicht, ich bin nicht gut genug.«So redete er fünfunddreißig Minuten lang. Er hatte sein Herz dem Evangelium gegenüber verhärtet. Ich hatte keine Ahnung, was ich sagen sollte. Während er sprach, suchte ich verzweifelt nach Worten. Dann kam mir ein seltsamer Gedanke.»Francisco«, sagte ich,»weißt du, was eine Hebamme ist?«

»Ja«, antwortete er.

»Weißt du, was eine Steißgeburt ist?«

»Ja.«

»Das ist genau dein Problem. Du bist eine Steißlage. Ich versuche dich herumzudrehen, damit du wiedergeboren werden kannst.«

»Tue, was du tun mußt«, sagte er mit Nachdruck. Aus irgendeinem

Grunde hatte sich seine Haltung plötzlich geändert. Anstatt sich gegen meine Worte zu wehren, hörte er mir nun zu. Als wir dann schließlich zusammen beteten, sprach er mindestens vierzig Minuten lang mit Gott, es war das längste Gebet des Glaubens, was ich je gehört habe. Beten und Weinen wechselten sich ständig ab; dann fragte er mich: »Woher hast du das gewußt?«

»Was denn?«

»Woher hast du gewußt, daß ich Krankenpfleger war?«

Ich hatte es nicht gewußt. Innerhalb der Armee hatte er diesen Beruf zwanzig Jahre lang ausgeübt. Während dieser Zeit hatte er bei Hunderten von Geburten geholfen, viele davon waren Steißgeburten. Als ich seinen Zustand mit einer Steißlage verglich, wußte er, daß Gott zu ihm sprach.

Als ich später Kollegen und Freunden von diesem Erlebnis — und anderen ähnlichen — erzählte, freuten sie sich über Franciscos Errettung. Aber sie waren auch verwirrt durch die Art und Weise, in der ich geleitet worden war. Ein Kollege warnte mich sogar, so etwas noch einmal zu tun. Was hätten sie sonst auch sagen sollen? Damals gab es in unserem theologischen Denken keinen Raum für solche Phänomene.

»Gott, was stimmt bei mir nicht?«

Trotz meiner inneren Unzufriedenheit wuchs die Yorba Linda Friends Church in den folgenden vier Jahren so gewaltig, daß wir eine größere Kirche bauen mußten. Unsere Gemeinde war inzwischen eine der größten innerhalb unserer Denomination. Auch war ich an der Gründung anderer Gemeinden beteiligt und daher sehr stolz auf meine Kirche, meine Gemeinde und unsere Gebäude. Auch wurde ich bei anderen Pastoren immer bekannter. Doch all dies änderte sich sehr plötzlich.

Eines Sonntags im Jahre 1974 ging ich einen Flur entlang. Dort traf ich einen jungen Mann aus unserer Gemeinde, der aber nur sehr unregelmäßig zum Gottesdienst kam. Er sprach mich an und erzählte mir von einem großen Problem, das er hatte, und bat mich um Hilfe. Als Antwort auf seine Not tadelte ich ihn, daß er nicht regelmäßig zur Gemeinde kam. Ich sagte: »Du weißt selbst, daß du dieses Problem nicht hättest, wenn du öfters in die Kirche gingest. Es ist wichtig, daß du zum Gottesdienst kommst. Du mußt lernen, mehr zu geben und dich mehr zu engagieren. Du mußt in die Kirche gehen, sonst wird sich dein Problem nicht lösen.« Mir war es Ernst mit dem, was ich ihm sagte.

Als ich meine kleine Predigt beendet hatte, ging ich weiter, mit dem guten Gefühl, das Richtige gesagt zu haben. Da sprach der Herr zu meinem Herzen. Ich spürte, wie er mir eine ganz einfache Frage stellte: »John, würdest du in diese Gemeinde gehen, wenn du nicht dafür bezahlt würdest?«

Während ich über diese Frage nachdachte, verlangsamte sich mein Schritt. Dies war meine Gemeinde. Ich hatte bei dem Entwurf für die neue Kirche mitgeholfen und war bei den meisten Unternehmungen und Gruppen unserer Gemeinde selbst beteiligt. Viele Gemeindemitglieder hatte ich persönlich zu Christus geführt. Die ganze Gemeinde trug meinen persönlichen Stempel. Aber als der Herr mir diese Frage stellte, wußte ich die Antwort sofort. Weder die Institution noch die Menschen bereiteten mir Probleme — es waren sehr nette Christen, und wir erlebten Gottes Wirken in der Gemeinde. Mein Problem lag vielmehr in mir. Ich hatte zugelassen, daß die Gemeinde den Platz Gottes einnahm. Meine Sicherheit, meine Identität, meine finanzielle Versorgung, alles erwartete ich von der Kirche. Daher lautete meine Antwort auf Gottes Frage: »Nein.«

In jenem Augenblick offenbarte mir Gott meine innersten Gedanken. Meine Vorstellungen von den Aufgaben eines Pastors hatte ich mit aller Kraft in die Tat umgesetzt. Doch nun merkte ich, daß ich meinen Auftrag nicht erfüllte, weil ich in meinem Herzen nicht die richtige Haltung hatte. Der Gedanke ließ mich taumeln, ich war völlig überrascht davon. Ich ging so schnell ich konnte in mein Büro, setzte mich hin und fragte mich, wo denn der Fehler lag. Ich hielt meinen Blick gesenkt und sagte:»Gott, was stimmt bei mir nicht?«

Gottes Antwort auf mein Gebet kam schnell. Er zeigte mir, wie ich mich in Verwaltung und Organisation verloren hatte. Meine Ziele waren ein größeres Budget und ein größeres Kirchengebäude. Dies war mir wichtiger, als mich um die Menschen zu kümmern. Meine Beziehung zu anderen Menschen war mechanisch geworden, mir ging es bei allem, auch in Beziehungen, nur noch darum, meine Ziele zu erreichen. Alles drehte sich nur noch um das eine Ziel, eine große Gemeinde zu haben und als erfolgreicher Pastor bekannt zu sein. Menschen, die nicht meinen Erwartungen innerhalb der Gemeinde entsprachen, erregten in mir Ärger und Enttäuschung. Ich hielt den Gemeindemitgliedern oft ihre Pflicht vor, die Kirche zu unterstützen und zu bauen, aber ich fragte sie nur selten danach, wie es ihnen ging, und betete kaum für sie. Ich war so weit gekommen, daß ich die Institution mehr liebte als den Leib Christi. In gewissem Sinne war ich durchaus ein erfolgreicher Pastor, aber mein äußerlicher Erfolg konnte die Tatsache nicht mehr verbergen, daß in mir etwas nicht stimmte. Was Gott mir zeigte, war kein schönes Bild. Ich betete: »Gott, wie ist es nur so weit gekommen?«

Erneut zögerte Gott nicht mit seiner Antwort. Er zeigte mir, wie ich mich abgewandt und immer und immer wieder Gottes Geist widerstrebt hatte. Er erinnerte mich an Begebenheiten, wo der Heilige Geist zu mir gesprochen hatte. Doch anstatt auf ihn zu hören und zu gehorchen, wandte ich mich ab und ging den Dingen nach, die in meinen Augen logisch und richtig waren und in die Institution paßten. Gemeindemitgliedern, die Erfahrungen mit Geistesgaben machten und versuchten, anderen davon zu erzählen, hatte ich nahegelegt, unsere Gemeinde zu verlassen. Ich war nicht bereit, mich auf irgendwelche Gespräche über das übernatürliche Eingreifen des Heiligen Geistes einzulassen. Alle, die für Kranke beteten, hatte ich als Scharlatane bezeichnet, die den Leib Christi zerstören wollen. Wenn Menschen mit großen Problemen zu mir kamen, wie Drogensucht oder Homosexualität, so konnte ich ihnen keine Hilfe anbieten. Ich war vielmehr hart gegen sie und bewirkte nur, daß sie die Gemeinde verließen. Mein Herz hatte sich langsam verhärtet, und so hatte ich immer mehr das Gespür für die Leitung des Geistes verloren. Ich schlug immer den Weg des geringsten Widerstandes ein, darauf bedacht, jede Situation unter Kontrolle zu behalten. Gott zeigte mir, wie ich mich Aufgaben hingegeben hatte, die nicht von ihm waren, für mich aber waren sie wie Gott, und ich tat sie für Gott. Auf diese Weise hatte ich in meinem Herzen meinen Dienst an Gottes Stelle gesetzt.

Ich war völlig zerschlagen, mein innerer Mensch war zerbrochen. Ich gehörte nun seit dreizehn Jahren zu dieser Gemeinde, erst als Mitglied, dann als Pastor. Gott hatte mich angerührt, um mir zu zeigen, daß bei mir etwas nicht in Ordnung war. Aber noch hatte ich nicht die Antwort in den Händen, die meinen inneren Aufruhr beendet hätte. Ich war verwirrt und wußte nicht, was ich tun sollte. Die einzige Schlußfolgerung, die ich ziehen konnte, war, mein Amt als Pastor niederzulegen, um dann erst einmal meine Probleme zu lösen. Ein paar Wochen später wurde ich gefragt, ob ich Leiter und Gründer des Fachbereichs Church Growth (Gemeindewachstum) am heutigen Charles E. Fuller Institute of Evangelism and Church Growth werden wollte. Meine Begabung, Gemeinden zum Wachstum zu verhelfen, war nicht unbeachtet geblieben. Ich nahm die Stellung mit dem Gedanken an, die Umgebung des Fuller-Institutes würde mir helfen, mit meinen Problemen fertig zu werden. (Meine Familie und ich gehörten nach wie vor zur Yorba Linda Friends Church.)

Kurz bevor ich die Leitung der Gemeinde niederlegte, entdeckten die Ärzte bei einer nahen Freundin von uns, die auch zu unserer Gemeinde gehörte, einen bösartigen Gehirntumor. Die Ärzte sagten, ihre Lebenserwartung sei nur noch sehr kurz. Ich hatte Jakobus 5,13-16 vor Augen. Dieser Abschnitt spricht davon, daß die Ältesten die Kranken salben sollen, damit diese gesund werden. Beim Bibelstudium waren mir diese Verse besonders aufgefallen. Wenn Gott heute noch heilt, so dachte ich, dann gibt er offensichtlich den Pastoren die Vollmacht, den Kranken die Hände aufzulegen und zu erwarten, daß diese gesund werden. So folgte ich im Glauben den Anweisungen dieses Abschnittes und betete für unsere Freundin. Aber sie starb. Mit ihrem Tod waren alle alten Einwände gegen göttliche Heilung auf einmal wieder da.

In den folgenden vier Jahren lehrte ich mehreren Tausenden von Pastoren Prinzipien des Gemeindewachstums. Ich reiste überall in Amerika umher und besuchte Gemeinden, die zu den unterschiedlichsten Konfessionen gehörten. Ich half den Pastoren durch Seminare und Beratungsgespräche. In Zusammenarbeit mit Winn Arn, Peter Wagner und später auch Carl George stellte ich aus den Forschungsergebnissen der Gemeindewachstumsbewegung, besonders denen von Donald McGavran und C. Peter Wagner, neue Methoden zusammen. Ich entwickelte ein Talent dafür, diese Forschungsergebnisse in konkreten Situationen erfolgreich anzuwenden. In vielen Gemeinden führten meine Vorschläge zu ungeheurem Wachstum.

An der Fuller School of World Mission (ich gehörte dort als Gastdozent zur Fakultät) begegnete ich Professoren wie Donald McGavran, C. Peter Wagner, Charles Kraft, Paul Hisbert und Russell Spittler von der School of Theology. Durch Kurse dieser Professoren und Berichte über Zeichen und Wunder in der dritten Welt öffnete ich mein Herz erneut dem Heiligen Geist und der Möglichkeit göttlicher Heilung. Besonders beeindruckte mich der Zusammenhang zwischen den Geistesgaben, wie zum Beispiel Heilung, und Gemeindewachstum in Ländern der dritten Welt. In vielen dieser Länder wuchsen die Gemeinden nicht nur zahlenmäßig, sondern waren auch von Lebendigkeit und Einheit geprägt.

Diese Einflüsse stürmten gerade zu der Zeit auf mich ein, als ich innerlich dazu bereit war, die Lehre über den Heiligen Geist, die ich bisher vertrat, zu überprüfen. Jahrelang hatte ich meine Beziehung zu Gott nur noch äußerlich aufrechterhalten — ich betete kaum noch und las die Bibel nie zur eigenen Andacht. Ich war mir durchaus bewußt, daß ich nicht so eine persönliche Beziehung zu Gott hatte, wie sie in der Bibel beschrieben wird und wie es viele der großen Heiligen aus der Kirchengeschichte von sich berichten. In diesen Jahren, wo ich Mitarbeiter am Fuller-Institut war, erlebten wir auch in der Familie eine Krise. Eines unserer Kinder steckte in großen Problemen; meine durch häufige Reisen bedingte Abwesenheit war mit schuld an diesen Schwierigkeiten. Diese persönliche Krise brachte mich nun völlig ans Ende, sowohl seelisch als auch geistlich.

Umkehr

Im Januar 1977, kurz nach diesen Ereignissen, wurde ich von Gott gebraucht, um Carol zu heilen. Ich habe bewußt die Passivform angewandt — »ich wurde von Gott gebraucht« — und nicht die Aktivform — »ich betete für Carol, und sie wurde geheilt«. Ich spielte dabei nur eine nebensächliche Rolle, ich war wirklich passiv — erst nachdem es geschehen war, erfuhr ich von der Geschichte. Ich will es erklären.

Während der Zeit, als ich am Fuller-Institut mitarbeitete, hatte Gott Carols Einstellung gegenüber den Geistesgaben verändert, ohne daß ich etwas davon wußte. Vor dieser Zeit hatte sie alle übernatürlichen Phänomene, besonders Heilung, strikt abgelehnt, mehr noch als ich selbst. Ja, in Hauskreisen für Frauen in Orange County hatte sie sogar öffentlich gegen Heilung gesprochen. Sie gehörte zu den Ältesten unserer Ortsgemeinde und hatte veranlaßt, daß mehrere Mitglieder aus der Gemeinde ausgeschlossen wurden, weil sie für Kranke gebetet hatten und die Gabe des Sprachengebetes ausübten. Ihre ausgeprägt negative Einstellung gegenüber göttlicher Heilung hatte auch mich immer sehr beeinflußt.

Aber zu jener Zeit hatte sie angefangen, Gott zu bitten, die Menschen um sie herum zu ändern. Sie wußte, daß es mir seit Jahren schlecht ging, und betete um die Lösung meiner Probleme.

Eines Nachts wurde sie durch einen Traum mit dem Heiligen Geist erfüllt. Sie sah sich im Traum, wie sie eine Predigt mit sieben Punkten hielt. Die Predigt befaßte sich mit dem Thema, warum die Gabe des Sprachengebetes heute nicht mehr verliehen wird. Das war kein ungewöhnliches Thema für Carol; diese Argumentation war ihr sehr vertraut — nur der siebte Punkt sah diesmal anders aus: Carol wachte auf und betete in Sprachen. Da bat sie Gott um Vergebung für ihre Haltung gegenüber den Geistesgaben und übernatürlichen Phänomenen; in den nächsten drei Wochen zog sie sich immer wieder in unser Schlafzimmer zurück; dort weinte sie und schüttete vor Gott ihr Herz aus. Sie öffnete sich ganz für Gott; im Laufe der Zeit lernte sie immer mehr, was dies bedeutete. Ihre Gebete um Veränderung bei mir beantwortete Gott dadurch, daß er sie veränderte.

Später beschrieb sie ihre Erfahrung als ein »Einschmelzen ihrer Persönlichkeit«. Als Folge davon begann sie, vieles von dem in Frage zu stellen, was sie bisher über Gottes Wirken und besonders über göttliche Heilung gelernt hatte.

Durch den Traum erkannte sie, wie sie mit ihrer Einstellung, ihren Vorurteilen und ihrem Widerstand gegen den Heiligen Geist Gottes Herz betrübt hatte. Auch glaubte sie, daß es ihre Schuld war, daß ich mich im Laufe der Jahre dem Wirken des Heiligen Geistes gegenüber immer mehr verschlossen und sie mich dadurch an dem Dienst gehindert hatte, zu dem ich von Gott berufen war. Carols Antwort auf den Traum und die nachfolgende Buße bestand darin, daß sie zu mehr als dreißig Menschen ging, um jeden einzelnen um Vergebung für Worte und Taten zu bitten, durch die sie an ihnen schuldig geworden war. Bald darauf schlossen sich diese Menschen — und auch andere (die fast alle durch uns zu Christus gekommen waren) — zu einem Hauskreis zusammen. Dort beteten sie Gott an, priesen ihn und lasen in der Bibel. Sie gehörten nicht zur »charismatischen Erneuerung«, aber sie waren sehr offen für Gott, auch offen für geistliche Gaben.

Eines Tages, als Carol für mich betete, fiel ihr wieder ein, wie Sean vor etwa vierzehn Jahren von den Folgen der Bienenstiche geheilt worden war. Sie schloß daraus, daß ich vielleicht die Gabe der Heilung hätte, obwohl ich nach wie vor alles Charismatische ablehnte.

Ihre Gedanken gingen weiter: Wenn Gott sie im Schlaf mit dem Heiligen Geist erfüllt hatte, so konnte er auch in mir auf dieselbe Weise wirken. Um ihre Theorie zu überprüfen, entwarf sie einen Plan. Sie hatte Schmerzen in ihren Schultern, verursacht durch rheumatische Arthritis. Diese Schmerzen sollten nun der Prüfstein sein. Eines Nachts, als wir in einer Hütte in den Bergen waren, wartete sie, bis ich eingeschlafen war, und legte dann meine Hand auf ihre Schulter. Sie sagte:»So, Herr, jetzt bist du dran.« Sie spürte einen Strom von Hitze und Energie in ihrer Schulter, und die Schmerzen verschwanden. Sie war geheilt. Ich wachte auf und wunderte mich, warum meine Hand so heiß war. Carol erzählte mir, was geschehen war. Ich war verwirrt über die Heilung, doch gleichzeitig auch froh, daß Carol keine Schmerzen mehr hatte. Aber selbst dieses Ereignis brachte mich noch immer nicht dazu, für andere um Heilung zu beten.

Carols Hauskreis war gewachsen, im Januar 1977 gehörten bereits mehr als fünfzig Menschen dazu. Für die meisten wurde der Kreis immer mehr zur eigentlichen Gemeinde. Sie beteten Gott an, es wurde gelehrt, sie beteten füreinander und halfen sich gegenseitig. Das einzige, was fehlte, war ein Pastor. Ich gehörte nicht zu diesem Kreis und hatte auch nicht den Wunsch, eine Gemeinde zu leiten oder gar einen überfüllten Hauskreis. Aber der Herr hatte andere Pläne für mich — und dabei wurde er kräftig von Carol unterstützt.

Zusammenbruch in Detroit

Kurze Zeit nach Carols Begegnung mit dem Heiligen Geist erreichte meine innere Spannung — zwischen Verzweiflung und der Hoffnung auf eine geistliche Erneuerung — ihren Höhepunkt. Ich befand mich gerade auf einer Reise nach Detroit, Michigan.

Im Flugzeug begann ich nach Gott zu schreien. Es war kein neues Gebet, es war nur noch dringlicher als sonst.»O Gott«, betete ich in meinem Herzen,»was ist los, was stimmt bei mir nicht? Ich bin müde, die Ärzte sagen, ich bringe mich mit der vielen Esserei noch selbst ins Grab. Mein Blutdruck ist zu hoch; ich habe ständig Kopfschmerzen. Ich bin ausgelaugt von den vielen Vorträgen, die ich halte. Ich habe keine Lust mehr, Vorträge zu halten, und ich sehe deinen Plan nicht mehr.«

Es wurde immer dunkler in meinem Herzen. Ich saß da, meinen Kopf ans Fenster gelehnt, und sagte:»Gott, hier bin ich, ich fühle mich, als ob ich bald sterben würde. Meine Kinder zu Hause sind noch klein, aber ich habe keine Zeit, mich um sie zu kümmern. Ich habe mich so angestrengt, abzunehmen, und mir so oft vorgenommen, mich beim Essen zu beherrschen. Ich habe so oft versucht, es zu schaffen, aber nichts hat sich verändert. Ich habe mich so satt, und in diesem Moment mag ich selbst dich nicht mehr. Das ist jetzt das erste Mal seit langem, daß ich überhaupt bete, und ich glaube nicht einmal, daß du mir zuhörst.«

Als wir landeten, schrie ich in meinem Herzen noch immer zu Gott. Weil sich die Ankunftszeit geändert hatte, war niemand gekommen, um mich abzuholen. Draußen wütete ein Schneesturm; und da stand ich nun und mußte die Nacht auf dem Metropolitan-Flughafen von Detroit verbringen. Ich nahm mir ein Zimmer im Flughafenhotel, aber ich konnte nicht schlafen.

Zum ersten Mal seit etlichen Jahren öffnete ich die Bibel, um für mich selbst darin zu lesen. Ich hatte sie nur noch gelesen, um mich auf Vorträge und Predigten vorzubereiten. Ich schlug Psalm 61 auf:

»Höre, Gott, mein Schreien und merke auf mein Gebet! Vom Ende der Erde rufe ich zu dir; denn mein Herz ist in Angst; du wollest mich führen auf einen hohen Felsen.

Denn du bist meine Zuversicht, ein starker Turm vor meinen Feinden.

Laß mich wohnen in deinem Zelte ewiglich und Zuflucht haben unter deinen Fittichen. Denn du, Gott, hörst mein Gelübde und gibst mir teil am Erbe derer, die deinen Namen fürchten.

Du wollest dem König langes Leben geben, daß seine Jahre währen für und für, daß er immer throne vor Gott. Laß Güte und Treue ihn behüten!

So will ich deinem Namen lobsingen ewiglich, daß ich meine Gelübde erfülle täglich.«

In den Worten des Psalmisten fand ich mein eigenes Leben und meine Sehnsucht wieder — all das, was ich gerade im Flugzeug gebetet hatte. Ich erkannte, in welch schrecklichem Zustand sich mein geistliches Leben befand. Da kniete ich mich neben mein Bett und bat Gott, mir zu zeigen, was in meinem Leben nicht in Orndung war. Bevor er mir antworten konnte, schlief ich ein. Die unbequeme Lage ließ mich nach einer Weile wieder aufwachen, ich kroch ins Bett und schlief erneut ein.

Es war mitten in der Nacht, als ich wieder aufwachte; Gott sprach zu meinem Herzen. Er sagte: »John, ich habe deinen Dienst gesehen, nun werde ich dir meinen zeigen.«

Ich fing wieder an zu weinen. »O Gott«, sagte ich, »ich habe nie etwas anderes gewollt.« Ich verstehe nicht genau, was in dieser Nacht alles mit mir geschah, aber es war ein Wendepunkt in meiner Beziehung zu Gott.

Als ich auf die Ereignisse der vergangenen vier Jahre zurückblickte, erkannte ich, daß Gott mich nun so weit geführt hatte, daß ich offen war für sein übernatürliches Wirken in meinem Leben. Ich konnte auf einmal Gründe dafür erkennen, warum Gott auch heute noch heilen kann. Einige dieser Gründe will ich in den folgenden Abschnitten dieses Kapitels besprechen.

Heilung im Alten Testament

Im Alten Testament sehen wir, daß Gott die Gesundheit des Volkes Israel am Herzen lag. Die Regel unter dem Alten Bund war, daß diejenigen, die gehorchten, Gesundheit erwarten durften, aber diejenigen, die sündigten, mit Krankheit rechnen mußten. Daß Gott heilen konnte und dies auch tat, stand völlig außer Frage.

Gott handelte im Alten Testament immer am gesamtem Volk Israel. Die Erfahrungen, die einzelne mit Gottes Segen oder Zucht machten, waren daher in vielen Fällen abhängig von Gottes Handeln am ganzen Volk. Die Erlebnisse des einzelnen waren von untergeordneter Bedeutung. Die Konsequenz davon war, daß Menschen, die ein Gott wohlgefälliges Leben führten, trotzdem oft leiden mußten, da sie zu einem ungehorsamen Volk gehörten.[1] Die Heiden, die nicht zu Israel gehörten, waren »ausgeschlossen vom Bürgerrecht Israels und ohne Anteil am Bund der Verheißung; ... (ohne) Hoffnung...« (Eph. 2,12) — nur einzelne Heiden kamen zum Volk hinzu, wie zum Beispiel Rahab und Ruth. Die Zugehörigkeit zum Volk hatte Einfluß auf die Gesundheit des einzelnen.

Zur Zeit der ägyptischen Gefangenschaft sprach Gott zu Israel: »Wirst du der Stimme des Herrn, deines Gottes, gehorchen und tun, was recht ist vor ihm und merken auf seine Gebote und halten alle seine Gesetze, so will ich dir keine der Krankheiten auferlegen, die ich den Ägyptern auferlegt habe; denn ich bin der Herr, dein Arzt« (2. Mose 15,26).

Wenn das Volk sich weigerte, auf Gottes Worte zu hören, und ihm nicht gehorchte, so schickte Gott Plagen und Krankheiten. Wenn das Volk aber auf ihn hörte, glaubte und ihm gehorchte, schenkte Gott ihm als Belohnung Gesundheit. Folglich war der Gesundheitszustand des Volkes ein Spiegel seiner geistlichen Verfassung (siehe auch Spr. 4,20-22).[2]

Dieses Handeln Gottes am gesamten Volk können wir in den drei wichtigsten Bundesschlüssen des Alten Testamentes sehen — dem Bund Abrahams (1. Mose 12,2-3; 15,1-21; 17,1-27); dem mosaischen Bund (2. Mose 20; 5. Mose 28); und dem davidischen Bund (2. Sam. 7). Diese Bundesschlüsse waren orientalischen Vasallenabkommen ähnlich (besonders denen, die die Hethiter im vierzehnten und dreizehnten Jahrhundert v. Chr. mit eroberten Völkern schlossen). Sie enthielten Bedingungen, und der Herr erwartete, daß sein Volk diese Bedingungen erfüllte. Wenn sie treu und gehorsam waren, wurden sie mit Gesundheit und Wohlstand gesegnet. Wenn sie aber untreu und ungehorsam waren, standen sie unter dem Fluch von Krankheit und Armut.[3]

Fast alle Krankheiten, von denen im Alten Testament berichtet wird, waren die Folge von Sünde und Ungehorsam. Als Beispiel dafür sei Sauls Wahnsinn genannt, der durch seine eigene Ungerechtigkeit verursacht wurde. Dies ist auch der Grund dafür, weshalb die Frage nach dem Lei-

den der Gerechten im Alten Testament nur an wenigen Stellen ange-
schnitten wird. Viel wichtiger erscheint die Frage, warum es den Bösen
manchmal so gut geht. In wenigen Fällen besteht keine klare Verbindung zwischen Sünde
und Krankheit. Diese Ereignisse werden nur erwähnt, um zu zeigen, wie
Gott eingreift und heilt (siehe zum Beispiel die Heilung von Hiskia in
2. Könige 20,1-11). Hiob ist die einzige Ausnahme. Beachten Sie, daß sein
größtes Leiden nicht die Krankheit, sondern der Verlust seiner Familie,
seines Besitzes und seines Ansehens war. Das Buch Hiob löst beim Leser
die Frage aus, wie die Beziehung zwischen Ungehorsam und Krankheit
aussieht. Hiob war der Vorbote der vollen Offenbarung, die in Christus
kommen sollte. An ihm wird deutlich, daß nicht in jedem Fall Krankheit
durch Ungehorsam zu begründen war.

Einer der Namen Gottes im Alten Testament ist *Jehovah-Rapha,* was
mit »der Herr, dein Arzt« übersetzt wird. C. F. Keil und F. Delitzsch
schreiben in einem Kommentar über 2. Mose 15,26: »Es ist eindeutig und
nicht anzuzweifeln, (daß) ... Jahwe sich dem Volk Israel als sein Arzt
vorstellt«[4] Dieser Name weist auf die Hoffnung des Neuen Bundes hin,
auf das Kommen Jesu, der die Fülle von Gottes Erbarmen und Heilungskraft mit sich bringt.[5] (Eine vollständige Liste der Schriftstellen über
Heilung im Alten Testament ist in Anhang A zu finden.)

Heilung im Neuen Testament

Bei Jesus gehörten im Neuen Testament Heilung und die Verkündigung
des Evangeliums immer zusammen. Durch die Heilung der Kranken
wurde Satan von Jesus besiegt und Jesu eigene Herrschaft sichtbar gemacht.

Im Neuen Testament wird von mehr Heilungen berichtet als im Alten
Testament. Jesu Kommen war ein Überströmen von Gottes Erbarmen
und Mitleid. Dies wurde gerade in den Heilungen sichtbar. Krankheit
und Gesundheit waren nicht mehr ausschließlich eine Folge von Gehorsam oder die Bestrafung für Sünde. Krankheit wird im Neuen Testament
als eine Auswirkung und Folge der Sünde betrachtet und ist daher in ihrem Ursprung böse, ein Zeichen der Herrschaft Satans. (Dies steht nicht
im Widerspruch zum Alten Testament; Gott ist nach wie vor Herr der
ganzen Schöpfung, er steht über dem Teufel. Aber Gott führt nie jemanden durch Böses in Versuchung. Das Neue Testament erläutert das Alte
Testament, es widerspricht ihm nicht. Es zeigt ein umfassenderes Bild
und offenbart die Rolle Satans.)

Zu Beginn seines öffentlichen Wirkens verkündete Jesus, daß das
Reich Gottes nahe herbeigekommen sei (Mk. 1,15), und er fing sofort an,
Kranke zu heilen und Dämonen auszutreiben. Als er einen besessenen

Mann geheilt hatte, der blind und stumm war, sagte er zu den Pharisäern: »Wenn ich aber die bösen Geister durch den Geist Gottes austreibe, so ist ja das Reich Gottes zu euch gekommen« (Mt. 12,28). In Lukas 17,21 verkündete er, daß das Reich Gottes, seine Herrschaft, in unserer Mitte sei, und in 1. Korinther 10,11 schreibt Paulus, daß auf uns »das Ende der Zeiten gekommen ist«. So brachte Jesus also das kommende Zeitalter in die »gegenwärtige böse Welt« hinein (Gal. 1,4; Eph. 1,21), auch wenn das bisher nur ein Vorgeschmack auf »die Kräfte der zukünftigen Welt« ist (Heb. 6,5) und wir noch nicht die vollkommene Erfüllung sehen. Wie wird die Erfüllung des kommenden Zeitalters aussehen? Ein Element wird die vollkommene Gesundheit sein: »Gott wird abwischen alle Tränen von ihren Augen, und der Tod wird nicht mehr sein, noch Leid noch Geschrei noch Schmerz wird mehr sein; denn das Alte ist vergangen« (Offb. 21,4). Die Menschen, die Jesus lieben, werden vollkommen heil sein — an ihrem Körper, ihrer Seele und ihrem Geist. Die gute Nachricht ist, das Christen das jetzt schon erfahren können: »Ist jemand in Christus, so ist er eine neue Schöpfung; das Alte ist vergangen, siehe, ein Neues ist geworden« (2. Kor. 5,17). Schon jetzt können wir in Christus heil werden, und das schließt die Heilung unseres Körpers, unserer Seele, unseres Verstandes und unseres Geistes mit ein. Aber da die Erfüllung des Reiches noch nicht da ist, bleibt der Heilungsdienst Stückwerk; Heilung ist schon da, aber sie ist noch nicht vollkommen.

Alle Lebensbereiche

Das Neue Testament lehrt, daß göttliche Heilung nicht nur für den Leib und den Geist da ist; sie ist umfassender. Göttliche Heilung berührt jeden Bereich des menschlichen Lebens, der unter der Macht oder dem Einfluß Satans steht. Sie hat verschiedene Aspekte:

* Vergebung der Sünde;
* Heilung von Krankheit;
* Befreiung aus Armut und gesellschaftlicher Unterdrückung;
* Befreiung von dämonischen Mächten und Einflüssen;
* Auferweckung der Toten.

Die Grundbedeutung von *iaomai*, einem der fünf griechischen Worte im Neuen Testament, die allgemein mit »heilen« übersetzt werden, ist die Vorstellung von »ganz sein«, von »heil sein«. Dieses Wort wird zweiundzwanzigmal für körperliche Heilung verwandt (zum Beispiel Mt. 15,28); im übertragenen Sinne wird es fünfmal für geistliche Heilung gebraucht (siehe Mt. 13,15); und in Jakobus 5,16 (»Bekennt einander eure Sünden und betet füreinander, damit ihr gesund werdet«) kann man *iaomai* sowohl auf die körperliche als auch auf die innere Heilung beziehen.

Ein weiteres Wort, das gewöhnlich mit »heilen« übersetzt wird, *sozo* (in der Intensivform *diasozo*), wird in Heilungsberichten von Jesus sechzehnmal gebraucht. Dieses Wort, das von einem aramäischen Begriff stammt, hat eine interessante Doppelbedeutung:»lebendig machen« und »gesund machen«. In Markus 3,4, wo Jesus am Sabbat einen Mann mit einer abgestorbenen Hand heilt, fragt er die Pharisäer:»Ist es erlaubt, am Sabbat Gutes zu tun oder Böses zu tun, ein Menschenleben zu retten oder zu töten?« (Zürcher) Der Ausdruck »ein Menschenleben retten« — *psychen sozai* — bezieht sich sowohl auf geistliche als auch auf körperliche Rettung.[6]

John Wilkinson schreibt über diese Doppelbedeutung:
».. . es ist deutlich, daß seine (*sozos*) umfassende Bedeutung in den Evangelien darauf hinweist, daß sich die christliche Vorstellung von Heilung und Rettung überschneidet. Je nach Situation ist das Maß der Überschneidung unterschiedlich, aber diese beiden Aspekte sind nie völlig getrennt. Die Heilung des Leibes ist nie nur eine körperliche Heilung, und die Rettung der Seele betrifft nie nur den Geist, sondern beide gehören zur vollkommenen Befreiung des ganzen Menschen. Jesu Heilungswunder in den Evangelien machen dies deutlich und geben einen Vorgeschmack auf die vollkommene Befreiung.«[7]

Um die Bedeutung von Heilung im Neuen Testament noch besser zu verstehen, wollen wir uns auch noch die anderen griechischen Worte ansehen, die im Neuen Testament »heilen« bedeuten. *Therapeuo,* das am häufigsten gebrauchte Wort, meint, daß göttliche Heilung eine »sofortige und vollkommene Wiederherstellung der Gesundheit ist . . ., bei der der Mensch keine weitere Behandlung mehr braucht«.[8] Das letzte Wort, *apokathistemi,* bedeutet,»den früheren Zustand der Gesundheit wiederherzustellen«.[9]

Die Heilung ist umfassend, weil das Reich Gottes gekommen ist, um eine neue Ordnung zu schaffen, eine neue Schöpfung. Heilungen sind Zeichen der Gegenwart und Kraft des Reiches Gottes. Darum antwortete Jesus, als ihn Johannes der Täufer durch die Boten fragen ließ, ob er der Messias sei:»Geht und berichtet Johannes, was ihr gesehen und gehört habt: Blinde sehen, Lahme gehen, Aussätzige werden rein, Taube hören, Tote stehen auf, Armen wird das Evangelium gepredigt; und selig ist, wer nicht an mir irre wird« (Lk. 7,22-23).

Kampf mit Satan

Im Neuen Testament sehen wir, daß Heilung mit der Abkehr von Sünde und der Abwendung von Satan zusammenhängt. Die Gesundheit ist häufig abhängig von der Gerechtigkeit oder Sündhaftigkeit des einzelnen (Mk. 2,1-12; Jh. 5,1-11, 14; Jk. 5,14-16). Es gibt auch Verse im Neuen Testament, die andeuten, daß, genau wie unter dem Alten Bund, gemeinsamer Ungehorsam und gemeinsame Sünde die Tür für Schwachheit, Krankheit und Tod öffnen (Apg. 5,1-11; 1. Kor. 11,27-32). Westliche Christen leben in einer individualistischen Gesellschaft. Nur wenige Menschen denken, daß die Sünde, die ein einzelner begeht, das Wohlergehen, ja die Gesundheit einer ganzen Gruppe beeinflussen kann. Doch in dem beschriebenen Sinne hat die Sünde eines einzelnen Auswirkungen auf die Gesamtheit. Wenn also mehrere Menschen auf einmal bestraft werden, so geschieht das mit demselben Ziel, als wenn ein einzelner bestraft wird: damit wir Buße tun für unsere Sünden und in der Gnade wachsen.

Anders als im Alten Testament sind im Neuen Testament nur die wenigsten Krankheiten eine direkte Folge konkreter Sünde des Kranken. Krankheit kann also schon durch unsere eigene Sündhaftigkeit verursacht sein, dies ist jedoch nicht immer der Fall. Es gibt auch Krankheit, die nicht durch Sünde zu erklären ist. Viele Krankheiten werden von Satan verursacht. Bei der Heilung des von Geburt an Blinden macht Jesus dieselbe Aussage, die wir auch aus dem Buch Hiob kennen — daß nämlich Krankheit nicht immer die Folge von Ungehorsam sein muß. Jesus sagt: »Weder dieser noch seine Eltern haben gesündigt, sondern an ihm sollen die Werke Gottes offenbar werden« (Jh. 9,3). Im Neuen Testament sehen wir, daß Satans Angriffe vor allem die *Gerechten* treffen. Wie schon in Kapitel 1 erwähnt, mußte Jesus leiden, obwohl er unschuldig war, alle Jünger (außer Johannes) starben eines gewaltsamen Todes, und der ganze erste Petrusbrief spricht vom Leiden für Christus.

Dies bringt uns zu der Frage, warum der Gerechte leiden muß. Die Antwort besteht zum Teil darin, daß wir in einen Kampf mit Satan hineingeworfen sind, und wie in jedem Krieg gibt es dabei Opfer. Zu jeder Zeit im Verlaufe des Kampfes kann der Herr sagen, daß wir an der Front gebraucht werden.[10]

Jesu Beispiel

Einer der zwingendsten Gründe, für Kranke zu beten, ist der, daß Jesus viele Kranke geheilt hat. Wenn er unser Vorbild im Glauben und im Handeln ist, dann können wir seine Heilungen nicht ignorieren. Von Anfang an haben die Christen Jesu Wundern große Beachtung geschenkt und dadurch reichen Segen empfangen. Ihre Haltung zeigt uns, wie unser Leben als Christ aussehen sollte. Jesus hat Krankheit nie als Segen für einen Menschen bezeichnet; überall, wo er hinkam, heilte er die Kranken. Sollte er also wirklich unser Vorbild im Glauben und Handeln sein, können wir seinen Heilungsdienst nicht ignorieren. In den Evangelien wird von einundvierzig Heilungen körperlicher und geistiger Art berichtet, die Jesus vollbrachte. Die Gesamtzahl der Heilungen liegt viel höher, denn viele Verse enthalten einfach nur eine Zusammenfassung und beziehen sich auf die Heilung von vielen Menschen. Die ausführlicheren Berichte sind Darstellungen der Heilungen, die am meisten Aufsehen erregten. Als Zusammenfassung von Jesu Wirken schreibt Johannes: »Noch viele andere Zeichen tat Jesus vor seinen Jüngern; die sind nicht in diesem Buch aufgeschrieben. Diese aber sind aufgeschrieben, damit ihr glaubt, daß Jesus der Christus ist, der Sohn Gottes . . . Es gibt noch vieles andere, was Jesus getan hat. Wenn aber eins nach dem andern aufgeschrieben werden sollte, würde die Welt — meine ich — die Bücher nicht fassen, die zu schreiben wären« (Jh. 20,30-31; 21,25).

Von den 3774 Versen der vier Evangelien beziehen sich 484 konkret auf die Heilung von körperlichen und geistigen Krankheiten und die Auferweckung der Toten. Noch beeindruckender sind die Zahlen, wenn man sich nur die erzählenden Verse ansieht: von 1256 erzählenden Versen in den Evangelien sprechen 484 Verse von Jesu Heilungswundern — das sind 38,5 Prozent. Abgesehen von Gesprächen über Wunder im allgemeinen, wird den Heilungen Jesu weit größere Aufmerksamkeit zugewandt als irgendeinem anderen Thema.[11] (Anhang B enthält eine Übersicht der Heilungen Jesu in den Evangelien. Dort finden sich auch Bibelstellen und Beschreibungen der einzelnen Heilungsberichte.)

Jesus verkörperte das Reich Gottes, er rettete und heilte die Menschen. Er gab auch den Jüngern die Vollmacht zu heilen, so daß sie das Reich Gottes vorantreiben konnten. Er lehrte die Zwölf und die Zweiundsiebzig, und er sandte sie aus (Lk. 9,1-9; 10,1-24); im Aussendungsbefehl war der Auftrag zum Heilen mit eingeschlossen (Mk. 16,14-20); in der Apostelgeschichte lesen wir, wie die Jünger heilten. (Anhang C ist eine Zusammenfassung der Wunder, die die Jünger vollbrachten, so wie es in den Evangelien — Matthäus, Markus, Lukas — und in der Apostelgeschichte berichtet wird.)

Kirchengeschichte

Obwohl es im Laufe der Kirchengeschichte verschiedene Ansichten über die Bedeutung von göttlicher Heilung gegeben hat, gibt es doch Beispiele von Heilungen, die in sich selbst eine Bestätigung für meine Auslegung der Schrift sind. Als ich über dieses Thema innerhalb der Kirchengeschichte nachforschte, war ich überrascht, wie viele Berichte ich fand, die davon sprachen, daß Kranke geheilt wurden. In den ersten hundert Jahren der Kirche, dem sogenannten apostolischen Zeitalter, war Heilung ein fester Bestandteil des christlichen Lebens. In der Tat können wir in den Heilungen (und anderen Wundern) eine Erklärung dafür finden, warum sich das Christentum in jener Zeit so ungeheuer ausbreitete.

Ein charakteristischer Bericht aus dem zweiten Jahrhundert ist der folgende von Irenäus (ca. 140-203) in seiner Schrift *Gegen die Häresie,* Buch 1:

»Denn einige treiben wirklich und wahrhaftig Teufel aus, so daß diejenigen, die auf diese Weise von bösen Geistern befreit wurden, sich häufig der Kirche anschließen. Andere haben ein Vorwissen von zukünftigen Dingen: Sie haben Visionen und sprechen Weissagungen aus. Wiederum andere heilen die Kranken, indem sie ihnen die Hände auflegen, und viele werden gesund. Ja, sogar noch mehr — wie ich schon gesagt habe —, selbst die Toten sind auferweckt worden und haben noch viele Jahre unter uns gelebt. Und was soll ich noch sagen: es ist nicht möglich, die Anzahl der Gaben mit Namen zu nennen, die die Kirche, die in der ganzen Welt zerstreut ist, von Gott empfangen hat im Namen Jesu Christi, der unter Pontius Pilatus gekreuzigt wurde; diese Gaben teilt sie Tag für Tag aus, zum Segen für die Heiden. Solche Wunder sind weder ein Betrug, noch nimmt die Kirche eine Belohnung dafür. Da sie von Gott umsonst empfangen hat, gibt sie das Empfangene auch umsonst an andere weiter.«[12]

In jedem Jahrhundert der Kirchengeschichte lassen sich ähnliche Berichte, wie dieser des Irenäus, finden.

Wenn man sich die vorhandenen historischen Dokumente ansieht, so scheint es, daß in den ersten vier Jahrhunderten der Kirchengeschichte häufig Heilungen geschahen. Im Mittelalter bis zur Reformationszeit gehen die Berichte über Heilungen zurück, obwohl man auch aus dieser Zeit noch viele interessante Geschichten finden kann. Von der Reformationszeit an bis heute nehmen die Berichte über Heilungen wieder ständig zu, wobei die Anzahl der Berichte im zwanzigsten Jahrhundert bemerkenswert groß ist. (Die Fülle der Berichte aus diesem Jahrhundert mag zum Teil auf das moderne Nachrichtenwesen zurückzuführen sein.)

Power evangelism — Vollmächtige Evangelisation[13]

Ein weiterer Grund, für Kranke zu beten, ist der, daß Heilung die Evangelisation unterstützt. Heilung ist ein »Evangeliums-Förderer«. Dies habe ich von den Studenten aus der dritten Welt gelernt, die an der School of World Mission am Fuller Seminary waren. Die Berichte über einzelne Heilungen sind schon interessant genug, aber die Folgen, die diese auf das Gemeindewachstum und das geistliche Wachstum haben, sind umwerfend. Die Studenten aus der dritten Welt am Fuller Seminary behaupteten, es sei einfacher, für die Heilung von Menschen zu beten, als ihnen von Christus zu erzählen. Aber Menschen von Christus zu erzählen, *nachdem* sie geheilt worden sind, sei sehr einfach. Die Bibel bestätigt dies; lesen Sie nach, wie häufig Jesus zuerst die Kranken heilte und dann das Evangelium vom Reich Gottes verkündigte.

Logische Folgerungen

Noch einen letzten Grund für göttliche Heilung will ich nennen. Es ist die logische Schlußfolgerung, die man aus dem ziehen kann, was die Bibel über Gott lehrt: Gott ist die Liebe, er ist allmächtig, er gibt umfassendes Heil.

Die meisten Menschen glauben nicht, daß Gott böse ist, daß er absichtlich die Welt in Not bringt und Freude daran hat, Menschen leiden zu sehen. Für die Christen ist Gott die Liebe, er ist allwissend und allmächtig —»der Herr hat Wohlgefallen an seinem Volk, er hilft den Elenden herrlich« (Ps. 149,4). Mit anderen Worten, Gott ist freundlich, er möchte nicht, daß seine Kinder krank sind, sondern freut sich vielmehr, wenn sie gesund sind. Wenn wir sagen, Gott ist freundlich und will heilen, verleugnen wir damit nicht seine unumschränkte Herrschaft oder schreiben ihm ein bestimmtes Verhalten vor — er bleibt der Gott des Universums, dessen Herrschaft wir nicht in Frage stellen dürfen. Ich beschreibe vielmehr Gottes Wesen so, wie er sich in seiner Liebe selber immer wieder den Menschen gezeigt hat — besonders in Jesus, in dem er sich vollkommen offenbarte.

Die meisten Menschen sind lieber gesund als krank, und sie unternehmen praktische Schritte, um gesund zu bleiben. Gute Menschen wünschen auch, daß ihre Freunde gesund sind. Jesus ist mehr als ein guter Freund; seine Liebe ist größer als die Liebe irgendeines anderen Menschen. Er starb für uns. Er nahm das Leiden der Welt auf sich. Wie könnte er nicht wollen, daß wir gesund sind? Man braucht viel Glauben, um komplizierte theologische Argumente zu bejahen, die sagen, daß göttliche Heilung heute nicht mehr geschieht. Es ist einfacher zu glauben, daß Gott heute noch genauso wirkt wie im ersten Jahrhundert.

1977 hatte sich meine Einstellung zu göttlicher Heilung geändert, aus Skepsis war Offenheit geworden; früher hatte ich bestritten, daß Gott auch heute noch Kranke heilen konnte, nun bejahte ich dies. Aber, daß sich meine Einstellung und mein Glaube verändert hatten, hieß noch nicht, daß ich nun auch für Kranke betete. Auch jene Nacht, in der Carol meine Hand auf ihre Schulter legte und Gott bat, sie zu heilen, änderte nichts daran. Ich hatte erst noch ein viel größeres Problem zu bewältigen: wie will Gott Gemeinden bauen, die geistlich ausgerüstet, gesund und reif sind? Ich ahnte nicht, daß die Antwort auf diese Frage mit dazu beitragen würde, mich dahin zu führen, daß ich für Kranke betete. Diese Geschichte ist das Thema des nächsten Kapitels.

Kapitel 3

Eine Vision von Gottes Mitleid und Erbarmen

1977 war ich schließlich soweit zu glauben, daß Gott auch heute noch Kranke heilen kann. Viele Faktoren hatten dazu beigetragen, daß sich mein Denken und meine Einstellung in bezug auf göttliche Heilung geändert hatten: neue Erkenntnisse, die ich durch Bibelstudium und Gebet gewonnen hatte; Carols Heilung von Arthritis; und das beständige Wirken des Heiligen Geistes; er trieb mich vorwärts, prüfte mich und nahm mich in Zucht. Trotzdem glaubte ich nicht, daß diese neue Erkenntnis über göttliche Heilung für mich bedeuten könnte, auch tatsächlich für Kranke zu beten. Ich konnte mir auf jeden Fall nicht vorstellen, daß all dies eines Tages zu meinem eigenen Heilungsdienst führen würde.

Kurz nachdem ich aus Detroit zurückgekehrt war, drängte mich Carol, einmal an einem Abend ihres Hauskreises teilzunehmen. Die kleine Gemeinschaft traf sich in einem Haus, das keine Klimaanlage hatte. Wir lobten Gott, sangen, lasen gemeinsam in der Bibel und schwitzten. Ab und zu erhob jemand seine Hände; das war mir sehr fremd. »O nein«, dachte ich, »wohin hat Carol mich hier nur gebracht?« Doch trotz meiner Zurückhaltung verstand ich eine Sache nicht: alle schienen sehr glücklich und voller Freude. Konnte es Gottes Wille sein, daß seine Kinder dichtgedrängt in einem heißen Raum zusammensaßen und noch bis spät in die Nacht hinein sangen und schwitzten? Ich war geistlich blind und konnte nicht sehen, wie Gott in diesem Kreis wirkte.

Als der Hauskreis zu Ende war, gingen Carol und ich noch einen Hamburger essen. Ich war ziemlich gereizt (durch den Hauskreis). Da fing Carol an, mir zu erzählen, wie sehr sich ihr Leben verändert hatte. Den wichtigsten Anstoß hatte sie durch ein Buch von Ralph C. Martin bekommen, *Hungry For God.*[1] Er schreibt in diesem Buch darüber, wie nah unsere Beziehung zu Christus sein soll. Carol sagte, dies sei für sie der Auslöser gewesen, sich mehr der Kraft des Heiligen Geistes zu öffnen. Ich sagte:»Gleich erzählst du mir auch noch, daß du die Gabe des Sprachengebets hast.«

»Ja«, sagte sie. Ich war so geschockt, daß ich nichts erwidern konnte.

Dann brachte sie den Hauskreis zur Sprache. Sie fragte mich: »Was denkst du denn über den Kreis?« »Das führt zu nichts«, gab ich zur Antwort. »Dem Kreis fehlt ein Leiter. Ihm fehlt die Richtung. Er wird nicht lange bestehen.«

Carol zögerte, doch dann sah sie mich an und sagte: »John, ich war immer dagegen, daß du noch mal Pastor wirst. Aber falls Gott dich jemals wieder in diese Richtung führt, sollst du wissen, daß ich dafür bin.«

In den darauffolgenden zweieinhalb Monaten zeigte mir Gott immer wieder seinen Wunsch, daß ich wieder Pastor werden sollte. Einmal zum Beispiel, als ich mit C. Peter Wagner im Flugzeug saß, wandte sich dieser mir zu und sagte: »John, warum gehst du nicht nach Hause und gründest in Yorba Linda eine Gemeinde?« Ein paar Tage danach war ich in New York, um dort ein Seminar über Gemeindewachstum durchzuführen. Da kam ein lutherischer Pastor auf mich zu und sagte: »Es ist mir sehr peinlich, ich habe vorher so etwas noch nie erlebt. Aber Gott hat mir eine Botschaft für Sie gegeben. Ich habe sie aufgeschrieben. Hier.« Er reichte mir einen Zettel und ging wieder. Ich öffnete das Papier und las die folgenden Worte: »Geh nach Hause.« Die Führung des Herrn war klar, so gehorchte ich ihm und wurde wieder Pastor.

Am Muttertag im Mai 1977 hielt ich meine erste Predigt als Pastor der Gemeinde, die sich heute Vineyard Christian Fellowship nennt. (Nach wie vor arbeitete ich vollzeitlich als Berater für Gemeindewachstum.) Mein Predigttext war aus dem Lukasevangelium, und auch in den folgenden zehn Monaten predigte ich nur aus diesem Evangelium.

Das Lukasevangelium

Nun war ich also wieder Pastor. Ich hatte nur wenig klar formulierte Gedanken über Krankenheilung. Mein Hauptanliegen war die Gemeinde. Ich wollte sehen, was Gott mit einer Gruppe von Menschen tun konnte, die auf ihn hörten und ihm gehorchten. Ich wollte erleben, wie eine Gruppe bis zu dem Stadium wächst, wo alle ausgerüstet und geübt sind und im Dienst stehen.

Anfangs waren wir, äußerlich gesehen, eine typisch fundamentalistische Gemeinde. Die Betonung lag auf biblischer Lehre, Anbetung, Gebet und Gemeinschaft. Der einzig sichtbare Unterschied zu anderen ähnlichen Gemeinden war, daß wir nicht die traditionellen Lieder sangen; wir sangen meist neue Lieder, manche davon entstanden sogar in unserer Gemeinde. Vieles von dem, was ich vor vielen Jahren in meiner ersten Zeit als Pastor gelernt hatte, konnte ich nun anwenden; die grundlegende Voraussetzung meines Dienstes hatte sich jedoch geändert: ich sah diesmal auf Gott, er sollte meinem Dienst die Richtung geben. In Detroit hatte er mir ja versprochen, mir »seinen Dienst zu zeigen«. Ich wußte, daß ich Gott die Verantwortung zu überlassen hatte und ihm erlauben mußte, uns die Richtung zu weisen..., ganz gleich, wie meine Vorstellungen aussahen. Darum war ich sehr flexibel und offen für neue Gedanken und Anweisungen von Gott. Leicht fiel mir das allerdings nicht. Wir erlebten Gottes Gegenwart in unseren Gottesdiensten. Der Schlüssel zur geistlichen Erneuerung war die Anbetung. Manchmal sangen wir stundenlang und lobten Gott. Seine erneuernde Gegenwart war jedesmal zu spüren.

Während ich Sonntag morgens immer aus dem Lukasevangelium predigte, lehrte Mittwoch abends John Amstutz über die Geistesgaben. Er war Professor am Life Bible College in Los Angeles. Durch Johns Abende begannen einige Mitglieder der Gemeinde, Interesse an den Geistesgaben zu zeigen, besonders an Heilung. Weil meine Beratertätigkeit immer noch mit vielen Reisen verbunden war, war ich Mittwoch abends oft nicht dabei. Daraus ergab sich, daß mir viele Gemeindeglieder in ihrem Interesse und Wunsch, für die Kranken zu beten, um etliches voraus waren.

Da das Lukasevangelium voll ist von Berichten über Jesu Heilungen, war ich gezwungen, eine Art Predigtreihe über dieses Thema zu beginnen. Ich war offen für Heilung, weil mir das Leben und die Lebendigkeit der Gemeinde am Herzen lagen. Als ich anfing, über Heilung zu predigen, war ich überrascht, daß einige sofort anfingen, für Kranke zu beten. Sie beteten um Heilung, lange bevor ich damit begann!

Im August 1977 (nachdem ich schon vier Monate über das Lukasevangelium gepredigt hatte) stellte ich Gott die Frage, ob Krankenheilung ein wichtiger Bestandteil des Gemeindelebens sei. Ich hatte erkannt, daß es in der Gemeinde Heilung geben sollte, das Lukasevangelium brachte dieses Thema ins Zentrum meiner Aufmerksamkeit. Zu jener Zeit pflanzte der Heilige Geist den Heilungsdienst in mein Herz ein. Über viele Jahre hin hatte der Heilige Geist mein Herz immer mehr für Gottes übernatürliches Handeln geöffnet. Und nun kam endlich der Höhepunkt. Der entscheidende letzte Schritt geschah an einem Mittwochabend, es war einer der wenigen Abende, wo ich an dem Bibelstudium teilnehmen konnte. Während John Amstutz sprach, wanderten meine Gedanken zu meiner Sonntagspredigt. Ich betete still für mich, und Gott erinnerte mich an Matthäus 9,1-8, den Abschnitt, wo Jesus den Gelähmten heilt. Ich schlug ihn auf und las:

»Da stieg er in ein Boot und fuhr hinüber und kam in seine Stadt. Und siehe, da brachten sie einen Gelähmten zu ihm, der auf einer Trage lag. Als nun Jesus ihren Glauben sah, sprach er zu dem Gelähmten: Sei getrost, mein Sohn, deine Sünden sind dir vergeben. Und siehe, einige unter den Schriftgelehrten dachten bei sich: Dieser lästert Gott. Doch Jesus erkannte ihre Gedanken und fragte: Warum denkt ihr so Schlimmes in euren Herzen? Was ist denn leichter? Zu sagen: Dir sind deine Sünden vergeben, oder zu sagen: Steh auf und geh! Damit ihr aber wißt, daß der Menschensohn Vollmacht hat, auf Erden die Sünden zu vergeben — sagte er zu dem Gelähmten: Steh auf, hebe deine Trage auf und geh heim! Und er stand auf und ging heim. Als das Volk das sah, fürchtete es sich und pries Gott, der den Menschen solche Macht gegeben hat.«

Als ich über diesen Abschnitt betete, tauchten viele Fragen auf. Erstens fragte ich Gott, ob meine Einstellung zum Gebet für Kranke genauso aussehen sollte wie meine Einstellung zu persönlicher Evangelisation. In diesem Abschnitt handelt Jesus so, als ob Predigen und Heilen gleichermaßen zum Dienst im Reich Gottes gehörten. Ich spürte, wie Gott zu mir sagte:»Ja, die Christen sind genauso dazu berufen, die Kranken zu heilen, wie sie dazu berufen sind, zu evangelisieren.« In Matthäus 9 sagt Jesus, daß Heilen nicht schwieriger ist als Sünden zu vergeben (»Was ist denn leichter?«). Ja, aus seinen Worten könnte man sogar ableiten, daß es *leichter* ist, Kranke zu heilen, als Sünden zu vergeben.

Dies führte mich zur nächsten Frage.»Herr«, sagte ich,»haben die meisten Menschen (ich eingeschlossen) Angst, für Kranke zu beten, weil wir deine wahre Natur nicht kennen — wer du bist und wie du wirkst? Werden wir durch diese Unkenntnis gehindert?« Wieder spürte ich, wie Gott antwortete:»Ja, die meisten Menschen zögern, ja haben Angst, für Kranke zu beten, weil sie mein Mitleid und Erbarmen nicht kennen. Sie wissen etwas über mich, aber mich selbst kennen sie nicht.«

In Matthäus 9 fragt Jesus die Schriftgelehrten, warum sie so böse Gedanken in ihrem Herzen hegen. Die Schriftgelehrten kannten die Lehre, aber ihr Herz war von einer Wolke des Stolzes verdunkelt. Sie kannten Gott nicht. Folglich konnten sie auch nicht erkennen, daß er es war, der die Kranken heilte. In diesem Moment erkannte ich einen Grund dafür, warum ich jahrelang nicht für Kranke gebetet hatte: ich hatte mich hinter einer Theologie versteckt, die bestreitet, daß Gott heute noch heilen kann. Dieser theologische Standpunkt war jedoch nur eine Maske, hinter der ich das Übel meines ungläubigen und zweifelnden Herzens verbarg.

Als letztes fragte ich:»Willst du damit sagen, daß wir für Kranke beten sollen?« Gott antwortete:»Ja, genauso wie ich euch Vollmacht gebe, das Evangelium von der Vergebung der Sünden zu predigen, so gebe ich euch auch Vollmacht, die Kranken zu heilen.« In Matthäus 9 heißt es, daß das Volk voll Ehrfurcht war, weil Jesus den Lahmen heilen und dessen Sünden vergeben konnte. Sie priesen Gott,»der den Menschen solche Macht gegeben hat«. Die Aussage dieses Abschnittes schien mir klar: wir Christen sind von Gott beauftragt, die Kranken zu heilen. *Ich bin beauftragt, die Kranken zu heilen.*

Altarruf

Nach der Empfängnis kommt die Schwangerschaft, eine Zeit, in der der Embryo ernährt wird und sich entwickelt. Die Schwangerschaftszeit der göttlichen Heilung in mir begann am nächsten Sonntag und dauerte sechs Monate. Innerhalb dieser Zeit handelte fast jede Predigt, die ich hielt, von göttlicher Heilung. Es waren erst wenige Wochen vergangen, da sagte mir Gott, daß ich nach jeder Predigt einen Altarruf für die Kranken machten sollte, damit wir für sie beten könnten. Mir gefiel dies nicht, aber im Gehorsam gegen Gott forderte ich am nächsten Sonntag die Kranken auf, nach vorne zu kommen, und wir beteten für sie.

Beim ersten Mal wurde keiner geheilt. Im Gegenteil, einige von denen, die für die Kranken beteten, steckten sich sogar bei diesen an! Wir bekamen Grippe, Erkältungen..., ja sogar Kopfschmerzen. Das Ganze war eine sehr demütigende Erfahrung. Als ich nach diesem Gottesdienst nach Hause ging, betete ich:»Herr, ich will mich nie wieder so sehr demütigen wie gerade eben.«

Doch am nächsten Sonntag sagte Gott mir erneut, daß ich einen Altarruf machen sollte, sowohl im Morgen- als auch im Abendgottesdienst. Ich gehorchte. Ich fürchtete mich mehr vor den Folgen des Ungehorsams als vor der Demütigung. Auch am darauffolgenden Sonntag forderte ich die Kranken wieder auf, nach vorne zu kommen, und so ging es acht oder neun Wochen lang — immer noch war kein einziger geheilt worden.

Mit der Zeit wuchs in mir die Enttäuschung, und ich fühlte mich verletzt. Einige Leute verließen die Gemeinde; sie wollten bei so etwas Törichtem nicht länger mitmachen. (Ich konnte ihnen keinen Vorwurf machen.) Bei vielen von ihnen war es nicht die *Theorie* der göttlichen Heilung, an der sie Anstoß nahmen, sondern die *Praxis* stieß sie ab, die Tatsache, daß wir tatsächlich für die Kranken beteten.

Ich war nicht sehr überrascht von ihrer Reaktion. Als Gemeindeberater erlebte ich oft eine Diskrepanz zwischen dem, was Christen glaubten, und dem, was sie lebten und taten. Zum Beispiel begegnete ich als Berater vielen Pastoren, die sagten, daß sie Evangelisation für sehr wichtig hielten.

Aber wenn ich mir ihre Gemeinden ansah, stellte ich fest, daß nur wenig neue Menschen hinzukamen.

Die tatsächliche Evangelisation war ihnen nicht wichtig: sie hatten dafür weder Mitarbeiter, noch Geld, noch Programme. Entsprechend meiner Einstellung zur Evangelisation entdeckte ich nun, daß mein Glaube an die Wichtigkeit der Heilung mich dazu zwang, auch tatsächlich für die Kranken zu beten.

Die Altarrufe waren einfach nur ein Mittel, um einen Raum für dieses Gebet zu schaffen.

»Predige mein Wort«

Doch als Woche um Woche verging, ohne daß wir irgendeinen Erfolg sahen, wurde ich mutlos. Einmal, als ich in der Bibel las, um mich auf die Predigt vorzubereiten, wurde ich so zornig, daß ich die Bibel zuschlug und sagte: »Ich predige nicht mehr über Heilung.« Da sprach Gott ganz klar zu mir: »Entweder du predigst mein Wort, oder du kannst gehen.«

»Gehen?« fragte ich voll Angst. »Was meinst du mit gehen?«

Ohne auf meine Frage einzugehen, sprach der Herr zu meinem Herzen. »Predige mein Wort, nicht deine Erfahrung.« Ich kam mir vor wie ein bestrafter Schuljunge, aber ich nahm die Ermahnung des Herrn ernst. So predigte ich also weiter über Christus als unserem Vorbild im Beten für die Kranken, und daß es wichtig ist, so zu handeln, wie er es tat.

Wir beteten also weiter für die Kranken; durch unser Versagen wurde uns schmerzlich bewußt, daß es uns an Erkenntnis fehlte. Wir wußten nicht, *WIE* wir beten sollten. Ich begann die Bibel zu durchforschen, um mehr über Heilung zu lernen, besonders beschäftigte ich mich mit Jesu Wirken. Auch las ich alle christlichen Bücher über dieses Thema, die ich finden konnte. Ich las Francis McNutts Buch *Die Kraft zu heilen*[2], das ein kluges Plädoyer für den Heilungsdienst ist. Mein Motiv war nicht nur, zu lernen, wie *ich* mit Erfolg für Kranke beten konnte, sondern ich wollte wissen, wie ich *jedes Mitglied* meiner Gemeinde für den Heilungsdienst ausbilden und ausrüsten konnte. Wenn ich zurückblicke, erkenne ich, wie töricht es war, mich zu einem Zeitpunkt, wo wir noch *keine einzige* Heilung erlebt hatten, darum zu bemühen, alle Gemeindemitglieder für das Gebet mit Kranken auszurüsten.

Ich begann auch, Kontakt zu Menschen zu suchen, die mit Erfolg für Kranke beteten. Ich wollte von ihnen lernen. Noel Weiss, damals Pastor des Melodyland Christian Center in Anaheim, war ein Mann, durch den Gott viele Menschen heilte. Es fiel mir leicht, mit ihm ins Gespräch zu kommen, vielleicht weil er, bevor er Christ wurde, genau wie ich Jazzmusiker gewesen war. Er hatte eine behutsame Art, für Kranke zu beten, ohne Theatralik oder zweifelhafte Machenschaften. Ich beobachtete Noel Weiss und auch andere, die einen erfolgreichen Heilungsdienst hatten. Dadurch und durch Gespräche mit diesen Menschen wuchs meine Erkenntnis und mein Glaube in bezug auf göttliche Heilung.

Nachdem wir zehn Monate lang ohne Erfolg gebetet hatten, erlebte ich meine größte Niederlage. Unsere Gemeinde traf sich inzwischen in der Turnhalle einer Schule. Quer über die Bühne hing ein Vorhang. Am Ende jedes Gottesdienstes luden wir die Kranken ein, zum Gebet hinter den Vorhang zu kommen. Die Turnhalle hatte keine Klimaanlage; es war dort ungeheuer heiß, auch die Luftfeuchtigkeit war sehr hoch. An jenem Sonntag beteten wir zu mehreren für einen Mann (ich weiß nicht mehr, was seine Krankheit war). Wir beteten zwei Stunden lang. Wir beteten alles, was wir nur wußten, denn unser größter Wunsch war, diesen Mann geheilt zu sehen. Ganz verzweifelt hörten wir schließlich auf. Ich war so am Ende, daß ich mich zu Boden warf und zu weinen anfing. »Das ist nicht fair«, schrie ich, »du sagst uns, daß wir das predigen sollen, was in deiner Bibel steht, aber wenn wir dann danach handeln, läßt du uns im Stich. Hier sind wir; wir tun alles, was wir können — aber nichts passiert. Du sagst uns, daß wir an Heilung glauben und darum beten sollen, aber du tust überhaupt nichts. O Gott, das ist nicht fair!« Mein Herz war zerbrochen. Nach ein paar Minuten kam ich wieder zu mir und sah mich um — die anderen Männer lagen auch alle auf dem Boden und schrieen zu Gott. Unser Mißerfolg hatte uns alle zerbrochen. Ich schlich nach Hause und fiel ins Bett. Was wohl die Zukunft noch bringen würde?

Der Durchbruch

Am nächsten Morgen weckte mich das Telefon; der Mann, der anrief, gehörte erst seit kurzem zu unserer Gemeinde. Er sagte: »Ich habe eine neue Arbeitsstelle, und ich muß heute unbedingt arbeiten gehen. Aber meine Frau hat hohes Fieber. Ich kann nicht zu Hause bleiben und mich um die Kinder kümmern. Einen Babysitter können wir auch nicht finden. Können Sie kommen und für meine Frau beten?«

»Ich komme sofort«, sagte ich.

Ich legte den Hörer auf und starrte zur Decke. »Gott«, sagte ich, »was soll denn daraus werden. Der Mann glaubt den ganzen Kram ja wirklich. Entweder verliert er seine neue Arbeitsstelle, oder ich muß heute Babysitter spielen.«

Als ich bei dem Haus ankam, führte mich der Mann ins Schlafzimmer. Seine Frau sah sehr schlecht aus. Durch das Fieber war ihr Gesicht ganz rot und geschwollen. »O nein«, stöhnte ich innerlich, »das sieht wie ein schwerer Fall aus.« Ich ging zu ihr und legte ihr die Hände auf, murmelte ohne jeden Glauben ein Gebet und wandte mich dann dem Mann zu, um ihm zu erklären, warum manche Menschen nicht geheilt werden — eine Rede, die ich mir in den vergangenen zehn Monaten zurechtgelegt hatte. Ich war mitten in der Erklärung, als sich die Augen des Mannes plötzlich auf irgend etwas hinter mir richteten. Dann ging ein Lächeln über sein Gesicht. Ich drehte mich um und sah, daß seine Frau aufgestanden war. Sie sah völlig anders aus. »Was ist mit Ihnen geschehen?« fragte ich.

»Ich bin gesund«, sagte sie. »Sie haben mich geheilt. Bleiben Sie doch noch, möchten Sie eine Tasse Kaffee oder wollen Sie frühstücken?«

Ich konnte es nicht glauben. Sie war gesund! Ich lehnte ihre Einladung höflich ab und ging. Erst auf dem Weg zum Auto begriff ich wirklich, was geschehen war. Die ganzen Monate der Fragen und der Verzweiflung, der Spannung und Enttäuschung, der Offenbarung und Demütigung — diese ganzen Gefühle und Hoffnungen überwältigten mich noch einmal mit ganzer Kraft. Doch dann brach ich in helle Begeisterung aus, ich war ganz außer mir vor Freude. So laut wie ich konnte, schrie ich: »Es hat geklappt!«

Meine Verzweiflung vom Vorabend war verschwunden, in mir waren nur noch Freude und Jubel. Die Zeit der Schwangerschaft war vorbei; der Heilungsdienst war in mir geboren, und zwar in jenem Moment, in dem ich es am wenigsten erwartet hätte. Ich stieg ins Auto mit dem Wissen, daß ein neuer Glaubensweg begonnen hatte. Auf das, was mich hinter der nächsten Kurve erwartete, war ich allerdings nicht vorbereitet.

Süßer als Honig

»Es stimmt wirklich«, dachte ich, als ich mich auf den Heimweg machte, »und Gott hat *mich* zum Werkzeug seines heilenden Erbarmens gemacht.« Doch dann wurde ich durch eine unglaubliche Vision aus meiner Jubelstimmung herausgerissen.

Plötzlich sah ich in meiner Vorstellung eine Wolkenbank, die sich quer über den Himmel zu erstrecken schien. Doch diese Wolkenbank sah anders aus als alle, die ich je zuvor gesehen hatte. So fuhr ich an den Straßenrand, um die Erscheinung genauer zu betrachten. Ich entdeckte, daß es gar keine Wolkenbank war, sondern eine Honigwabe, aus der Honig tropfte. Unter der Wabe standen Menschen in unterschiedlicher Haltung. Manche zeigten Ehrfurcht; sie weinten und streckten ihre Hände aus, um Honig aufzufangen und ihn zu essen. Sie boten sogar anderen Menschen von ihrem Honig an. Eine ganz andere Reaktion zeigte eine zweite Gruppe von Menschen; diese Leute waren verärgert, versuchten sich von dem Honig zu reinigen und beschwerten sich darüber, daß alles klebte. Ich erstarrte vor Ehrfurcht; was sollte das bedeuten? »Herr, was ist das?« fragte ich.

Er antwortete: »Das ist mein Erbarmen, John. Für manche Menschen ist es ein Segen, aber für andere ist es ein Hindernis. Es ist genug da für jeden. Flehe mich nie wieder um Heilung an. Das Problem liegt nicht bei mir. Es liegt bei euch.« (Für denjenigen, der noch nie eine Vision hatte oder Gott noch nicht auf diese Weise hat reden hören, sei bemerkt, daß ich keine *akustische* Stimme vernahm. Es war mehr ein Eindruck, ich spürte in meinem Geist, wie Gott zu mir sprach. Später erwies sich das, was ich zu hören gemeint hatte, als richtig.)

Dieses Erlebnis bewegte mich sehr tief; es veränderte mein Leben mehr als alle anderen Erfahrungen, die ich, seitdem ich Christ war, gemacht hatte. Seit jenem Tag habe ich eine ganz andere Sicht von Heilung. Diese Erfahrung hatte deshalb eine solche Durchschlagskraft, weil sie meine neu gefundene Überzeugung bestätigte. Durch Bibelstudium war ich inzwischen zu dem Glauben gekommen, daß Gottes überfließende Gnade Heilung mit einschließt, wenn wir ihm nur auch an diesem Punkt vertrauen. Ich hatte dies aus der Geschichte in Markus 9,14-32 gelernt, wo Jesus einen Jungen heilt, der von einem Geist besessen und, als Folge davon, stumm war. Als die Jünger den Jungen nicht heilen konnten, ging der Vater zu Jesus und bat ihn um Hilfe. Jesus wußte den Grund für das Versagen der Jünger sofort zu benennen: es war Unglaube.

Nachdem der Vater Jesus erklärt hatte, daß der Sohn schon von Kindheit an besessen war, sagte er: »Wenn du aber etwas kannst, so erbarme dich über uns und hilf uns!« (Vers 22).

Jesus antwortete: »Wenn du kannst — wer glaubt, kann alles« (Vers 23). Der Schlüssel zu Gottes heilendem Erbarmen war der Glaube; Glaube an den Gott, der heilt.

»Ich glaube; hilf meinem Unglauben!« sagte der Vater (Vers 24). Auf Grund dieses Bekenntnisses — Jesus nannte es in Matthäus 17,20 »Glaube wie ein Senfkorn« — trieb Jesus den Geist aus dem tauben und stummen Jungen aus, und dieser wurde im selben Augenblick geheilt.

Durch Bibelstellen wie Markus 9, durch die erste Heilung und die Vision von der Honigwabe zeigte Gott mir, wie groß er ist, viel größer, als ich es mir je vorgestellt hatte, und daß das kleinste Bekenntnis des Glaubens schon ausreicht, um sein Mitleid und Erbarmen zu erfahren. Ich begriff auch, daß Gottes Erbarmen ständig auf uns herabströmt, denn alles, was er tut, kommt aus seinem Wesen: »der Vater der Barmherzigkeit (Barmherzigkeiten — *oiktirmon)* und Gott allen Trostes, der uns tröstet in aller unserer Bedrängnis« (2. Kor. 1,3; siehe auch 2. Mose 34,6; Neh. 9,17). In Psalm 145,9 heißt es: »Der Herr ist gütig gegen alle, und sein Erbarmen waltet über all seinen Werken« (Zürcher). In Titus 3,5 heißt es, daß der Herr uns gerettet hat »nach seiner Barmherzigkeit«.

Allzuoft hatte ich Gott nicht in der Fülle seiner Gnade und Barmherzigkeit gesehen. Ich hatte Vertrauen zu seiner Führung, aber ich hatte nicht das Vertrauen, daß er für mich sorgte; ich hatte Glauben genug, um die Vergebung der Sünden und die Rettung zu empfangen, aber ich hatte keinen Glauben, um göttliche Heilung zu empfangen. Ich hatte nicht begriffen, daß Gottes Erbarmen allezeit und in Überfülle für mich da ist, so wie der Honig auf alle tropfte, die unter der Wabe standen.

Durch die Vision von der Honigwabe erkannte ich auch, daß diese erste Heilung nur der Anfang war und ich Gottes Erbarmen noch auf vielfältige Weise erfahren würde — es lag nur an mir, es zu glauben und Gottes Erbarmen in Empfang zu nehmen. Einige Menschen in der Vision hatten sich gefreut, hatten umsonst empfangen und umsonst weitergegeben. Je mehr Honig sie anderen gaben, desto mehr Honig empfingen sie. »Es ist genug da für jeden«, hatte der Herr gesagt, »flehe mich nie wieder um Heilung an.«

Andere jedoch waren voller Unglauben und Zweifel, sie konnten Gottes Gnade, seine Segnungen und Gaben nicht empfangen. Sie konnten nicht verstehen, daß Gottes Erbarmen und seine Heilung größer sind als ihr Verständnis seines Wirkens. »Das Problem liegt nicht bei mir«, hatte der Herr gesagt. »Es liegt bei euch.« Das bedeutet, daß wir — nicht Gott — sein Mitleid und Erbarmen durch unseren Unglauben begrenzen. Gott will, daß wir uns in das Wirken seines Geistes einfügen, wir sollen Gottes Mitarbeiter sein, doch er gibt die Richtung an, und er wirkt die Heilung.

Was ich gelernt habe

In den zehn Monaten, in denen wir ohne jeden Erfolg beteten, habe ich viele Veränderungen durchgemacht. Bevor Gott an jenem Mittwochabend in der Bibelstunde von John Amstutz zu mir sprach, glaubte ich zwar an göttliche Heilung, aber ich glaubte nicht, daß wir, ich selber und die meisten Christen, dazu berufen sind, für die Kranken zu beten. Nach jenem Abend aber begannen ich und auch andere Gemeindemitglieder, sehr ernsthaft zu beten, obwohl wir monatelang keine Heilungen erlebten.

Diese Zeit des Versagens war eine Lehrzeit, Gott reinigte mich von meinem Stolz und meiner Unabhängigkeit. Ich wurde gedemütigt. Gott mußte das Gefäß erst reinigen, bevor er sein kostbares Öl der Heilung hineinfüllen konnte. Ich glaube, daß Gott erst zu dem Zeitpunkt anfing, durch mich zu heilen, als ich meine völlige Abhängigkeit von seiner Gnade und seinem Erbarmen erkannte.

Ich lernte auch die Bedeutung des Gehorsams gegenüber Gottes Wort. In der Vergangenheit hatte ich ohne Gottes Hilfe einige Erfolge erlebt. Aber für Kranke zu beten, war etwas anderes. Ich begriff, daß ich dabei ohne Gottes Salbung nie etwas erreichen würde. Meine Aufgabe war, zu gehorchen, zu beten und mich auf sein allmächtiges Erbarmen zu verlassen; es war Gottes Aufgabe, zu heilen.

Meine Geschichte ist nicht typisch für die Ereignisse, die geschehen, wenn Menschen beginnen, für Kranke zu beten. Im Gegenteil, viele Christen, denen ich begegnet bin, ja sogar viele von denen, die ich selber angeleitet habe, für Kranke zu beten, haben schon beim ersten Mal Heilung erlebt! Sie hatten Erfolg, weil sie praktische Anleitung über göttliche Heilung bekommen hatten, etwas, was mir in jenen schwierigen zehn Monaten gefehlt hatte. Dieses ganze Buch habe ich nur geschrieben, um Sie zu lehren, wie Gott heilt und wie Sie für Kranke beten können. Aber ich möchte Sie noch einmal daran erinnern, daß Sie aus diesem Buch keinen Nutzen ziehen werden, wenn Sie nicht die grundlegenden Prinzipien befolgen, nämlich Gottes Wort zu gehorchen und seinem Mitleid und Erbarmen zu vertrauen.

Teil II

Was heilt Jesus?

Kapitel 4

Heilung für den ganzen Menschen

Gottes Erbarmen steht nicht nur allen zur Verfügung, die es annehmen, sondern es berührt auch alle Bereiche unseres Lebens. Der Honig in meiner Vision war für jeden da, umsonst, und er bedeckte die Menschen von oben bis unten, so wie Gottes Gnade — seine Güte, sein unverdientes Wohlwollen und seine vergebende Liebe — über uns ausgegossen ist (Eph. 2,4-9). Das ganze Ausmaß dieser Gnade zu begreifen, ist besonders bei göttlicher Heilung wichtig; manche begrenzen sie nur auf spezielle Bereiche, zum Beispiel nur auf den körperlichen Bereich oder den seelischen, auf dämonische Belastungen oder auf den sozialen Bereich. Aber die Bibel lehrt, daß die Heilung dem ganzen Menschen gilt.

Unser Verständnis der menschlichen Natur ist ein Schlüsselelement, durch welches wir das Ausmaß der göttlichen Heilung bestimmen. Das Alte Testament sagt, daß der Mensch eine wesenhafte Einheit darstellt, wobei Leib und Seele verschiedene Aspekte des Menschen sind. Mit anderen Worten, die Betonung liegt auf der Einheit unserer Natur (sicherlich eine komplexe Einheit), nicht auf den verschiedenen Teilen. Der Mensch ist als Wesen ein Ganzes und nicht eine Ansammlung von Einzelteilen. In 1. Mose 1,26-27 und 2,7 heißt es:»Lasset uns Menschen machen, ein Bild, das uns gleich sei... Da machte Gott, der Herr, den Menschen aus Erde vom Acker und blies ihm den Odem des Lebens in seine Nase. Und so ward der Mensch ein lebendiges Wesen.« So leben wir also in einem Paradox: Wir unterscheiden uns von der übrigen Schöpfung, weil wir nach Gottes Bild geschaffen sind, doch andererseits sind wir einfach nur aus Erde gemacht.

Wenn ich sage, daß wir nach dem Bilde Gottes geschaffen sind, so meine ich damit, daß wir Gott ähnlich sind, wir besitzen ein moralisches Bewußtsein und die Fähigkeit, zwischen Gutem und Bösem zu unterscheiden (Mt. 7,18; 12,34). Bevor Adam im Garten Eden aus Gottes Gnade fiel, waren unser Wesen und das Verlangen unserer Seele gut (1. Mose 1,31); nach dem Fall kam die Sünde in die menschliche Rasse und schuf in uns die Neigung zum Bösen.[1]

Gott schuf den Menschen — mit Leib und Seele —, damit er in ewiger Gemeinschaft mit ihm leben sollte. Diese Beziehung zu Gott ging verloren, als der Mensch der Sünde Raum gab in seinem Herzen. Gottes

Bild wurde verschmutzt, verunreinigt, befleckt; unser Geist starb. Wir verloren die Herrschaft des Gottesreiches. Das heißt nicht, daß unser Menschsein völlig ausgelöscht wurde, daß alle Teile unseres Wesens ganz und gar sündig wären. Wir sind immer noch in der Lage, selbstlose Werke zu tun und selbstlose Gedanken zu haben; wir besitzen immer noch geistliche Fähigkeiten, aber wir können aus uns selbst heraus nie zur Einheit mit Gott gelangen und seinen Willen nicht erfüllen. Es ist zutreffender, wenn man sagt, daß sich die Sünde auf jeden Bereich unseres Lebens auswirkt; sie zerstört diese aber nicht gänzlich. Die verschiedenen Bereiche umschließen unsere körperlichen, seelischen, intellektuellen, sexuellen, sozialen und natürlich geistlichen Funktionen. Unser Menschsein ist nur ein Schatten von dem, was Gott ursprünglich geplant hat, wir erreichen nie die vollkommene Einheit mit Gott (1. Mose 3,8,10,24; Röm. 3,23).

Auch das Neue Testament lehrt, daß wir als Menschen ein Ganzes sind. In 1. Thessalonicher 5,23-24 schreibt Paulus: ». . . er bewahre euren Geist samt Seele und Leib unversehrt, damit ihr untadelig seid bei der Ankunft unseres Herrn Jesus Christus. Treu ist er, der euch beruft; er wird's auch tun.«

Diese Sicht des Menschen unterscheidet sich sehr von der griechischen Vorstellung, die die verschiedenen Teile des Menschen betont, ihn als Leib und Seele oder als Leib, Seele und Geist sieht.[2] Das Zentrum der griechischen Vorstellung ist die Unsterblichkeit der Seele, eine Sicht, die sich durch Plato weit verbreitet hat. Das Ziel war, daß die Seele vom Leib erlöst wurde, eine Vorstellung, die Paulus ablehnte (2. Kor. 5,1-4). Der holländische Theologe G. C. Berkouwer faßt die griechische Sicht des Menschen folgendermaßen zusammen:

»Man stellte sich die Seele einerseits körperlos vor, auf der anderen Seite aber als an den Leib angepaßt. Insoweit, als sie dem *nous* (Verstand) oder dem *pneuma* (Geist) zugerechnet wurde, betrachtete man sie als unsterblich, aber insoweit sie zum Leib gehörte, als fleischlich und sterblich.«[3]

In der Alten Kirche erklärten Athanasius und Augustin, später dann in der Reformationszeit auch Luther und Calvin, daß wir als Menschen ein Ganzes darstellen; unser Wesen umfaßt zwar verschiedene Teile, aber jede Handlung wird von der ganzen Person getan. Niemals sündigt nur unsere Seele allein; der ganze Mensch sündigt. Nicht nur unser Leib stirbt, der Mensch stirbt. Nicht allein unsere Seele wird erlöst, der ganze Mensch wird erlöst.

Es trifft zwar zu, daß Leib und Seele bei unserem Tod getrennt werden, aber Christi leibliche Auferstehung verheißt uns, daß unsere Erlösung eines Tages vollkommen sein wird, Seele und Leib werden vereint werden, der ganze Mensch wird erlöst sein.

Folgerungen für den Heilungsdienst

Aus diesem Verständnis unseres Menschseins folgt, daß Krankheit die verschiedensten Bereiche unseres Lebens betreffen kann, wodurch aber immer der ganze Mensch beeinflußt ist. Heilung geschieht in den folgenden Bereichen:

✻ *Heilung des Geistes:* dies bezieht sich auf Heilung geistlicher Krankheit, die durch Sünde verursacht wurde.

✻ *Heilung von den Folgen früherer Verletzungen:* Dies wird oft »innere Heilung« genannt. Die meisten Autoren bezeichnen damit die Heilung von schmerzlichen Erinnerungen und verletzten Gefühlen. Natürlich werden nicht die Erinnerungen an sich geheilt; sondern der Mensch wird von den *Folgen* der schmerzlichen Erinnerungen geheilt und von der Bindung an bestimmte Gefühle befreit — also von Schuld, Gefühlen der Scham und Depressionen. Innere Heilung bedeutet, Gottes Gnade und Vergebung in jenen Bereichen unseres Inneren wirken zu lassen, die uns davon abhalten, das Leben in seiner Fülle zu erfahren. Wenn diese Hindernisse beseitigt sind, wird der Mensch frei, sein Leben ganz für Gott zu leben.

✻ *Heilung von psychischen und von Dämonen verursachten Krankheiten:* Dämonische Bindungen, der Einfluß dämonischen Wirkens im Leben eines Menschen, werden in der westlichen Welt oft fälschlicherweise als psychische Erkrankung diagnostiziert. (In der östlichen Kultur trifft das Gegenteil zu: *alle* seelischen Störungen werden von vornherein auf Dämonen zurückgeführt.) Sowohl der äußere Einfluß von bösen Geistern als auch innere seelische Störungen können Krankheiten verursachen und brauchen Heilung.

✻ *Körperliche Heilung:* Dies umfaßt die Heilung von Krankheiten, bei denen das Gewebe des Körpers zerstört wird, zum Beispiel durch Unfälle oder durch bösartige bakterielle Entzündungen. Es bezieht sich auch auf Heilung von Krankheiten, die als Folge von Organstörungen auftreten, wie zum Beispiel einige Herzkrankheiten und Magengeschwüre, sowie auf psychosomatische Störungen.

✻ *Heilung für Sterbende und Tote:* Damit ist Trost und Stärkung für Sterbende gemeint und — in wenigen Fällen — die Auferweckung von Toten.

Die folgenden Kapitel werden jeden dieser Bereiche im einzelnen beschreiben. Krankheit kann jeden Bereich unseres Lebens betreffen und sich von da aus auch auf andere Bereiche ausbreiten. Zum Beispiel haben Menschen, die an ernsthaften seelischen Störungen leiden, oft auch entsprechende körperliche Krankheiten wie Geschwüre, Allergien und so weiter. In vielen Fällen sind sich die Ärzte nicht sicher, welches der eigentliche Grund der Krankheit ist. Die Frage ist, ob die seelische Krankheit das körperliche Leiden verursacht oder umgekehrt. Das bedeutet für die göttliche Heilung, daß es nicht nur um einen Bereich des Menschen geht, sondern daß jeweils der ganze Mensch betroffen ist.[4]

Eine überraschende Schlußfolgerung

Jesus hat Heilung auch dazu gebraucht, um auf der körperlichen Ebene darzustellen, was er für unseren Geist tun will.

In Johannes 9, wo Jesus den Blindgeborenen heilt, erklärt er seinen Jüngern, daß dieser Mann blind geboren wurde, damit »an ihm . . . die Werke Gottes offenbar werden« (Vers 3). Das »Werk Gottes« bestand in der körperlichen Heilung, die ein Zeugnis dafür war, daß Jesus der Messias ist. Dies verwirrte die Pharisäer. Die Jünger hatten gefragt, ob die Ursache der Blindheit darin lag, daß der Mann selbst oder seine Eltern gesündigt hatten; sie gingen genau wie die Schriftgelehrten in Markus 2 von der Vorstellung aus, daß Sünde und Krankheit untrennbar miteinander verbunden sind. In Jesu Denken war das Wunder der körperlichen Heilung eindeutig nicht das Wichtigste, sondern das Entscheidende war die geistliche Wirklichkeit, auf die diese Heilung hinwies — die Vergebung der Sünden und die fortschreitende Offenbarung, daß Jesus der Messias ist.

Später in Johannes 9 macht Jesus dies ganz deutlich, als ungläubige Pharisäer zu ihm kommen, Männer, die behaupten, Jesus sei »nicht von Gott, weil er den Sabbat nicht hält« (Vers 16). Nachdem Jesus dem geheilten Blinden gesagt hat, daß er der Menschensohn sei (Vers 35 — ein Hinweis darauf, daß er der Messias ist), sagt Jesus: »Ich bin zum Gericht in diese Welt gekommen, damit die, die nicht sehen, sehend werden, und die, welche sehen, blind werden.« Leon Morris schreibt zu diesem Vers: »Sein Kommen bedeutet Gericht, denn es gibt nur zwei Reaktionen auf dieses Kommen; so bilden sich zwei Gruppen (siehe Joh. 3,18; 8,15). Diese werden hier durch die Begriffe sehend und blind beschrieben. Das Resultat von Jesu Kommen ist, daß Blinde sehen können. Dies steht in offensichtlicher Beziehung zu den Ereignissen, die in Kapitel 9 berichtet werden, und so beziehen sich diese Begriffe sowohl auf die neue geistliche Sicht als auch auf die Heilung tatsächlicher körperlicher Blindheit.«[5]

Am Ende des Kapitels sagt Jesus den Pharisäern: »Wäret ihr blind, so hättet ihr keine Sünde; weil ihr aber sagt: wir sehen, bleibt eure Sünde« (Vers 41). Jesu Antwort kam für die Pharisäer zweifellos überraschend. Sie hatten damit gerechnet, daß Jesus sie als blind bezeichnen würde — doch er sagt, daß es keine geistliche Heilung gibt für diejenigen, die zwar geistliche Erkenntnis haben (die »sehen« können), die aber trotzdem nicht an ihn glauben. Leon Morris schreibt weiter:

»Jesus will sagen, daß sie genug geistliches Wissen hatten, um die Verantwortung für ihre Haltung zu tragen. Wenn sie nach bestem Wissen gehandelt hätten, so hätten sie den Sohn Gottes willkommen heißen müssen. Doch sie verhielten sich anders. Sie behaupteten, sehend zu sein, handelten aber wie Blinde. Daher wird ihre Sünde nicht weggenommen. Sie bleibt bei ihnen.«[6]

Die Pharisäer kannten die Opfergesetze und wußten, daß all diese Riten ein Hinweis auf die Vergebung waren. Doch konnten sie nicht sehen, daß Jesus die Erfüllung dieser Gesetze war.

Viele Menschen glauben, daß sich »göttliche Heilung« körperlicher Krankheiten eigentlich auf der psychischen Ebene und nicht auf der geistlichen abspielt. Es gibt einige Gründe für diese Annahme. Die medizinischen Forschungen der letzten Jahre, besonders in bezug auf das Immunsystem und Krebs, deuten darauf hin, daß »psychosomatische Krankheiten echt sind und nicht vorgetäuscht«.[7] Ich glaube auch, daß psychosomatische Faktoren bei einer Heilung eine gewisse Rolle spielen. Aber es wäre übertrieben zu sagen, daß die psychische »Vorstellungskraft« ein Hauptfaktor oder sogar der einzige Faktor bei dem Gebet um Heilung wäre. Auch wissenschaftlich ist dies nicht belegbar.[8] Die Heilung von seelischen Krankheiten ist sogar in den meisten Fällen schwieriger und wahrscheinlich komplexer als die Heilung körperlicher Krankheiten. Von allen heutigen Spezialisten haben gerade die Psychiater und Psychologen eine sehr geringe Erfolgsquote.

Dies führt zu einer überraschenden Schlußfolgerung: wenn man für körperliche Krankheiten betet, so hat man es dabei mit den einfachsten Krankheiten zu tun. Was die Heilung von körperlichen Krankheiten schwierig machen kann, sind die damit verbundenen geistlichen und seelischen Probleme, ebenso wie dämonische Bindungen. Mercedes (»Mequi«) Herrera zum Beispiel, die zur Agape Community in Costa Rica gehört, berichtet, daß bei ihr die innere Heilung der Schlüssel zur körperlichen Heilung war:

»Es begann alles damit, daß ich Lynn Marshall hörte. Wir hatten ein besonderes Wochenende für unsere Gemeinschaft, und diese Schwester war dafür extra aus Ann Arbor (Michigan) gekommen. Sie erzählte uns, wie der Herr sie von Skoliose geheilt hatte. Ich litt an derselben Krankheit und hatte mich damit abgefunden. Doch durch Lynns Geschichte kam mir der Gedanke, daß der Herr vielleicht auch bei mir etwas tun wolle.

Mein größtes Problem war, daß ich dachte, ich wäre dessen nicht würdig. Ich hatte den großen Wunsch, zu erleben, wie der Herr in mein Leben eingreift. Doch ich dachte immer, das würden nur andere Menschen erfahren. Während einer der Gebetszeiten an diesem Wochenende gingen mir diese Gedanken wieder durch den Kopf. Da kam ein Wort der Erkenntnis für Menschen mit Rückgratproblemen. Mit einer Mischung aus Angst und Erwartung ging ich nach vorne — allerdings auch nur, weil mich einige Schwestern unserer Musikgruppe dazu drängten. Ich hatte schreckliche Angst vor dem Gefühl der Enttäuschung, falls ich nicht geheilt würde.

Drei Schwestern, Lynn war auch dabei, begannen für mich zu beten, und zuerst sah es so aus, als ob sich meine Befürchtungen bestätigten. Aber als ich an den Punkt kam, wo mich meine Enttäuschung fast zu überwältigen drohte, erinnerte mich der Herr an einige Dinge, mit denen ich gerade in diesem Moment überhaupt nicht gerechnet hatte. Ich brach in Tränen aus und weinte, bis ich nicht mehr konnte. Dadurch wurde ich so sehr mit dem Heiligen Geist und mit großem Frieden erfüllt, daß ich mein Herz einfach dem Herrn und seiner heilenden Macht öffnete. Da erst legte Lynn ihre Hände auf meinen Rücken. In diesem Augenblick hatte ich eine Vision: ich sah, wie sich mein Rückgrat streckte und seine ursprüngliche Form annahm. Dann hörte ich, wie die Schwestern vor Freude jubelten, denn sie sahen, wie sich meine Vision vor ihren Augen erfüllte!

Jetzt bin ich ein paar Zentimeter größer als vorher, und ich nehme die körperliche Heilung als ein Zeichen für die innere Heilung, die viel größer ist. Diese Heilung erfuhr ich in den Stunden, als der Herr zu mir kam und mich ganz fest in seine Arme schloß. Als Beweis dafür habe ich ein bleibendes Zeichen, und so kann ich niemals wieder vergessen, wie sehr er mich liebt!«[9]

Beachten Sie, daß für Mercedes Herrera die innere Heilung die »größere« Heilung war, nämlich die Überwindung des Gefühls, nicht geliebt zu sein und abgelehnt zu werden, was sie sogar körperlich beugte.

Gottes Liebe

Die Ärzte neigen heute dazu, körperliche und seelische Krankheiten nur auf der körperlichen Ebene zu behandeln; die komplexen seelischen und geistlichen Dimensionen der Gesundheitsfürsorge lassen sie dabei weitgehend außer acht. Ein christlicher Arzt sagte einmal: »Die Patienten sind empört über die Tatsache, daß sie behandelt werden, als seien sie nur eine Ansammlung von Organsystemen und nicht Menschen.«[10]

Es gibt zwei extreme Einstellungen zur modernen Medizin, die von Christen vermieden werden sollten.

Die erste ist, Heilung nur durch Gebet zu erwarten und jede medizinische Hilfe abzulehnen. In vielen Fällen würde medizinische Behandlung wesentlich zur Heilung beitragen; wenn man solch eine Behandlung ablehnt, erfährt man von dieser Seite auch keine Hilfe. Viele Arten seelischer Krankheiten zum Beispiel könnten durch medikamentöse Behandlung unter Kontrolle gehalten werden.

Das andere, möglichst zu vermeidende Extrem ist, zu erwarten, daß Gott nur durch die Hilfe von Ärzten Heilung schenkt. Das Wesen der Heilung ist, daß sie sich, wenn wir sie in einem Bereich unseres Lebens erfahren, auf andere Bereiche ausdehnt. Wenn ich zum Beispiel für Menschen mit körperlichen Krankheiten bete, entdecke ich oft, daß diese Menschen noch schwerwiegende Sünde in ihrem Leben haben. Wenn sie diese bekennen und sich davon abwenden, werden sie gesund. Ich will damit sagen, daß körperliche Krankheiten oft von geistlichen oder seelischen Problemen oder sogar von dämonischem Einfluß verursacht werden.

Dieses Verständnis, daß der Mensch ein Ganzes ist, hat noch andere Folgen: *Wenn wir dafür beten, daß ein Mensch von einer Krankheit geheilt wird, sollten wir immer auch für den ganzen Menschen beten.* Jesus war immer liebevoll und aufmerksam, wenn er für einen Kranken betete; er zeigte dem Menschen seine Liebe und Zuneigung. Er hat nie jemanden wegen seiner Krankheit gescholten. Wenn das Gebet um göttliche Heilung von Liebe durchdrungen ist, dann zeigt uns Gottes Barmherzigkeit, wie wir beten sollen. Gott hat uns seine Gnade und sein Erbarmen gegeben, um uns von unseren Krankheiten zu heilen. Im Mittelpunkt sollte immer der Mensch stehen; man muß darauf achten, daß nicht die Krankheit zum Mittelpunkt wird. Das bedeutet, daß wir Gottes Erbarmen immer in Liebe und Güte weitergeben sollen, in Wärme und Barmherzigkeit, und den anderen so behandeln, wie wir selber gerne behandelt werden möchten.

Die Heilung unseres Geistes

Die Heilung unseres Geistes, durch die unsere Beziehung zu Gott erneuert und wiederhergestellt wird, ist das grundlegende Gebiet der Heilung. Diese Heilung ist die Achse, um die sich die Heilung aller anderen Bereiche dreht.

Der menschliche Geist ist unser inneres Vermögen, mit Gott und der geistlichen Welt in Beziehung zu treten. In 1. Mose 2,7 heißt es, daß Gott den Menschen aus Erde machte, dann »blies (er) ihm den Odem des Lebens in seine Nase. Und so ward der Mensch ein lebendiges Wesen.« Es ist dieser »Odem des Lebens«, der uns von der übrigen Schöpfung unterscheidet; nur der Mensch ist nach Gottes Bild geschaffen (1. Mose 1,27; Ps. 8,5-8).

Die bedeutsamste unserer menschlichen Fähigkeiten ist die geistliche. David C. Needham weist darauf hin, daß unsere Gemeinschaft mit Gott durch unseren Geist geschieht:

»Es ist sicherlich wahr, daß es Gottes ursprünglicher Plan und seine Absicht für den Menschen ist, daß dieser einen Körper hat. Unseren Körper, sowohl den gegenwärtigen unerlösten als auch den zukünftigen verherrlichten, sollten wir nicht als in sich selbst sündig betrachten oder als von geringer Wichtigkeit. Aber immer wieder nimmt Gott uns Schmerzen, um uns daran zu erinnern, daß wir vor allem geistliche Wesen sind.«[11]

Paulus schrieb den Christen in Korinth: »Meine Lieben, so wollen wir uns von aller Befleckung des Leibes und des Geistes reinigen und die Heiligung vollenden in der Furcht Gottes« (2. Kor. 7,1; siehe auch 1. Thess. 5,23). Der Schreiber des Hebräerbriefes sagt, daß das Wort Gottes »durch(dringt), bis es Seele und Geist . . . scheidet« (Hebr. 4,12); das bedeutet, daß es unser innerstes Wesen durchdringt und es erforscht. In beiden Abschnitten geht es den Schreibern um die Gesundheit und Reinheit der Christen, wobei ihr Geist mit eingeschlossen ist.

Um die Ursache der Krankheit unseres Geistes aufzudecken, müssen wir zu der bekannten Geschichte in 1. Mose 3,1-24 zurückgehen, wo Adam und Eva im Garten Eden von der Schlange in Versuchung geführt werden. Zu Anfang wird erzählt, wie Adam und Eva durch den Garten spazieren, sie sind geistlich gesund und leben in Gemeinschaft mit Gott und miteinander. Dann erscheint Satan in der Form einer Schlange und verführt die Frau, von den Früchten des Baumes der Erkenntnis von Gut und Böse zu essen. Der Herr hatte Adam und Eva streng verboten, dies zu tun. Eva war ungehorsam, Adam desgleichen, und so fand die Sünde Einlaß in die menschliche Rasse. Die Folgen waren katastrophal.

Als erstes »wurden beiden die Augen aufgetan, und sie wurden gewahr, daß sie nackt waren« (Vers 7). Die Sünde bewirkte Scham in ihnen, und die Reaktion auf diese Scham war, daß sie versuchten, sich zu bedecken: »(sie) flochten Feigenblätter zusammen und machten sich Schurze«. Dies führte auch dazu, daß Adam später versuchte, Eva die Schuld für die Sünde zuzuschieben (Vers 12); dies ist ein weiteres Anzeichen für die Entfremdung zwischen den beiden. Schließlich machte »der Herr . . . Adam und seinem Weibe Röcke von Fellen und zog sie ihnen an« (Vers 21), möglicherweise ein erstes Anzeichen dafür, daß Gott durch das Vergießen von Blut die Folgen unserer Sünde bedeckt (in diesem Fall war es das Blut der Tiere, aus deren Fell Gott die Kleider machte). So zerstörte also die Sünde die Beziehung zwischen den Menschen.

Zweitens »versteckte sich (Adam) mit seinem Weibe vor dem Angesicht Gottes, des Herrn, unter den Bäumen im Garten« (Vers 8). Mit anderen Worten, die Sünde erweckte in Adam und Eva Schuldgefühle, so daß sie wegliefen und sich vor Gott verbargen. Später dann wies Gott sie aus dem Garten Eden hinaus (Verse 23-24). So bewirkte die Sünde die Zerstörung des Geistes; die Menschen wurden von Gott getrennt. Als sie sündigten, starben sie geistlich.

Gott hatte ihnen gesagt, daß sie sterben würden, wenn sie von dem verbotenen Baum aßen. Als sie Gottes Gebot übertraten, starb zwar nicht sofort ihr Körper, aber ihr Geist. Dies bedeutete nicht, daß sie überhaupt nicht mehr in der Lage waren, zu Gott oder anderen geistlichen Wesen eine Beziehung zu haben. Ihnen wurde jedoch die Fähigkeit genommen, in vollkommener Gemeinschaft und Freiheit mit Gott zu leben, zwischen Gott und ihnen stand nun die Mauer der Sünde. Weil Gott heilig ist und ohne Sünde, konnte er mit den Menschen keine Gemeinschaft mehr haben. Daher starben sie in ihrem Geist.

Der geistliche Tod hatte noch weitere Folgen als diese Trennung von Gott. Das Wesen des Menschen, sein Herz, sein innerster Kern, wurde durch die Sünde verändert. Der Mensch war nun weder in der Lage, sich wirklich eine offene und freie Beziehung zu Gott zu wünschen, noch in freier Gemeinschaft mit ihm zu leben.

Drittens, als der Herr den Menschen im Garten fand, sagte dieser: »Ich hörte dich im Garten und fürchtete mich; denn ich bin nackt, darum versteckte ich mich« (Vers 10). Die Sünde brachte die Angst hervor; Adams Gefühle waren beeinträchtigt. Er war nicht mehr in der Lage, eine offene und freie Beziehung zu Gott zu haben.

Viertens brachte die Sünde die Plage der körperlichen Arbeit mit sich (der Boden machte dem Menschen Mühe anstatt ihm zu dienen) und den Tod. Wir wurden sterblich. Der Herr sagte zu der Frau: »Ich will dir viel Mühsal schaffen, wenn du schwanger wirst; unter Schmerzen sollst du Kinder gebären« (Vers 16). Und zu Adam sagte er: »Im Schweiße deines Angesichtes sollst du dein Brot essen, bis du wieder zu Erde werdest, davon du genommen bist. Denn du bist Erde und sollst zu Erde werden« (Vers 19).

Die Auswirkungen der Krankheit auf Adams und Evas Geist waren in der Tat groß. Alle Aspekte des Lebens, die sozialen, seelischen, geistlichen, und auch die Umwelt wurden beeinträchtigt. Das Wesen der Menschheit hat sich verändert. Martyn Lloyd-Jones faßt in seinem Buch *The Cross* zusammen, welche Auswirkungen die Krankheit unseres Geistes hat:

»Die vielfältigen und komplizierten Probleme der Menschheit heute sowie im Laufe der Jahrhunderte entspringen alle der einen Tatsache, daß der Mensch nicht in der richtigen Beziehung zu Gott steht. Er ist von Gott entfremdet. Gott und Mensch befinden sich im Kriegszustand. Das ist der Grund aller unserer Probleme. Die direkte und unmittelbare Folge der menschlichen Rebellion gegen Gott waren Schwierigkeiten und Probleme, und daran hat sich bis heute nichts geändert.«[12]

Das Neue Testament

Auch im Neuen Testament gibt es viele Beispiele für die Beziehung zwischen der Krankheit des Geistes und anderen Nöten. In Markus 2,1-12 wird beschrieben, wie Jesus einen Gelähmten heilt. Dieser war von seinen Freunden zu Jesus gebracht worden; da das Haus überfüllt war, hatten sie ihn durch ein Loch im Dach in den Raum herabgelassen. Jesus erkannte den Glauben der Freunde und sagte zu dem Gelähmten:»Mein Sohn, deine Sünden sind dir vergeben« (Vers 5).

Es waren aber auch Schriftgelehrte zugegen, die bei sich dachten: »Wer kann denn Sünden vergeben als Gott allein?« (Vers 7). Jesus sagte: »Was denkt ihr da in euren Herzen; Was ist leichter? Zu dem Gelähmten zu sagen: Dir sind deine Sünden vergeben, oder zu sagen: Steh auf, nimm deine Matte und geh!« (Verse 8-9). Und dann, genauso wie Jesus die Sündenvergebung ausgesprochen hatte, erklärte er den Gelähmten für geheilt:»Ich sage dir, steh auf, nimm deine Matte und geh heim!« (Vers 11). Die Tatsache, daß Jesus ihm zuerst die Sünden vergab, deutet darauf hin, daß Jesus erkannte, daß das Hauptproblem dieses Mannes seine geistliche, durch Sünde verursachte Krankheit war, und daß die Lähmung in direktem Zusammenhang damit stand.

In Johannes 5,1-15 wird von einem der größten Wunder Jesu berichtet, der Heilung des Mannes am Teiche Betesda, der seit achtunddreißig Jahren krank war. Er war ein verbitterter, einsamer Mann, der das Leben und die Menschen haßte, ein Mensch ohne Hoffnung (Vers 7). Wie viele Menschen, die an chronischen Krankheiten leiden, war er voll Unglauben, einem Unglauben, der in den vielen Jahren fehlgeschlagener Heilungsbemühungen immer größer geworden war (er hatte »schon lange Zeit so zugebracht«, Zürcher).

Jesus fragte den Mann, ob er gesund werden wollte, das hieß sowohl, ob er sich von seiner Bitterkeit und seinem Zorn abwenden, als auch, ob er von seinem körperlichen Leiden geheilt werden wollte. In seiner Antwort versuchte der Kranke, anderen Menschen die Schuld für seinen Unglauben zu geben:»Herr, ich habe niemand, der mich in den Teich bringt ..., bis ich ankomme, ist ein anderer vor mir hineingestiegen« (Vers 7). Er dachte also, daß Gott ihm nicht helfen könne, weil die Menschen ihm die Hilfe verweigerten. An diesem Mann sehen wir deutlich unser eigenes Problem: unser Glaube und unsere Erwartung sind begrenzt. Johannes Calvin äußert sich folgendermaßen zu der Antwort des kranken Mannes:»Der Kranke tut das, was wir fast alle tun. Er begrenzt Gottes Hilfe auf seine eigenen Vorstellungen, und er wagt nicht, mehr für sich zu erhoffen, als er sich in seinen Gedanken vorstellen kann.«[13]

Jesu Reaktion auf diese Litanei des Selbstmitleids und des Unglaubens bestand darin, daß er den Kranken heilte. Was Jesus sagte, als er ihn heilte, ist sehr wichtig. Erstens gebot er ihm:»Steh auf!« (Vers 8). Durch diese klaren Worte wurde der Kranke herausgerissen aus seinen Gedanken über die Schuld der anderen; diese Worte zeigten ihm, daß er selber die Verantwortung für sein Leben übernehmen mußte. Dann sagte Jesus: »Nimm deine Schlafmatte und geh« (Vers 8). Diese Worte erforderten

Gehorsam und Glauben — Gehorsam gegenüber Jesu Worten und Glauben an Jesu Macht. Durch diese Worte forderte Jesus den kranken Mann dazu heraus, zu glauben, daß Gott noch immer heilen kann. Als der Kranke Jesu Worte befolgte, wurde er geheilt.

Bei dieser Geschichte wird oft übersehen, daß Jesus den Mann später noch einmal im Tempel traf und ihn anwies:»Siehe, du bist gesund geworden; sündige nicht mehr, damit dir nicht etwas Schlimmeres widerfährt« (Vers 14). Offensichtlich wußte Jesus in diesem Fall, daß die Wurzel des Problems geistlicher Natur und durch Sünde verursacht war. Gott gab seine heilende Gnade im Übermaß, aber der Kranke mußte auch glauben und sich von der Sünde abwenden, die ihn achtunddreißig Jahre lang gefangengehalten hatte.

Vor ungefähr fünf Jahren bat mich eine Frau, für sie um Heilung zu beten. Sie war Ende vierzig und litt an chronischen Magenbeschwerden und an Arthritis. Als ich anfing, für sie zu beten, gab Gott mir die Erkenntnis, daß diese Frau verbittert war. Daher fragte ich sie, ob sie irgend jemand gegenüber Feindschaft, Zorn oder Verbitterung empfinden würde; ich hatte den Eindruck, daß ich sie konkret fragen sollte, ob sie ihrer Schwester gegenüber solche Gefühle hegte.

Sie erstarrte und sagte dann:»Nein. Ich habe meine Schwester sechzehn Jahre lang nicht gesehen.«

Ich fragte noch einmal:»Sind Sie sich sicher?«

Da erzählte sie mir, daß ihre Schwester vor vielen Jahren den Mann geheiratet hatte, den sie (die Frau, die zu mir gekommen war) liebte. Später dann ließ sie sich von ihm scheiden.»Das kann ich meiner Schwester nicht vergeben«, gab sie zu.

»Wenn Sie ihr nicht vergeben«, sagte ich ihr,»dann werden ›Ihre Gebeine verschmachten‹, so wie David es erlebte, als er seinen Ehebruch mit Batseba verschwieg.«

Auf diese Worte hin öffnete sie sich.»Was soll ich tun?« fragte sie.

Ich sagte ihr, daß sie ihrer Schwester einen Brief schreiben, ihr darin Vergebung aussprechen und sie bitten solle, eine neue Beziehung mit ihr zu beginnen. Sie schrieb den Brief sofort, schickte ihn dann aber nicht ab. Mehrere Wochen vergingen. Während dieser Zeit wurde ihr körperlicher Zustand immer schlechter, bis sie schließlich glaubte, sterben zu müssen. Da fiel ihr der Brief ein. Irgendwie schaffte sie es, zur Post zu fahren und den Brief abzuschicken. In demselben *Augenblick,* als sie den Brief in den Kasten warf, ging es ihr besser, und als sie zu Hause ankam, war sie vollkommen geheilt.

Neue Menschen

Wir haben bei Adam und Eva und an den Beispielen des Neuen Testamentes gesehen, daß die Krankheit unseres Geistes auch auf andere Bereiche unseres Lebens Auswirkungen hat. Sie zerstört unsere Gefühle, unsere Beziehungen, ja selbst unseren Leib. Wir wollen uns jetzt ansehen, wie Gott unseren Geist wieder heilt.

Unsere Rettung geschieht in einem einmaligen Ereignis, in dem Moment unserer Wiedergeburt (Regeneration); wir kehren uns von unseren Sünden ab und wenden uns Christus zu. Dieses Ereignis der »Wiedergeburt« bewirkt in unserem Leben viele Veränderungen und ist die Grundlage für die Heilung unseres Geistes. Die deutlichste Beschreibung dieser Veränderungen finden wir in den ersten acht Kapiteln des Römerbriefes. In den ersten vier Kapiteln lehrt Paulus, daß wir durch den Glauben an Christus gerecht geworden sind (das bedeutet, unsere Sünden sind vergeben und der Vater hat uns gerecht gesprochen): »Ich rede aber von der Gerechtigkeit vor Gott, die aus dem Glauben an Jesus Christus kommt und allen zuteil wird, die glauben. Denn es gibt hier keinen Unterschied: Alle haben gesündigt und die Herrlichkeit verloren, die Gott ihnen zugedacht hatte, und werden ohne Verdienst gerecht aus seiner Gnade durch die Erlösung, die durch Christus Jesus geschehen ist« (Röm. 3,22-24).

Die »Rechtfertigung durch den Glauben«, wie Theologen diese Kardinalwahrheit des christlichen Glaubens nennen, hat zwei Seiten. Erstens, negativ gesehen, *vergibt* Gott die Sünden, die wir begangen haben, so daß wir nicht mehr durch Schuld und Angst gebunden sind; zweitens, positiv betrachtet, *erklärt Gott uns für gerecht,* er spricht uns die gleiche Gerechtigkeit zu, die sein eigener Sohn hat.

Das Außergewöhnliche unserer Rechtfertigung besteht darin, daß sie *umsonst* ist: »Gott aber erweist seine Liebe zu uns darin, daß Christus für uns gestorben ist, als wir noch Sünder waren« (Röm. 5,8). Vielen fällt es schwer, dies anzunehmen, weil es eine Seite in uns gibt, die sich das ewige Leben gerne selbst verdienen möchte; wir möchten es auf unsere Art tun, aus unserer eigenen Kraft. Aber Gottes Gnade und sein Erbarmen können nicht verdient werden; diese Gaben können nur empfangen werden.

Gott vergibt uns in Christus und spricht uns gerecht. Er adoptiert uns als seine Söhne und Töchter. Er verwandelt uns in sein Bild.

Unser Tod in Christus ist so umfassend, daß wir nun neue Geschöpfe sind: »Wir wissen ja, daß unser alter Mensch mit ihm gekreuzigt worden ist, damit der Leib, der von der Sünde beherrscht ist, vernichtet würde, so daß wir der Sünde nicht mehr dienen. Denn wer gestorben ist, der ist von der Sünde frei geworden« (Röm. 6,6-7). Das bedeutet, »wiedergeboren« zu sein (die Theologen nennen es Regeneration): wir haben neue Herzen, eine neue Natur, die Gott gefallen und ihm gehorchen will.[14]

»Ist jemand in Christus«, schreibt Paulus in 2. Korinther 5,17, »so ist er eine neue Schöpfung; das Alte ist vergangen, siehe, ein Neues ist geworden.« *Der Schlüssel zur Heilung unseres Geistes — und gleichzeitig der Hauptpunkt, den man begreifen und erfahren muß, um die übrigen Kapitel dieses Buches zu verstehen — liegt darin, in Christus ein neues Geschöpf zu werden und als ein Mensch zu leben, dem vollkommen vergeben und der wiederhergestellt ist.* So betrachtet, ist die »Heilung unseres Geistes« wie eine Herztransplantation; Gott gibt nicht neues Leben in ein altes Herz, sondern er gibt uns vielmehr ein neues Herz mit neuen Wünschen und dem Vermögen, Gott zu erkennen (Ps. 51,12). Dies ist die Erfüllung von Gottes Verheißung in Jeremia 31,33: »Ich will mein Gesetz in ihr Herz geben und in ihren Sinn schreiben.«

In Epheser 1,4-6 drückt Paulus dasselbe aus: »In seiner Liebe hat er uns im voraus dazu bestimmt, seine Kinder zu sein durch Jesus Christus nach dem Wohlgefallen seines Willens, zum Lob seiner herrlichen Gnade, mit der er uns in seinem geliebten Sohn begnadet hat.«

Das römische Gesetz besagte, daß ein adoptierter Sohn einem leiblichen Sohn in allem gleichgestellt war. Bei der Adoption wurden sogar alle Urkunden aus dem bisherigen Leben des Adoptivsohnes vernichtet; dies sollte ein Zeichen dafür sein, daß dieser jetzt ein neuer Mensch war und daß er alle Rechte eines leiblichen Sohnes besaß, einschließlich des Erbrechtes. Genau dasselbe geschieht, wenn man Christ wird: wir sind nicht mehr an unser vorheriges Erbe der Sünde und des sündigen Begehrens gebunden; wir sind eine neue Schöpfung (siehe auch Kol. 3,1-11; 1. Joh. 3,6-7).

Früher pflegte ich den Leuten zu sagen: »Ich war ein Sünder, der durch Gnade gerettet wurde.« Aber das sage ich jetzt nicht mehr. Es stimmt, ich war ein Sünder, der Buße getan und geglaubt hat, und der so durch Gnade gerettet wurde. Aber jetzt bin ich ein Kind Gottes, mein kranker Geist ist geheilt, »frei geworden von der Sünde (und ein) Knecht der Gerechtigkeit« (Röm. 6,18). Das bedeutet, daß meine eigentliche Identität die ist, daß ich ein Kind Gottes bin, eine neue Schöpfung.

David C. Needham schreibt in seinem Buch *Birthright* über diese neue Identität: »Regeneration (Wiedergeburt) besteht, anders als viele es lehren, nicht nur darin, daß etwas weggenommen wird, daß also Sünden vergeben werden, oder darin, daß etwas hinzugefügt wird (eine neue Natur mit dem Beistand des Heiligen Geistes); Wiedergeburt heißt, ein völlig neuer Mensch zu werden. Nicht dem Fleisch wird diese neue Identität gegeben, sondern dem Geist — unserem innersten Wesen. Dieses Wunder ist mehr als nur ein ›Rechtsakt‹ von Gott. Es ereignet sich so wirklich, daß wir berechtigt sind zu sagen, das eigentliche Wesen eines Christen ist gerecht und nicht sündig. Alles, was uns sonst noch in Christus gehört, kann nur verstanden und recht gewürdigt werden, wenn wir diese Tatsachen annehmen und ihnen entsprechen.«[15]

Was ist mit der Sünde?

Daß wir neue Geschöpfe sind und unsere alte Natur gestorben ist, bedeutet nicht, daß wir nicht mehr gegen die Sünde ankämpfen müßten. In 1. Johannes 1,8 heißt es:»Wenn wir sagen, wir haben keine Sünde, betrügen wir uns selbst, und die Wahrheit ist nicht in uns.« Johannes sagt uns, daß wir in diesem Zeitalter immer mit der Sünde zu kämpfen haben werden. Aber er lehrt auch, daß wir in Gerechtigkeit leben können:»Wer aus Gott geboren ist, der tut keine Sünde; denn Gottes Kinder bleiben in ihm und können nicht sündigen, weil sie aus Gott geboren sind« (1. Joh. 3.9).

Diese Verse wirken auf viele Christen sehr bedrückend.»Ich kann die Sünde nicht überwinden«, denken sie,»mein alter Mensch ist noch zu stark.« Aber wie kann etwas, was bereits gestorben ist, uns noch so sehr im Griff haben?

Wir stehen weiterhin im Kampf gegen die Sünde, aber es gibt nicht mehr»zwei Ichs« — einen guten und einen schlechten Menschen. Ich bin eine neue Schöpfung in Christus; es gibt nur ein Ich.

In der Tat hören viele Christen nicht auf zu sündigen und müssen an den Folgen der Krankheit ihres Geistes leiden, weil sie immer noch der Sünde, die in ihrem Leib wohnt, gehorchen (Röm. 6,12). Ein Hauptgrund dafür, daß sie immer noch der Sünde nachgeben, liegt darin, daß sie nicht verstanden haben und nicht glauben, daß sie eine neue Schöpfung in Christus sind — daß ihnen vergeben ist, daß sie durch den Heiligen Geist erneuert und mit Gerechtigkeit ausgestattet sind (Röm. 8,9-12). Wenn ein Christ bewußt sündigt, Sünde nicht bekennt, an bestimmte Sünden gebunden ist oder die Gemeinschaft mit Gott und seinem Volk vernachlässigt, so kann es sein, daß er immer wieder die Folgen der Krankheit seines Geistes spüren wird. Durch die Auswirkungen seiner Sünde können seine Gefühle und Wünsche, seine seelische und körperliche Gesundheit großen Schaden leiden.

Wenn das alte Ich tot ist, wie kann dann die Sünde noch immer in unserem Leib wohnen? Unser Fleisch, in dem die Sünde nach wie vor wohnt, wartet noch auf die Erlösung. Der Kampf entsteht dadurch, daß der bekehrte, neue Mensch an einen Leib aus Fleisch gebunden ist. Das Fleisch (griechisch *sarx*) ist das»Sündenprinzip«, das zwar in uns wirkt, mit dem Gott uns aber als erlöste Menschen nicht länger identifiziert. Dieses»Sündenprinzip« versucht in allen Bereichen unseres Menschseins Einfluß auszuüben, und wir müssen es immer mehr überwinden. Der Kampf besteht also darin, daß unser neuer Mensch sich gegenüber dieser Wirklichkeit durchsetzt.

Ich will damit nicht sagen, daß es nicht sehr schwer sein kann, gegen die Sünde anzukämpfen. Aber wir können und sollen erwarten, daß der Heilige Geist uns so sehr verändert, daß der Kampf leichter wird. Der

Heilige Geist verändert unser Begehren — uns verlangt nach Gerechtigkeit —, und er verändert unser Tun — wir gehorchen Gott. Dies bedeutet nicht, daß ein Christ ein leichtes Leben hat, aber es wird leichter, ein Leben der Gerechtigkeit zu führen.

Ich bin davon überzeugt, daß die meisten Christen aus dem Grund in Sünde verfallen, weil sie ihre wahre Identität und Gottes Plan für ihr Leben nicht verstanden haben. Wir können konkrete Dinge tun, um von den Folgen der Krankheit unseres Geistes geheilt zu werden. Ich will fünf einfache Glaubensschritte darstellen:

1. *Sünde zugeben.* Die meisten Menschen kennen ihre Sünden. Wenn sie eingestehen, daß Gott im Recht ist und sie im Unrecht, dann öffnen sie sich dadurch für Gott, so daß seine Heilung in ihren Geist, ihre Seele und ihren Leib strömen kann.

2. *Sünde bekennen.* Im Sündenbekenntnis gehen wir einen Schritt weiter; ein Bekenntnis ist mehr als nur zuzugeben, daß wir gesündigt haben. Es ist die Bereitschaft, Gott im Gebet unsere Sünden zu bekennen und ihn um Vergebung zu bitten.

3. *Rechtschaffene Werke der Umkehr tun.* In vielen Fällen müssen wir andere Menschen, an denen wir schuldig geworden sind, um Vergebung bitten (zum Beispiel Familien- oder Gemeindemitglieder), oder wir müssen etwas ersetzen (zum Beispiel wenn wir etwas gestohlen haben), oder wir müssen unsere Lebensweise ändern (zum Beispiel wenn wir in Unzucht gelebt haben).

4. *Gottes Vergebung empfangen.* Es gibt viele Menschen, die vor Gott ihre Sünde zugeben, sie bekennen und sogar rechtschaffene Werke der Umkehr tun. Trotzdem erfahren sie nie wirklich Heilung, weil sie nicht glauben, daß Gott ihnen vergeben hat. Um Vergebung zu empfangen, muß man so demütig sein, anzuerkennen, daß man *nichts* tun kann, um Gottes Gnade zu verdienen. Alles, was wir tun können, ist zu glauben; wir müssen anerkennen, daß wir vollkommen von Gott abhängig sind.

5. *Anderen vergeben, wie Gott uns vergeben hat.* Jesus sagt:»Denn wenn ihr den Menschen ihre Verfehlungen vergebt, so wird euch euer himmlischer Vater auch vergeben. Wenn ihr aber den Menschen nicht vergebt, so wird euch euer Vater eure Verfehlungen auch nicht vergeben« (Mt. 6,14-15). Gottes Gnade hat die wunderbare Eigenart, daß wir sie nie ausschöpfen können; ja, je mehr wir von ihr weitergeben, desto mehr sind wir von ihr erfüllt. Wenn wir uns weigern, das weiterzugeben, was Gott uns umsonst gegeben hat (indem wir anderen ihre Sünden zurechnen), dann versiegt der Strom der Gnade Gottes, und unser Geist wird krank. Wenn wir nicht vergeben, so schaden wir uns damit selbst.

Vielleicht leiden auch Sie, der Sie diese Seiten lesen, daran, daß Ihr Geist krank ist. Wenn dies der Fall ist, so sind die fünf Schritte, die ich hier beschrieben habe, für Sie. Wenn Sie diese Schritte gehen, dann werden Sie Heilung erfahren, Ihre Beziehung zu Gott wird wiederhergestellt (oder ganz neu gegründet) werden, und Sie werden die Auswirkungen in allen Bereichen Ihres Lebens spüren.

Kapitel 5

Heilung von den Folgen früherer Verletzungen

Im September 1984 wurden etwa 600 Mitglieder der Vineyard Christian Fellowship von Anaheim damit beauftragt, in dem benachbarten Yorba Linda eine neue Gemeinde zu gründen. In jenem Jahr gehörten 4000 Menschen zu der Gemeinde in Anaheim, so verlor unsere Gemeinde etwa fünfzehn Prozent ihrer Mitglieder.

Der Gesamtverlust, den die Gemeinde in Anaheim durch diese Neugründung erlitt, war jedoch größer; er läßt sich nicht in Zahlen ausdrücken. Bob Fulton, einer der ersten Pastoren der Gemeinde in Anaheim und gleichzeitig mein Schwager, wurde zum Hauptpastor der neuen Gruppe berufen. Er und seine Frau Penny (die Schwester meiner Frau Carol) waren für die Entwicklung unseres Hauskreissystems verantwortlich gewesen. Viele von denen, die gingen, gehörten zu der Gruppe von Menschen, die sich in den Anfängen der Gemeinde bekehrt hatten; es waren unsere besten Freunde. Etliche von ihnen hatten als Laien eine leitende Aufgabe in der Gemeinde ausgeübt; wir brauchten Menschen, die an die Stelle dieser reifen Christen und ausgebildeten Leiter treten konnten; die leeren Plätze im Gottesdienst würden sich durch neue Mitglieder wieder füllen, aber meine Aufgaben als Pastor vergrößerten sich. Neue Beziehungen mußten aufgebaut werden, wir mußten junge Leiter finden, sie ausbilden und einsetzen — es lag viel Arbeit vor uns.

Obwohl wir vor neuen Herausforderungen standen und mehr Arbeit in der Gemeinde in Anaheim zu bewältigen war, hatte Carol der Neugründung der Gemeinde in Yorba Linda begeistert zugestimmt. Sie wußte, daß diese neue Gemeinde ein Werkzeug war, durch das Gott sein Evangelium in Orange County ausbreiten würde. Aber Carol hatte nicht damit gerechnet, daß es ihr sehr weh tun würde, sonntags nicht mehr mit ihren beiden leiblichen Schwestern und vielen ihrer alten Freunde Gemeinschaft haben zu können. Sie kämpfte unbewußt gegen das Gefühl, verlassen worden zu sein und etwas verloren zu haben.

»Ich hätte nicht mit Worten ausdrücken können, was in mir vorging«, erzählt Carol.»Wenn du mich zu jener Zeit gefragt hättest, wie es mir geht, dann hätte ich dir geantwortet: ›Großartig! Mir ist es noch nie so gut gegangen.‹ Aber in meinem Herz, im innersten Kern meines Wesens, hatte ich großen Kummer. Ich fing an, nach Ausreden zu suchen, um meinen Schwestern und Freunden die Woche über nicht zu begegnen.«

Im Sommer und Herbst des Jahres 1985 verstärkte sich das Gefühl des Schmerzes und der Verlassenheit. An einem Sonntag im Oktober machte Carol eine alarmierende Entdeckung. »Ich hatte eine hektische Woche hinter mir und war sowohl körperlich als auch geistlich an einem Tiefpunkt angekommen. Da entdeckte ich einen Knoten in meiner Brust, der die Größe einer Zitrone hatte. Im ersten Moment war ich ganz hilflos: Ob der Knoten wohl bösartig war? Würde ich operiert werden müssen?«

An jenem Abend betete ich für Carols körperliche Heilung, aber ohne Erfolg. Am Montagmorgen rief Carol ihren Arzt an und ließ sich für Dienstag einen Termin geben. »An jenem Abend betete ich und fragte Gott, was er mir mit all dem sagen wolle«, berichtet Carol. »Während ich betete, zeigte er mir, daß der Knoten in meiner Brust in direktem Zusammenhang mit dem Gefühl der Einsamkeit und Verlassenheit stand. Bis dahin wußte ich gar nicht, wie tief verletzt ich war. Schon seit meiner Kindheit hatte ich Angst davor, verlassen zu werden, und ich hatte mich erneut von dieser Angst ergreifen lassen, als nun meine Schwestern und Freunde weggingen und ich nicht mehr so regelmäßig mit ihnen zusammensein konnte.«

Carol kam zu mir und erzählte mir von ihrer Vermutung, daß zwischen früheren Verletzungen, ihrer jetzigen negativen Haltung und dem Knoten eine Verbindung bestand. Wir beteten zusammen, und Carol bat aufrichtig um Vergebung für ihre Bitterkeit. Danach war sie in der Lage, aus ganzem Herzen ihre Schwestern und Freunde und deren Aufgabe in der neuen Gemeinde zu segnen. »Es war, als wäre meiner Seele eine ungeheure Last genommen«, sagt sie. »Gott ließ mich ganz neu wissen, daß er mich nie verlassen würde, und seit dieser Zeit kann ich anderen Menschen viel mehr vertrauen.«

Dann betete ich erneut um Heilung von dem Knoten in Carols Brust. Als ich den Heiligen Geist bat, auf Carol herabzukommen, spürte ich, wie ein Kraftstrom durch meine Hände auf sie überging. »Ich fühlte, wie Gottes Kraft auf mich kam«, berichtet Carol. »Der Knoten fühlte sich warm und taub an, und im selben Moment begann er zu schrumpfen. Da er am Dienstagmorgen nur noch die Größe einer Weintraube hatte, sagte ich den Termin beim Arzt ab. Dienstagabend kamen Blaine und Becky Cook bei uns vorbei und beteten für mich, und am Mittwoch war der Knoten ganz verschwunden.« Carol wurde von mehr als nur dem Knoten geheilt: Gott schenkte ihr eine neue Beziehung zu Familienmitgliedern und zu Freunden. Diese Beziehungen sind offen und frei geworden.

Innere Heilung

Jahrelang hatte unter der Oberfläche von Carols starker und begabter Persönlichkeit eine nicht zu begründende Angst gesteckt, daß Gott und ihre Freunde sie verlassen würden. Der tatsächliche Verlust ihrer Schwestern und Freunde war wie geschaffen dafür, um diese Angst an die Oberfläche zu bringen und Carols Verhalten zu beeinflussen. Carol gab dieser Angst Raum, was dazu führte, daß sie sich einsam fühlte, Depressionen bekam, ihren Freunden aus dem Weg ging und ihr Vertrauen zu Gott nachließ. Das letzte Symptom war dann der Knoten in ihrer Brust.

Als Carol ihre Augen auf Gottes Verheißung richtete, daß er sie nie verlassen würde, und Buße tat für ihre falsche Einstellung und ihr Verhalten ihren Schwestern und Freunden gegenüber, empfing sie Christi Vergebung und Heilung von seelischen Verletzungen, die von Erfahrungen in ihrer Kindheit herrührten. Sie sah sich nun nicht mehr als ein Opfer früherer Verletzungen. Als sie anfing, die Vergangenheit von Gottes Sicht aus zu betrachten, nahm die Bedeutung der Erlebnisse in der Kindheit ab.

Ein zusätzliches Geschenk bei ihrer Heilung war die Erneuerung ihrer Beziehungen. Sie konnte nun in Offenheit und Freiheit, in Fürsorge und Vertrauen mit anderen Menschen zusammensein; dies verstärkte die Heilung, die sie empfangen hatte, als sie Buße tat und Gottes Wahrheit glaubte. Carols Freunde haben ihr inzwischen auch versichert, daß weder sie noch Gott Carol jemals verlassen werden.

Seelische Verletzungen bleiben in Form unangenehmer Erinnerungen zurück (Gedanken an schmerzliche Erfahrungen aus der Vergangenheit); sie bilden ein Hindernis für das persönliche Wachstum. Sie können sogar bewirken, daß wir auf verschiedene Weise sündigen; auch können solche Verletzungen seelische Probleme und körperliche Krankheiten hervorrufen.

Seelische Verletzungen, einschließlich unangenehmer Erinnerungen, entstehen sowohl dadurch, daß wir selbst sündigen, als auch durch das Schuldigwerden anderer an uns. Im Unterschied zu rein körperlichen, sichtbaren oder äußerlichen Heilungen stellt die Heilung von solchen Verletzungen aus der Vergangenheit den inneren (nicht sichtbaren) Menschen wieder her. Daher wird die Heilung von Verletzungen aus der Vergangenheit im allgemeinen »innere Heilung« genannt.[1]

Nach David Seamand geht es bei der inneren Heilung darum, »daß man sich mit verletzten Gefühlen und nicht geheilten Erinnerungen befaßt und für diese betet«.[2]

Michael Scanlan schreibt: »Innere Heilung ist die Heilung des inneren Menschen. Mit diesem inneren Menschen meinen wir die Bereiche des Verstandes, des Willens und der Emotionen, die in der Regel als Denken, Wollen und Fühlen bezeichnet werden, aber auch alle anderen Bereiche der Seele und des Geistes sind dabei mit eingeschlossen. Innere Heilung unterscheidet sich von äußerer Heilung, die normalerweise körperliche Heilung genannt wird.«[3]

Dennis Bennett sagt kurz und knapp: »Innere Heilung bedeutet ganz einfach, den Herrn wirken zu lassen, ihn in unserer Seele solche Dinge heilen und entfernen zu lassen, die das Strömen des Heiligen Geistes hindern.«[4]

Ich definiere innere Heilung als *einen Prozeß, in dem der Heilige Geist Menschen, die in ihrem Denken, Wollen und Fühlen verletzt worden sind, Vergebung der Sünden und emotionale Erneuerung schenkt.* Innere Heilung ist eine Möglichkeit, die Kraft des Evangeliums in einen heilungsbedürftigen Lebensbereich einzulassen.

Innere Verletzungen

Die meisten schmerzlichen und verletzenden Erfahrungen, für die wir innere Heilung brauchen, lassen sich in drei Kategorien aufteilen. Die erste Kategorie umfaßt die Verletzungen, die daraus folgen, daß wir in eine sündige Welt hineingeboren werden. Sie entstehen nicht dadurch, daß andere Menschen uns absichtlich Schaden zufügen. Gemeint sind Situationen und Zustände, auf die wir keinen Einfluß haben — ererbte Krankheiten, Unfälle oder Armut, um nur drei Beispiele zu nennen. Solche außerhalb unseres Einflusses liegenden Erfahrungen bewirken Urängste und das Gefühl der Isolation und Hilflosigkeit in einer feindseligen Welt, wie die Psychologin Karen Horney es ausdrückte.[5]

In die zweite Kategorie fallen Wunden, die andere uns zufügen. Unsere Eltern oder andere Familienmitglieder, Freunde, Bekannte, ja selbst Fremde sind vielleicht an uns schuldig geworden, beabsichtigt oder unbeabsichtigt. Insbesondere gilt dies für Kinder von Alkoholikern oder für Kinder, die von ihren Eltern körperlich oder seelisch mißhandelt wurden. In dieselbe Kategorie fällt auch jegliche Art lieblosen Verhaltens, das wir erlebt haben. Es ist nicht möglich, alles aufzuzählen, einiges verdient jedoch besondere Erwähnung. Immer wieder bete ich für Menschen, deren Problem darin besteht, daß sie ihren Vater nicht lieben können, weil dieser lieblos zu ihnen war. Die daraus entstehenden Verletzungen und Schwierigkeiten sind ungeheuer groß. Auch habe ich in vielen Fällen gesehen, wie sexueller Mißbrauch, z. B. Vergewaltigung und Inzest, bei dem Opfer Gefühle des Hasses und des Zornes dem Täter gegenüber bewirkt.[6]

In die letzte Kategorie fallen Wunden, die daraus resultieren, daß wir selbst gesündigt haben. Häufig sind dies Gewohnheitssünden wie Unzucht, Ehebruch oder Homosexualität. In den vergangenen Jahren habe ich mit vielen Männern und Frauen für die Verletzungen gebetet, die die Sünde der Abtreibung in ihnen verursacht hatte. Auch Haltungen wie z. B. Gier, Konkurrenzgeist und Eifersucht bewirken seelische Wunden. Solche Einstellungen und die daraus folgenden Handlungen führen zu Schuld und Schuldgefühlen. Ich habe oft für Menschen gebetet, die wußten, daß Gott ihnen vergeben hat, die aber trotzdem noch unter Schuldgefühlen litten. Nur ihr Verstand hatte die Vergebung angenommen, ihr Herz war davon noch nicht durchdrungen. Auch falsche Entscheidungen können zu seelischen Wunden führen. Man kann sie nicht unbedingt Sünde nennen, aber sie sind ein Zeichen für mangelnde Weisheit und bewirken Mißerfolg. Sie führen oft zu Schuldgefühlen und Zorn. Manchmal wirken Verletzungen, die andere uns zugefügt haben, mit unseren eigenen Sünden zusammen. So werden wir geschwächt.

Michael Flynn, ein Priester der episkopalen Kirche, empfing, nachdem er auf einer Konferenz über innere Heilung gesprochen hatte, von einer Teilnehmerin folgenden Brief:

»Nach der Konferenz rang ich mit dem Teufel. Mein Problem war sexueller Art, und ich schrie zu Gott, er solle mir zeigen, an welcher Stelle Satan bei mir ein Einfallstor hätte. Ich hatte viele Jahre lang mit einer Gruppe von Menschen zusammengearbeitet, die einen sehr lockeren Lebensstil führten und mich stark beeinflußten. Gott erinnerte mich an eine Situation aus jener Zeit und an einige Worte, die ich selber ausgesprochen hatte — ein inneres Gelübde. Und dann zeigte er mir, wie sehr ihn dies verletzt hatte . . . So sagte ich mich los von diesem Gelübde, bekannte meine Sünde und bat Gott, mir zu vergeben. Die Kraft Gottes kam herab, und ich spürte, daß es wie ein Schock durch meinen Körper ging. Ich wußte, daß die Bindung zerbrochen und ich frei war. Mir war klar, daß ich nun wirklich Jesus folgen konnte, wenn ich es nur wollte. Ein wunderbarer Sieg! Ich war geschockt, als Satan im selben Moment erneut auftauchte und mich wieder versuchte. Ich war noch ganz erfüllt von meiner neugefundenen Freude. Wie konnte er es wagen? Ich merkte, daß der Kampf noch nicht zu Ende war. Ich wandte mich Jesus zu, und er sagte: ›Du brauchst das nicht mehr zu tun, weil wir dafür gesorgt haben.‹ Ich sah ihn als meinen Fels, meinen Heiland und meinen Beschützer. Da verschwand Satan.«

Man muß nicht ein Opfer von Mißhandlungen sein oder selbst sexuelle Sünde begangen haben, um innere Heilung zu brauchen. Manche leiden zum Beispiel unter dem »Syndrom des älteren Bruders«. Es geht ihnen so wie dem älteren Bruder in dem Gleichnis vom verlorenen Sohn (siehe Lukas 15,11-32). Erwartungen, die von einer zu hohen Selbsteinschätzung ausgehen, werden enttäuscht, und so bewirkt unser Stolz Ärger und Bitterkeit.

Es gibt auch das Problem übertriebener, unbegründeter Gewissensbisse. Menschen mit diesem Problem sind meistens in evangelikalen oder katholischen Familien aufgewachsen. Ich habe einmal für einen Mann gebetet, der sehr unter Schuldgefühlen litt, die durch einen unbedeutenden Vorfall in seiner Kindheit hervorgerufen waren. Als er zehn Jahre alt war, fand seine Mutter in seiner Hosentasche eine Spielkarte mit dem Bild einer nackten Frau. (Er hatte diese Karte auf dem Heimweg von der Schule gefunden.) Seine Mutter bestrafte ihn deswegen, und er litt nach dreißig Jahren immer noch unter Schuldgefühlen! Diese Schuld drückte ihn so schwer, als hätte er eine wirklich ernsthafte Sünde begangen.

Diagnose

Wir machen Erfahrungen, die schmerzlich sind und zerstörerisch wirken. Unsere Reaktion darauf bleibt uns in Erinnerung und prägt unser späteres Verhalten. Wir sind nicht mehr frei, Gottes Gnade in seiner Fülle zu erfahren.

Männer und Frauen, die mit dem Gebet um innere Heilung besonders viel praktische Erfahrung haben, stellten bestimmte Verhaltens- und immer wiederkehrende seelische Grundmuster bei Menschen fest, die Christi Gnade und Vergebung nicht konkret genug auf ihre durch schmerzhafte Erinnerungen verursachten Probleme bezogen hatten.

Theodore Dobson, Michael Scanlan, Francis MacNutt und Rita Bennett beschreiben folgende Merkmale, die man häufig bei Menschen findet, die innere Heilung brauchen:

»Die Last der Schmerzen, die wir alle tragen, nimmt uns die Kraft, kreativ und produktiv zu handeln. Sie gibt uns das Gefühl, wertlos zu sein, schuldig, hoffnungslos und zerbrochen, und läßt uns glauben, unsere Schuld sei unvergebbar.

Die Last alleine wäre schon zerstörerisch genug, aber sie hat noch weitere Folgen. Durch diese negativen Gefühle entwickeln sich nach einer gewissen Zeit negative Verhaltensweisen; die Vergangenheit beginnt unsere Gegenwart zu zerstören. Das Negative will sich mit der Zeit selbst zerstören, und so entsteht in uns die Haltung der Selbstzerstörung, oder es entwickeln sich Gewohnheitssünden...«[7]

»Erste Anzeichen... sind Kritikgeist, der sich durch Härte und hohe Erwartungen an sich und andere äußert; eine perfektionistische Haltung, die von sich und anderen Unmögliches verlangt; eine ausgeprägte Angst vor Ereignissen in der Zukunft; wenn man eine Entscheidung fällen muß, hat man das Gefühl, einsam und allein gelassen zu sein; Beschäftigung mit der eigenen Schuld; ein zwanghaftes Bemühen um eine einflußreiche Stellung und Erfolg... Gewöhnlich besteht die ständige Erwartung, zu wachsen oder einen Durchbruch zu neuer geistlicher Freiheit zu erleben, was jedoch nicht geschieht. Es geschieht nicht, weil das Herz verletzt ist.«[8]

»Innere Heilung ist immer dann notwendig, wenn wir merken, daß wir in irgendeiner Weise von Verletzungen aus der Vergangenheit niedergehalten werden. Bis zu einem gewissen Grad leiden wir alle an solchen Bindungen, manche sehr stark, andere nur wenig. Jede unbegründete Angst oder Furcht, jeder Zwang — Gefühle, die durch frühere Erfahrungen ausgelöst werden —, all dies kann durch Gebet zerbrochen werden, vorausgesetzt, daß der jeweilige Mensch sein Bestes tut, um sein Leben nach Gottes Willen zu führen. So viele Christen sind nicht wirklich frei. Sie leben mit dem niederdrückenden Gefühl, wertlos zu sein, haben unberechenbare Wutanfälle oder Depressionen, leben in Furcht und unbegründeten Ängsten, haben zwanghafte sexuelle Triebe und andere Probleme. Sie würden ihre Probleme gerne loswerden, stehen aber vor der Tatsache, daß sie es trotz Vergebung und dem Entschluß, sich zu ändern, nicht schaffen.«[9]

»Auch wenn« man Christ ist, braucht man oft noch viel innere Heilung. Dies trifft sogar für anerkannte Leiter zu. In welchen Fällen brauchen wir innere Heilung? Einige will ich nennen: wenn man ein negatives Bild von sich selbst hat; sich selber haßt; wenn man meint, nicht von Gott geliebt zu sein; wenn man andere haßt; wenn man sich selbst oder anderen nicht vergibt; wenn man sich selbst verherrlicht; wenn man um sich selber kreist; zu Wutanfällen neigt; heuchlerisch ist; wenn man gehemmt ist durch körperliche, seelische oder geistige Behinderung; Einsamkeit; Ablehnung; Depression; Verfolgung; Ehescheidung; falsche Beschuldigungen; verschiedenartige sexuelle Probleme.

Vielleicht braucht man auch Heilung im Blick auf die Not, in die einen der Tod eines Menschen, der einem nahestand und den man sehr lieb hatte, gestürzt hat; weil man in einen Unfall verwickelt war oder ihn verschuldet hat. Oder man braucht Heilung von Ängsten oder Erinnerungen aus der Zeit der Schwangerschaft und der Geburt.«[10]

Wenn die seelischen Auswirkungen schmerzlicher Erinnerungen nicht geheilt werden, können körperliche Probleme entstehen wie Migräne, Kopfschmerzen, Nebenhöhlenentzündungen, Verdauungsstörungen, Alpträume, Schwindelgefühle und viele andere funktionale Störungen.[11] Dies war bei meiner Frau Carol der Fall, in deren Brust sich ein Knoten gebildet hatte.

Das Ziel der Heilung

Das Ziel der inneren Heilung ist, daß Menschen seelisch gesund werden. Die Seele und die Gefühle sollen von Bindungen befreit werden, die durch Erfahrungen in der Vergangenheit hervorgerufen wurden.

Den Begriff »Emotionen« gebrauche ich in einem sehr weiten Sinn. Ich bezeichne damit alle inneren Reaktionen, sowohl auf äußere Situationen als auch auf innere Vorgänge. Emotionen sind die bewußten inneren Reaktionen, die unser Verhalten beeinflussen.

Ich unterscheide zwischen inneren Reaktionen (englisch: reactions) und äußeren Reaktionen (englisch: responses). Das eine ist der Bereich unserer Gefühle, das andere der Bereich, in dem wir reden und handeln. Es ist nicht immer leicht, diese Unterscheidung beizubehalten. Manchmal sind die beiden Bereiche nur schwer zu trennen. Wie will man zum Beispiel das Gefühl des Ärgers, das in uns entsteht, wenn wir auf ein Hindernis stoßen oder eine Enttäuschung erleben, von einer ärgerlichen Antwort trennen, die von dem inneren Gefühl des Ärgers bestimmt ist? Und doch ist es hilfreich, eine solche Unterscheidung zu machen, weil dadurch ein wichtiger Punkt bei der Heilung von Verletzungen aus der Vergangenheit deutlich wird. Unser Ziel ist es, zu emotionalen Reaktionen zu kommen, die unsere Liebe zu Gott und dem Nächsten verstärken, so daß wir negative Reaktionen, die uns von der Liebe wegführen, unter Kontrolle haben.

Innerlich gesunde Menschen sind:

1. *Menschen, deren emotionale Reaktionen ihnen helfen, als Christen zu leben.* Das bedeutet, daß die Gefühle innerlich gesunder Menschen Gerechtigkeit und Liebe verstärken. Solche Menschen haben, wie die Psychologen es nennen, eine ausgewogene Persönlichkeit. Sie sind in der Lage, alles, was Gott ihnen geben will, im Glauben zu empfangen. In Jakobus 1,5-8 wird der Mensch beschrieben, der nicht wirklich weiß, wer er in Christus ist, dessen Inneres nicht von Gottes Wahrheit durchdrungen ist, nämlich daß er eine neue Schöpfung in Christus ist:

»Wenn aber jemand von euch an Weisheit Mangel hat, erbitte er sie von Gott, der allen ohne weiteres gibt und nicht schilt, und sie wird ihm gegeben werden. Er bitte aber mit Zuversicht und zweifle nicht; denn der Zweifler gleicht der Welle des Meeres, die vom Wind bewegt und getrieben wird. Denn ein solcher Mensch meine nicht, daß er etwas vom Herrn empfangen werde, er, ein zwiespältiger Mann, unbeständig in allen seinen Wegen.« (Zürcher)

Das griechische Wort, das in diesem Abschnitt mit »zwiespältig« übersetzt wird, heißt *dipsychos* und bedeutet: ein Mensch mit zwei Seelen. William Barclay schreibt:»Die eine glaubt, die andere nicht; bei einem solchen Menschen herrscht ein Bürgerkrieg, in dem sich Glaube und Unglaube beständig bekämpfen.«[12] So haben also innerlich gesunde Menschen nur eine Seele, nämlich die Seele Christi, die ihr inneres Leben formt und prägt.

2. *Menschen, die gefühlsmäßig instinktiv richtig reagieren.* Beim Nachdenken über Gefühle kommt man schnell zu dem Schluß, daß es gut wäre, erst zu denken und danach auf eine Situation zu reagieren. Aber

das hieße, unsere Gefühle zu unterdrücken. Solch eine Kontrolle entspränge eher der Angst, unsere Gefühle nicht unter Kontrolle zu haben, als dem Bemühen, den Gefühlen einen angemessenen Platz zuzuweisen. Die biblische Aussage dazu ist, daß wir in Christus eine neue Natur haben — einschließlich unserer Gefühle — , und dadurch sind wir in der Lage, instinktiv auf die richtige Weise zu reagieren. Michael Scanlan nennt dies »den Frieden Jesu haben«. Der Friede Jesu Christi ist eine unverwechselbare Gabe des Herrn, der sich auf vielfältige Weise äußert in Freude, Selbstlosigkeit, Gebet, Wachsamkeit und der Frucht des Geistes (Phil. 4,4).[13]

3. Menschen, deren Gefühle dem angemessenen Verhalten an Bedeutung nachstehen. Wir sollen unser Leben nicht von unseren Gefühlen bestimmen lassen, sondern die Gefühle müssen in rechter Weise unser Handeln unterstützen. Sie sollen Diener der Gerechtigkeit und Liebe sein. Das heißt, daß sich unsere Gefühle der biblischen Wahrheit von unserer neuen Natur zu unterstellen haben. Wir müssen lernen, dem zu glauben, was Gott über uns sagt, und weniger darauf achten, wie wir uns fühlen. Steve Stott und Brooks Alexander schreiben:
»Der biblischen Beschreibung unseres Wesens können wir gewiß mehr Vertrauen schenken als der Selbstbeurteilung, die von unseren Ängsten, unserem Zorn und unseren Erinnerungen geprägt ist, von den Anklagen des Widersachers ganz zu schweigen (Röm. 8,1-2). *Innere Heilung sollte uns helfen, umzulernen (durch Gottes Wort), so daß wir erkennen, wer wir in Christus sind.* Wenn wir begreifen, wie Gott uns sieht und wie er für unser Wachstum sorgt, dann wird in uns langsam die richtige Selbsteinschätzung entstehen. Grundlage dieser Beurteilung wird unsere Abhängigkeit von Christi Gerechtigkeit sein und nicht unsere eigene (Röm. 12,3).« (Hervorhebungen vom Autor)[14]

Erinnerungen aus unserer Vergangenheit

Es ist unmöglich, negative Haltungen und Gefühle, die von früheren Verletzungen herrühren, zu ändern, ohne in irgendeiner Weise mit den schmerzlichen Erinnerungen an jene schlechten Erfahrungen fertig zu werden. Solche negativen Haltungen und Gedanken sind tief in unserem Herzen verwurzelt, und, ohne daß wir uns dessen bewußt sind, hindern sie uns daran zu glauben, was Gott über uns sagt.

Paulus schreibt in seinem Brief an die Christen in Ephesus, daß wir ein Leben in Fülle erfahren können, unter Gottes Segen und in der Freiheit, ihm auf der Erde zu dienen: »Gelobt sei Gott, der Vater unseres Herrn Jesus Christus, der uns gesegnet hat mit allem geistlichen Segen in der himmlischen Welt durch Christus. Denn in ihm hat er uns erwählt vor der Schöpfung der Welt, damit wir heilig und untadelig vor ihm sein sollten« (Eph. 1,3-4). Beachten Sie, daß er uns »allen geistlichen Segen« bereits gegeben *hat*; jetzt geht es bloß noch darum, dies zu glauben und zu empfangen!

Gott hat schon vor langer Zeit beschlossen —»vor der Schöpfung der Welt« —, daß er uns als Erbe die Vergebung der Sünden und den Reichtum seiner Gnade geben wollte. Er hat uns zu seinen Kindern gemacht, und wir haben Anteil an seiner Herrlichkeit und seiner Freiheit:

»Auch ihr, die ihr das Wort der Wahrheit gehört habt, nämlich das Evangelium von eurer Rettung, seid in ihm mit dem verheißenen Heiligen Geist versiegelt worden, als ihr zum Glauben kamt. Er ist das Unterpfand des Erbes, das wir erhalten sollen, der Erlösung, durch die wir sein Eigentum werden, zum Lob seiner Herrlichkeit« (Eph. 1,13-14).

Aber wenn wir von Schuld und Schmerz erfüllt sind — durch Erlebnisse aus der Vergangenheit —, so kann das, was uns bereits gehört, in uns nicht zur Wirklichkeit werden. Michael Scanlan beschreibt, wie schmerzliche Erinnerungen oft dazu führen, daß unser Herz zerbricht; damit meint er, daß »das Zentrum der Liebe in uns zerstört wird, die Quelle, aus der heraus wir Liebe geben und empfangen«.[15] Das zerbrochene Herz wird geheilt, wenn es von der Bindung an schmerzliche Erinnerungen befreit wird; zu diesem Prozeß gehören Vergebung und die Heilung der Gefühle unter der Leitung des Heiligen Geistes.

Viele Menschen sind nicht in der Lage, sich schmerzenden Erinnerungen zu stellen, und dadurch wird ihre Seele krank. Scanlan sagt, daß man die Kraft des Heiligen Geistes braucht und die Gabe des Glaubens, um der Vergangenheit begegnen zu können und davon frei zu werden; nur so kann man zukünftig ganz frei und unbeschwert leben. So gesehen bedeutet »Heilung der Erinnerungen« nicht, schmerzende Erinnerungen aus unserem Bewußtsein auszulöschen; sondern der Geist Gottes nimmt ihnen ihren Stachel und heilt den Schaden, den die Seele auf Grund dieser Erinnerungen erlitten hat. Das war es, was Carol erfuhr, als sie ihre Sünde bekannte und Gottes Zusage glaubte, daß er sie nie verlassen würde. Sie wurde augenblicklich befreit von der Bindung an schmerzende Erinnerungen, auch wenn sie sich jene Erlebnisse aus der Vergangenheit nach wie vor ins Gedächtnis rufen kann.

Man kann sich die Heilung von schmerzlichen Erinnerungen auch noch anders vorstellen: Gott löscht sie nicht aus, sondern er weist ihnen in unserem Herzen einen anderen Platz zu, so daß sie in unserem Fühlen, Denken und Handeln nicht mehr ausschlaggebende Faktoren sind. In dem Maß, wie die Erkenntnis und die Gewißheit unserer Identität in Christus in den Vordergrund rückt, tritt der alte Schmerz in den Hintergrund. Wir wissen jetzt, daß wir eine neue Schöpfung in Christus sind und nicht mehr das Opfer der Vergangenheit — ganz gleich, wieviel Schreckliches und wieviel Ungerechtigkeit wir auch erlebt haben mögen.

Die Art und Weise, wie unser Gehirn Erinnerungen speichert, ist ein komplizierter Vorgang; die moderne Medizin hat allerdings einige interessante Tatsachen entdeckt. Anfang der fünfziger Jahre nahm Dr. Wilder Penfield, Neurologe an der McGill-Universität in Montreal, an Epileptikern unter Lokalanästhesie Gehirnoperationen vor. Während der Operationen führte er verschiedene Experimente durch. In einem Experiment hat er mit einer kleinen Elektrode die Gehirnrinde elektrisch stimuliert. Die Patienten berichteten von traumähnlichen Erfahrungen; es waren gespeicherte Erinnerungen aus der Vergangenheit, meistens Erlebnisse, die die Patienten bereits vergessen hatten. Dr. Penfield zog aus diesen Experimenten einige Schlußfolgerungen:

1. Das Gehirn speichert alle Erlebnisse.
2. Es speichert auch unsere Gefühle, die mit diesen Erlebnissen zusammenhängen.
3. Durch die Funktion des Erinnerns können wir uns der Gegenwart bewußt sein und gleichzeitig eine vergangene Erfahrung noch einmal durchleben.
4. Unser Gehirn speichert viele Erlebnisse, auch wenn wir uns an diese nicht mehr bewußt erinnern können; manche können wir uns jederzeit ins Gedächtnis rufen, andere jedoch sind tief in unserem Unterbewußtsein vergraben, und wir haben nur durch Träume oder äußerliche Stimuli Zugang zu ihnen (wenn überhaupt).
5. Diese Erlebnisse aus der Vergangenheit haben nicht nur Einfluß auf unsere Gegenwart, sondern auch auf die Zukunft, sie formen und leiten unser Verhalten, manchmal schränken sie es auch ein.[16]

Penfields Forschungen bestätigen, daß Erinnerungen einen gewaltigen Einfluß auf unser Verhalten und unsere Einstellung ausüben. Wenn wir uns an bestimmte Ereignisse erinnern und an die jeweilige Situation, die dazugehörte, dann werden auch die Gefühle wieder lebendig, die mit jenen Erlebnissen zusammenhingen. Wenn es Gefühle des Schreckens waren, der Angst, der Depression, der Schuld und so weiter, dann mag es sein, daß sich daraus bei uns lähmende emotionale Probleme entwickeln.

Selbst wenn uns manche schmerzlichen Erlebnisse nicht mehr bewußt sind, spüren wir doch noch ihre Auswirkungen.

Theodore Dobson schreibt:

»Angehäufte Verletzungen können sich in unkontrollierbaren ›Anfällen‹ von Zorn, Eifersucht oder Depression äußern. Angehäufte Schuld äußert sich oft in körperlichen oder seelischen Krankheiten. Phobien — unbegründete Angst vor harmlosen oder nicht übermäßig gefährlichen Dingen — können die Folge von Erlebnissen in der Vergangenheit sein, die damals Furcht in uns auslösten, an die wir uns aber nicht mehr erinnern können. Diese Art von Schmerz bewirkt mehr Zerstörung als der ursprüngliche Anlaß, der ihn hervorgebracht hat; es ist schwer, diese Folgeschmerzen zu behandeln und ein Heilmittel für sie zu finden.«[17] Michael Scanlan sagt, daß man zwischen Erinnerungen, die an der Oberfläche liegen, und Erinnerungen, die in der Tiefe liegen, unterscheiden muß. Mit Erinnerungen, die an der Oberfläche liegen, meint er solche,»die ins Bewußtsein gerufen werden können«.[18] Beispiele für solche Erinnerungen sind peinliche Erlebnisse, Angsterfahrungen oder Handlungen, die Schuldgefühle auslösten. Durch die Kraft und Gnade des Heiligen Geistes können uns solche Erinnerungen ins Bewußtsein gerufen werden, man kann ihnen ins Angesicht sehen und für sie beten, so daß man Frieden und Befreiung von ihnen erfährt.

Tiefliegende Erinnerungen zu erreichen, ist schwieriger. Sie sind tief im Unterbewußtsein des Menschen vergraben. Scanlan schreibt:
»Diese Erinnerungen sind nur die Spitze des Eisberges. In manchen Fällen mag sich ein Mensch an Ablehnung erinnern, und wir beten dafür um Heilung; manchmal ist es eine verborgene, unterdrückte Erinnerung aus der Vergangenheit; manchmal kommt eine ganze Kette von Erinnerungen; manchmal ist es ein Verhaltensmuster, das fast unabhängig von irgendwelchen Erinnerungen besteht . . . Wenn die Wurzel geheilt wird, die in der Tiefe liegende Erinnerung, dann erleben wir auch in einer Reihe anderer Erinnerungen Befreiung.«[19]

Der Heilige Geist ist in der Lage, auch die im Innersten verborgen liegenden Erinnerungen zu berühren und sie auszumerzen, so daß diese alten Verletzungen uns nicht mehr zurückhalten.

Vergebung

Die beiden wichtigsten Faktoren beim Gebet um innere Heilung — dem Gebet, das durchdringt bis zu den tieferliegenden Erinnerungen und den damit verbundenen Gefühlen, die uns von der wahren Freiheit in Christus abhalten — sind Umkehr und Vergebung (sowohl sich selbst als auch anderen).

Jakobus' Rezept gegen ein zwiespältiges Herz war Umkehr: »Nahet euch Gott, so wird er sich euch nahen! Reiniget die Hände, ihr Sünder, und heiliget die Herzen, die ihr zwiespältigen Herzens seid! Fühlet euer Elend und trauert und weinet! Euer Lachen verkehre sich in Trauer und eure Freude in Niedergeschlagenheit!« (Jak. 4,8-9 — Zürcher).

Umkehr heißt nicht, sich selbst zu verdammen; sondern es bedeutet, die Sünde zu verurteilen und uns von ihr abzuwenden. Umkehr ist die Tür zur Vergebung.

Das Gleichnis vom unbarmherzigen Knecht in Matthäus 18,21-35 zeigt, wie wichtig es ist, Vergebung zu empfangen und weiterzugeben.

Jesus erzählt dieses Gleichnis als Antwort auf die Frage des Petrus, wie oft wir jemandem, der gegen uns gesündigt hat, vergeben sollen. »Genügt es siebenmal?« fragt Petrus. Jesus antwortet: »Ich sage dir: nicht siebenmal, sondern siebzigmal siebenmal« (Verse 21-22). Jesus leitet das Gleichnis also damit ein, daß es keine Sünde gibt, die wir nicht vergeben könnten; durch das Gleichnis zeigt er dann, daß wir anderen immer vergeben können, weil Gott uns viel mehr vergeben hat, als wir anderen jemals werden vergeben müssen.

In diesem Gleichnis wollte ein König mit seinen Knechten abrechnen. Einer von denen, die vor ihn gebracht wurden, schuldete ihm zehntausend »Talente«. Da der Knecht seine Schulden nicht bezahlen konnte, befahl der König, ihn, seine Frau und seine Kinder zu verkaufen. Der Knecht fiel auf die Knie und flehte den König an, ihm noch ein wenig Zeit zu gewähren, um die Schulden zu bezahlen. Der König hatte »Erbarmen mit diesem Knecht und ließ ihn frei, und die Schuld erließ er ihm auch« (Vers 27). Zehntausend »Talente« hatten den Wert von Milliarden von Dollars (das Bruttosozialprodukt von Palästina betrug zu der Zeit vielleicht 1000 »Talente«), für eine einzelne Person war es unmöglich, eine solche Summe aufzubringen.[20] Der Herr vergibt unvergebbare Sünde. Wenn wir gegen Gott oder einen Menschen gesündigt haben, ist es wichtig, daß wir lernen, Vergebung zu empfangen, ganz gleich, wie groß unsere Schuld ist.

Aber das Gleichnis geht noch weiter. Als der Knecht den König verlassen hatte, »traf (er) einen seiner Mitknechte, der ihm hundert Denare schuldig war« (Vers 28). Hundert Denare hatten den Wert von drei Monatsgehältern, eine unbedeutende Summe im Vergleich zu der Schuld, die der König erlassen hatte. Der erste Knecht packte ihn und begann ihn zu würgen. »Bezahle alles, was du mir schuldig bist!« forderte er ihn auf. Als der Schuldner um einen Zeitaufschub bat, um die Schulden zu bezahlen — dieselbe Bitte, die der erste Knecht an den König gestellt hatte —, zeigte der Knecht kein Erbarmen, weigerte sich, die Schuld zu erlassen, und ließ ihn ins Gefängnis werfen. Als der König davon erfuhr, sagte er: »Du Schurke! Diese deine ganze Schuld habe ich dir erlassen, weil du mich gebeten hattest; hättest du dich da nicht auch über deinen Mitknecht erbarmen sollen, wie ich mich über dich erbarmt habe? Und sein Herr wurde zornig und übergab ihn den Folterknechten, bis er alles bezahlt haben würde, was er ihm schuldig war« (Verse 32-34).

Der König war zornig, weil der Knecht seinem Mitknecht die Schuld nicht erlassen wollte, obwohl ihm seine eigene erlassen worden war. Dabei hatte der Knecht, der die hundert Denare schuldete, nicht einmal um Schulderlaß gebeten; er hatte nur um Zeit gebeten, um die Schuld zu bezahlen. Jesus lehrt uns, daß wir vergeben sollen (selbst denen, die nicht um Vergebung gebeten haben). Warum? Weil, so meine ich, Unbarmherzigkeit eine drückende Last ist, deren Folgen Feindseligkeit (wir ärgern uns über andere Menschen), Schuld (wir ärgern uns über uns selber) und Furcht (ohne daß wir einen Anlaß erkennen könnten) sind.

Schließlich sagt Jesus noch, daß der, der nicht vergeben will, auf dieser Erde gefoltert werden wird — in seinem Geist, seinem Verstand, seinen Gefühlen, seinem Körper und in Beziehungen zu anderen; und in der Ewigkeit erwartet ihn die Hölle.»So wird auch mein himmlischer Vater an euch handeln«, sagt Jesus,»wenn ihr einander nicht von Herzen vergebt, ein jeder seinem Bruder« (Vers 35). Das Prinzip ist einfach: weil Gott uns Barmherzigkeit erwiesen hat, sollen auch wir barmherzig sein. Wenn wir anderen vergeben, dann werden wir auch weiterhin Gottes Vergebung erfahren.

Ich will noch einen letzten Punkt zum Thema Vergebung nennen, der wichtig ist, um unseren inneren Menschen gesund zu erhalten: Als Christen sind wir in jedem Konflikt dafür verantwortlich, die Dinge in Ordnung zu bringen, entweder indem wir uns vergeben lassen oder anderen vergeben. Weil Gott uns Barmherzigkeit erwiesen hat, haben wir nicht das Recht, Vergebung zu verwehren oder sie abzulehnen.

In Matthäus 5,23-24 sagt Jesus:»Darum: wenn du deine Gabe auf dem Altar opferst und es fällt dir ein, daß dein Bruder etwas gegen dich hat, so laß dort vor dem Altar deine Gabe und geh erst hin und versöhne dich mit deinem Bruder und dann komm und opfere deine Gabe.« Wenn wir gegen jemanden gesündigt haben, so ist es unsere Aufgabe, uns zu entschuldigen, um Vergebung zu bitten und, wenn nötig, Dinge zurückzuerstatten.

Jesus lehrt aber auch, daß wir dann, wenn jemand an uns schuldig geworden ist, die Aufgabe haben, auf den anderen zuzugehen und die Sache in Ordnung zu bringen:»Sündigt aber dein Bruder an dir, so geh hin und weise ihn zunächst unter vier Augen zurecht. Hört er auf dich, so hast du deinen Bruder gewonnen« (Mt. 18,15). Zu vergeben bedeutet, auch in solchen Situationen nach Versöhnung zu streben.

Bekehrungstherapie

Bei dem Gebet um innere Heilung gibt es noch ein zweites wichtiges Element: wir können lernen, unsere Vergangenheit aus Gottes Perspektive zu betrachten. Menschen, die Verletzungen aus ihrer Vergangenheit durch die Linse der Barmherzigkeit Gottes sehen, erleben eine Verwandlung; ich nenne dies manchmal die»Bekehrungstherapie«. Sie können nun ihre Gefühle und Erlebnisse aus der Vergangenheit mit Hilfe neuer Kriterien bewerten, nämlich der des Evangeliums.

In den Evangelien wird berichtet, wie Petrus Jesus verleugnete und wie Jesus die Beziehung zu Petrus wiederherstellte; dies ist eine der großartigsten Erzählungen einer»Bekehrungstherapie« (siehe Lk.

22,31-34. 54-62 und Joh. 21,15-22). Als Jesus gefangengenommen wurde, folgte Petrus ihm bis in das Haus des Hohenpriesters; dort setzte er sich im Hof ans Feuer. Im Laufe der Nacht behaupteten drei Mägde des Hohenpriesters, die Petrus noch nie gesehen hatten, daß dieser zu Jesus gehöre. Petrus wies diese Behauptung energisch zurück und verleugnete auf diese Weise seine Beziehung zum Herrn.

Als er ihn das dritte Mal verleugnete, »wandte sich der Herr um und sah Petrus an. Und Petrus dachte daran, wie der Herr zu ihm gesagt hatte: Ehe heute der Hahn kräht, wirst du mich dreimal verleugnen« (Lk. 22,61). Petrus konnte es nicht fassen, daß er so treulos und feige gewesen war, und »ging hinaus und weinte bitterlich« (Vers 62). Von diesem Moment an konnte Petrus sicherlich nicht mehr an Jesus denken, ohne gleichzeitig dessen Blick und die Tatsache vor Augen zu haben, daß er ihn verleugnet hatte.

Petrus »weinte bitterlich«. Bittere Tränen sind nicht dasselbe wie Tränen der Umkehr. Wer bitterlich weint, tut es aus Selbstmitleid. Petrus lief aus dem Hof, weinte und dachte: »Weh mir! Es ist alles eingetroffen! Ich habe das Schlimmste getan, was es überhaupt gibt, und ich hatte dem Herrn versprochen, daß ich genau das nie tun würde.« Beim letzten Abendmahl hatte er gesagt: »Herr, ich bin bereit, mit dir ins Gefängnis und in den Tod zu gehen« (Lk. 22,33). Kurz danach, in Getsemane, hatte Petrus das Schwert gezogen, um Jesus zu beschützen. Als der Herr ihm dann das Schwert abnahm, war er hilflos: er war nicht dazu ausgerüstet, den Kampf in seinem Inneren, in seinem Geist, zu führen. Petrus kannte nur seine eigene Stärke und seine eigenen Gedanken, von Gottes Kraft und dessen Wegen verstand er nur wenig. Nachdem er Jesus verleugnet hatte, erkannte er sich selbst ganz neu.

Satan versuchte die Jünger durch das seelische und geistliche Trauma der Kreuzigung Jesu unter seine Herrschaft zu bringen. Jesus wußte, daß dies geschehen würde, und so betete er beim letzten Abendmahl, daß in dieser Zeit der Sichtung Petrus' »Glaube nicht aufhört« (Lk. 22,31-32). Er wurde im Hof des Hohenpriesters geprüft, und nur der Herr konnte den Schaden wieder heilen; dies tat er nach seiner Auferstehung.

Petrus kehrte nach Galiläa zurück und nahm seinen Beruf als Fischer wieder auf. Jesus erschien ihm nach der Auferstehung und erinnerte ihn durch das Wunder des großen Fischfanges an seine Berufung. So weckte er neue Hoffnung in ihm (siehe Joh. 21,2-7 und Lk. 5,4-11). Als sie dann gemeinsam am Feuer saßen, fragte Jesus ihn dreimal: »Simon, Sohn des Johannes, hast du mich lieb?« (Joh. 21,15-19). Dreimal hatte Petrus den Herrn verleugnet, und nun beauftragte Jesus ihn dreimal, seine Schafe zu weiden; so erneuerte Jesus den Geist des Petrus, seine Seele und dessen Beziehung zu ihm.

Als Jesus ihn zum dritten Mal fragte, antwortete Petrus: »Herr, du weißt alles, du weißt auch, daß ich dich liebhabe« (Joh. 21,17). Mit anderen Worten hieß das: »Du kennst mich ganz genau, du weißt auch, was ich jetzt antworten werde. Ich habe dich verleugnet; ich bin ein Lump gewesen und habe dich im Stich gelassen. Du weißt alles, was ich getan habe. Du kennst mein ganzes Herz.« Als Petrus zugab, daß Jesus ihn ganz kannte, in all seiner Begrenztheit und Schwachheit, da konnte Jesus ihn beauftragen: »Weide meine Schafe.« Mit diesen einfachen Worten sagte Jesus: »Du bist jetzt der heilige Petrus. Ich liebe dich und ich vergebe dir. Ich setze großes Vertrauen in dich. Du denkst jetzt nicht mehr zu hoch von dir.«

Petrus bezeichnete sich selbst nie wieder als Verräter. Von jenem Moment an glaubte er, daß er eine neue Schöpfung in Christus war; und auf diesem Fundament basierte nun sein Leben. Nirgendwo in der Apostelgeschichte wird die Verleugnung des Petrus noch einmal erwähnt. Seine Briefe sind voller Glauben an Gott und voller Vertrauen auf Gottes Gnade und Vergebung. Petrus wurde vollkommen geheilt, er war ein innerlich gesunder Mensch.

Direkte Heilung

Petrus' Wiederherstellung zeigt, wie schnell wir von schrecklichen Erinnerungen geheilt werden können, wenn wir nur dem Heiligen Geist unser Herz und unsere Gedanken öffnen und alles, was Gottes Wort über uns sagt, glauben.

Nachdem Carol letztes Jahr von dem Knoten in der Brust geheilt worden war, veränderte sich ihre Einstellung in bezug auf ihre Gebete für Menschen, die Heilung von Verletzungen aus der Vergangenheit brauchen. »Früher habe ich mich wochen- oder monate-, ja manchmal sogar jahrelang um Menschen bemüht, die Heilung von allen möglichen Verletzungen aus ihrer Kindheit suchten«, sagt Carol. »Aber nachdem ich selber in nur wenigen Minuten geheilt worden war, erkannte ich, daß wir uns viel zu sehr darum bemüht hatten, den ›alten Menschen‹ zu heilen. Statt dessen müssen wir in dem Hilfesuchenden den Glauben wecken, daß er in Christus eine neue Schöpfung ist. Ich begann auch zu sehen, daß in manchen Fällen, wie zum Beispiel bei Petrus, Menschen unmittelbar innerlich geheilt werden.«

Schmerzende Erinnerungen hindern uns daran, Aussagen wie in 2. Korinther 5,17 zu glauben: »Darum: Ist jemand in Christus, so ist er eine neue Schöpfung; das Alte ist vergangen, siehe, ein Neues ist geworden.« Carol kam zu der Ansicht, es sei besser, die Aufmerksamkeit der verletzten Personen nicht so sehr auf die Vergangenheit zu richten als vielmehr auf die Hauptaussagen unseres Glaubens; sie hatte die Vermutung, daß viele Menschen nicht wirklich glauben, was Gott über sie sagt.

Um ihre Theorie zu überprüfen, war Carol bereit, zusammen mit

Gloria Thompson jeden Montag zur Seelsorge zur Verfügung zu stehen. Sie beschlossen, daß die Menschen sofort entscheidende Veränderungen erleben sollten. Auch sollte keiner mehr wochen- oder monatelange seelsorgerliche Betreuung benötigen. Sie setzten einfach voraus, daß Gottes Gnade groß genug ist, um unmittelbar innere Heilung zu schenken. Sie waren zu der Erkenntnis gekommen, daß wir uns oft zu sehr mit den Verletzungen der Vergangenheit beschäftigen, anstatt zu erkennen und zu glauben, daß wir in Christus eine neue Identität haben.

In den vergangenen Monaten erlebten die beiden Frauen erstaunliche Dinge; viele Menschen haben grundlegende Hilfe erfahren, nachdem Carol und Gloria nur ein- oder zweimal mit ihnen beteten. »Wir haben entdeckt, daß viele Menschen gar nicht richtig glauben«, sagt Carol. »Wenn wir sie fragen, ob sie Christi Vergebung empfangen haben und glauben, daß sie eine neue Schöpfung in Christus sind, zögern viele und bekennen dann, daß sie eigentlich glauben, ihre Schuld sei zu groß, um von Gott vergeben zu werden. Oder daß die schrecklichen Dinge, die ihnen angetan wurden, zu groß seien, um von Gott geheilt zu werden.«

Zu derselben Zeit etwa wurde Carol auf einer Konferenz gefragt, ob sie für eine Frau beten könne. Die Finger dieser Person waren steif und nach innen gekrümmt, ihre Arme und Schultern zuckten jedesmal, wenn sie einen Raum betrat, in dem Gott angebetet wurde. »Ihr Aussehen erinnerte an eine Krabbe, und sie litt schrecklich«, sagte Carol, »ich hatte ähnliche Symptome auch schon bei anderen Menschen erlebt.« Carol ging mit der Frau in einen ruhigen Raum und stellte ihr einige Fragen. Connie (der Name ist geändert) war fünfundzwanzig Jahre alt und seit vier Jahren Christ. Als Carol Klarheit darüber hatte, daß das Leiden dieser Frau nicht von Dämonen verursacht war (in Teil III, Kapitel 11, werde ich beschreiben, wie man diese Erkenntnis gewinnen kann), stellte sie ihr weitere Fragen. Hier ist ihre Geschichte:

»Als ich dreizehn Jahre alt war, ließen sich meine Eltern scheiden. Mir war klar, daß sie mich nicht liebten und daß ich ihnen gleichgültig war. Sie ließen mich allein. Um mich an meinen Eltern für ihre Selbstsucht zu rächen, lief ich den Männern nach. In den folgenden sieben Jahren hatte ich viele Männer . . . und zwei Abtreibungen. Selbstbefriedigung war auch ein Problem und ist es bis heute.«

Als Connie sich im Alter von einundzwanzig Jahren dazu entschied, Jesus zu folgen, veränderte sich ihr ganzes Leben. Sie machte Schluß mit den Männergeschichten und schloß sich einer guten, lebendigen Gemeinde an. Obwohl sie das ewige Leben empfing, einen neuen Lebensstil entwickelte und neue Freunde fand, glaubte sie doch nie wirklich, daß Gott ihr vergeben hatte. Und sie selbst hatte ihren Eltern auch nicht vergeben. Jedesmal nun, wenn sie sich in eine Umgebung begab, in der der Heilige Geist wirkte — besonders in Anbetungsgottesdiensten —, erlebte sie ein erdrückendes *seelisches Trauma*. Der Schmerz über die Scheidung der Eltern und ihren eigenen sündigen Lebensstil war wieder gegenwärtig.

Im Verlauf des Gespräches wurde es Carol immer deutlicher, daß Connie nicht wußte, daß ein Zusammenhang bestand zwischen ihren eigenen Sünden, den Verletzungen, die sie durch die Schuld ihrer Eltern erlitten hatte, und ihrem gegenwärtigen Zustand. Die schmerzenden Erinnerungen und das damit zusammenhängende seelische Trauma waren tief in ihrem Unterbewußtsein verwurzelt. Als nun der Heilige Geist auf sie kam, loderten Scham, Schuld und Angst in ihr auf, ihr Körper verzerrte sich und sie konnte weder frei beten noch Gott loben.

Carol bat den Heiligen Geist, auf Connie zu kommen und ihr in seiner sanften Art seine Gnade und sein Erbarmen zu offenbaren. Dann forderte Carol Connie auf, Buße zu tun und um Vergebung zu bitten für den Haß gegen ihre Eltern, für Unzucht, Masturbation und die Abtreibungen. Connie erklärte erst, sie könne dies nicht tun, weil sie glaubte, ihre Schuld sei zu groß. »Gott kann mir nicht vergeben«, sagte sie, »ich bin so schmutzig.« Da las ihr Carol aus Epheser 1 vor, über Gottes Gnade und Vergebung; und Gottes Wort entzündete einen Schimmer der Hoffnung und des Glaubens in Connie. Dieser Hoffnungsschimmer bewirkte eine Veränderung in ihrem Herzen: sie begann zu glauben, daß Gott ihr die Schuld vergibt, und schließlich war sie auch bereit, ihren Eltern zu vergeben. Als Connie die Vergebung empfing und selber vergab, entspannte sich ihr Körper, und die krabbenähnliche Verzerrung wich. Sie nahm weiter an der Konferenz teil und konnte zum ersten Mal, seit sie Christ geworden war, Gott in aller Freiheit anbeten. Sie war vollkommen geheilt.

Kapitel 6

Befreiung von dämonischen Bindungen

Judy war achtundzwanzig und die Ehefrau eines Missionars, der gerade aus Europa nach Kalifornien zurückgekehrt war. Kurz nach ihrer Rückkehr erzählte sie ihrem Mann, daß sie, wenn sie abends in Fensterscheiben blickte, vor ihrem eigenen Gesicht merkwürdige andere, verzerrte Gesichter sähe. Sie erzählte ihm auch von Angstträumen, die sie plagten, seit sie in Frankreich einmal für einen Mann gebetet hatte, der behauptete, von Dämonen gebunden zu sein. Sie war durch diese merkwürdigen Gesichter und die Angstträume beunruhigt und in Furcht versetzt. Judy (ihr Name ist geändert) hatte noch andere Probleme, mit denen sie schon ihr Leben lang kämpfte. So weit sie zurückdenken konnte, hatte sie sich zum Beispiel immer schon in verheiratete Männer verliebt, in ihrer Phantasie hatte sie Geschlechtsverkehr mit ihnen, aber diese Phantasien wurden nie zur Tat.

Um zu verstehen, warum Judy mit diesen Problemen kämpfte, ist es hilfreich, sich ihren Familienhintergrund anzusehen. Ihre Eltern waren beide in Okkultismus verwickelt — sie wurden in einer spiritistischen Kirche getraut. Als Judy noch ein kleines Mädchen war, ließen sie sich scheiden. Judy wuchs bei ihrer Mutter auf. Sie selber hatte nie direkt mit okkulten Dingen zu tun, und sie sagt, daß sie mit vier Jahren schon Christ geworden sei. Sie heiratete einen reifen Christen. Und trotzdem hatte Judy, solange sie denken konnte, Probleme mit unreinen Gedanken, und nun wurde sie auch noch von diesen merkwürdigen, verzerrten Gesichtern und den Angstträumen gequält.

Bald nach ihrer Rückkehr nach Kalifornien ging Judy zu einem Hauskreis, der von Blaine und Becky Cook geleitet wurde. An jenem Abend benahm sich Judy sehr merkwürdig. Ohne einen erkennbaren Grund schrie sie plötzlich auf, fiel zu Boden und warf sich hin und her. So etwas hatte sie noch nie getan. Als Becky Cook zu ihr ging, um ihr zu helfen, sagte etwas in Judy: »Ich hasse dich.« Diese Worte, die aus Judy herauskamen, konnten eigentlich nicht von Judy kommen; ihre Stimme war völlig anders. Judy erzählte später, daß sie sich während des ganzen Vorfalles wie ein Zuschauer vorgekommen sei, ohne jegliche Kontrolle über das Geschehen. Blaine hob Judy auf, um sie in ein anderes Zimmer zu bringen, dort sollte ein Team für sie beten. Auf dem Weg dorthin schlug Judy Blaine auf den Mund. Blaine war sich inzwischen klar darüber, daß Judy unter dämonischem Einfluß stand, und darum gebot er dem Geist, mit seinen gewaltsamen Angriffen aufzuhören.

Als Blaine und das Team für Judy beteten, gaben sich die Geister zu erkennen; sie hatten Judy mit dem Gefühl des Versagens, mit ehebrecherischen Gedanken, Zorn und Furcht geplagt. Blaine legte Judy die Hände auf und gebot:»Ihr Geister des Versagens, des Ehebruchs, des Zorns und der Angst, weicht von diesem Gotteskind.« Als Blaine so betete, fiel Judy zu Boden und erlebte dann eine unmittelbare und ungeheure Befreiung von allem, was sie gebunden hatte. Von diesem Moment an hörten ihre sexuellen Zwangsphantasien auf, auch die Angstträume verschwanden, und sie hat nie wieder vor ihrem eigenen Gesicht böse Geister gesehen. Eine kurze Zeit bereitete Judy ihr Zorn noch Schwierigkeiten, aber auch das Problem legte sich allmählich. Sie ging weiterhin zu Blaine zur Seelsorge und erhielt durch den Hauskreis Ermutigung und konkrete Hilfe. Seitdem fällt es ihr auch viel leichter, Beziehungen zu anderen Menschen aufzubauen. Inzwischen ist Judy wieder in Europa und dient dort dem Herrn als Missionarin.

Gibt es wirklich Dämonen?

Die Phänomene, die Judy erlebte — sowohl ihr merkwürdiges Verhalten als auch das Zeugnis von ihrer Veränderung — , weisen mit ziemlicher Sicherheit darauf hin, daß Judy unter dem Einfluß böser Geister stand. Aber viele Menschen der modernen, säkularen Welt fragen:»Gibt es wirklich Dämonen? Oder gehören sie nicht vielmehr in die Welt der Mythen und der Folklore, in die Wahnvorstellungen verrückter und abergläubischer Menschen?« Manche meinen, daß man vieles von dem, was übernatürlicher Einfluß genannt wird, besser mit Begriffen aus der Psychologie und der Medizin erklären solle und daß an den Teufel zu glauben weder fortschrittlich noch modern sei. Doch nicht nur säkularistisch geprägte Menschen denken so.

Viele Christen des Westens stellen sich dieselben Fragen. Es gab eine Zeit, wo man alles dem direkten Einfluß des Teufels zuschrieb; die Menschen der Moderne jedoch glauben gar nicht mehr an seine Existenz. Es ist eine Frage unserer Weltanschauung: wir müssen uns entscheiden; entweder wir halten die Argumente der Wissenschaft für richtig, oder wir glauben, daß es den Teufel gibt, beides zusammen ist nicht möglich.

Christian Hageseth, ein christlicher Psychologe, sagte kürzlich, halb im Scherz:»Die Anzahl der Fälle, in denen Menschen dämonische Bindungen diagnostizieren, steht umgekehrt proportional zur Ausbildung dieser Menschen in den Verhaltenswissenschaften.«[1] Das Neue Testament zeigt ganz klar, daß sowohl Jesus als auch die Apostel davon ausgingen, daß es den Teufel und böse Geister gibt; daher können auch wir die Existenz und den Einfluß dieser Kräfte nicht leugnen.[2]

In den *Dienstanweisungen für einen Unterteufel,* der klassischen Beschreibung dämonischer Strategie, sagte C. S. Lewis voraus, daß sich eine merkwürdige Mischung aus Wissenschaft und Religion bilden würde. Das Buch ist in Form von Briefen verfaßt, die ein Oberteufel (Screwtape) an einen Unterteufel (Wormwood) schreibt. Im siebten Brief beschreibt Screwtape einen Trend der modernen Gesellschaft, den er als sehr verheißungsvoll ansieht: »Unsere momentane Taktik ist die, uns verborgen zu halten. Natürlich war das nicht immer so. Wir stehen in Wirklichkeit vor einem grausamen Dilemma. Glauben die Menschen nämlich nicht an unsere Existenz, so verlieren wir alle jene angenehmen Resultate direkter Schreckensherrschaft und gewinnen keine Adepten der Schwarzen Magie. Glauben die Menschen jedoch an uns, so können wir sie nicht zu Materialisten und Zweiflern machen. Wenigstens jetzt noch nicht. Ich hoffe jedoch sehr, daß es uns mit der Zeit gelingt, ihre Wissenschaften derart zu emotionalisieren und zu mythologisieren, daß sich etwas, was tatsächlich Glaube an uns (natürlich nicht unter diesem Namen) ist, einschleicht, während das menschliche Herz dem Glauben an den Feind verschlossen bleibt. Die ›Urkräfte des Lebens‹, die Verherrlichung des Geschlechtslebens, gewisse Richtungen der Psychoanalyse können uns hier gute Dienste leisten. Wird uns erst einmal unser Meisterwerk gelingen — der materialistische Magier, der Mensch, der, was er unklar ›Kräfte‹ nennt, nicht gebraucht, sondern wahrhaftig anbetet, währendes er die Existenz von ›Geistern‹ leugnet —, dann wird das Ende des Kampfes in Sicht sein. Bis dahin jedoch müssen wir uns den erhaltenen Befehlen unterordnen. Ich nehme nicht an, daß Du Schwierigkeiten hast, Deinen Patienten über Deine Existenz in Dunkelheit zu halten. Die Tatsache, daß die ›Teufel‹ in der Vorstellung der modernen Menschen *lächerliche* Figuren sind, wird Dir sehr nützlich sein. Sollte sich je die leiseste Vermutung über Deine Existenz im Herzen Deines Patienten regen, dann zeige ihm im Geist das Bild von etwas in enganliegendem rotem Anzug, überzeuge ihn davon, daß sintemal er an dieses Wesen nicht glauben kann, er ganz einfach auch nicht an Deine Existenz glauben kann. (Diese Methode, die Menschen zu verwirren, entstammt einem altbewährten Lehrbuch.)«[3]

Letztlich finden wir die Antwort auf die Frage nach der Existenz des Satans und der Dämonen in der Bibel. Das Neue Testament sagt ganz eindeutig, daß es sowohl den Satan als auch Dämonen gibt (Lk. 10,17.20; Offb. 12,7-10). Jesus stand in seinem Leben und Wirken immer wieder Dämonen gegenüber (Lk. 4,31-37.41; 6,18; 7,21; 8,2.26-39; 9,37-43; 11,14-26), und er gab seinen Jüngern die Macht, Dämonen auszutreiben

(Lk. 9,1.49-50; 10,17-20; Mk. 16,17). Im Neuen Testament findet man auch die Lehre der frühen Kirche über die Vollmacht der Christen über Dämonen (1. Kor. 2,6-8; 10,20-21; Eph. 6,10-18; Kol. 1,13-16; 2,20) und viele Berichte von Exorzismen (Apg. 5,16; 8,6-8; 16,16-18; 19,11-12). In der Geschichte der frühen Kirche gibt es ebenfalls klare Anzeichen dafür, daß man an die Existenz von Dämonen glaubte. Alle Kirchenväter und Reformatoren waren davon überzeugt, daß es den Teufel gibt, dessen Wirken unter uns zu viel Leid führt.[4] Auch die menschliche Erfahrung weist auf die Wirklichkeit des Teufels hin, wie an Judys Geschichte deutlich wird.[5] Gibt es den Teufel und Dämonen wirklich? Die Antwort aus der Bibel, aus der Kirchengeschichte und der menschlichen Erfahrung ist ganz eindeutig: Ja.

Geistlicher Kampf

Wenn man an die Existenz Satans und der Dämonen glaubt, so ist es auch nötig, ihr Wirken zu verstehen. Der Vater sandte Jesus, um Satans Reich und seine bösen Werke zu zerstören (Joh. 12,31; 1. Joh. 3,8) und um Gottes Reich aufzurichten. Man kann Christi Auftrag auf dieser Erde erst dann richtig verstehen, wenn man erkennt, was es mit dem Reiche Gottes auf sich hat. In Jesu Lehre gibt es vier wichtige Aussagen über das Reich Gottes:

1. Gottes Herrschaft kam in der Person Jesu in diese Welt (Mt. 12,28).
2. Wer Buße tut, sich von seiner Sünde abwendet und an Jesus Christus glaubt, wird erlöst von der Welt, vom Fleisch und vom Teufel, und kommt unter die Herrschaft des Reiches Gottes (Joh. 3,5).
3. Das Reich Gottes zerstört Satans Reich (1. Joh. 3,8).
4. Wenn Christus wiederkommt und die vollkommene Herrschaft des Reiches Gottes anbricht, wird Satan für alle Ewigkeit vernichtet werden (Mt. 13,36-43).

Jesu öffentliches Wirken hatte zwei Elemente: er *verkündigte* die gute Nachricht vom Reich Gottes und er *ließ* die Macht des Reiches *sichtbar werden,* indem er Dämonen austrieb, Kranke heilte und Tote auferweckte. Bei seiner ersten Predigt in der Synagoge in Kapernaum traf Jesus auf einen Dämon; dieser fragte ihn:»Was willst du von uns, Jesus von Nazareth? Bist du gekommen, um uns zu vernichten«? (Mk. 1,24). Jesus kam als göttlicher Eroberer, um Dämonen zu zerstören und die Menschen zum ewigen Leben zu befreien. Aus diesem Grunde zitterten die Dämonen und fürchteten sich in der Gegenwart Jesu. Weil Jesus kam, um Gottes Reich auf der Erde zu errichten, war sein Wirken von einem ständigen Kampf mit Satan und Dämonen gekennzeichnet.

Jesus gab den Zwölfen und den Zweiundsiebzig den Auftrag, das Himmelreich zu verkündigen, die Kranken zu heilen und Dämonen auszutreiben (Mt. 10,5-15; Lk. 10,1-20). Auch wir sind damit beauftragt, das Reich Gottes zu verkündigen, und wir haben Vollmacht empfangen, Dämonen auszutreiben. Das Wesen unserer Vollmacht über Dämonen spiegelt das Dilemma wider, in dem wir uns befinden; wir leben in der Zeit vor der Wiederkunft Christi, dem Kommen des neuen Zeitalters und der Fülle seines Reiches. Jesus besiegte Satan am Kreuz, und durch seinen Sieg haben wir Macht über Satan. Aber solange Jesus noch nicht wiedergekommen ist, müssen wir diese Vollmacht immer wieder neu ausüben. Wir leben noch nicht in der Fülle des Reiches Gottes, obwohl Satans Reich durch Jesu Tod und Auferstehung den Todesstoß empfangen hat. Um es mit anderen Worten zu sagen: Bis zu Christi Wiederkunft stehen wir nach wie vor im Kampf mit der Welt, dem Fleisch und dem Teufel mit seinen Dämonen (Joh. 16,33).

Wenn wir zu Christus kommen, empfangen wir ewiges Leben, Vergebung der Sünden und eine neue Natur. Wir werden befreit von der Bindung an Satans Reich und empfangen in Gottes Reich das Leben. Wenn wir mit Gott leben, haben wir die Verheißung, daß er uns vor den Angriffen Satans beschützt (1. Joh. 5,18), und wir überwinden Satan (1. Joh. 2,13-14; 4,4). Aber noch lebt er, und »die ganze Welt ist in der Gewalt des Bösen« (1. Joh. 5,19). Diejenigen, die sich Christus nicht zugewandt haben, sind Satans Beute, aber auch die Heiligen bekämpft er nach wie vor (Offb. 12,17). Obwohl wir also alles haben, was wir für das ewige Leben brauchen, leben wir noch in einem Gebiet, das dem Feind gehört und von ihm beherrscht wird. Das bedeutet, daß Satan uns in vielen Bereichen unseres Lebens angreifen kann.

Michael Scanlan und Randall Cirner schreiben:
»Viele Christen leben nicht in der vollen Freiheit der Kinder Gottes, weil sie in vielen Bereichen vom Bösen abhängig sind. Sünden, lästige Gewohnheiten, körperliche Krankheiten, seelische Verletzungen, Mißgeschicke aller Art, gestörte Beziehungen, Probleme in der Gottesbeziehung, Ängste und Zwänge sind nur einige Auswirkungen des ständigen Kampfes des Teufels gegen die Kinder Gottes.«[6]

Dies soll nicht heißen, daß derartige Probleme immer oder häufig von Dämonen verursacht werden, aber es kann dämonischer Einfluß im Spiel sein. Meistens sind die Ursachen sehr komplex, man muß neben dämonischem Einfluß auch die seelischen und körperlichen Faktoren berücksichtigen.

Die Tatsache, daß Satan einen offenen Krieg gegen die Heiligen führt, und dazu das Gebot Jesu, »alle Völker zu Jüngern zu machen« (Mt. 28,19-20), bedeuten, daß wir bis zu Christi Wiederkunft in einem geistlichen Kampf stehen. Wir sind dazu berufen, für Jesus Christus Land einzunehmen; wir sollen den irreführenden Geistern, die durch heuchlerische Lügenredner sprechen, das Territorium abnehmen (1. Tim. 4,1-2). Wenn wir in diesem Kampf siegen, werden Satans Opfer aus dessen Macht befreit, und die Zeit rückt näher, wo Satans Herrschaft vernichtet und Gottes Reich auf dieser Erde errichtet wird.

Wir müssen dem Feind entgegentreten; wir müssen kämpfen. Wir haben denselben Auftrag wie Jesus: das Reich Gottes zu *verkündigen* und die Kranken zu heilen und Dämonen auszutreiben, so daß das Reich *sichtbar wird* (Joh. 20,21). Dieser Auftrag beinhaltet auch, zu lehren, zu ermahnen, für andere zu sorgen, in Gemeinschaft zu leben und so weiter. Die Bibel spricht ganz deutlich davon, wie zentral und ernst der geistliche Kampf ist und daß sich jeder Christ dieses Kampfes bewußt sein sollte:

»Seid nüchtern, wachet! Euer Widersacher, der Teufel, geht umher wie ein brüllender Löwe und sucht, wen er verschlingen könne. Dem widerstehet, fest im Glauben, da ihr wißt, daß die gleichen Leiden eure Bruderschaft in der ganzen Welt treffen« (1. Petr. 5,8-9 — Zürcher).

»Schließlich. Seid stark im Herrn und in der Macht seiner Stärke. Zieht die Waffenrüstung Gottes an, damit ihr gegen die listigen Anschläge des Teufels bestehen könnt. Denn wir haben nicht mit Fleisch und Blut zu kämpfen, sondern mit den Mächtigen und Gewaltigen, mit den Beherrschern dieser finsteren Welt, mit den bösen Geistern zwischen Himmel und Erde« (Eph. 6,10-12).

Das Wichtigste, was jeder Christ für den geistlichen Kampf wissen sollte, ist dies: Satan ist zwar stark, aber Christus ist stärker. Solange wir in Treue und Gerechtigkeit leben, haben wir von Satan und den Dämonen nichts zu fürchten, wir brauchen nicht zurückzuweichen, wenn uns der Böse herausfordert.[7]

Was sind Dämonen?

Sowohl die Bibel als auch die Tradition der Kirche geben uns Einblick in das Wesen und den Ursprung Satans und der Dämonen. Doch zuerst wollen wir sagen, wer und was Satan *nicht* ist. Satan ist ein Geschöpf, ist also kein ewiges Wesen wie Gott, nur von entgegengesetzter Natur. C. S. Lewis sagt: »Satan, der Leiter oder Herrscher der Teufel, ist nicht das Gegenteil von Gott, sondern von Michael.«[8] Wir schmeicheln Satan und mißverstehen Gottes ewige Güte, wenn wir Satan auf die Ebene eines Gottes erheben. Nein, Satan ist kein Gott, und wir brauchen ihn nicht als solchen zu fürchten.

Im Anfang schuf Gott Luzifer (Lichtträger); dieser sollte ihm dienen und ihn lieben, aber er widersetzte sich Gott und wurde so zum Satan (Widersacher). Manche glauben, daß die Verse von Jesaja 14,12-15, die sich geschichtlich gesehen auf den Herrscher von Babylon beziehen, auch Satans Fall beschreiben. Diese Verse sprechen davon, wie einer mit dem Namen »Morgenstern« (in der Übersetzung der lateinischen Vulgata wird er »Luzifer« genannt) auf die Erde herabgeworfen wird, nachdem er versucht hat, Gott vom Thron zu stürzen. Er wollte der Allerhöchste sein, höher als Gott! In Jesaja 14 sagt er: »Ich will in den Himmel steigen und meinen Thron über die Sterne Gottes erhöhen, im fernsten Norden. Ich will auffahren über die hohen Wolken und gleich sein dem Allerhöchsten.« Im Stolz erhob er sich und begehrte schließlich das, was ihm nicht zustand. Er wird der »Machthaber, der in der Luft herrscht« genannt (Eph. 2,2), dies deutet darauf hin, daß sein jetziger Wohnort die Erde ist. Es kommt eine Zeit, wo er für immer in die Hölle geworfen wird (Offb. 20,10).

Origenes (ca. 185 — ca. 254), ein Theologe aus Alexandria, schrieb im dritten Jahrhundert:

»Was den Teufel betrifft und seine Engel und feindlichen Mächte, so besagt die kirchliche Lehre, daß diese Wesen in der Tat existieren; aber was sie sind und wie sie existieren, wird nicht mit ausreichender Klarheit dargelegt. Folgende Überzeugung wird jedoch von den meisten vertreten: daß der Teufel ein Engel war; und daß er, nach seinem Fall, viele Engel dazu verleitete, mit ihm abzufallen; diese werden bis zur heutigen Zeit seine Engel genannt.«[9]

Die wenigen Aussagen, die wir in der Schrift dazu finden, bestätigen Origenes' Ansicht.

Satans Rebellion hatte Auswirkungen auf andere (dies ist nach wie vor der Fall; wenn ein Mensch sündigt, so hat dies meistens Auswirkungen auf andere) — in diesem Falle auf andere Engel. Das Neue Testament läßt darauf schließen, daß Dämonen Engel sind, die sündigten und auf die Erde oder in die Hölle geworfen wurden. »Sie unterscheiden sich in ihrer Art nicht von guten Engeln«, schreibt C. S. Lewis, »nur ist ihre Natur verdorben.«[10]

Es gibt drei Abschnitte im Neuen Testament, die den Ursprung und den jetzigen Zustand der Dämonen beschreiben:

»Denn Gott hat selbst die Engel, die gesündigt hatten, nicht verschont, sondern hat sie in die finsteren Höhlen der Unterwelt gestoßen, damit sie dort bis zum Gericht festgehalten werden« (2. Petr. 2,4).

»Auch die Engel, die ihren himmlischen Rang nicht bewahrten, sondern ihre Wohnstatt verließen, hat er für den großen Gerichtstag mit ewigen Banden in der Finsternis festgehalten« (Jud. 6).

»Und es entbrannte ein Krieg im Himmel; Michael und seine Engel nahmen den Kampf gegen den Drachen auf. Auch der Drache und seine Engel kämpften, doch sie konnten nicht standhalten, und ihr Platz fand sich nicht mehr im Himmel. Und der große Drache, die alte Schlange, wurde hinuntergeworfen. Er heißt auch Teufel und Satan, der alle Welt verführt. Er wurde auf die Erde geworfen, und mit ihm wurden seine

Engel dorthin geworfen. Und ich hörte eine mächtige Stimme, die sprach im Himmel:

> Nun gehört das Heil und die Kraft und die Herrschaft unserem Gott und die Macht seinem Christus; denn der Verkläger der Brüder ist hinuntergeworfen worden, der sie Tag und Nacht vor unserem Gott verklagt hat. Sie haben ihn überwunden durch das Blut des Lammes und durch das Wort ihres Zeugnisses und haben nicht an ihrem Leben gehangen, sondern den Tod auf sich genommen. Darum freut euch, ihr Himmel und die darin wohnen! Weh aber der Erde und dem Meer! Denn der Teufel ist zu euch gekommen und hat großen Zorn, weil er weiß, daß er wenig Zeit hat.«

(Offb. 12,7-12)

Diese Abschnitte zeigen uns, daß man die Dämonen in zwei Gruppen einteilen kann. Die erste Gruppe besteht aus denen, die in die »finsteren Höhlen der Unterwelt« gestoßen und mit »ewigen Banden« gebunden sind (siehe auch Kol. 2,15; 1. Petr 3,18-22). Ich vermute, daß diese zu viel Schaden anrichten würden, wenn sie die Erlaubnis hätten, sich frei auf der Erde zu bewegen. Zur zweiten Gruppe gehören diejenigen, die frei auf der Erde herumschweifen dürfen und in gewisser Weise unter Satan dienen (siehe auch Mt. 12,24-26; Offb. 9,1-11 und 20,1). Sie sind zahlreich und gut organisiert, ein weiterer Hinweis dafür, daß Satan in seinem Kampf gegen die Menschheit sehr erfolgreich sein kann (Eph. 6,11-12).

Es gibt noch weitere Abschnitte im Neuen Testament, die uns Aufschluß über das Wesen von Dämonen geben:

✳ Dämonen sind intelligent (Apg. 16,16-18; 19,15-16).
✳ Sie sind Geister (Mt. 8,16; 12,43-45; Lk. 10,17.20; 24,39; Offb. 16,14).
✳ Sie offenbaren sich auf verschiedene Weise (Offb. 9,1-11; 16,13-14).
✳ Sie sind böswillig (Mt. 12,43-45; Mk. 1,27; 3,11; Lk. 4,36; Apg. 8,7; Offb. 16,13).
✳ Sie kennen ihr eigenes Ende (Mt. 8,29; 25,41; Jak. 2,19).
✳ Sie haben übernatürliche Kraft (Mt. 12,29; Mk. 5,4; Lk. 8,29; Apg. 19,13-16).
✳ Sie müssen sich vor Jesu Namen beugen (Mt. 8,28-34; Mk. 5,7; Lk. 8,26-33).

Wie sieht der Einfluß der bösen Geister aus?

Als Christen sind wir »von Geburt an« in den Konflikt mit Satan und den Dämonen hineingestellt, denn wir sind eins gemacht mit Christus, und dieser ist das Hauptangriffsziel Satans (1.Petr. 4,12-13). Dieser Kampf ist kein Spiel; Satans Reich ist mächtig, gut organisiert und kann den Menschen auf vielfältige Weise Schaden zufügen (Eph. 6,12; 1. Petr. 5,8). Viele Menschen leiden unter chronischen Problemen — geistlicher, seelischer oder körperlicher Art; weder die Medizin noch die Psychologie, die Psychiatrie oder das Gebet bringt ihnen wirkliche Hilfe. Ich glaube, daß in vielen solchen Fällen die Ursache der Probleme dämonischer Art ist. Satan greift uns auf dreierlei Weise an:

1. *Versuchung.* Die Bibel spricht an einigen Stellen vom Kampf zwischen dem Geist und dem Fleisch (Gal. 5,17; eine bekannte Übersetzung gibt das griechische Wort *sarx,* Fleisch, das im Urtext steht, mit »sündige Natur« wieder). An anderen Stellen heißt es, daß Satan die Menschen versucht (1. Thess. 3,5). Jede Versuchung enthält zwei Elemente: unser Fleisch, das uns für den Einfluß Satans empfänglich macht, und Satan, der der Urheber aller Versuchungen ist. Unser Fleisch und Satan wirken also oft zusammen.

Ich glaube, daß die meisten Versuchungen eine Folge unserer eigenen Entscheidungen und des Einflusses der Welt sind (Jer. 17,9; Mk. 7,20-23; Jak. 1,14-15). Aber die Bibel spricht noch von einer anderen Art der Versuchung, bei der wir mehr oder weniger direkt von Dämonen beeinflußt werden. Jesus wurde in der Wüste beispielsweise direkt von Satan versucht (Mt. 4,1-11); Satan verführte Hananias, zu lügen, als es um seine persönlichen Finanzen ging (Apg. 5,3); und er reizte David zu der Sünde, in Israel eine Volkszählung vorzunehmen (1. Chr. 21,1).

Die Welt, das Fleisch und der Teufel wirken zusammen und führen uns in Versuchung. Es ist eine teuflische Verflechtung, die den Menschen in Sünde und Tod zu fangen versucht. Wenn wir den Versuchungen des Fleisches und der Welt nachgeben, sind wir offener für dämonische Versuchungen.

Satan ist der Drahtzieher hinter allen Versuchungen, der, der sich das Fleisch und die Welt für seine Ziele dienstbar macht. David zum Beispiel war durch den Einfluß der Welt stolz geworden. Aus dieser Sünde schlug Satan nun Kapital, David war nicht mehr stark genug, der Versuchung zu widerstehen, eine Volkszählung durchzuführen (1. Chr. 21,2-8). Weil Judas das Geld liebte, war er offen für Satans Versuchung, Jesus zu verraten (Joh. 12,4-6; 13,2.27). Je mehr wir also sündigen, desto offener sind wir gegenüber dämonischen Versuchungen (Joh. 8,34; 2. Petr. 2,19).

Das biblische Wort Versuchung läßt auch an Prüfung denken, Gott läßt Versuchungen zu, um den Glauben der Christen zu prüfen und zu stärken. Ein Mensch, der versucht wird und der Versuchung nicht nachgibt, zieht daher keine Schuld auf sich. Satans Versuchungen sind nur wirksam, wenn wir ihnen nachgeben (Jak. 1,14-15).

2. *Widerstand.* Michael Scanlan und Randall Cirner schreiben: »Satan und seine bösen Geister greifen uns auch dadurch an, daß sie die Verkündigung des Evangeliums und die Ausbreitung des Gottesreiches zu verhindern suchen. Im Leben des einzelnen versuchen sie, die Annäherung des Menschen an Gott und die Vertiefung seiner Gottesbeziehung zu behindern.«[11]

Damit ist nicht die Verführung zur Sünde gemeint, sondern ich spreche hier von Unfällen, von übernatürlichen, nicht von Gott verliehenen Gaben und anderen Ablenkungen.

Widerstand zeigt sich meistens in Form von Angriffen, wie zum Beispiel Krankheit, Unfällen, »Szenen« und so weiter. Zu den Beispielen dämonischen Widerstandes gehört auch die Geschichte, in der berichtet wird, wie Satan den Boten aufhält, der Daniel zu Hilfe gesandt wird (Dan. 10,1-15), auch die Geschichte von dem Zauberer Elymas, der Paulus und Barnabas auf der Insel Cypern entgegentritt (Apg. 13,6-10), und der Bericht über die Magd, die einen Wahrsagegeist hatte und Paulus beim Predigen störte (Apg. 16,16-18).

3. *Gebundenheit.* Der Angriff Satans und der Dämonen kann auch darin bestehen, daß sie Einfluß auf die Persönlichkeit oder den Körper eines Menschen ausüben. Die Bibel nennt drei Bereiche unseres Lebens, die unter dämonischen Einfluß geraten können. Erstens werden zahlreiche, durch Dämonen verursachte körperliche Leiden erwähnt, z. B. Taubheit und Blindheit (Mt. 9,32; 12,22), Epilepsie (Mk. 9,14.29), hohes Fieber (Lk. 4,38-39) und Verkrüppelung (Lk. 13,10-17).

Eine zweite Art dämonischer Bindung führt dazu, daß man immer wieder von derselben Versuchung getroffen wird oder, trotz Buße, immer wieder derselben Sünde verfällt. Es gibt Menschen, die Schwierigkeiten haben, einen bestimmten Namen auszusprechen, zu beten oder Gott anzuerkennen. In vielen Fällen ist dies mit seelischen Regungen wie Angst, Furcht und Begierde verbunden. Das vielleicht beste Beispiel im Alten Testament ist Sauls Wahnsinn (1. Sam. 16,14-23). Andere Menschen wurden dazu verführt, Lügen zu glauben und selber zu lügen. Im Garten Eden wurde Eva von der Schlange betrogen (1. Mose 3,1-5), Satan erfüllte Hananias' Herz, so daß er log (Apg. 5,3), und Jakobus bringt ein Beispiel dafür, wie bitterer Neid und Selbstsucht teuflischen Ursprungs sind (Jak. 3,15). Paulus warnt Timotheus, daß »in den letzten Zeiten einige von diesem Glauben abfallen und irreführenden Geistern und teuflischen Lehren anhängen werden« (1. Tim. 4,1-5).

Manchmal sind solche anhaltenden Versuchungen oder ständigen moralischen Sünden von Gewalttätigkeit begleitet (Lk. 8,26-29). Zwei Bemerkungen sind hier angebracht. Erstens unterscheidet die Bibel bei körperlichen und geistigen Krankheiten zwischen natürlichen und dämonischen Krankheitsursachen. In manchen Fällen werden die Kranken »besessen« genannt, in anderen Fällen einfach »krank«. In siebzehn Fällen wird in den Evangelien und der Apostelgeschichte diese Unterscheidung getroffen (Mt. 4,24; 8,16; 10,1; 10,8; Mk. 1,32-34; 3,10-11; 6,13; 16,17-18; Lk. 4,40-41; 6,18-19; 7,21; 8,2; 9,1; 13,32; Apg. 5,16; 8,6-7; 19,11-12).

Zweitens sehen wir, daß Jesus und die Jünger unterschiedlich für die Kranken gebetet haben, je nach Krankheitsursache. Bei Menschen, deren körperliche oder geistige Krankheit von Dämonen verursacht war, wurden diese ausgetrieben. Bei den Krankheiten mit körperlichen Ursachen jedoch wurden keine Geister ausgetrieben (siehe Mt. 8,1-4. 5-13; 9,1-8. 18-26; 20,29-34; Lk. 17,11-19; Joh. 5,1-15; 9,1-12; Apg. 3,1-10; 14,8-10).

Die Bibel spricht häufig von Menschen, die »Dämonen haben«. Das griechische Wort, das für solche Menschen gebraucht wird, die Geister haben, ist ungenau. Auch viele Übersetzungen sind irreführend: sie bezeichnen Menschen, die »einen Geist haben«, als »besessen«. Dies ist eine unglückliche Übersetzung, denn das Wort »Besessenheit« verleitet zu der Vorstellung, daß ein Geist einen Menschen besitzt und ihn völlig unter Kontrolle hat. Ich glaube nicht, daß ein Geist einen Menschen absolut besitzen darf, solange er noch auf der Erde lebt; selbst wenn Geister in hohem Maß Einfluß haben können, ist der Mensch doch immer noch bis zu einem gewissen Punkt in der Lage, aus seinem freien Willen heraus zu handeln, so daß er Befreiung und Errettung erleben kann. Die wörtlichere Übersetzung des griechischen Wortes *daimonizomai*, für das in vielen Bibeln »einen Geist haben« steht, ist »dämonisiert« (siehe Mt. 4,24; Mk. 1,32; Lk. 8,36; Joh. 10,21), was bedeutet, auf irgendeine Weise von einer dämonischen Macht beeinflußt, gepeinigt oder gefoltert zu werden.

Die dämonischen Bindungen können unterschiedlich stark sein. Manche Menschen werden von irgendwelchen Gedanken gequält, andere werden jedoch von einem Geist beherrscht (dies wird gewöhnlich »Besessenheit« genannt); das Neue Testament hat für beide Fälle nur das eine Wort »dämonisiert«. So ist es also nicht biblisch, alle dämonisierten Menschen als »besessen« zu bezeichnen; es ist ungenau, führt nur zu Verwirrung und schürt Emotionen. Ich ziehe es vor, den Begriff »Besessenheit« nicht zu verwenden. Statt dessen werde ich von stark gebundenen Menschen sprechen.

Wenn wir von dämonisierten Menschen sprechen, so sagt dies noch nichts über den Grad der Gebundenheit aus. In allen Fällen von Gebundenheit werden die Menschen von einem oder mehreren Dämonen angegriffen, was körperliche, geistige oder geistliche Folgen haben kann. Eine dämonische Bindung kann sowohl schwach als auch sehr stark sein. In der Literatur gibt es verschiedene Begriffe zur genauen Kennzeichnung. Um die schwächere Form der Gebundenheit auszudrücken, wird zum Beispiel von Einfluß, Bedrängung, Gequältwerden und Abhängigkeit gesprochen. Die stärkeren Formen der Gebundenheit werden mit Worten wie Anfall, Angriff und Besessenheit beschrieben.

Schwache Gebundenheit bedeutet, daß böse Geister Macht über den Menschen ausüben. Dieser Einfluß kann sich in Bedrängnis äußern, aber auch extremere Formen der Bindung annehmen. Eine dämonische Bindung hat zur Folge, daß das Herz dem Evangelium gegenüber blind wird und sich verhärtet (2. Kor. 4,4), Gebundenheit bewirkt Abfall und falsche Lehre (1. Tim. 4,1; 1. Joh. 4,1-3) und führt Menschen dazu, sich der Sünde und Unreinheit hinzugeben (2. Petr. 2,1-12).

Schwache dämonische Gebundenheit kann viele der gleichen geistlichen, seelischen und körperlichen Probleme hervorrufen wie eine starke Gebundenheit, aber sie ist nicht identisch mit dieser. Merrill Unger schreibt:

»Bei dämonischer Besessenheit wohnen ein oder mehrere böse Geister im Körper eines Menschen, und manchmal nehmen sie ihn ganz in Besitz. In einem solchen Zustand ist die Persönlichkeit und das Bewußtsein des Opfers völlig ›ausgeschaltet‹, die ›Persönlichkeit‹ des Dämonen beherrscht den ganzen Menschen. Er denkt, spricht und handelt durch den Körper des Besessenen, den er vollkommen unter Kontrolle hat und gebraucht, als wäre es sein eigener.«[12]

Fälle starker dämonischer Gebundenheit kommen nur selten vor, dämonische Beeinflussung dagegen öfter.

Starke dämonische Gebundenheit

Jesu Heilung des Wahnsinnigen im Gebiet der Gerasener (der Name der Gegend wird in den Evangelien und der Texttradition unterschiedlich überliefert) bietet uns ein klassisches Beispiel für den Fall einer starken Gebundenheit (Mt. 8,28-34; Mk. 5,1-20; Lk. 8,26-39 — im folgenden beziehe ich mich auf den Bericht des Lukas). Dies ist die Geschichte, in welcher die Dämonen nach der Austreibung in eine Schweineherde fuhren. Der Mann wurde vollkommen geheilt. Eine genaue Betrachtung dieses Berichtes läßt erkennen, an welchen Merkmalen man eine starke Gebundenheit von einer schwachen oder von einer psychischen Erkrankung unterscheiden kann:[13]

1. Ein stark gebundener Mensch hat immer noch eine *gewisse* Kontrolle über sein eigenes Leben. Der gebundene Mann aus dem Gebiet

der Gerasener ging auf Jesus zu — vielleicht ein Anzeichen dafür, daß er geheilt werden wollte.

2. Dämonen, die in einem Menschen wohnen, üben episodisch Einfluß aus, oft äußert sich dies in epilepsieähnlichen Anfällen mit Verkrampfungen und anderen Symptomen, so daß der Körper zum Beispiel starr wird, der Mensch schreit und Schaum vor dem Mund hat. Als der gebundene Gerasener Jesus sah, »schrie (er)... auf, fiel vor ihm nieder und rief laut...« (Vers 28). Manchmal sind die Anfälle selbstzerstörerisch; ein Anfall kann nach wenigen Minuten zu Ende sein, kann aber auch mehrere Tage anhalten.

3. Böse Geister können tatsächlich in einem stark gebundenen Menschen wohnen. Die Bibel sagt, daß »viele böse Geister in ihn gefahren« waren (Vers 30). Ganz nach Belieben ergreifen sie fast die gesamte Kontrolle über einen Menschen, ja sie löschen sogar sein Bewußtsein aus. Manchmal ist der Mensch nicht mehr in der Lage, zu reden oder zu hören (Mk. 9,25; Lk. 11,14). Der Mensch wird zum Sklaven, zum Werkzeug der Geister.

4. Häufig besitzt ein stark gebundener Mensch ungewöhnliche körperliche Kräfte. »Denn der (Geist) hatte ihn lange Zeit geplagt; er wurde mit Ketten und Fesseln gebunden und gefangengehalten, doch er zerriß seine Fesseln und wurde von dem Bösen Geist in die Einöde getrieben« (Vers 29; siehe auch Apg. 19,16).

5. Aus einem stark gebundenen Menschen spricht häufig eine fremde Persönlichkeit. Der Dämon spricht durch den Menschen, in dem er wohnt, direkt mit anderen. Er redet von sich selbst in der ersten Person, spricht andere mit du an und redet von dem Menschen, in dem er wohnt, in der dritten Person. Als Jesus ans Ufer stieg, lief der Mann auf Jesus zu; doch dann warf ihn der Dämon nieder und flehte Jesus an, ihn nicht zu quälen (Verse 27-28).

6. Ein stark gebundener Mensch zeigt heftigen Widerstand und Ablehnung gegenüber Jesus. »Was willst du von mir, Jesus, du Sohn Gottes des Allerhöchsten? Ich bitte dich: Quäle mich nicht!« Das sind die Worte des Dämonen, als Jesus näherkommt.

7. Ein stark gebundener Mensch hat oft die Fähigkeit, Erkenntnisse auszusprechen, zu denen er, wenn er sich in normalem Zustand befindet, keinen Zugang hat. Der Gerasener wußte sofort, wer Jesus war, obwohl er ihm nie zuvor begegnet war. Er erkannte auch Jesu Vollmacht, den Dämon auszutreiben (Verse 29.31; siehe auch Apg. 16,16-18).

8. Stark gebundene Menschen reden oft mit einer Stimme oder in einer Sprache, die nicht ihre eigene ist. Es heißt, daß der Mann »laut rief« — eine ungewöhnliche Art zu reden (Vers 28). Ich habe oft erlebt, wie Menschen mit merkwürdigen Stimmen gesprochen haben — zum Beispiel daß Frauen wie Männer sprachen. Nach der Austreibung ist ihre Stimme wieder normal.

9. Stark gebundene Menschen sind von sittlicher Verderbtheit gekennzeichnet, die abhängig ist von der Persönlichkeit des Dämonen, der in ihnen wohnt. Häufig laufen sie nackt herum. Der Gerasener »trug seit langer Zeit keine Kleider mehr und blieb in keinem Hause, sondern in den Grabhöhlen« (Vers 27). Alle stark gebundenen Menschen, für die ich bisher gebetet habe, hatten mit schwerwiegenden sexuellen Problemen zu kämpfen. Viele haben Alkohol- oder Drogenprobleme.

10. Gebundene können unmittelbare Befreiung von dem bösen Geist erfahren. Diejenigen, deren Krankheit nur von Dämonen verursacht wurde, werden sofort gesund. Aber jene, deren Krankheit komplexer ist, müssen einen langwierigen Prozeß der seelischen Heilung durchmachen. Der stark gebundene Mann wurde sofort und vollkommen geheilt: Sie »kamen zu Jesus und fanden den Menschen, von dem die bösen Geister ausgefahren waren, wie er zu den Füßen Jesu saß, bekleidet und vernünftig, und sie erschraken. Und die es mit angesehen hatten, sagten ihnen, wie der Besessene gesund geworden war« (Verse 35-36).

11. Wenn Dämonen einen Menschen verlassen, suchen sie andere Körper, in denen sie wohnen können. »Und sie baten ihn, er möchte ihnen erlauben, in die Schweine zu fahren. Und er erlaubte es ihnen. Da fuhren die bösen Geister von dem Menschen aus und fuhren in die Schweine; und die Herde stürzte sich den Abhang hinunter in den See und ersoff« (Verse 32-33).

1975 beschrieb William P. Wilson, Arzt am Duke Medical Center in Durham, North Carolina, den Fall eines Patienten, den er für stark gebunden hielt. Der folgende Bericht wurde im Januar 1975 an der Universität von Notre Dame einem Symposium vorgelegt, das von der Christian Medical Association unterstützt wurde:

»Die junge Frau — 32 Jahre alt, zum zweiten Mal verheiratet — wurde eingeliefert, weil sie immer wieder unter Anfällen litt. Diese waren schon mit verschiedenen anti-epileptischen Medikamenten behandelt worden. Sie wurde in der neurochirurgischen Abteilung untersucht, und nachdem alle Untersuchungen, unter anderem ein EEG, ein Computertomogramm und ein Pneumoenzephalogramm, negativ ausfielen, überwies man sie in die Psychiatrie. Auch die dortigen Untersuchungsbefunde waren unauffällig, und das Personal meinte, sie mache einen ganz normalen Eindruck. Doch dann bekam sie auch dort einen Anfall.

Sie stand an der Tür des Tagesraumes; plötzlich wurde sie gewaltsam zu Boden geworfen und verletzte sich dabei ernsthaft ihren Arm. Man hob sie auf und trug sie in ihr Zimmer, wogegen sie sich heftig wehrte. Als der Arzt (Dr. Wilson) eintraf, befanden sich acht Menschen im Zimmer, die versuchten, die Frau festzuhalten, während sie sich auf dem Bett hin und her warf. *Ihr Gesicht war von Zorn und Haß verzerrt.* Sie bekam ein Beruhigungsmittel und schlief ein. In den folgenden Wochen wurde die Patientin psychotherapeutisch behandelt, und man fand heraus, daß sie in einer sehr schwierigen Familiensituation aufgewachsen war; doch als »hübsches« Mädchen wurde sie immer verwöhnt. Sie heiratete einen Mann, den Jackson Smith als typischen ersten Ehemann einer hysterischen Frau beschreiben würde. Sie führte ein ausschweifendes Leben, und als sie erst in Trennung, dann in Scheidung lebte, drohten ihr ihre Eltern, sie zu verstoßen. Sie heiratete erneut, dieses Mal einen »netten«, aber langweiligen Mann. Sie pflegte weiterhin den Kontakt zu ihren alten Freunden. Als ihr Mann von ihr verlangte, die Freunde und ihre Parties aufzugeben, bekam sie ihren ersten »Anfall«.

Die übliche psychotherapeutische Behandlung bei Hysterie, Gespräche unter gleichzeitiger Gabe von Sodium Amytol, verschlimmerte nur ihre Anfälle. Als sie dann auf die geschlossene Abteilung kam und mit Beruhigungsmitteln behandelt wurde, hörte zwar ihr gewalttätiges und aggressives Verhalten auf, aber sie bekam nach wie vor Anfälle, bei denen sie stumm wurde, besonders wenn religiöse Themen zur Sprache kamen. Noch auffälliger war ihre Reaktion, wenn der Name Jesus oder Christus genannt wurde, sie geriet dann sofort in einen Trancezustand. Einmal, als sie sich im Koma befand, wurde, weil man sich nicht mehr anders zu helfen wußte, ein Dämon ausgetrieben. Seit der Zeit hatte sie keine Anfälle mehr. Sie nahm Jesus Christus als ihren Heiland an und ist seitdem gesund.«[14]

Mir wird häufig die Frage gestellt, ob ein Christ von einem Dämon besessen sein kann. Wenn damit gemeint ist: »Kann ein Dämon einen Christen besitzen und absolute Kontrolle über ihn haben?«, so ist die Antwort: »Nein.« Aber, wie ich schon dargestellt habe, ist der Begriff Besessenheit nicht biblisch.

Wichtiger und auch biblisch richtiger ist es, eine andere Frage zu stellen: »Kann ein Christ dämonisiert sein?« Ich glaube, daß sowohl Christen als auch Nichtchristen dämonisch gebunden sein können.

Vor zwei Jahren begegnete ich einem neunundzwanzigjährigen Pastor; er hatte die Gemeindearbeit verlassen und litt unter schwerwiegenden seelischen und geistlichen Problemen. Sie resultierten, wie bald deutlich wurde, aus einer starken dämonischen Gebundenheit. Bill (nicht sein richtiger Name) war im Mittelwesten als Einzelkind christlicher Eltern aufgewachsen. Sie gehörten zur Mittelschicht, und seine Kindheit verlief, nach allem, was man erkennen konnte, normal und ohne besondere Vorkommnisse. Bill wuchs in einer evangelikalen Gemeinde auf, und als er zehn Jahre alt war, kam er auf einer christlichen Tagung zum Glauben an Christus. Im Teenageralter hatte er den Eindruck, daß Gott ihn dazu berief, Pastor zu werden, und bald darauf wurde er Student an einem Bibel-College. Er machte seinen Abschluß als einer der Besten und war dann in mehreren Gemeinden als Pastor tätig.

Im Alter von 27 verließ Bill den Gemeindedienst. Als ich ihm begegnete, war er in psychologischer Behandlung. Seine Psychologin hatte sich für eine Begegnung zwischen Bill und mir eingesetzt. Sie selber hatte an einem Kurs teilgenommen, den ich in einem benachbarten Seminar hielt, und dachte, daß ich Bill vielleicht helfen könnte. Bill erzählte mir, daß er sich, soweit er zurückdenken konnte, schon immer pornographische Bilder angesehen und obszöne Telefonanrufe gemacht hätte. In zwei seiner Gemeinden war dies von Gemeindemitgliedern entdeckt worden, und man zwang ihn, zurückzutreten. In beiden Fällen wurde ihm bei seinem eigentlichen Problem nicht geholfen. Momentan war er bei einer übergemeindlichen Organisation tätig. Der Ansatz seiner Psychologin war, seinen Selbsthaß zu ändern. Doch hatte sie bisher keinen Erfolg damit erzielt. Sie bemühte sich, die Folgen der Probleme zu behandeln — die Schuld —, anstatt die Wurzel — nämlich Dämonen.

Bei unserem ersten Gespräch gab sich ein Dämon zu erkennen, Bill hatte so etwas bisher noch nicht erlebt. Seine Stimme und seine Persönlichkeit veränderten sich, sein Gesicht war verzerrt, und der Geist stellte meine Vollmacht und mein Recht, anwesend zu sein, in Frage. Bis zu diesem Zeitpunkt hatte Bill die Möglichkeit, daß er unter dem Einfluß eines Dämons stehen könnte, ausgeschlossen, denn er hatte gelernt und glaubte, daß Christen heutzutage nicht mehr von Dämonen beeinflußt werden könnten. Ich befahl: »Gebt euch zu erkennen.« Die bösen Geister sagten, daß sie Bill zu Pornographie, Zorn, Selbsthaß und Selbstbefriedigung verleitet hatten. Ich gebot: »In Jesu Namen verlaßt Bill, jetzt sofort!« (siehe Lk. 10,17). Zuerst widersetzten sich die Dämonen meinem Befehl, so betete ich weiter und befahl ihnen dann erneut, Bill zu verlassen. Nach etwa dreißig Minuten Gebet waren sie fort. Bill sagte mir, daß er sich seit Jahren nun zum erstenmal wieder frei fühlte und nicht mehr den Zwang verspürte, sexuell zu sündigen.

Eine Woche später trafen wir uns noch einmal mit Bill; obwohl Pornographie nun kein Problem mehr für ihn war und er von dem Zwang, obszöne Anrufe zu machen, befreit war, verspürte er noch immer sehr viel Angst. In der zweiten Sitzung trieben wir Geister aus, die Angst, Selbstverachtung und eine falsche Religiosität hervorgerufen hatten.

Kürzlich traf ich Bill wieder; in den zwei Jahren seit unserer ersten Begegnung ist er frei geblieben und hat keine Probleme mehr mit Pornographie oder obszönen Anrufen. Er geht immer noch zu der Psychologin, aber seine Probleme haben nichts mehr mit Dämonen zu tun.

Geschichten wie diese werfen eine weitere Frage zum Thema Christen und Dämonen auf: »Welchen Schutz hat ein Christ, um nicht in Gebundenheit zu geraten?«

Wenn wir im Glauben und in Gottes Gerechtigkeit leben, haben wir Gottes Verheißung, daß er uns vollkommen vor dämonischen Bindungen schützt (wenn auch nicht vor Angriffen). In Kolosser 1,13-14 heißt es: »Er hat uns von der Macht der Finsternis errettet und uns in das Reich seines lieben Sohnes versetzt, durch den wir die Erlösung haben, nämlich die Vergebung der Sünden.« In 1. Joh. 4,4 heißt es:»Kinder, ihr seid von Gott und habt jene (die bösen Geister) überwunden; denn der in euch ist, ist größer als der, der in der Welt ist.« Außerdem haben wir eine neue Natur durch den Heiligen Geist, der in uns wohnt (Joh. 14,16; 2. Kor. 5,17). Wir sind Gefäße der Herrlichkeit Gottes, nicht Werkzeuge Satans (1. Kor. 6,19).

Doch wenn Christen in Sünde verfallen und diese nicht bekennen, können auch sie unter den Einfluß böser Geister geraten, ja sogar von ihnen beherrscht werden. Auf die Dämonen triff dasselbe zu wie auf die Welt und das Fleisch. Als Christen haben wir die Vergebung der Sünden empfangen und sind wiedergeboren, aber wenn wir es vorziehen, den Lügen der Welt zu glauben und den Begierden unseres Fleisches nachzugeben, werden wir in Sünde leben. Dämonische Bindungen entstehen auf die gleiche Weise: wir sind befreit von der Macht der bösen Geister, aber wir können nach wie vor unter ihren Einfluß geraten. Noch ist der Teufel nicht»in den Pfuhl von Feuer und Schwefel geworfen«, wo er»Tag und Nacht, von Ewigkeit zu Ewigkeit« gequält werden wird (Offb. 20,10).

Die Bibel gibt mehrere Beispiele von Gläubigen, die gebunden waren. Saul im Alten Testament war gläubig, mit dem Heiligen Geist gesalbt und prophetisch begabt (1.Sam 10,1.9-13). Nachdem er gesündigt hatte (seine Sünde wurde von Samuel mit Zauberei gleichgesetzt — 1. Sam. 15,23), wurde Saul von einem bösen Geist gequält (1. Sam. 16,14). Die Symptome — Anfälle von Zorn, Mord, Angst, Zauberei und Selbstmord — sind typisch für einen dämonisch gebundenen Menschen.

Auch im Neuen Testament gibt es Beispiele von Gläubigen, die gebunden waren. In Lukas 13 heilt Jesus eine verkrüppelte Frau, von der es heißt: sie ist»eine Tochter Abrahams, die der Satan doch schon achtzehn Jahre gebunden hält« (Vers 16). An einer anderen Stelle macht Jesus deutlich, daß ein»Sohn Abrahams« jemand war, der Erlösung empfangen hatte (Lk. 19,9); und Paulus schreibt in Galater 3,7:»Die aus dem Glauben leben, das sind Abrahams Kinder.« Judas war einer der Zwölf, und doch war er am Ende seines Lebens ein vom Teufel gebundener Mensch (Lk. 22,3). Jesus sagte voraus, daß der Satan Petrus sichten würde wie Weizen (Lk. 22,31-32). Beim Sichten geht es darum, die Weizenkörner von der Spreu zu trennen; Satan wollte Petrus sichten, um seine Schwachpunkte herauszufinden, eine teuflische Methode, um in sein Leben einzudringen. Bei Petrus war das Einfallstor vielleicht der Stolz (Lk. 22,33); die Verleugnung war die Folge davon, daß er dem Teufel Einlaß gewährt hatte (Lk. 22,54-62). Später warnte Petrus die anderen Christen:»Euer Widersacher, der Teufel, geht umher« wie ein brüllender Löwe und sucht, wen er verschlingen kann« (1. Petr. 5,8).

Das Neue Testament lehrt, daß Christen, die in Sünde leben, in der

Gefahr stehen, dem Satan übergeben zu werden. Satan stand hinter dem Tod von Hananias und Saphira, denn er hatte sie in Versuchung geführt; sie gaben der Versuchung nach und mußten »die Strafe des göttlichen Zornes erleiden (Apg. 5,1-11). Petrus sagte: »Hananias, warum hat der Satan dein Herz erfüllt, so daß du den heiligen Geist belogen hast...?« (Apg. 5,3). Hananias und Saphira gehörten zu den Gläubigen, von denen in Apostelgeschichte 4,32-35 berichtet wird.

Christen können auch durch ererbte Dämonen gebunden sein (Dämonen, die von den Eltern auf die Kinder übergehen) oder durch Dämonen, die sie sich auf irgendeine andere Weise zugezogen haben. Die frühe Kirche wußte darum; bei allen, die sich bekehrten, ob Kinder oder Erwachsene, wurde der Ritus des Exorzismus vollzogen. Hippolyt (ca. 170 — ca.236), vielleicht einer der bedeutendsten Theologen der römischen Kirche im dritten Jahrhundert, verfaßte eine Abhandlung mit dem Titel *Apostolische Tradition*. Darin machte er den Vorschlag, daß für alle, die sich um Aufnahme in die Gemeinde bewarben, um Befreiung von bösen Geistern gebetet werden sollte; dies sollten die Paten jede Woche nach dem Unterricht tun, und der Bischof sollte noch einmal unmittelbar vor der Taufe entsprechend beten. (Der römisch-katholische Taufritus enthält nach wie vor Exorzismus.) Die frühe Kirche betrieb auch an anderen Stellen Exorzismus, zum Beispiel über Wasser und Lebensmitteln, über Grundstücken (besonders Kirchengrundstücken) und bei allen Menschen, wo dies nötig war (nicht nur im Falle des Gemeindeeintritts).[15]

Einfallstore

Dämonen können auf unterschiedliche Weise Einlaß in das Leben eines Menschen bekommen.

Erstens, wie bereits erwähnt, geschieht dies, wenn wir sündigen. Zorn, Selbsthaß, Haß gegenüber anderen, Rache, Unversöhnlichkeit, Begierde, Pornographie, sexuelle Sünden, sexuelle Perversion (z. B. Transvestitentum, Homosexualität, Sodomie) sowie Drogen- und Alkoholsucht öffnen normalerweise dämonischem Einfluß die Tür.

Die Bibel betont besonders, wie gefährlich es ist, sich auf okkulte Dinge einzulassen (2. Mose 20,3-5; 3. Mose 19,31; 20,6-8). Wenn ich für Menschen bete und den Verdacht habe, daß sie in irgendeiner Weise von bösen Geistern gebunden sind, frage ich immer, ob sie oder ein naher Verwandter mit Okkultismus oder anderen Religionen, insbesondere östlichen, zu tun hatten. Wenn ein Mensch mit okkulten Dingen in Berührung gekommen ist, dann bedeutet dies in jedem Fall, daß eine Art von Gebundenheit besteht.

1985 erhielt ich von einem Pastor aus Oregon einen Brief. Im ersten Teil des Briefes berichtet er davon, wie er und seine Frau für ein krankes

Baby beteten. Die Eltern des Kindes gehörten erst seit kurzem zu der Gemeinde. Er erzählt:

»Lieber Pastor John!

... Das nächste ereignete sich in unserer Abwesenheit. Wir waren fortgefahren, um ein Ehepaar in Vancouver in British Columbia zu besuchen. Die Mutter des Babys, für das wir gebetet hatten, tauchte ganz verzweifelt beim Hauskreistreffen unserer Gemeinde auf. Sie verhielt sich merkwürdig und erzählte, daß ihr irgendwelche Stimmen einredeten, sie solle ihren Mann umbringen. Der Hauskreisleiter und sein Vertreter begannen, für sie zu beten. Da zeigten sich klassische Anzeichen dämonischer Gebundenheit (ihre Stimme änderte sich, die Augen und das Gesicht zeigten einen fremden Ausdruck, der Körper wurde steif, sie kreischte usw.). Das Gebet richtete sich nun gegen die Geister, die diese Erscheinungen verursachten. Nach einer Weile beruhigte sich die Frau, und sie schien die Kontrolle über sich wiedererlangt zu haben. Auf ihre Bitte hin brachten die Leiter sie nach Hause, um dort noch einmal für sie und das Haus zu beten. Als sie in dem Haus waren, fanden sie heraus, daß die Frau schon längere Zeit stark in Okkultismus verwickelt war. Als sie erneut für sie beteten, zeigte ihr Körper wieder dieselben Reaktionen. Allem Anschein nach war ihr Haus voll von Gegenständen, die für okkulte Zwecke verwandt worden waren. Um es kurz zu machen: sie beteten bis drei Uhr morgens. Ein Freund der Frau hatte noch einen anderen Pastor zur Gebetsunterstützung hinzugerufen. Er hatte langjährige Erfahrung auf diesem Gebiet und konnte mehrere Dämonen von der Frau austreiben. Meine Frau und ich besuchten sie am nächsten Tag, um zu erfahren, wie es ihr ging. (Ich war wirklich beunruhigt, als ich von der ganzen Geschichte erfuhr, denn meiner Ansicht nach war dieses Gebiet bei uns theologisch völlig unterentwickelt, auch fehlte uns die Erfahrung. Aber Gott kümmerte sich offensichtlich nicht um meine Bedenken.) Als wir mit ihr sprachen und für sie beteten, kam ich zu der Überzeugung, daß sie wirklich eine echte Befreiung erlebt hatte. Wir beteten um die Erfüllung mit dem Heiligen Geist ... Sie sagte sich von allem Okkulten vollkommen los und vernichtete alle Gegenstände, die damit im Zusammenhang gestanden hatten. Nun verstand ich auch besser, warum das Baby einige Tage zuvor so plötzlich krank geworden war. Es gibt noch vieles, was wir nicht verstehen. Als wir am nächsten Tag mit der Frau über die Vorfälle der vorausgegangenen Nacht sprachen, konnte sie sich z. B. an nichts mehr erinnern ...«

Dämonen können auch durch die Schuld anderer in einen Menschen hineingelangen. In den Zehn Geboten heißt es:»Ich, der Herr, dein Gott, bin ein eifernder Gott, der die Missetat der Väter heimsucht bis ins dritte und vierte Glied an den Kindern derer, die mich hassen« (2. Mose 20,5). Dies bedeutet zwar nicht, daß Dämonen immer von einer zur anderen Generation weitergegeben werden, aber in einigen Fällen kann dies durchaus vorkommen. Menschen zum Beispiel, an denen auf sexuellem Gebiet gesündigt wurde, leiden normalerweise unter dämonischer Gebundenheit. Siebzig Prozent aller Kinder von Alkoholikern werden selber Alkoholiker. Ich glaube, daß in vielen Fällen dieses Problem unter anderem auf dämonische Gebundenheit zurückzuführen ist.

Immer wieder habe ich festgestellt, daß hinter körperlichen und seelischen Krankheiten Geister stehen, die von den Eltern auf diese Menschen gekommen sind. Auch Flüche, die von Verwandten, Lehrern oder Freunden ausgesprochen wurden, können Dämonen die Tür öffnen, genauso wie man auch ahnungslos Hexerei zum Opfer fallen kann. Vergewaltigung, schlimme Unfälle, plötzliche Trennung von den Eltern und ähnliche Situationen, die Angst und Schrecken hinterlassen, können Dämonen die Tür öffnen.

Auch hier gilt: Solange Christus noch nicht wiedergekommen ist, leben wir auf dem Territorium des Feindes, in einer sündigen Welt, die durch Satans Schreckensherrschaft gebunden ist. Daher sollten wir uns nicht über das Ausmaß der bösen Werke Satans und seines Einflusses wundern.

Unsere Waffen

In den vorausgegangenen Abschnitten habe ich ein sehr düsteres Bild von der Lebenssituation der Christen gemalt: der mächtige und listige Feind ist überall, er versucht uns allezeit mit allen ihm zur Verfügung stehenden Mitteln zu vernichten. Das ist eine schlechte Nachricht. Aber es gibt auch eine gute: Christus hat uns eine Ausrüstung gegeben, mit der wir diesen Kampf bestehen können.

In Epheser 6,10-18 werden unsere Waffen beschrieben:

»Schließlich. Seid stark im Herrn und in der Macht seiner Stärke. Zieht die Waffenrüstung Gottes an, damit ihr gegen die listigen Anschläge des Teufels bestehen könnt. Denn wir haben nicht mit Fleisch und Blut zu kämpfen, sondern mit den Mächtigen und Gewaltigen, mit den Beherrschern dieser finsteren Welt, mit den bösen Geistern zwischen Himmel und Erde. Deshalb ergreift die Waffenrüstung Gottes, damit ihr an dem bösen Tag widerstehen und alles überwinden und das Feld behalten könnt. So steht nun fest, umgürtet mit Wahrheit und gerüstet mit dem Panzer der Gerechtigkeit, und tragt als Schuhe die Bereitschaft, das Evangelium des Friedens zu verkündigen. Vor allem aber ergreift den Schild des Glaubens, mit dem ihr alle feurigen Pfeile des Bösen auslöschen könnt, und nehmt den Helm des Heils und das Schwert des Geistes, das ist das Wort Gottes. Und betet allezeit mit Bitten und Flehen im Geist und wacht dabei mit aller Ausdauer. Bittet für alle Heiligen.«

Das griechische Wort, das am Anfang dieses Abschnittes für »schließlich« steht, könnte genausogut mit »von nun an« übersetzt werden oder »für die bleibende Zeit«. Vielleicht will Paulus den Ephesern dadurch verdeutlichen, daß der Kampf mit Satan bis zu Christi Wiederkunft nicht aufhören wird, es wird nicht einmal eine Feuerpause oder einen zeitweiligen Waffenstillstand geben. Das gesamte Universum ist ein Kriegsschauplatz, und die am Kampf beteiligten Herrscher, Mächte, Gewalten und geistlichen Kräfte des Bösen — Benennungen für verschiedene Gruppen böser Geister — wirken mit taktischer Raffinesse und sind erfinderisch in ihren Täuschungsmanövern. Paulus befand sich im Gefängnis, als er den Brief an die Epheser schrieb (Eph. 3,1; 4,1). Er bezeichnet sich in diesem Kapitel selbst als einen »Boten in Ketten«. Damals war es üblich, einen Gefangenen mit einer Kette am Handgelenk an einen römischen Soldaten zu fesseln (Eph. 6,20). Ich kann mir vorstellen, wie Paulus darum betete, welche Hilfe und Ausrüstung er den Ephesern für den geistlichen Kampf geben konnte. Als er aufblickte, fielen seine Augen auf die Rüstung des Soldaten, und er merkte, daß sie ihm eine vollkommene Analogie bot. Zuerst fordert er die Epheser auf, »stark zu sein im Herrn«, das bedeutet, auf Gottes Kraft zu vertrauen und nicht auf die eigene. Dann sagt er: »Zieht die Waffenrüstung Gottes an, damit ihr gegen die listigen Anschläge des Teufels bestehen könnt« (6,13), was bedeutet, daß sie im Kampf gegen die Macht des Feindes mit Gott zusammenwirken müssen. Gott befähigt uns, wir wirken in seiner Kraft — dies sind die Schlüssel, um die Macht des Feindes zu überwinden. Die Ausrüstung, die Paulus als Analogie für unsere geistlichen Waffen beschreibt, besteht aus sechs Teilen (und einem weiteren, für welches die römische Rüstung keine Analogie bietet):

1. *Der Gürtel der Wahrheit*. Der Gürtel diente dem römischen Soldaten zum Hochhalten seiner Tunika; dies war das Teil der Rüstung, das zuerst anlegt wurde. So war er sicher, daß er im Kampf von seinem langen Gewand nicht behindert wurde. Ein weiterer Verwendungszweck des Gürtels bestand darin, die Waffen zu halten, das große und das kleine Schwert. Paulus sagt, daß unser Gürtel die Wahrheit ist; mit diesem Gürtel können wir uns frei und schnell bewegen. Gottes Wahrheit wie einen Gürtel umzulegen bedeutet, sein Wort zu leben — einen ehrlichen und aufrichtigen Glauben zu haben und kein religiöser Heuchler zu sein. So ist also mit dem »Gürtel der Wahrheit« Charakter und Aufrichtigkeit gemeint, ein Leben, das mit der Bibel übereinstimmt. Charakter, nicht brutale Gewalt, ist der erste Schritt, um eine Schlacht gegen Satan gewinnen zu können.

2. *Der Panzer der Gerechtigkeit*. Der Panzer bedeckte den Brustkorb des Soldaten von vorn und von hinten. Er gehörte zum wichtigsten Teil

der Waffenrüstung, er schützte das Herz. In Sprüche 4,23 heißt es: »Behüte dein Herz mit allem Fleiß, denn daraus quillt das Leben.«
In 4,24 und 5,9 spricht Paulus von der Gerechtigkeit. Er meint damit einen rechtschaffenen Charakter und eine entsprechende Lebensführung. Gerechtigkeit ist vor allem ein Zustand des Herzens, und es liegt letztlich an unserem Herzen, wie unser Leben verläuft. Ein guter Charakter, nicht Worte, ist die beste Verteidigung gegen Anklagen.

3. *Die Schuhe der Bereitschaft.* Die Schuhe der römischen Soldaten boten Schutz und Halt für die Füße. Sie wurden mit dekorativen Riemen an Knöchel und Schienbein befestigt; so waren die Soldaten ausgerüstet für lange Märsche, ihre Füße hatten festen Halt. Paulus will auf zwei Dinge hinweisen. Erstens sollen wir jederzeit bereit sein, das »Evangelium des Friedens« zu verkündigen. Dies bedeutet, daß wir wissen müssen, wie wir anderen von Christus erzählen können, und daß wir in konkreten Situationen für die Führung des Heiligen Geistes offen sein müssen. Und zweitens gibt das Evangelium des Friedens dem Christen festen Halt; weil wir Frieden mit Gott haben, sollten wir in unserem Geist immer bereit sein, das Evangelium zu verkünden.

4. *Der Schild des Glaubens.* Ein römischer Soldet trug zwei Schilde; hier ist der größere gemeint. Seine Höhe betrug normalerweise 1,40 m, seine Breite 0,75 m; er war oval. Er bestand aus zwei Holzschichten, die aufeinandergeklebt und mit Leder überzogen wurden. Der Soldat pflanzte den Schild auf und duckte sich dahinter.
Brandgeschosse (»brennende Pfeile«) waren damals eine gefährliche Waffe. Sie wurden in Pech getränkt, angezündet und auf den Feind abgeschossen. Viele Soldaten tauchten vor einer Schlacht ihren Schild in Wasser, um so die brennenden Pfeile auszulöschen.
Wenn wir den Missionsbefehl ernstnehmen, in die Offensive gehen und so Satan herausfordern, dann schießt er mit brennenden Pfeilen zurück. Er greift uns und alles, was zu uns gehört, an: unsere Gemeinde, unseren Ehepartner, die Kinder, das Geschäft — alles. Unser Schild gegen diese Angriffe ist der Glaube, der Glaube daran, daß Gott fähig ist, uns zu beschützen, und das Vertrauen auf sein Wort.

5. *Der Helm des Heils.* Dieses Teil der Ausrüstung wurde normalerweise aus harter Bronze oder einer Eisenlegierung hergestellt. Oft hatte der Helm als zusätzlichen Schutz noch ein aufklappbares Visier. Nur eine Axt konnte durch den Helm hindurchdringen. Der Helm bot Schutz für den Kopf. Der Kopf ist der Sitz unserer Gedanken. Viele Christen sind kampfunfähig, weil sie nicht wissen, wie sie ihre Gedanken schützen können. Satan wird uns mit Furcht, Haß, Argwohn, Depressionen, Mißtrauen und einer Fülle anderer Dinge bombardieren, die unsere Gedanken ablenken.

Der Helm des Christen, unser Schutz, ist das Heil, nämlich die Befreiung vom Bösen. Durch unser Heil haben wir sowohl die Vergebung für die Sünden aus der Vergangenheit als auch die Kraft, in der Zukunft die Sünde zu besiegen. Wenn wir Gott vertrauen und ihm für unser Heil danken, sowohl für die Vergebung als auch für die Zuversicht, daß wir auch in Zukunft unter seinem Segen stehen, so sind unsere Gedanken geschützt.

6. *Das Schwert des Geistes.* Dies ist das einzige Teil der Waffenrüstung, das sowohl zum Angriff als auch für die Verteidigung gebraucht wurde. Paulus spricht hier von einem kleinen, dolchartigen Schwert, dreißig bis fünfunddreißig Zentimer lang, das spitz zulief und zwei Schneiden hatte. Es wurde im Nahkampf eingesetzt. Die römischen Soldaten suchten nach Öffnungen in der Rüstung des Gegners und stachen dann mit diesem kleinen Schwert zu.

Gottes Wort ist das Schwert des Christen. Es ist sowohl die Waffe, mit der wir die Sünde abwehren, als auch die Waffe, mit der wir die dämonischen Mächte angreifen. Es gibt zwei griechische Wörter, die beide gewöhnlich mit »Wort« übersetzt werden, *logos* und *rhema*. In diesem Vers gebraucht Paulus das Wort *rhema,* welches das gesprochene Wort bezeichnet. Paulus meint damit Worte, die wir in der Kraft des Geistes aussprechen; dies ist eine Waffe, mit der wir uns gegen den Feind verteidigen können. Jesus tat genau dasselbe, wenn er Satan oder Dämonen gegenüberstand: er befahl ihnen, zu weichen, und trieb die Geister aus.

7. *Betet im Geist.* Obwohl diese Waffe als letzte erwähnt wird und keinen Vergleichspunkt in der römischen Waffenrüstung hat, ist sie vielleicht die stärkste Waffe der Christen. Paulus fordert uns dazu auf, unter der Führung des Geistes beständig, intensiv und selbstlos zu beten.

Zusammenfassend sei gesagt: wenn wir uns so gut wie möglich von Sünde frei halten (besonders von okkulten Dingen) und wenn wir so beständig wie möglich in der Kraft des Heiligen Geistes leben, so haben wir damit die stärksten Waffen gegen dämonische Bindungen in der Hand. Dies heißt aber nicht, daß wir überrascht sein sollten, wenn wir auf Dämonen stoßen. Gott hat uns für den Kampf ausgerüstet, und er erwartet, daß wir zur Ausbreitung seines Reiches die ganze Waffenrüstung einsetzen.

Den Feind besiegen

Die meisten gebundenen Menschen sind sich ihrer Gebundenheit nicht bewußt. Es gibt jedoch viele Symptome, die uns helfen, Dämonen zu erkennen. Gleichzeitig ist hier ein Wort der Warnung angebracht: *Das Vorhandensein eines oder mehrerer Symptome ist ein mögliches Anzeichen dafür, daß ein Mensch dämonisch gebunden ist. Dies ist jedoch keine zwingende Schlußfolgerung.* Nicht alle Symptome, die dämonisch erscheinen, sind es auch. Aus meiner Erfahrung und Beobachtung kann ich sagen, daß die meisten Menschen, die behaupten, gebunden zu sein, es nicht sind. Auf diesem Hintergrund nun eine unvollständige Liste der Symptome:

1. Körperliche Verkrampfungen, die besonders auftreten, wenn die Kraft des Heiligen Geistes gegenwärtig ist wie in Anbetungsgottesdiensten oder Gebetstreffen.
2. Drogen- oder Alkoholsucht.
3. Zwänge wie Begierde, Unzucht, Pornographie, Masturbation, Homosexualität, Stehlen, Morden, Lügen, Selbstmord, Eßsucht.
4. Gebundenheit durch Gefühle wie Furcht, Depression, Angst und Zorn.
5. Bindung an negative Haltungen wie Selbsthaß, Unversöhnlichkeit, Bitterkeit, Groll und Verachtung.
6. Chronische körperliche Krankheiten, besonders Krankheiten, die schon seit mehreren Generationen in der Familie sind.
7. Eine persönliche Geschichte der Verwicklung in okkulte Dinge.
8. Der Hintergrund einer kaputten Familie mit Vorkommnissen wie Inzest, Alkoholismus und verschiedene Arten von Kindesmißbrauch.

Vielleicht ist bei Ihnen während des Lesens der Verdacht entstanden, daß auch Sie gebunden sind. Wenn dies so ist, so können Sie direkt etwas dagegen tun. Loslösung von dämonischer Bindung nennt man Befreiung. Michael Scanlan und Randall Cirner beschreiben vier Arten der Befreiung. Die erste ist die persönliche oder Selbst-Befreiung, »wo der einzelne, ohne die Gebetsunterstützung anderer Menschen, selbst die Bindung zerbricht«.[16] Wenn Sie den Verdacht haben, dämonisch gebunden zu sein, so möchte ich Sie dazu ermuntern, jetzt direkt die folgenden Schritte zu tun:

1. Wenden Sie sich im Glauben Jesus Christus zu und übergeben Sie jeden Bereich Ihres Lebens seiner Herrschaft.
2. Bekennen Sie den Bereich der Sünde oder der Versuchung, der Ihnen Schwierigkeiten bereitet, und sagen Sie sich davon los.
3. Ergreifen Sie die Autorität und Vollmacht, die Ihnen rechtmäßig zusteht, und gebieten Sie allen Geistern, deren Gegenwart Sie spüren, zu weichen. Dies kann in einem einfachen Gebet geschehen: »In Jesu Namen gebiete ich dir, du Geist (der Angst, Homosexualität usw.), zu weichen und nicht zurückzukehren.«

4. Vernichten Sie alle Gegenstände, die mit der Sünde in Zusammenhang stehen, gegen die Sie angekämpft haben, besonders okkulte Gegenstände und Bücher.

Manche Menschen sind so stark gebunden, daß sie sich nicht in dieser Weise selbst davon loslösen können. In solchen Fällen ist eine andere Art der Befreiung notwendig. *Brüderliche Befreiung* — dies bedeutet, daß Brüder und Schwestern in Christus helfen, Dämonen auszutreiben. *Pastorale Befreiung* — in Fällen extremer Gebundenheit ist es gut, den Dienst eines Pastors hinzuzuziehen. In solchen Fällen besteht gewöhnlich die Notwendigkeit, daß ein Mensch auch nach der Befreiung weiterhin betreut wird. Die letzte Art der Befreiung geschieht durch Menschen, denen Gott »die besondere Gabe der Unterscheidung der Geister sowie die Vollmacht verliehen (hat), den Teufel und die bösen Geister dort zu besiegen, wo ihre Aktivität am intensivsten ist«.[17] In Teil III, wo es um die Frage geht, wie wir Menschen helfen können, die Befreiung brauchen, werde ich noch ausführlicher auf die drei letztgenannten Arten der Befreiung eingehen.

Kapitel 7

Heilung für den Körper

Was die verschiedenen Bereiche der Heilung betrifft, so fällt es innerhalb der westlichen Kultur den meisten Menschen am schwersten, an körperliche Heilung zu glauben; es scheint viel leichter zu sein, für geistliche oder seelische Wunden erfolgreich zu beten als für körperliche Leiden, die durch Krankheit oder Unfälle verursacht wurden. Ganz sicher trägt der Einfluß des Materialismus und des Rationalismus mit dazu bei, daß die meisten Menschen in bezug auf körperliche Heilung skeptisch sind.

Dies bedeutet nicht, daß es tatsächlich schwieriger ist, für körperliche Heilung zu beten als für die Heilung des Geistes. Es gibt kein größeres Wunder als die Vergebung der Sünden. Das Problem liegt für die meisten in der *Bestätigung* einer Heilung. Jeder kann sagen: »Deine Sünden sind dir vergeben«, ohne fürchten zu müssen, daß ein anderer überprüft, ob diese Worte eine Wirkung haben oder nicht; wie will man Vergebung messen? Aber wenn man sagt: »Sei geheilt von deiner Lähmung!« so stellt die Überprüfbarkeit kein Problem dar. Der Anspruch eines solchen Gebetes kann sich ganz einfach an den Auswirkungen erweisen: wenn der Gelähmte geht, so ist er mit ziemlicher Wahrscheinlichkeit geheilt worden.

Natürlich kann ein Skeptiker auch dann noch sagen, daß die Tatsache, daß der Gelähmte nach dem Gebet gehen kann, nur beweist, daß er von einer *scheinbaren* Lähmung »geheilt« wurde, oder daß zwar eine tatsächliche Lähmung bestand, diese aber nicht durch übernatürliches Eingreifen, sondern auf anderem Wege geheilt wurde. George Bernard Shaw machte einmal eine entsprechende Äußerung. Während einer Reise, auf der er auch Lourdes besuchte, wurde ihm dort ein Stapel von Krücken gezeigt, die von Menschen zurückgelassen wurden, die wieder ohne sie gehen konnten. Er meinte, ein paar Holzbeine hätten ihn mehr überzeugt.

In Markus 2 befand sich Jesus in genau derselben Situation. Als er dem Gelähmten sagte, ihm seien seine Sünden vergeben, griffen ihn einige Schriftgelehrte an: »Wer kann denn Sünden vergeben als Gott allein?« Jesus stellte sich dieser Anfrage und antwortete: »Was ist leichter, zu dem Gelähmten zu sagen: Dir sind deine Sünden vergeben, oder zu sagen: Steh auf, nimm deine Matte und geh! Damit ihr aber wißt, daß der Menschensohn Vollmacht hat, auf Erden die Sünden zu vergeben — sagte er zu dem Gelähmten: Ich sage dir, steh auf, nimm deine Matte und geh heim!« (Verse 9-11)

Die Juden glaubten, daß nur Gott Sünden vergeben kann. Wenn ein Mensch Sünden vergab, so lästerte er damit Gott und verdiente die Todesstrafe, er mußte gesteinigt werden (siehe 3. Mose 24,16). Das Problem der Schriftgelehrten bestand darin, daß sie Jesus nicht als Gott anerkannten; als Gott jedoch hatte er das Recht, Sünden zu vergeben.

Mit der Heilung des Gelähmten bewies Jesus den Schriftgelehrten, daß ihre Gedankengänge falsch und sie selbst blind waren. Sie wurden gezwungen, zuzugeben, daß das größere Wunder der Sündenvergebung ebenfalls geschehen war, und daß Jesu Behauptung, Gottes Sohn zu sein, stimmte. Geistliche Blindheit jedoch hat ungeheure Auswirkungen, sie läßt Unglauben und Haß entstehen; die Schriftgelehrten weigerten sich, die Offenbarung der Gottheit Jesu anzunehmen und an das Wunder der Vergebung und der Heilung zu glauben.

Die Pharisäer und Schriftgelehrten vertraten eine wohldurchdachte Theologie der Sündenvergebung, die sich auf das Opfersystem des Alten Testamentes gründete. Als Jesus dem Gelähmten die Vergebung zusprach, empfanden sie dies als Angriff auf ihre religiösen Bräuche und Vorstellungen. Sie fühlten sich bedroht und reagierten mit Abwehr, dabei erkannten sie nicht, daß Jesus selbst die Erfüllung ihres Gesetzes war. Die Theologie der Schriftgelehrten, ihre Bräuche und Erfahrungen schlossen allerdings göttliche Heilung *nicht* aus. Ihnen ging es nicht darum, die Möglichkeit der Wunder anzuzweifeln; ihre Frage war vielmehr, aus welcher Kraft und mit welchem Ziel Jesus diese Wunder vollbrachte, und ob diese ihr eigenes theologisches System unterstützten oder in Frage stellten. Daher versuchten sie, Jesus eine Falle zu stellen: sie wollten, daß er am Sabbat ein Wunder tue (siehe Lk. 14,1-14). Damit würde er gegen ihre Auslegung des Sabbatgesetzes verstoßen, und sie hätten ein Mittel in der Hand, um seine Werke zu entkräften.

Das Verständnis von Vergebung, das die jüdischen Schriftgelehrten vertraten, ist westlichen Christen fremd; aber ich vermute, daß die Schriftgelehrten mit entsprechendem Unverständnis reagiert hätten, wären sie mit dem Verständnis von Heilung vieler westlicher Christen konfrontiert worden. Es grenzt schon an Ironie, daß die Haltung der Schriftgelehrten einen weitaus größeren Glauben an Gottes Macht und sein übernatürliches Handeln zeigt als die Haltung der meisten Christen im Westen. Viele Christen bestreiten sogar die grundsätzliche *Möglichkeit* von Wundern; sie haben weder eine Theologie der göttlichen Heilung, noch hat diese einen Platz in der kirchlichen Praxis oder der christlichen Erfahrung — daher wird sie abgelehnt, genauso wie Jesu Zuspruch der Vergebung von den Pharisäern abgelehnt wurde.

Ich will damit deutlich machen, daß die Gedanken vieler Menschen, ja selbst vieler Christen, in bezug auf körperliche Heilung, nicht rational zu begründen sind. Auf neue Modelle und Erfahrungen, die das gegenwärtige Verständnis verändern könnten, wird mit Argwohn reagiert. Es gibt im Westen kaum gemeindliche Modelle eines Heilungsdienstes und nur sehr wenig positive Erfahrungen mit göttlicher Heilung.

Kategorien der Heilung

Die Bibel enthält sowohl eine gute als auch eine schlechte Nachricht über den Zustand unseres Körpers. Die schlechte Nachricht ist, daß als Folge des Sündenfalls die Menschheit unter dem Fluch des Todes steht. Alle Menschen sind in irgendeiner Weise von körperlichem Leiden betroffen, von Krankheit, Unfällen, genetischen Störungen und schließlich vom physischen Tod. Die Folgen des Sündenfalles gehen so weit und stehen so sehr im Gegensatz zu Gottes ursprünglichem Plan, daß Paulus schreibt: »Wir wissen, daß die Schöpfung bis zu diesem Augenblick gemeinsam seufzt und in Wehen liegt. . . . auch wir selbst, die wir den Geist als die Erstlingsgabe haben, seufzen in uns selbst und warten auf die Kindschaft, die Erlösung unseres Leibes« (Röm. 8,22-23).

Die gute Nachricht ist, daß wir durch Christi leibliche Auferstehung die Gewißheit der Unsterblichkeit haben. »Siehe«, sagt Paulus den Christen in Korinth, »ich sage euch ein Geheimnis: Wir werden nicht alle entschlafen, wir werden aber alle verwandelt werden; und das plötzlich, in einem Augenblick, zur Zeit der letzten Posaune. Denn die Posaune wird erschallen, und die Toten werden auferstehen unverweslich, und wir werden verwandelt werden« (1. Kor. 15,51-52).

Aber auch für unser Leben hier auf der Erde gibt es eine gute Nachricht. Die Bibel berichtet von der Heilung vieler verschiedenartiger Krankheiten, auch wenn die Namen, mit denen diese Krankheiten beschrieben werden, sich von denen der heutigen Medizin unterscheiden. Wie schon in Kapitel 2 erwähnt (siehe auch Anhang A), gibt es im Alten Testament mehrere Beispiele göttlicher Heilung von körperlichen Krankheiten. Im Neuen Testament, in den Evangelien, finden wir sechsundzwanzig Berichte über die körperliche Heilung einzelner Menschen. Die Apostelgeschichte enthält fünf solcher Berichte. In den Briefen wird körperliche Heilung nur an wenigen Stellen erwähnt (in zwei der vier Listen der Gaben, 1. Kor. 12,8-11. 28-30). Jakobus 5,13-16 ist der einzige Abschnitt, in dem wir konkrete Anweisungen finden, wie wir für Kranke beten sollen.

Es gibt mehrere Gründe dafür, warum göttliche Heilung in den Briefen so wenig Erwähnung findet. Erstens, und dies sage ich mit Nachdruck, reicht das, was in den Evangelien über Heilung gesagt wird, aus. Um Heilung zu verstehen, muß nichts davon wiederholt werden. In den

Briefen gibt es keine Aussage, die uns dazu berechtigen würde, die Lehre der Evangelien über Heilung zu ändern. Warum soll es dann überhaupt noch notwendig sein, daß in den Briefen zum Thema Heilung Stellung genommen wird? Sind die Aussagen der Evangelien und der Apostelgeschichte nicht ausreichend? Was an einer Stelle über Heilung gelehrt wird, muß an anderer Stelle nicht mehr wiederholt werden. Das, was in den Evangelien zu diesem Thema gesagt ist, wird in den Briefen nicht verändert. Zu der Zeit, als die Briefe geschrieben wurden, war es selbstverständlich, für die Kranken zu beten. In Jakobus 5 und 1. Korinther 12 läßt sich kein Hinweis darauf finden, daß göttliche Heilung in der frühen Kirche ein Streitpunkt gewesen wäre oder zu Spaltungen geführt hätte.

In den vergangenen drei Jahren habe ich in der Vineyard Christian Fellowship in Anaheim nur dreimal über göttliche Heilung gepredigt! Warum? Weil das Gebet um Heilung zum Alltag unserer Gemeinde gehört; viele Gemeindemitglieder sind zu jeder Zeit bereit, für andere um Heilung zu beten. (Neuen Mitgliedern bieten wir in unserem Ausbildungszentrum Seminare zu diesem Thema an.)

In der Geschichte der Urgemeinde gibt es viele Beispiele dafür, daß an einer Stelle grundlegendes Wissen über ein Thema vorausgesetzt wird, das an anderer Stelle schon behandelt wurde. Hebräer 6,1-2 spricht zum Beispiel von den »Anfangsgründen der Lehre von Christus« und der »Lehre von den Taufhandlungen«; der Schreiber setzt voraus, daß der Leser aus den Evangelien über die Taufe Bescheid weiß. Es gibt noch andere wichtige Themen außer Heilung, die in den Briefen fast gar nicht mehr erwähnt werden. So wird wenig über Evangelisation und die Aufnahme in die Gemeinde gesagt. Die Briefe sprechen, im Unterschied zu den Evangelien, viel über das Leben des Leibes Christi, über christliche Lebensführung, das Werk des Kreuzes und die Art und Weise, wie wir reden sollen. Warum? Ein Hauptanliegen der Evangelien ist es, Menschen zu Christus zu führen, die Briefe hingegen beschäftigen sich mehr mit der Frage, wie wir als Christen zur Reife gelangen. In meinem Buch *Vollmächtige Evangelisation* habe ich aufgezeigt, wie wichtig die geistlichen Gaben, besonders die der Heilung, für erfolgreiche Evangelisation sind. Deswegen ist es nicht verwunderlich, daß vor allem in den Evangelien von göttlichen Heilungen berichtet wird.[1]

Wenn wir uns die Evangelien und die Apostelgeschichte ansehen, können wir dort drei Kategorien von Krankheiten erkennen, die geheilt werden; bei zweien geht es um körperliche Heilung, und bei der dritten, den psychischen Erkrankungen liegen oft körperliche Ursachen zugrunde, oder die Krankheit äußert sich in körperlichen Symptomen[2]:

1. *Organische Störungen*, bei denen ein Arzt leicht diagnostizieren kann, daß Gewebe oder Organe sich nicht in gesundem Zustand befinden. Zu organischen Störungen gehören angeborene Schäden (wie zum

Beispiel Mongolismus oder Herzfehler), Infektionen, Verletzungen (Brüche und Gewebsveränderungen), Vergiftungserscheinungen (durch Drogen, Chemikalien, Umweltgifte und so weiter), Hormonstörungen (zum Beispiel Störungen der Schilddrüsen oder der Nebennieren), Geschwülste (gut- und bösartige Tumore), degenerative Erkrankungen (Zusammenbruch von Organsystemen aus Altersgründen — zum Beispiel Osteoarthritis) und Herz- und Kreislauferkrankungen (zum Beispiel Schlaganfälle oder Herzkrankheiten). Organische Störungen können die Folge bestimmter Lebensgewohnheiten sein, wie zum Beispiel das Rauchen, welches in vielen Fällen zu chronischen Lungenerkrankungen führt. In der Bibel werden verschiedene organische Störungen genannt, z. B. Fieber (Mt. 8,14; Mk. 1,30); eine Schnittwunde (Lk. 22,50); Nervenkrankheiten wie z. B. Lähmung (Mt. 9,2; Mk. 2,3; Apg. 8,7; 9,32-35); Blindheit (Mt. 9,27; 20,30; Mk. 8,22; Joh. 9,1; Apg. 9,8-9. 17-19); Taubheit und Sprachbehinderung (Mk. 7,32); eine schlimme Kopfverletzung (Apg. 20,9). Die meisten Heilungen, die Jesus vollbrachte, gehören in die Kategorie der organischen Störungen.

Der folgende Bericht ist ein typischer Fall von der Heilung einer organischen Störung:

6. Juli 1984

»Lieber Pastor Wimber!

... Ich möchte Ihnen berichten, was Gott in seiner wunderbaren Gnade und Liebe getan hat; das Folgende trug sich nach Ihrem letzten Besuch hier im März 1984 zu. Am Freitag abend, als Sie sprachen, saß vorne in der ersten Reihe eine junge Mutter mit ihrer viereinhalbjährigen Tochter. Dieses Kind wurde mit einem schrecklichen Gehirnschaden geboren, es hatte eine Microcephalie, das heißt ein zu kleines Gehirn. Alle Körperfunktionen des Mädchens waren gestört, sie konnte nicht selbst essen, hatte noch nicht einmal an ihrem Daumen gelutscht, konnte nicht sprechen, und ihr Körper zuckte ständig, sie bewegte sich völlig ziellos. Nachts kam sie nur wenige Stunden zur Ruhe. Ihre Arme und Beine waren spastisch gelähmt, die Augen waren nach hinten gerollt, so daß die Pupille meistens nicht zu sehen war, und sie konnte nicht einmal einen Moment lang ihren Kopf selbst halten. An jenem Abend sagte Gott mir und vier anderen Menschen in der Veranstaltung ganz deutlich, daß er dieses Kind heilen wollte.

Das Mädchen heißt Tina. Am folgenden Mittwoch trafen wir uns bei Tina zu Hause, um zu sehen, was der himmlische Vater tun wollte. Wir fünf konnten klar bezeugen, daß Gott uns unmißverständlich gesagt hatte, daß er Tina heilen wollte, und so nahmen wir das einfach in Jesu Namen und zur Ehre Gottes in Anspruch. Danach erlebten wir ein Wunder nach dem anderen. Als erstes bemerkten wir eine unmittelbare Veränderung in Tina. In den nächsten drei Wochen hörten ihre ziellosen Bewegungen auf.

Die Steifheit ihrer Arme und Beine verringerte sich sichtbar, und nach vier oder fünf Wochen hatte sie aufgehört zu sabbern; ihre Augen verdrehten sich nicht mehr, und sie schenkte den Menschen, die um sie herum waren, Beachtung. Sie lutscht inzwischen am Daumen, was sie von Geburt an nicht getan hat ... Sie fängt jetzt an, ihre Arme und Beine synchron zu bewegen, und beginnt, wenn auch ganz langsam, zu krabbeln. Sie kann sich inzwischen allein von der einen Seite des Wohnzimmers zur anderen bewegen, eine Strecke von ungefähr fünf Metern. Sie versucht ganz offensichtlich immer wieder, sich hinzusetzen. Früher hatte sie die Angewohnheit, jeden zu beißen; auch das hat aufgehört. Sie geht auf eine Sonderschule für gehirngeschädigte Kinder, und die Lehrer können exakt feststellen, wie sich das Wunder weiterentwickelt.

Das Wunder aller Wunder allerdings geschieht in der Familie der Kleinen. Drei Wochen nachdem wir angefangen hatten zu beten, nahm Debbie (Tinas Mutter) Christus als ihren persönlichen Heiland an. Dies ist absolut verwunderlich, wenn man bedenkt, welche Lebensgeschichte Debbie hinter sich hat. Mißhandelt als Kind, mißhandelt und erniedrigt als junge Frau, eine schreckliche Ehe mit einem Alkoholiker, die Geburt eines schwer geschädigten Kindes, dann die ungeheure Aufgabe, dieses Kind als alleinerziehende Mutter zu versorgen, für die eigenen Bedürfnisse und die des Kindes aufzukommen und dabei eine wachsende Ablehnung der anderen Menschen zu spüren. Doch Gott hat sie auf wunderbare Weise verändert, und vor zwei Wochen konnten wir sie, zusammen mit zwei anderen Mitgliedern ihrer Familie, taufen ...

Ihr Bruder in Christus,
James R. Friend, MD
Bakersfield, Kalifornien.«

Dr. Friend beschreibt ausführlich die organischen Störungen, die bei Tina vorlagen, aber die geistliche und seelische Heilung der Mutter war größer. In diesem Fall hat Gott eine körperliche Heilung dazu gebraucht, um eine Familie zu Christus zu führen.

2. *Funktionelle Störungen,* wobei die Körperfunktionen zwar eindeutig gestört sind, wo man aber an den betroffenen Organen keine strukturelle Veränderung feststellen kann. Der Vergleich mit einem Automotor kann uns helfen, den Unterschied zwischen organischen und funktionellen Störungen zu verstehen. Wenn eine Zündkerze fehlerhaft ist, kann der Motor nicht richtig laufen — dies entspricht einer organische Störung; eine funtkionelle Störung hingegen entspricht einem Motor, bei dem zwar alle Teile in Ordnung sind, der aber im Leerlauf zu hochtourig läuft.

Funktionelle Störungen sind von den Ärzten schwer zu diagnostizieren. Ein christlicher Arzt äußerte sich:»Ärzte haben große Schwierigkeiten bei Klagen über funktionelle Störungen, bei Erkrankungen, die keine erkennbare Ursache haben. Der Patient klagt zum Beispiel über irgendwelche Schmerzen, über Magenkrämpfe oder Kopfweh.«[3] Zu funktionellen Störungen gehören verschiedene Arten von Kopfschmerzen, Rückenschmerzen, Magenschmerzen und zu hoher ebenso wie zu niedriger Blutdruck. Eine sehr weit verbreitete Störung sind Magen- und Darmbeschwerden. So gibt es zum Beispiel Patienten, die über Jahre hinweg unter immer wieder auftauchenden Bauchkrämpfen leiden.

In der Bibel gibt es keinen Bericht über die Heilung von Magenbeschwerden oder Kopfschmerzen, obwohl es möglich ist, daß unter den vielen Menschen, die Jesus heilte, auch solche waren, die an funktionellen Störungen litten (Mt. 4,24; 8,16; Mk. 1,32.39; 3,10-12; 6,13; Lk. 4,41; 6,18; 7,21).

Im April 1986 erhielt ich von Denis Metzker, einem Vietnamveteranen, folgenden Bericht. Er hatte an einem Heilungsseminar teilgenommen, das Bob und Penny Fulton in der Vineyard Christian Fellowship in Atascadero (Kalifornien) leiteten.

»Samstag keine Kopfschmerzen!

Als man zum Gebet nach vorne kommen konnte, ging ich und wartete, bis Bob (Fulton) auf mich zukam und mich fragte, was mein Anliegen sei.

. . . Bob holte einige Leute vom Team und ein paar Freunde von mir, auch meine Frau, um für mich zu beten. Ich erklärte, daß ich oft Kopfschmerzen hätte, und daß sie manchmal sechs Tage lang anhielten, und wie gerne ich sie los wäre.

Sie fingen an zu beten, und ich hatte den Eindruck, daß nichts geschah. Sie fragten mich, was ich spürte, und ich sagte, wie es aussah; daraufhin beteten sie weiter. Sie banden den Geist der Furcht und den Geist der Bedrückung, und baten den Heiligen Geist zu kommen, die Führung zu übernehmen und mich an alles zu erinnern, was mit der Ursache meiner Kopfschmerzen zu tun haben könnte.

Wieder fragten sie mich, was ich fühlte oder sähe. Diesmal sah ich eine Grashütte wie die in Vietnam, auch sah ich mich selbst, wie Blut an mir heruntertropfte, das Blut anderer Menschen. Ich wußte, daß ich für dieses Blut verantwortlich war. Ich sah alle möglichen Worte, die sich hin und her bewegten und wie Blitze in alle Richtungen schossen.

Da verlor ich die Beherrschung, fing zu schreien und verlor das Gleichgewicht (wir standen in einem Kreis). Sie setzten mich auf einen Stuhl, und jemand ging, um Hilfe zu holen . . . Sie stellten mir weitere Fragen: was fühlst du, was siehst du, was tust du jetzt? gerade; aber es passierte so viel und so schnell hintereinander, daß ich meistens gar nicht folgen konnte. Ich landete zum Beispiel mit einem Helikopter, oder ich setzte ein Dorf in Brand, oder ich schoß über Reisfelder, ich schoß und schoß und schoß.

Die Worte, die ich sah, bewegten sich hin und her, rauf und runter, schnell und langsam, in jeder erdenklichen Weise. Es waren Worte wie morden, hassen, töten. Und bei allem, was ich sah oder hörte, sah ich die ganze Zeit, wie Blut an mir heruntertropfte. An meinen Händen allerdings schien es klebenzubleiben.

Ich hatte den Eindruck, daß all das eine Ewigkeit dauerte, im Hintergrund konnte ich das Team beten hören ... machtvoll. Immer wieder stellten sie mir Fragen, und ich antwortete. Dann beteten sie für dieses spezielle Problem und halfen mir, mich davon zu befreien; oft nahmen sie Gottes Wort zu Hilfe und zeigten große Liebe und Geduld. So ging es ständig weiter, sie forderten mich jedesmal auf, Gott um Vergebung zu bitten, mir dann selbst zu vergeben und diejenigen um Vergebung zu bitten, die ich verletzt hatte, auch wenn sie nicht anwesend waren.

Jeder einzelne Punkt wurde ans Kreuz gebracht und entweder daran festgenagelt oder am Fuß des Kreuzes abgelegt. Zwischendurch gab Gott mir eine Vision, ich sah sein Königreich in goldenes Licht getaucht. Er nahm meine Hände, die von Blut troffen, und zeichnete sein Kreuz hinein. Er nahm die Worte, mit denen ich mich selbst benannt hatte — Mörder und Hasser —, und gab mir einen neuen Namen:»Lebensspender«. Und er segnete mich immer und immer wieder.

... Mein Wunsch für mich und meine Familie ist, daß Gott uns so verändert, daß er uns gebrauchen kann.«[4]

Manche Menschen meinen, daß heutzutage nahezu alle Fälle göttlicher Heilung in diese Kategorie fallen (oder aber den Bereich der psychischen Erkrankungen betreffen; dabei wird allerdings nicht bedacht, daß auch dämonische Bindungen vorliegen könnten). Weil man bei Krankheiten im Bereich funktioneller Störungen keine organischen Ursachen erkennen kann, ziehen manche die Schlußfolgerung, daß die Heilung dieser Krankheiten oft rein psychologischer Natur sei. Aber was wäre die Folge, wenn die Ursache funktioneller Störungen in vielen Fällen tatsächlich psychischer Art wäre? Kann der Heilige Geist nicht auch psychische Heilung wirken, der dann körperliche Heilung folgt? Sind die körperlichen Leiden der Betroffenen nicht auch real? Denis Metzkers körperliche Heilung scheint mit den seelischen und geistlichen Verletzungen aus seiner Vietnamzeit in Zusammenhang gestanden zu haben; aber erst das Wirken des Geistes deckte diese Zusammenhänge auf, so daß Denis Gottes Vergebung, Wahrheit und Heilungskraft empfangen konnte. Als Folge der seelischen und geistlichen Heilung wurde er auch von seinen Kopfschmerzen befreit.

Selbst wenn in den meisten Fällen funktionelle Störungen psychische Ursachen haben, sind wir auf die Heilung angewiesen, die der Heilige

Geist bringt. Dies zeigt uns nur, daß der Heilige Geist, gleich um welchen Bereich unseres Lebens es sich handelt, selbst in Fällen komplexer psychosomatischer Störungen, diese Störungen und jede Art von »Unordnung« entwirren kann.

3. *Psychische Erkrankungen,* bei denen sich auf Grund von Gehirnerkrankungen, seelischer Faktoren oder dämonischer Gebundenheit die Persönlichkeit verändert und seelische Störungen vorliegen. Jesus heilte viele Menschen von Krankheiten, die in diese Kategorie fallen. Zu solchen Störungen gehören:

✳ Schizophrene Erscheinungen, die sich zum Beispiel in Sprach- und Kommunikationsstörungen äußern, in Wahnvorstellungen (zum Beispiel der Glaube, daß einem fremde Gedanken eingegeben werden), in Halluzinationen (besonders, daß man von außen kommende Stimmen hört), in abgestumpften Emotionen und im Kontaktverlust zur Welt und zu anderen Menschen.

✳ Paranoide Zustände: z. B. Verfolgungswahn oder extreme und unbegründete Eifersucht.

✳ Affektive Störungen: darunter fallen zum Beispiel extreme Stimmungsschwankungen, wie sie bei stark Depressiven oder manisch Kranken vorkommen.

✳ Angstzustände: hierbei leiden Menschen unter Phobien (z. B. ausgeprägte, unbegründete Angst vor Gegenständen oder Menschen), allgemeinen Angstzuständen oder Zwangsneurosen.

✳ Somatoforme Störungen: dies sind Störungen, die keine erkennbare organische Ursache haben. Dazu gehören verschiedene Arten von körperlichen Beschwerden, zu deren Abhilfe der Betroffene bereits Medikamente eingenommen oder einen Arzt aufgesucht hat; der Verlust motorischer oder sensorischer Funktionen, wie Lähmung oder Erblindung, starke und anhaltende Schmerzen, und die Annahme, daß geringfügiges körperliches Unwohlsein ein Anzeichen für eine ernsthafte Krankheit sei. Als Beispiele seien Magengeschwüre genannt, Asthma, gewisse Fälle rheumatoider Arthritis und Bluthochdruck. (Bis zu neunzig Prozent aller körperlichen Krankheiten weisen psychosomatische Komponenten auf.)

✳ Dissoziative Reaktionen: wie der Verlust des Erinnerungsvermögens, Fugue (in solchen Fällen reist ein Mensch zum Beispiel plötzlich und unerwartet an einen anderen Ort, beginnt ein neues Leben und kann sich nicht mehr an seine frühere Identität erinnern) oder Persönlichkeitsspaltung.[5]

John Wilkinson hat darauf hingewiesen, daß in der Bibel ernsthafte körperliche Erkrankungen in vielen Fällen mit dämonischer Gebundenheit oder seelischen Problemen in Zusammenhang stehen: Epilepsie (Mk. 1,26; Lk. 4,35); ein manischer Schub (Mt. 8,28; Mk. 5,2-7; Lk. 8,29); Stummheit (Mt. 9,32-33; Lk. 11-14); und Stummheit verbunden mit Blindheit (Mt. 12,22).[6] In allen drei Kategorien — organisch, funktionell und psychisch — sind die Krankheitsursachen sehr komplex. Eine körperliche Krankheit kann durch dämonische Gebundenheit verursacht sein, seelische oder geistliche Gründe (Sünde) haben oder auch die Folge einer Vergiftung sein.

Gott heilt

Aus biblischen Beispielen von körperlichen Heilungen können wir vieles lernen. In 2. Könige 5,1-15 lesen wir, daß Naeman, der Feldhauptmann des Königs von Aram (damit ist wahrscheinlich Ben-Hadad I, 853 v. Chr., gemeint) von Lepra geheilt wurde, einer organischen Störung. Von einer jüdischen Sklavin hatte er gehört, daß durch den Propheten Elisa Menschen geheilt wurden. Naeman erhielt vom König sowohl die Erlaubnis, nach Samarien zu reisen, um dort Heilung zu suchen, als auch ein großes Geschenk für Elisa.

Als Naeman Elisa endlich gefunden hatte, beging er auf der Suche nach seiner Heilung zwei Fehler. Erstens dachte er, daß er seine Heilung kaufen könne; er bot Elisa Geld an (Verse 5.6.15). Elisa weigerte sich, Geschenke von Naeman anzunehmen, selbst nachdem dieser geheilt war.

Menschen, die Gott für den Heilungsdienst gesalbt hat, erleben es immer wieder, daß die durch ihr Gebet geheilten Menschen ihnen durch ein Geschenk danken möchten. Ich habe es mir zum Grundsatz gemacht, nie ein Geschenk als Dank für eine Heilung anzunehmen. Habsucht und materialistische Gesinnung sind wohl einige der häufigsten Ursachen dafür, daß Menschen, denen Gott einen Heilungsdienst anvertraut hatte, ihre Salbung verlieren.

Genauso tragisch ist der Schaden, den Diener Gottes dadurch anrichten können, daß sie einen luxuriösen Lebensstil führen und ihren materiellen Wohlstand als Zeichen von »Gottes Segen« auslegen. Wenn ich für Menschen um eine Salbung für den Heilungsdienst bete, weise ich sie gleichzeitig immer an, *nie* Geld für eine Heilung anzunehmen.

Naemans zweiter Fehler bestand darin, daß er ganz konkrete Vorstellungen davon hatte, wie Elisa für ihn beten sollte: »Da hatte ich nun gedacht, er würde auf jeden Fall zu mir herauskommen und herzutreten, den Namen des Herrn, seines Gottes, anrufen und seine Hand über die (kranke) Stelle schwingen und so den Aussatz hinwegnehmen« (Vers 11, Zürcher). Elisa hatte ihm aufgetragen, zum Jordan zu gehen und sich siebenmal im Fluß zu waschen. Naeman war beleidigt; sein Stolz hätte ihn fast um seine Heilung gebracht. »Sind nicht die Flüsse von Damaskus, Amana und Parpar, besser als alle Wasser in Israel, so daß ich mich in ihnen waschen und rein werden könnte?« sagte er (Vers 12). Die Antwort darauf war natürlich »Nein«, denn die Quelle der Heilung war nicht das Wasser eines bestimmten Flusses, sondern der Gott, der Naeman geboten hatte, zu gehorchen. Elisa trug ihm auf, sich als Zeichen des Glaubens siebenmal im Jordan zu waschen.

Glücklicherweise redeten Naemans Knechte auf ihn ein, und dies bewirkte eine Änderung seiner Haltung. Er demütigte sich und wusch sich siebenmal im Jordan; da wurde sein Fleisch sofort »heil wie das Fleisch eines jungen Knaben« (Vers 14). Und seine Heilung bewirkte, daß er Gott sein Herz öffnete. Naeman sagte zu Elisa: »Siehe, nun weiß ich, daß kein Gott ist in allen Landen, außer in Israel« (Vers 15).

Geschichten wie die von Naeman kommen nicht nur in der Bibel vor. Vor einigen Jahren saß ein junger Mann, der zur Vineyard Christian Fellowship in Anaheim gehörte, in einem Café. Nicht weit von ihm saß ein älterer Herr, der unter einer schweren Schüttellähmung litt. Die Hände des Mannes zitterten so sehr, daß ihm das Essen immer wieder hinunterfiel. Der junge Mann ging voller Mitleid zu ihm, faßte ihn an den Händen und sagte:»Jesus will das heilen.« Das Zittern hörte sofort auf. Das ganze Café verstummte vor Verwunderung. Der junge Mann sagte:»Jetzt will Jesus Ihr Herz heilen, genauso wie er auch Ihre Hände geheilt hat.« Der Mann betete, kehrte um und glaubte an Christus.

Darf man ärztliche Hilfe beanspruchen?

In 2. Könige 20,1-11 lesen wir von Hiskias Heilung. Er war von 729 bis 687 v. Chr. König von Juda. Im Jahre 701 v. Chr., nachdem Jerusalem durch ein Wunder vor der Zerstörung durch das assyrische Heer verschont worden war, »wurde Hiskia todkrank«, er hatte ein Geschwür. Durch eine Offenbarung ließ Gott den Propheten Jesaja wissen, daß Hiskia sterben würde. Jesaja ging zu Hiskia, nicht, um für ihn um Heilung zu beten, sondern um ihm zu sagen: »Bestelle dein Haus, denn du wirst sterben und nicht am Leben bleiben« (Vers 1).

Hiskia zählte seine guten Werke auf und weinte bitterlich vor Gott, er flehte ihn an, barmherzig zu sein und ihn zu heilen (Vers 3, siehe auch Jesaja 38,10-20). Hiskia war verzweifelt, als er die Nachricht hörte. Aber er hatte den Mut und den Glauben, vor Gott sein Herz auszuschütten; und Gott erhörte seine Bitte. Als Antwort auf Hiskias Gebet sprach Gott zu Jesaja:»Kehre um und sage Hiskia . . . Ich habe dein Gebet gehört und deine Tränen gesehen. Siehe, ich will dich gesund machen . . . ich will fünfzehn Jahre zu deinem Leben hinzutun« (Verse 5-6). So verhieß Gott Hiskia Heilung.

Jesaja ging zu Hiskia und legte ihm ein Feigenpflaster auf das Geschwür, ein pflanzliches Heilmittel, und Hiskia wurde gesund. Hiskias Geschichte zeigt, daß Gott auch Medizin gebraucht, um zu heilen. Manche Christen zitieren 2. Chronik 16,12, um zu begründen, daß man in keinem Fall einen Arzt aufsuchen sollte:»Und Asa wurde krank an seinen Füßen im neununddreißigsten Jahr seiner Herrschaft, und seine Krankeit nahm sehr zu; und er suchte auch in seiner Krankheit nicht den Herrn, sondern die Ärzte.« Man muß wissen, daß die damaligen»Ärzte« okkulte Praktiken verwandten. Asas Sünde bestand darin, daß er sich auf seiner Suche nach Heilung nicht an den Herrn wandte; dies schließt jedoch nicht aus, auch medizinische Hilfe in Anspruch zu nehmen — wenn sie nicht, wie in Asas Fall, mit Okkultismus verbunden ist.

Paulus forderte Timotheus auf, wegen seiner Magenbeschwerden ein wenig Wein zu trinken; Paulus dachte dabei an die medizinische Wirkung des Weines (1. Tim. 5,23). Man glaubte auch, daß Öl und Speichel Heilkraft besaßen; bei den Heilungen, die Jesus und seine Jünger vollbrachten, spielten Speichel und Öl mehrfach eine Rolle (6,13; 7,33; 8,23; Joh. 9,6). Es geht hier nicht um die Frage, ob diese Mittel wissenschaftlich gesehen Heilkräfte besitzen. Jesus war offen für den Gebrauch von Medikamenten; er schient sie gutzuheißen. Wie das Beispiel von Hiskia zeigt, schließt göttliche Heilung medizinische Hilfe also nicht aus. Gott ist die Quelle der Heilung, und er heilt durch viele verschiedene Mittel.

Die meisten Menschen, für die ich bete, ermuntere ich, auch medizinische Hilfe in Anspruch zu nehmen, besonders wenn es sich um lebensbedrohliche Krankheiten handelt. Der folgende Brief ist ein gutes Beispiel dafür, wie moderne medizinische Mittel und göttliche Heilung positiv zusammenwirken können:

»17. Dezember 1984

Lieber Pastor Wimber!

Auf dem Seminar, das vom 5.-7. November in Anaheim stattfand, erzählte ich Ihnen, daß meine Mutter geheilt wurde, als sie Ende September in der Vineyard Fellowship war. Hier ist die Geschichte noch einmal schriftlich.

Am Ende des Gottesdienstes hatten Sie ein Wort der Erkenntnis über eine Frau, deren linkes Bein durch einen schlimmen Unfall vor mehreren Jahren an drei Stellen gebrochen war. Ich fragte den Herrn, ob damit meine Mutter gemeint sei, und er sagte:»Ja!« Wir gingen gemeinsam in den Gebetsraum, und . . . zwei Mitglieder des Teams beteten für das Bein meiner Mutter und auch dafür, daß sie von ihrem Lungenkrebs geheilt würde. Als wir für den Krebs beteten, sagte Suzy, sie könne spüren, daß der Tumor verschwände.

Als meine Mutter wieder in Portland, Oregon, war, ging sie zur nächsten regelmäßigen Untersuchung. Auf dem Röntgenbild war kein Anzei-

chen eines Tumors mehr zu erkennen; entsprechende frühere Röntgen-
aufnahmen hingegen zeigten einen Tumor in der Größe eines Golfballes.
Die Blutuntersuchung bestätigte, daß kein Krebs mehr im Körper war.

Daß meine Mutter Lungenkrebs hatte, wurde im letzten Sommer festgestellt; die Ärzte hatten ihr eine siebenwöchige Bestrahlungsbehandlung
verschrieben, um dadurch den Tumor soweit wie möglich zu zerstören.
In der Gemeinde wurde jede Woche für sie gebetet, und ihre Freundin
Suzy betete jeden Tag vor der Bestrahlung für sie.

Vom medizinischen Standpunkt aus gesehen konnte man nicht erwarten, daß der Tumor ganz verschwindet. Meine Mutter überstand die Bestrahlung ohne große Nebenwirkungen (sie spürte nur eine Hautempfind-
lichkeit, hatte leichten Husten und nahm zu).

Was ihr Bein betrifft, so konnte sie am Tag nachdem für sie gebetet
wurde, sowohl auf der *Queen Mary* (einem Schiff) als auch im Flugzeug
mühelos auf und ab gehen. Dies war ihr vorher nicht möglich. Ihre Kniescheibe, die vorher kaum zu tasten und nicht verschiebbar war (ihr Arzt
hatte anfangs sogar geglaubt, daß die Kniescheibe operativ entfernt sei),
ist nun sichtbar und bewegt sich völlig normal . . .

Herzliche Grüße
Janice Pedersen
Pasadena, Kalifornien«

Der vielleicht beste Rat zu der Frage, in welchem Verhältnis Gebet und
Medizin stehen sollen, findet sich in den Apokryphen, in Jesus Sirach.
Dieses Buch wurde um 180 v. Chr. von einem jüdischen Schriftgelehrten
geschrieben.

>>Ehre den Arzt mit gebührender Verehrung . . .
denn der Herr hat ihn geschaffen,
und Heilung kommt von dem Höchsten,
und Könige ehren ihn mit Geschenken . . .
Der Herr läßt die Arznei aus der Erde wachsen,
und ein Vernünftiger verachtet sie nicht . . .
Mein Kind, wenn du krank bist, so mißachte dies nicht;
sondern bitte den Herrn, dann wird er dich gesund machen . . .
Danach laß den Arzt zu dir, denn der Herr hat ihn geschaffen;
und weise ihn nicht von dir; denn du brauchst auch ihn.
Es kann die Stunde kommen, in der dem Kranken allein
durch die Hand der Ärzte geholfen wird;
denn auch sie werden den Herrn bitten,
daß er's ihnen gelingen läßt, damit es sich mit ihm
bessert und er gesund wird und wieder für sich sorgen
kann.« (Jesus Sirach 38,1.2.4.12-14)

Glaube

In Matthäus 8,5-13 lesen wir, wie Jesus den Knecht des Hauptmanns, der gelähmt war und unter schrecklichen Schmerzen litt, heilt. Ein Hauptmann war ein römischer Militäroffizier, dem 100 Soldaten unterstanden. Als Hauptmann zu Jesus zu kommen und ihn um Gebet für einen Knecht zu bitten, erforderte große Demut (Lukas berichtet in seinem Evangelium davon, daß der Hauptmann Boten schickte, jüdische Älteste und Freunde). Jesus ging sofort auf seine Bitte ein: »Ich will kommen und ihn gesund machen« (Vers 7).

Wenn Jesus gebeten wurde, einen Kranken zu heilen, so ging er auf diese Bitte in allen berichteten Fällen ein. (Nur einmal kam er nicht direkt. Siehe Johannes 11, die Geschichte von Lazarus' Tod.) Wenn ich für Menschen bete, daß Gott sie im Heilungsdienst gebrauchen möge, ermahne ich sie, wie bereits erwähnt, unter keinen Umständen Geld anzunehmen. Entsprechend gebe ich ihnen die Anweisung, nie eine Bitte um Gebet für Heilung abzulehnen.

Jesus heilte den Knecht, weil der Hauptmann Glauben hatte. Dieser war so demütig, daß er sagte:»Herr, ich bin nicht wert, daß du unter mein Dach gehst, sondern sprich nur ein Wort, so wird mein Diener gesund« (Vers 8). Zweifellos wußte der Hauptmann, daß nach dem jüdischen Gesetz ein Jude, wenn er das Haus eines Heiden betrat, unrein wurde; seine Aussage zeigt, daß er ein tiefes Bewußtsein seiner eigenen Unwürdigkeit besaß.

Der Glaube des Hauptmanns ist von drei Merkmalen gekennzeichnet: erstens wußte er in aller Demut um seine eigene Unwürdigkeit; zweitens erkannte er, daß Jesus Autorität und Macht über die geschaffene Ordnung hatte; und drittens glaubte er, daß Jesu Worte Macht hatten. Er wußte, daß Gott weder durch Zeit noch durch Raum begrenzt war; er hatte den Glauben, daß sein Knecht geheilt würde, wenn Jesus den Befehl gab.

Jesus staunte über den Glauben des Hauptmanns und heilte dessen Knecht durch das eine Wort:»Geh!« Jesus sagte zu dem Hauptmann: »Dir geschehe, wie du geglaubt hast« (Vers 13). Hier war ein Mann, so sagt Jesus, dessen Glaube so groß war, daß er, Jesus, nicht selbst zu dem Kranken gehen mußte. Zur selben Stunde wurde der Knecht geheilt.

Das Mittel, durch das Gott seine Heilungskraft freisetzt, ist der Glaube. Die meisten göttlichen Heilungen geschehen auf den Glauben eines Menschen hin. Wenn Jesus einen Menschen heilte, sagte er oft:»Dein Glaube hat dir geholfen« (Lk. 18,42; siehe auch Lk. 8,48; 17,19). In Lystra erkannte Paulus, daß ein gelähmter Mann den Glauben hatte, Gott könne ihn heilen:»Und als der ihn anblickte und sah, daß er den Glauben hatte, er könne gesund werden, sprach er mit lauter Stimme: Stelle dich aufrecht auf deine Füße! Und er sprang auf und ging umher« (Apg. 14,9-10, Zürcher). Als Petrus den Gelähmten an der schönen Pforte geheilt hatte, sagte er zu den Zuschauern:»Und sein Name hat diesen hier, den ihr seht und kennt, stark gemacht, weil er an ihn glaubte; und der Glaube, der durch ihn gewirkt ist, hat diesem die volle Gesundheit gegeben« (Apg. 3,16). Aber es wäre falsch, zu meinen, daß es immer auf den Glauben dessen ankommt, für den um Heilung gebetet wird. Die Bibel ist voll von Beispielen, wo *andere* Menschen, und nicht derjenige, für den gebetet wurde, Glauben hatten wie im Falle des Hauptmanns, dessen Knecht geheilt wurde (Mt. 8,5-13). In dieser Geschichte war es der Glaube eines Freundes, der den Weg für Gottes Heilungskraft bahnte.

In dem Abschnitt, der von der Heilung des Gelähmten erzählt (ich habe ihn zu Anfang dieses Kapitels besprochen), heißt es, daß Jesus, als er den Glauben der Männer sah, die ihn durch ein Loch im Dach hinunterließen, dem Gelähmten seine Sünden vergab und ihn schließlich auch heilte (Mk. 2,5).

Oft sind es Verwandte des Kranken, die Glauben für Heilung haben. Nachdem Jairus, der Vorsteher der Synagoge, gehört hatte, daß seine kleine Tochter gestorben war, sagte Jesus zu ihm:»Fürchte dich nicht, glaube nur!« (Mk. 5,36). Kurz darauf wurde die Tochter vom Tod erweckt. Dies war die erste Totenerweckung in Jesu Wirken.

Es gibt noch eine dritte Gruppe, durch deren Glauben Heilung geschehen kann: nämlich die Menschen, die für den Kranken beten. Jesus heilte den Blindgeborenen und fragte ihn *hinterher*:»Glaubst du an den Menschensohn?« (Joh. 9,35). Jesu Frage und die Antwort des Mannes (»Herr, wer ist's?«) deuten darauf hin, daß der Mann bei seiner Heilung eine passive Rolle gespielt hatte. Jesus hatte Glauben für die Heilung, bevor der Blinde überhaupt wußte, daß Jesus der Sohn Gottes war. Erst nach der Heilung sagte er:»Herr, ich glaube« (Vers 38).

Im Neuen Testament werden nur diejenigen für ihren mangelnden Glauben getadelt, die für andere um Heilung beteten; dem Kranken selbst wurde nie zur Last gelegt, daß es ihm an Glauben fehle. Einige der härtesten Worte, die Jesus sprach, richteten sich gegen seine Jünger, als sie den Jungen, der einen bösen Geist hatte, nicht heilen konnten.»Du ungläubiges Geschlecht, wie lange soll ich noch bei euch sein? Wie lange soll ich euch noch ertragen?« (Mk. 9,19). Nachdem Jesus den Jungen von dem bösen Geist befreit hatte, fragten ihn die Jünger nach dem Grund ihres Versagens.»Diese Art kann einzig und allein durch Beten ausfahren«, sagte er (Vers 29). Sie hatten aufgehört, an Gottes Heilungskraft zu glauben.

In Johannes 14,12 sagt Jesus:»Wahrlich, wahrlich, ich sage euch: Wer an mich glaubt, der wird die Werke, die ich tue, auch tun, und er wird noch größere als diese tun; denn ich gehe zum Vater.« Auf wessen Glaube kommt es bei göttlicher Heilung am meisten an? Auf den Glauben des Kranken? Oder der Freunde? Oder der Verwandten? Oder derjenigen, die für den Kranken beten? Jesus sagt:»Wer an mich glaubt.« Die Antwort ist also: *Jeder,* der den Glauben hat, daß Jesus Wunder tut, ist wichtig, wenn um Heilung gebetet wird. Dies hat ganz praktische Konsequenzen beim Gebet für Kranke. Immer wenn ich für Kranke bete, suche ich unter den Anwesenden nach Menschen, die Glauben haben — Mitglieder des Gebetsteams, der Kranke selbst, Verwandte (selbst Kinder, die normalerweise großen Glauben für Heilung haben), Freunde und natürlich ich selbst. Wenn ich diese Menschen gefunden habe, weise ich sie an, ihre Hände auf oder in die Nähe der Körperstelle zu legen, die Heilung braucht, und dann bitte ich Gott, mit seiner heilenden Kraft zu wirken.

Die Kraft Gottes

In Markus 5,21-34 lesen wir von der Heilung der Frau, die zwölf Jahre lang unter Blutfluß litt. Wir kennen die genaue Bezeichnung ihrer Krankheit nicht, aber sie »hatte von vielen Ärzten viel erlitten und all ihr Hab und Gut dafür aufgewandt; aber es hatte ihr nichts geholfen, vielmehr war es noch schlimmer mit ihr geworden« (Vers 26). Nach dem jüdischen Gesetz wurde jeder, der sie berührte, unrein (3. Mose 15,25-30). Dieses Gesetz schränkte ihren Kontakt zu anderen Menschen sehr ein, worunter sie sicher litt.

Jesus war unterwegs zum Haus des Jairus, um dessen Tochter zu heilen. Eine große Menschenmenge umgab ihn. Da spürte er, »daß eine Kraft von ihm ausgegangen war« (Vers 30). Die Frau glaubte, berührte Jesu Gewand, und »sogleich versiegte die Quelle ihres Bluts, und sie fühlte an ihrem Leibe, daß sie von ihrer Plage geheilt war« (Vers 29). Als sie Jesus sagte, was sie getan hatte, zitterte sie vor Furcht, doch er antwortete ihr:»Meine Tochter, dein Glaube hat dich geheilt; geh hin in Frieden und sei gesund von deiner Plage« (Vers 34). Zwölf Jahre lang hatte sie nach Heilung gesucht; obwohl sie eine Enttäuschung nach der anderen erlebte, gab sie nicht auf. Sie hatte alles verloren — ihre Freunde, ihr Geld, den inneren Frieden —, nur ihren Glauben an Gott hatte sie nicht verloren. Anstatt noch weiteren Ärzten ihr Vertrauen zu schenken, setzte sie nun ihr Vertrauen auf Jesus.»Wenn ich nur seine Kleider berühren könnte«, dachte sie,»so würde ich gesund« (Vers 28). Sie stellte sich diese Berührung zuerst in Gedanken vor; dann berührte sie Jesus und war geheilt.

Jesus heilte sie durch ihre Berührung. Heilende Kraft ging von ihm aus. Sie spürten es beide, und die Frau war geheilt, körperlich und seelisch (Vers 34). Es ist schwierig, die Kraft, von der hier die Rede ist, zu verstehen oder zu beschreiben. Im Laufe der letzten Jahre habe ich, wenn ich für Menschen um Heilung betete, hunderte Male etwas Ähnliches gespürt.[7]

Gebet um Heilung

In Markus 7,31-37 lesen wir, wie Jesus am Galiläischen Meer einen Taubstummen heilte. Andere Menschen, vielleicht Freunde oder Familienangehörige, hatten den Mann zu Jesus gebracht, »und baten ihn, ihm die Hand aufzulegen« (Vers 32). Fast alle Heilungen, die Jesus vollbrachte, geschahen in der Öffentlichkeit, denn meistens entstand durch diese Heilungen stärkerer Glaube, sowohl in denen, die die Wunder miterlebten, als auch in den Geheilten selbst. Aber in diesem Falle nahm Jesus den Mann beiseite, weg von der Menge.

Ich habe viele Situationen erlebt, in denen durch anwesende Freunde oder Familienangehörige eine Atmosphäre entstand, die den Glauben für Heilung behinderte. Die anwesenden Menschen sind manchmal so verzweifelt, voller Angst und Furcht, daß es mir oder dem Kranken, für den ich bete, schwerfällt, wirklich an Heilung zu glauben. Normalerweise bitte ich die anderen dann, den Raum zu verlassen; ich erlaube nur denen zu bleiben, die wissen, wie man für Kranke betet, und die gefühlsmäßig nicht so sehr von der Situation betroffen sind. Ich vermute, daß Jesus den Taubstummen aus denselben Gründen zur Seite nahm.

Dann tat Jesus etwas Ungewöhnliches: er legte seine Finger in die Ohren des Mannes und berührte dessen Zunge mit Speichel. Säkulare Literatur des ersten Jahrhunderts läßt darauf schließen, daß man an im Speichel liegende Heilkräfte glaubte. Aber ich denke, daß Jesus den Speichel aus einem anderen Grund gebrauchte. Indem Jesus dem Mann seine Finger in die Ohren legte und sie dann wieder herausnahm, wollte er ihm zeigen, daß sich seine Ohren öffnen würden; indem er die Zunge des Stummen mit Speichel berührte, wollte er ihm deutlich machen, daß diese wieder würde sprechen können. Trotzdem war dies natürlich eine ungewöhnliche Art, den Mann zu heilen.

Manchmal vollbringt der himmlische Vater Heilungen mit ungewöhnlichen Mitteln. Einmal betete ich für einen Mann, der starke Zahnfleischbeschwerden hatte, er litt unter großen Schmerzen. Während des Gebetes spürte ich den Willen des Herrn: Ich sollte dem Mann einen Schlag versetzen! Ich konnte mich nicht dazu überwinden; so klopfte ich ihm nur leicht auf die Schultern. Nichts geschah; Gott hatte mir ja auch etwas anderes aufgetragen. Schließlich schlug ich ihm mit der Handfläche auf die Stirn (nicht so stark, daß es ihm weh tat), und im selben Augenblick verschwanden seine Schmerzen. Welche Wechselbeziehung bestand zwischen dem Schlag und der Heilung? Ich weiß es nicht! (Sein Zahnarzt bestätigte später, daß das Zahnfleisch wieder gesund war.)

Auch bei anderen, die im Heilungsdienst stehen, habe ich viele merkwürdige Dinge erlebt. Vor einigen Jahren zum Beispiel war ich in Kapstadt (Südafrika) bei einer Veranstaltung. Ein Pastor hörte, wie ein Mann unter Tränen die Frage stellte:»Gibt es hier einen Blinden?« In der Tat saß ein Mann in der Nähe, der auf einem Auge blind war. Der weinende Mann sagte:»Der Herr hat mir gesagt, wenn ich die Tränen von meinen Augen nehme und damit die Augen des Blinden berühre, wird dieser gesund.« Da nahm der Pastor einige Tränen und berührte damit das blinde Auge des Mannes. Dieses wurde sofort geheilt. Ich war sehr erstaunt. Später sagte mir der Pastor, daß er, ohne viel Glauben zu haben, einfach nur eine Funktion ausgeübt habe. Ich will damit nur deutlich machen, daß Gott manchmal merkwürdige Mittel gebraucht, um zu heilen.

Jesus betete voller Erbarmen und mit Vollmacht. Nachdem er den Taubstummen berührt hatte, gebot er den Ohren ganz einfach, sich zu öffnen, und der Mann konnte im selben Augenblick hören und richtig sprechen.

Die meisten Heilungen, von denen im Neuen Testament berichtet wird, geschahen sofort, jedoch nicht alle. In Markus 8,22-26 zum Beispiel mußte Jesus zweimal beten, damit der Blinde geheilt wurde. Nachdem er ihm Speichel auf die Augen gestrichen und ihm die Hände aufgelegt hatte, fragte er den Mann, ob er etwas sehen könne. Der antwortete:»Ich sehe Menschen, denn ich sehe Wesen wie Bäume, nur daß sie umhergehen« (Vers 24). Da legte Jesus dem Blinden noch einmal die Hände auf die Augen,»da sah er deutlich« (Vers 25). Hier fand eindeutig ein Heilungsprozeß statt; wir sollten daraus lernen, nicht ungeduldig zu sein, wenn wir für andere beten.

Francis McNutt schreibt:

»Es war eine der großen Offenbarungen meines Lebens, daß in einem Fall, wo ein kurzes Gebet nicht zu helfen scheint, oft ein ›gründliches‹ Gebet die Heilung bringt, die wir ersehnen. Immer wieder habe ich die Wirkung des Gebets dadurch überprüft, daß ich Gruppen fragte, wie viele durch ein kurzes Gebet *völlig geheilt* wurden und bei wie vielen eine *Besserung* eingetreten war. Die Anzahl der Menschen, die eine echte Besserung erfahren, steht für gewöhnlich zu denen, die völlig geheilt sind, in einem Verhältnis von fünf zu eins. Das brachte mich zu der Erkenntnis, daß ein kurzes Gebet normalerweise eine gewisse körperliche Wirkung (und immer eine seelische) auf eine Person zeigt, daß sich die meisten jedoch mehr Zeit nehmen müssen, wenn sie für die Kranken um Heilung beten.«[8]

Körperliche Heilung ist meistens ein Prozeß, denn manchmal spielen noch andere Faktoren eine Rolle — psychische, dämonische —, und diese müssen erst behandelt werden. In manchen Fällen jedoch können wir beten so viel wir wollen, und doch wird der Kranke nicht gesund. Das nächste Kapitel beschäftigt sich mit der Frage, warum nicht alle, für die wir beten, geheilt werden.

Kapitel 8

Nicht jeder wird geheilt

Im Oktober 1985 war ich drei Wochen in England, ich sprach auf Konferenzen in London, Brighton und Sheffield. Viele Menschen wurden geheilt. Nur einer nicht: ich selbst. In den vorausgegangenen zwei Jahren hatte ich alle vier oder fünf Monate immer wieder unter Schmerzen in der Brust gelitten. Ich vermutete, daß sie vom Herzen kamen, unternahm aber nichts dagegen. Niemand, nicht einmal Carol, wußte davon. Aber in England konnte ich ihr meinen Zustand nicht mehr verbergen. Es geschah mehrfach, daß ich beim Gehen abrupt stehenbleiben mußte, weil die Schmerzen so stark waren. Auf der Reise war ich fast ununterbrochen sehr müde. Ich hatte wahrscheinlich, so vermuteten die Ärzte später, mehrere Herzattacken.

Als wir wieder in Yorba Linda waren, bestand Carol darauf, daß ich einen Arzt aufsuchte. Am 3. November 1985 unterzog ich mich der ersten von mehreren Untersuchungen; die Diagnose, die ein Herzspezialist am Ende stellte, bestätigte meine schlimmsten Befürchtungen: ich hatte einen — wahrscheinlich schweren — Herzschaden. Die Untersuchungen zeigten, daß mein Herz nicht normal arbeitete, die Funktionen waren gestört, die Ursache schien zu hoher Blutdruck zu sein. Da ich außerdem Übergewicht hatte und überarbeitet war, sah mein Gesundheitszustand lebensbedrohend aus.

Mein Arzt verschrieb mir verschiedene Medikamente und verordnete eine salzarme Diät, um den Blutdruck zu senken; ich sollte täglich spazierengehen und auch abnehmen. Außerdem sagte er, daß ich höchstwahrscheinlich an den Folgen von Streß sterben würde, wenn ich weiterhin in dem Tempo arbeitete wie in den vergangenen Jahren (allein 1985 war ich mehr als vierzig Wochen unterwegs gewesen). Ich fügte mich den ärztlichen Anordnungen. Aber Gottes Anordnung, ihn nämlich um Heilung zu bitten, fügte ich mich nicht. Wenn andere für mich beteten, fehlte mir der Glaube, daß Gott mich heilen würde. Dies klingt vielleicht merkwürdig, aber mir fiel es schwer, von Gott Heilung anzunehmen. Warum? Mein Leben lang war ich ein überaktiver Mensch gewesen, ich hatte mehr gearbeitet und mehr gegessen als gut war, und ich glaubte, mein Körper sei nun schließlich als Folge davon einfach zusammengebrochen. Mit anderen Worten, unbewußt hatte ich das Gefühl, daß ich an meinem

Zustand selbst schuld war, und daß ich, wenn ich um Heilung betete, etwas erbat, was ich nicht verdient hatte. Ich rechnete nicht mit der Möglichkeit, daß Gott mir vergeben, mir Gnade schenken und mich heilen konnte. Darum fiel es mir leichter, den Anordnungen der Ärzte zu folgen, als für mich um Heilung beten zu lassen; die ärztliche Behandlung empfand ich als eine gerechte Strafe für meine falsche Lebensführung. Meine Gedanken und Gefühle waren weder begründet noch vernünftig. Seit vielen Jahren kannte ich Römer 8,1-2 und hatte oft darüber gepredigt: »So gibt es nun kein Verdammungsurteil für die, die in Christus Jesus sind. Denn das Gesetz des Geistes, der in Christus lebendig macht, hat dich frei gemacht von dem Gesetz der Sünde und des Todes.« Aber dies mit dem Verstand zu wissen heißt noch nicht, es auch von Herzen zu glauben.

Im Dezember trafen sich in Palm Springs, Kalifornien, etwa zwanzig leitende Pastoren von verschiedenen Vineyard Gemeinden aus den Vereinigten Staaten und aus Kanada. Auch die Ehefrauen waren eingeladen. Wir waren zusammengekommen, um über die Frage zu beraten und zu beten, welche Aufgabe wir für die inzwischen über 100 Vineyard Gemeinden hatten. Die anderen Pastoren wußten so gut wie nichts von meinem Gesundheitszustand. Und ich hatte auch nicht die Absicht, ihnen davon zu erzählen — ich wollte nicht, daß meine Krankheit zum Hauptthema unseres Treffens würde. In der dritten Nacht weckte mich der Herr. In meinem Geist spürte ich, wie er mir eine einfache Frage stellte: »John, wer ist Gott, du oder ich?« Dann sagte er mir, daß ich mein Leben lang seiner Gnade widerstanden hätte, weil ich stolz und unabhängig war. Solange ich darauf bestände, meinen eigenen Weg zu gehen, könne ich sein Erbarmen nicht empfangen. Dann zeigte er mir zwei Bereiche in meinem Leben, in denen ich seiner Gnade widerstanden hatte.

Der erste Bereich war meine verurteilende Haltung gegenüber Christen, die Fernsehsendungen produzierten; besonders ihre Art, Spendenaufrufe zu erteilen, hatte ich verurteilt. Die Art und Weise, wie in vielen christlichen Fernsehprogrammen Geldaufrufe gemacht werden, stieß mich sehr ab (dies ist auch heute noch so). Gott zeigte mir, daß meine Haltung gegenüber diesen Menschen nur ein Deckmantel für meinen eigenen Stolz und meine Unabhängigkeit war. Er machte mir auch klar, daß ich mich durch meine Haltung selbst unter Druck setzte; ich glaubte, ich sei dafür verantwortlich, daß genug Geld für unseren Dienst zusammenkommt, anstatt Gott zu vertrauen.

Der zweite Bereich, über den Gott mit mir sprach, war meine Gesundheit. Er sagte mir, daß ich die Wahl hätte; ich könne entweder so weiter machen und sterben, oder aber für meine Haltung der Unabhängigkeit Buße tun und Gottes Gnade empfangen. Da stand ich nun, ein Mann, der für andere Menschen um Heilung betete und Tausende dazu anleitete, für Kranke zu beten, selbst jedoch zu stolz ist, Gottes Gnade anzunehmen!

Dann gab Gott mir eine Bibelstelle und eine Verheißung. In Römer 4,19-21 heißt es:

»Und ohne im Glauben schwach zu werden, sah er (Abraham) auf seinen eigenen Leib, der schon erstorben war, weil er fast hundertjährig war, und auch auf den erstorbenen Leib der Sara. Denn er zweifelte nicht aus Unglauben an der Verheißung Gottes, sondern wurde stark im Glauben und gab Gott die Ehre und war völlig gewiß: was Gott verheißt, das kann er auch tun.«

Seine Verheißung war, daß ich genauso auf meine Heilung warten sollte, wie Abraham auf seinen Sohn gewartet hatte. In der Zwischenzeit, so sagte er mir, solle ich den Anordnungen der Ärzte folgen.

Am nächsten Morgen erzählte ich den anderen Pastoren von meinem Gesundheitszustand und bat um ihr Gebet. Von der Verheißung aus dem Römerbrief sagte ich ihnen an jenem Morgen noch nichts. Als sie für mich um Heilung beteten, sprach Bob Craine, Pastor der Gemeinde in San Luis Obispo (Kalifornien), eine Verheißung aus:»So wie ich mit Abraham war, will ich mit dir sein.« Das ermutigte mich sehr, und ich spürte, daß Gott mit seiner Heilungskraft bereits angefangen hatte, in mir zu wirken.

Im Februar 1986 machte ich einen speziellen Streßtest, und mein Herz reagierte normal. Mein Blutdruck war noch immer zu hoch, und auch mein Übergewicht war noch nicht genügend reduziert, aber mein Zustand hatte sich gebessert; die Ärzte waren hoffnungsvoll. Ich hatte weniger auswärtige Termine angenommen, strenge Diät gehalten und darauf geachtet, daß ich genug Schlaf und Bewegung hatte. Ich war gewiß, daß ich eines Tages vollkommen geheilt würde, wenn ich Gott vertraute, so wie Abraham Gott glaubte und schließlich einen Sohn empfing.

Aber im Juli wachte ich eines Sonntagmorgens mit starken Schmerzen in der Brust auf. Man lieferte mich in die Intensivstation unseres Krankenhauses ein. In der folgenden Woche wurde ich ausführlich untersucht. Die Ergebnisse der Untersuchungen waren sowohl gut als auch schlecht. Der Zustand meines Herzens war nicht so schlecht, wie die Ärzte vor einigen Monaten geglaubt hatten; aber man stellte fest, daß ich Magengeschwüre hatte. Während des Krankenhausaufenthaltes tröstete mich der Herr durch das Gebet und durch Bibelverse (besonders durch Psalm 23). Die Ärzte versicherten mir, daß ich noch viele Jahre leben könnte, wenn ich ihren Anweisungen folgte; vor allem sollte ich meinen Terminkalender reduzieren und viel Bewegung haben. Und der Herr gab mir erneut die Gewißheit, daß er mich heilen wird.

Vier wurden nicht geheilt

Ich wünschte, ich könnte schreiben, daß ich inzwischen vollkommen geheilt bin und keine körperlichen Beschwerden mehr habe. Doch dies ist leider nicht der Fall. Da wir uns mit göttlicher Heilung befassen, führt meine eigene Geschichte zu einer weiteren Frage: Was ist mit denen, die nicht geheilt werden? In den neutestamentlichen Briefen wird von vier konkreten Fällen berichtet, wo Kranke nicht sofort geheilt wurden, zwei von ihnen sind wahrscheinlich ihr Leben lang krank geblieben.

Der erste Fall betrifft Epaphroditus, einen der Gemeindeleiter von Philippi; er reiste nach Rom, um Paulus im Gefängnis zu besuchen und zog sich eine schwere Krankheit zu (wir wissen nicht, um was für eine Krankheit es sich dabei handelte). Paulus schrieb den Philippern: »Und er war sogar todkrank, doch Gott hat sich über ihn erbarmt; aber nicht nur über ihn, sondern auch über mich, damit ich nicht Kummer über Kummer hätte« (Phil. 2,27). Die Worte des Paulus zeigen, wie sehr er seinen Freund liebte und daß ihm dessen Heilung sehr am Herzen lag. Aus den zitierten Sätzen läßt sich schließen, daß für Epaphroditus zwar um Heilung gebetet wurde, sich aber keine direkte Besserung gezeigt hatte. Vielleicht hat die Krankheit ihren normalen Verlauf genommen, es kann aber auch sein, daß ein späteres Gebet Heilung brachte. Auf jeden Fall kam Epaphroditus dem Tode sehr nahe.

Im zweiten Fall geht es um Timotheus. In 1. Timotheus 5,23 gibt Paulus ihm den Rat: »Trinke nicht mehr nur Wasser, sondern nimm ein wenig Wein dazu wegen deines Magens und weil du oft krank bist.« Paulus hatte mehr über den Glauben zu sagen als irgend jemand sonst im Neuen Testament (mit Ausnahme von Jesus), und Timotheus, sein liebster »Sohn«, hatte viele Ämter — Evangelist, Pastor, Lehrer, Apostel. Trotzdem wies Paulus ihn an, ein wenig Wein für seinen Magen zu trinken. Vor dem Hindergrund der damaligen Lebensgewohnheiten betrachtet, hieß dieser Rat ganz einfach, sich gesund zu ernähren.[1] Warum gab Paulus diesen Rat? Weil bis zu dem Zeitpunkt das Gebet um Heilung für Timotheus noch keine Wirkung gezeigt hatte.

Im dritten Fall geht es um Trophimus, den Heidenchristen aus Ephesus, der Paulus auf seiner dritten Missionsreise begleitete (Apg. 20,4) und der später ungewollt der Anlaß dafür war, daß Paulus in Jerusalem gefangengenommen wurde (Apg. 21,27-29). In 2. Timotheus 4,20 schreibt Paulus: »Trophimus aber habe ich in Milet krank zurückgelassen.« Wenn man die genauere Bedeutung des griechischen Wortes betrachtet, das hier mit »krank« übersetzt wird, so kann man annehmen, daß Trophimus überarbeitet war und daher krank wurde.[2]

Es ist sogar durchaus möglich, daß auch die Ursache der Krankheiten von Epaphroditus, Timotheus und, wie wir gleich sehen werden, Paulus, darin lag, daß sie durch ihren Dienst unter großer körperlicher und geistlicher Anstrengung standen. Mit anderen Worten, vielleicht haben sie sich derselben Dinge schuldig gemacht wie viele Pastoren heute — mich mit eingeschlossen — : sie haben ihrem Körper dadurch geschadet, daß sie den natürlichen Gesetzen der Gesundheit nicht gehorchten, nämlich auf genügend Bewegung, ausreichend Schlaf, gesundes Essen, Entspannung und so weiter zu achten. Aber selbst wenn wir von dieser Theorie über die Krankheit des Trophimus ausgehen, stehen wir vor der Tatsache, daß die Gebete des Paulus nicht ausreichten, um ihn zu heilen, wenigstens nicht bis zu dem Zeitpunkt, wo er den 2. Timotheusbrief schrieb. Trophimus erfuhr also mit Sicherheit keine unmittelbare Heilung, selbst wenn er vielleicht zu einem späteren Zeitpunkt geheilt wurde.

Der vierte Fall betrifft Paulus selbst. In Galater 4,13-14 schreibt er: »Ihr wißt doch, daß ich krank war, als ich euch das erstemal das Evangelium gepredigt habe. Und obwohl meine Krankheit euch Anstoß bereitete, habt ihr mich nicht verachtet oder vor mir ausgespuckt.« Einige Theologen meinen, Paulus habe eine Augenkrankheit gehabt, andere vermuten, es sei Malaria oder Epilepsie gewesen.[3] Welche Krankheit er auch immer gehabt haben mag, zu jener Zeit war er jedenfalls nicht gesund.[4] Der Galaterbrief ist einer der frühesten Briefe des Paulus, er wurde zwischen 48 und 49 n. Chr. oder zwischen 53 und 57 n. Chr. geschrieben, je nachdem, von welcher Theorie der Zeitrechnung man ausgeht. Da Paulus seine Krankheit an keiner anderen Stelle nochmals erwähnte, wurde er entweder durch Gebet direkt geheilt oder er ist langsam wieder gesund geworden.

Diese vier Fälle, in denen Gott nicht heilte, sind um so bemerkenswerter, wenn man bedenkt, daß es sich bei den Kranken um hochgeschätzte, begabte und erfahrene Leiter der Kirche handelte. Darum kann man die Krankheit dieser Männer nicht einfach auf Sünde, mangelnden Glauben oder mangelnde Erkenntnis der Kranken oder derer, die für sie beteten, zurückführen.[5] Paulus betete weiterhin mit Erfolg für Kranke, auch wenn in diesen vier Fällen keine Heilung eintrat (Apg. 28,8-9).

Eine weitere wichtige Erkenntnis in bezug auf göttliche Heilung sei genannt: Gott scheint manchmal ganz gezielt nur bestimmte Menschen zu heilen. Einerseits heilte Jesus alle, die zu ihm gebracht wurden (Mt. 4,24; 8,16; Mk. 1,32; Lk. 6,18-19), andererseits aber berichtet die Bibel auch davon, daß Jesus am Teich Bethesda (einer Art Krankenhaus des ersten Jahrhunderts, voll mit Menschen, die geheilt werden wollten) nur den einen Mann heilte, der schon seit achtunddreißig Jahren krank war (Joh. 5,1-9). Es könnte sein, daß Jesus eine bestimmte Auswahl traf, als er nur diesen einen heilte.

Die einzige Schlußfolgerung, die man aus den Beispielen der Briefe und den Hinweisen in den Evangelien ziehen kann, ist, daß nicht alle auf das Gebet der Jünger hin geheilt wurden.

Es gibt viele Gründe dafür, warum Menschen, wenn für sie gebetet wird, nicht geheilt werden. Meistens spielen Sünde und Unglauben dabei eine Rolle:

✳ Manche haben nicht den Glauben, daß Gott sie heilt (Jak. 5,15).

✳ Nicht bekannte Sünde ist ein Hindernis für Gottes Gnade (Jak. 5,16).

✳ Anhaltende Uneinigkeit, Sünde oder Unglaube in einer größeren Gruppe von Christen oder in einer Familie verhindern, daß einzelne Mitglieder dieser Gruppe geheilt werden (1. Kor. 11,30).

✳ Manche wissen nicht, wie sie beten sollen, weil die Diagnose der Krankheitsursache unvollständig oder falsch gestellt wurde.

✳ Manche glauben, Gott heile immer sofort; wenn Gott dann nicht direkt heilt, hören sie auf zu beten.

Heilung und Jesu Sühnetod

Aber was ist mit denen, die anhaltend um Heilung beten, glauben, daß Gott sie heilen will und trotzdem nicht geheilt werden? Die Antwort darauf finden wir in der Beziehung, die zwischen göttlicher Heilung und Christi Tod am Kreuz besteht.

In der Theologie werden Christi Tod, die Ereignisse, die dazu führten, und die Auswirkungen seines Sterbens mit dem Begriff Sühne bezeichnet. Der angelsächsische Begriff für Sühne, »atonement«, bedeutet »eins machen« (making at one): diejenigen, die von Gott getrennt waren, werden zur Einheit mit ihm geführt. Die ganze Menschheit steht unter der Sünde, alle Menschen sind von Gott getrennt (1. Kön. 8,46; Röm. 3,23); Gott, der heilig ist, verabscheut die Sünde (Hab. 1,13; Kol. 1,21); und keiner von uns kann sich selbst von der Sünde befreien (4. Mose 32,23; Röm. 3,20). Jesu Sühnetod ist das Kernstück des Christentums, denn durch diesen Tod ist uns unsere Sünde vergeben, und die Gemeinschaft mit Gott neu geschenkt.

Christi Tod am Kreuz ist der Eckstein des Christentums, durch ihn haben wir die Gewißheit der Vergebung und der Heilung unserer Seele schon in diesem Leben. Im Alten Testament weist alles — besonders aber die Opfergesetze — auf das Kreuz hin, und seit der Kreuzigung wird alles nur von daher verstanden. Durch das Geheimnis des Todes Christi offenbarte Gott seine Liebe zu uns, »um unsrer Sünden willen hat Gott ihn dahingegeben« (Röm. 4,25).

Christus starb nicht nur für unsere Sünden, er starb für *uns*: »Denn dazu drängt uns die Liebe Christi. Wir sind ja überzeugt: wenn einer für alle gestorben ist, so sind sie alle gestorben« (2. Kor. 5,14). So sehr hat sich Christus mit uns identifiziert, daß er an unserer Stelle das Urteil an sich vollstrecken ließ. Ein paar Verse später heißt es in 2. Korinther 5: »Denn er hat den, der ohne Sünde war, für uns zur Sünde gemacht, damit wir in ihm die Gerechtigkeit werden, die vor Gott gilt« (Vers 21). Petrus lehrt, daß diese Identifikation so weit geht, daß sogar die Auswirkungen der Sünde in unserem Leib mitbetroffen sind:»Der unsere Sünde mit seinem Leibe ans Holz hinaufgetragen hat, damit wir, wenn wir für die Sünde gestorben sind, für die Gerechtigkeit leben. Durch seine Wunden seid ihr geheilt worden« (1. Petr. 2,24).

Alle Werke des Teufels hat Jesus am Kreuz zerstört; dazu gehört auch Krankheit; Jesus, der neue Adam, kam, um uns wiederherzustellen, damit sein neues Wesen in uns Gestalt annimmt — es gibt keinen Bereich unseres Seins, der davon ausgeschlossen wäre. In Matthäus 8,16-17 heißt es:

»Am Abend aber brachten sie viele Besessene zu ihm; und er trieb durch sein Wort die bösen Geister aus und machte alle Kranken gesund, damit erfüllt würde, was durch den Propheten Jesaja gesagt worden ist (Jes. 53,4): ›Er hat unsre Schwachheit auf sich genommen, und unsre Krankheit hat er getragen‹.«

R. A. Torrey schreibt zu diesem Abschnitt:

»Viele sagen, dieser Vers lehre, daß wir durch den Sühnetod Jesu Christi sowohl von unseren Krankheiten als auch von unseren Sünden geheilt werden könnten; oder, anders gesagt, daß der Sühnetod körperliche Heilung mit einschließt. Ich meine, daß diese Schlußfolgerung berechtigt ist, wenn man die Verse in ihrem Kontext betrachtet.«[6]

Der wichtigste Satz in Torreys Kommentar heißt:»Der Sühnetod schließt körperliche Heilung mit ein.« Dies ist eine ungewöhnliche Aussage; Torrey will damit jedoch sagen, daß wir, als Folge dessen, was Jesus am Kreuz erlitt, schon hier in diesem Leben vollkommene Heilung erfahren können.

Es wird viel über die Frage debattiert, ob der Sühnetod Heilung mit einschließt oder nicht[7]; und wenn es so wäre, was diese Tatsache für unser Leben bedeuten würde. Die Aussage in Matthäus, daß Jesus heilte, »damit *erfüllt* würde, was durch den Propheten Jesaja gesagt worden ist«, berechtigt mindestens zu der einen Folgerung: der Sühnetod ist in jedem Falle die Grundlage für körperliche Heilung. Matthäus sagt, daß Christus kam, um den ganzen Menschen von der Sünde *und den Auswirkungen der Sünde* zu erlösen, zu denen ja auch Krankheit gehört.

J. Sidlow Baxter dagegen behauptet, daß »der Sühnetod Heilung für unseren sterblichen Leib *nicht* mit einschließt«:

»Diese Folgerung wird sogleich durch die Tatsache bekräftigt, daß alle, die aufrichtig glauben, durch das Kreuz ganz gewiß, unmittelbar und umsonst Vergebung der Sünden und Reinigung von Schuld erfahren können; Heilung von Schwachheit und Krankheit dagegen steht denen, die glauben, *nicht* in jedem Fall und unmittelbar zur Verfügung. Keinem einzigen, der im Glauben kam, ist je Vergebung und Reinigung verweigert worden, Tausende und aber Tausende dagegen haben die Heilung, um die sie im Glauben baten, *nicht empfangen.*«[8]

Auch Colin Brown vertritt die Meinung, daß der Sühnetod Heilung nicht mit einschließt.[9] Wie auch Baxter, widerspricht Brown der Auffassung, daß uns körperliche Heilung in gleichem Maße zur Verfügung steht wie geistliche Heilung; er widerspricht auch der Behauptung, daß die Aussage, »Gott befreit uns schon hier in diesem Leben von Krankheit«, in demselben Maße zutrifft wie die Aussage, »Gott befreit uns von Sünde«. Die Vergebung der Sünden ist in der Gnade des göttlichen Bundes begründet: es ist Gottes Wille, daß *jeder*, der ihm vertraut, Vergebung der Sünden erfährt. Bei körperlicher Heilung jedoch, so sagt Brown, sieht es anders aus: viele werden geheilt, andere jedoch werden nicht geheilt:

»Wir müssen erkennen, wozu sich Gott in seinem Bund verpflichtet hat und wozu er sich nicht verpflichtet hat; wir müssen unterscheiden zwischen dem, was Gott tun kann, und dem, was er versprochen hat zu tun. Gott ist der Arzt (2. Mose 15,26), und er ist es, der hinter aller Heilung steht. Aber wer im Alten Testament in den Bund eintrat, hatte damit nicht automatisch eine Garantie für Gesundheit und Heilung in den Händen...

Der Neue Bund enthält keine Verheißung, die besagt, daß alle schon in diesem Leben geheilt werden. Er enthält die Verheißung der Sündenvergebung (Mt. 26,28). Im Neuen Testament gibt es für die, die glauben, keine spezielle, uneingeschränkte Verheißung für Gesundheit und Heilung. Aber es gibt die Verheißung der Vergebung und Gnade für alle, die Buße tun und glauben (z. B. Mt. 11,28; Joh. 1,12; 3,16-18; Apg. 2,38-39; 16,31; 17,30). Der Kirche ist die Vollmacht erteilt, in Jesu Namen und in der Kraft des Geistes die Vergebung der Sünden auszusprechen (Joh. 20,23; vgl. Mt. 18,15-20). Aber sie hat nicht in gleicher Weise Vollmacht, zu heilen. Wenn Gott heilt, ist dies eine Gnade, die er uns außerhalb der Bundesverheißungen erweist. Die Vergebung jedoch hat er uns in den Bundesverheißungen zugesagt.«[10]

Wenn auch Baxter und Brown die Vorstellung ablehnen, daß der Sühnetod die körperliche Heilung mit einschließt, so glauben sie doch beide, daß Gott auch in unserer Zeit heilen will. Baxter schreibt, daß der Sühnetod die *Grundlage* der körperlichen Heilung ist: »Es stimmt jedoch, daß wir göttliche Heilung von Krankheit *durch* den Sühnetod empfangen, genau wie alle anderen Segnungen der Erlösung.«[11]

Baxter betreibt keine Haarspalterei, wenn er zwischen einer Sicht, derzufolge Heilung *im Sühnetod* mit eingeschlossen ist, und der andersgearteten Auffassung, daß Heilung *durch* den Sühnetod kommt, unterscheidet. Weil wir am Kreuz die Vergebung unserer Sünden haben, und weil uns durch Christi Auferstehung die Gewißheit der leiblichen Auferstehung gegeben ist, kann der Heilige Geist in diese Welt eindringen. Er wirkt Zeichen unter uns und sichert uns die Fülle des kommenden Reiches zu.

Weil Baxter und Brown davon ausgehen, daß körperliche Heilung eine Folge des Sühnetodes ist (im Unterschied zu der Vorstellung, sie sei in den Sühnetod mit eingeschlossen), verhindern sie, daß irrtümliche Folgerungen gezogen werden. Einige, die die Ansicht vertreten, der Sühnetod schließe körperliche Heilung mit ein, leiten daraus ab, daß alle Christen schon jetzt körperliche Heilung erwarten und erfahren sollten. Wenn jemand nicht geheilt wird, so folgern sie, liege dies immer in mangelndem Glauben begründet.

Die ganze Schrift

Nicht alle, die glauben, daß der Sühnetod körperliche Heilung mit einschließt, ziehen die Schlußfolgerung, daß Heilung automatisch und unmittelbar erfolgen muß.

Donald Gee, ein englischer Pfingstler, glaubt zwar, daß der Sühnetod Heilung mit einschließt, aber er folgert daraus nicht, daß wir schon hier auf der Erde die volle Befreiung von körperlichen Leiden erwarten sollten. Wer dies tut, so sagt er, mißachtet die Aussagen der Bibel, daß die Fülle des Reiches und das Auferstehungsleben erst noch kommen werden (Röm. 8,16-25 und 2. Kor. 5,1-5). Gee schreibt:

»Die Behauptung, daß die Heilung unseres Körpers entsprechend der Heilung unserer Seele in dem Sühnewerk Christi, unseres Heilandes, liegt, kann für den Glauben des einzelnen und das Vertrauen derer, die schwach sind im Glauben, schwerwiegende Probleme mit sich bringen; wenn sie nämlich konkrete Fälle erleben, in denen göttliche Heilung zwar ›verkündet‹ wird, aber nicht geschieht.«[12]

Gee fährt fort:»So wird also deutlich . . , daß wir an den Problemen, die wir mit Heilung haben, letztlich selbst schuld sind, und zwar wegen der tief in uns liegenden Tendenz, jede uns geoffenbarte Wahrheit in ein Extrem zu verwandeln.«[13]

Er umreißt zwei Extreme:

1. *Gottes Allmacht.* »Wir haben geirrt, weil wir Gottes allmächtigem Willen in unserer Lehre keinen oder nur einen sehr unzureichenden Platz eingeräumt haben. Wenn wir um göttliche Heilung bitten, ohne ›nicht mein Wille, sondern dein Wille geschehe‹ hinzuzufügen, so scheint es mir, daß wir damit eine unangemessene Gebetshaltung einnehmen . . . Wir schaffen uns selbst Probleme, weil der Allmächtige nicht immer so handelt, wie wir es in unserer Ungeduld oder in unserer unvollkommenen Vorstellung erwarten.«[14]

2. *Die Vorstellung, daß alle göttliche Heilung auf übernatürlichem Wege geschieht.* »Wir scheinen uns unvernünftigerweise zu weigern, göttliche Heilung anders als auf völlig übernatürlichem Wege und durch ein Wunder zu empfangen.«

»Schon jetzt« und »noch nicht«

Baxter, Brown und Gee sind davon überzeugt, daß Gott auch heute noch heilt. Sie sind sich auch in dem Punkt einig, daß alle, die von ganzem Herzen von ihren Sünden umkehren, sofort die Vergebung erfahren; göttliche Heilung dagegen steht uns nicht in derselben Weise uneingeschränkt zur Verfügung. Um es mit anderen Worten zu sagen: unsere Seele erfährt schon hier, auf dieser Erde, vollkommene Erlösung, gleichzeitig sehnen wir uns aber nach der Zeit, wo wir »alle verwandelt werden«, »denn dies Verwesliche muß anziehen die Unverweslichkeit, und dies Sterbliche muß anziehen die Unsterblichkeit« (1. Kor. 15,52-53; siehe auch 2. Kor. 5,4). So ist also unser Leib jetzt noch nicht vollkommen erlöst, dies wird erst bei der Wiederkunft Christi geschehen, in der Fülle des Gottesreiches.

Hier könnte eine Antwort auf die Frage liegen, warum nicht jeder, für den gebetet wird, Heilung erfährt. In diesem Zeitalter leben wir noch im Warten auf die Fülle des Gottesreiches; die Bibel nennt es das zukünftige Reich oder die »Wiedergeburt der Welt« (Mt. 19,28). Jetzt ist »unser Erkennen Stückwerk«, aber Gott hat uns eine Zeit verheißen, in der wir »völlig erkennen« werden (1. Kor. 13,21 — Zürcher).

Wir leben zwischen dem ersten und dem zweiten Kommen Christi, ein Leben, wie George Ladd es nannte, zwischen »dem schon jetzt und dem noch nicht«. Diese Erkenntnis hilft uns zu verstehen, warum wir die körperliche Heilung, die Jesus für uns in seinem oder durch seinen Sühnetod erwirkte, noch nicht in allen Fällen erfahren.

Gottes Souveränität, seine Herrschaft und sein Reich bringen Heilung. Wir können nichts anderes tun, als zu beten: »Dein Reich komme« — und ihm zu vertrauen; es liegt an ihm, mit seiner gnädigen Hand Heilung zu wirken. Wenn wir jetzt noch keine Heilung erfahren, so haben wir durch seinen Sühnetod trotzdem die Gewißheit, daß wir in der kommenden Zeit geheilt sein werden.[16]

Die Situation des Epaphroditus, Timotheus, Trophimus und Paulus — sowie meine eigene — ist demütigend und erinnert uns daran, daß sich unsere vollkommene Erlösung erst bei Jesu Wiederkunft offenbaren wird. Wir wissen, daß Jesu Sühnetod uns Heilung für den Leib gebracht hat; wenn Gott nun aber nicht jede Bitte um Heilung erhört, so haben wir trotzdem nicht das Recht zu folgern, daß unser Glaube oder Gottes Treue mangelhaft seien.

Unser Problem

Es gibt noch einen weiteren Grund dafür, warum etliche Menschen nicht geheilt werden, wenn für sie gebetet wird — und ich glaube, dies ist der entscheidendste Grund. Wir sollen Gott mit ganzem Herzen suchen — und tun es nicht. Mit anderen Worten gesagt, wenn wir Gott nur beharrlich suchten, würden wir erleben, wie er noch viel größere Wunder vollbringt als bisher.

In der Bibel steht, daß Jesus, als er mit seinen Jüngern nach Nazareth, seiner Heimatstadt, kam, dort keine Wunder tun konnte; er heilte nur einige Kranke (Mk. 6,1-6). Als Erklärung für diese mageren Ergebnisse wird der Unglaube genannt.

In Lukas 11,1-13 lesen wir, wie einer der Jünger Jesus bat, sie beten zu lehren. Mit dem Gleichnis, das Jesus erzählt, zeigt er seinen Jüngern, wie wichtig es ist, mit Kühnheit und Ausdauer zu beten, und daß sie sicher sein können, daß Gott Gebete erhört. In diesem Gleichnis geht ein Mann spät in der Nacht zu seinem Nachbarn, um sich drei Brote von ihm zu leihen, »denn ein Freund von mir ist auf der Reise zu mir gekommen, und ich habe nichts, was ich ihm vorsetzen kann« (Vers 6). Der Nachbar war wahrscheinlich recht verärgert und wies die Bitte zuerst zurück: »Mach mir keine Unruhe!« sagte er. »Die Tür ist schon zugeschlossen, und meine Kinder liegen schon mit mir zu Bett; ich kann nicht aufstehen und dir etwas geben« (Vers 7). Doch der Mann gab nicht auf und erhielt schließlich das Brot. »Ich sage euch«, schließt Jesus das Gleichnis, »wenn er schon nicht aufsteht und ihm deshalb etwas gibt, weil er sein Freund ist, dann wird er doch wegen seiner Zudringlichkeit aufstehen und ihm geben, was er braucht« (Vers 8).

Ohne ein wenig Einblick in die orientalische Kultur des ersten Jahrhunderts kann man die volle Bedeutung dieser Geschichte nur schwer verstehen. Kam damals ein Gast in ein Dorf, so war es Ehrensache und die Aufgabe des gesamten Dorfes, für dessen Wohl zu sorgen. Daher hatte also der aufdringliche Mann, von dem Jesus erzählt, das Recht, seinen Nachbarn zu wecken; die Ehre des Dorfes stand auf dem Spiel.

Die Lektion über das Beten, die Jesus mit dieser Geschichte erteilen wollte, liegt auf der Hand: so wie das ganze Dorf die Verantwortung hatte, für den Gast zu sorgen, so ist Gott, um der Ehre seines Sohnes willen, dafür verantwortlich, für seine Kinder zu sorgen. »Darum sage ich euch«, fährt Jesus fort, »bittet, so wird euch gegeben; sucht, so werdet ihr finden; klopft an, so wird euch aufgetan. Denn wer bittet, der empfängt; und wer sucht, der findet; und wer anklopft, dem wird aufgetan« (Vers 9-10). Mit anderen Worten, wenn wir Gott mit Kühnheit und Ausdauer suchen, so wird er unser Gebet erhören. Um seiner eigenen Ehre willen ist er dazu verpflichtet.

Der Maßstab unseres Glaubens und des Gebetes um Heilung ist nicht unsere jetzige Erfahrung, sondern unser Maßstab ist Gottes Herz, das voller Gnade und Erbarmen ist. Wir sollen Gott für die Gnade, die er uns heute schenkt, danken; aber morgen müssen wir Gott erneut darum bitten, wir können nicht von der Gnade leben, die Gott uns am vorausgegangenen Tag geschenkt hat. Gott will, daß wir ihn um mehr bitten. In den letzten Versen bezieht Jesus die Geschichte des bittenden Nachbarn auf unsere Situation:

»Wo gibt es bei euch einen Vater, der seinem Sohn, wenn der ihn um einen Fisch bittet, statt dessen eine Schlange gibt? oder der ihm, wenn er um ein Ei bittet, einen Skorpion gibt? Wenn schon ihr, die ihr doch böse seid, euren Kindern gute Gaben geben könnt, wieviel mehr wird der Vater im Himmel denen den heiligen Geist geben, die ihn darum bitten!« (Verse 11-13).

Es gibt noch mehr Gnade, mehr Erbarmen, mehr Kraft und mehr göttliche Heilung . . ., wenn wir Gott nur anhaltend suchen.

Wie steht es mit chronisch Kranken?

Die meisten Christen haben Freunde oder Familienangehörige, die seit mehreren Jahren ein oder mehrere Leiden haben. Für manche ist mehr als hundertmal um Heilung gebetet worden, ohne daß dadurch eine Besserung eingetreten wäre. Oft geben die Kranken dann die Hoffnung auf Heilung auf, finden sich mit ihrem Zustand ab und wollen nicht mehr, daß für sie gebetet wird. Wer wollte ihnen das zur Last legen?

Dies soll aber nicht heißen, daß Jesus nie chronisch Kranke heilte. In Kapitel 6 habe ich bereits die Geschichte der Heilung des Blindgeborenen behandelt (Joh. 9); die Heilung der Frau, die zwölf Jahre den Blutfluß hatte, wurde auch schon erwähnt (Mk. 5). Von den einundvierzig berichteten Fällen, in denen Jesus Menschen heilte, scheint es sich bei dreiunddreißig um chronische Krankheiten gehandelt zu haben. So sind also diejenigen, die schon lange krank sind, nicht von der Möglichkeit ausgeschlossen, daß Gott sie noch jetzt, in diesem Leben, heilt. Auch für die, die *chronisch krank* sind, gibt es eine *gute Nachricht*. Sie sollten nie aufgeben und immer weiter für sich beten lassen. Wenn sie in diesem Leben nicht geheilt werden, so haben sie doch die Verheißung, daß sie in dem kommenden Zeitalter völlige Heilung erfahren werden.

Die meisten neutestamentlichen Berichte über die Heilung chronisch Kranker weisen einen gemeinsamen Faktor auf: Sie werden im Kontext der Evangelisation erzählt. Michael Flynn, ein Priester der episkopalen Kirche, studierte in Vorbereitung auf ein Seminar, das er im Februar 1986 auf einer Konferenz in der Vineyard Christian Fellowship in Anaheim zu leiten hatte, sechsundzwanzig biblische Berichte über die Heilung chronisch Kranker. Hier sind die Ergebnisse seiner Untersuchung (die einzelnen Fälle werden zum Teil unter mehreren Punkten aufgeführt):

✱ In siebzehn Fällen geschah die Heilung im Zusammenhang der Verkündigung (Mt. 4,24; 8,16; 9,2-8; 9,32-33; Mk. 1,23-28; 9,14-27;

10,46-52; Lk. 8,42-48; 13,10-13.16; 14,1-4; 17,11-19; Joh. 4,28-30; 5,1-9.14; 9,1-7; Apg. 3,1-10; 8,5-8; 14,8-10).

* In siebzehn Fällen löste die Heilung bei den Zeugen des Geschehens oder den Geheilten eine Hinwendung zu Gott aus (Mt. 9,2-8; 9,32-33; 12,9-13; 4,24; 8,16; Mk. 1,23-28; 5,1-13.18-20; 7,32-37; 9,14-27; Lk. 5,12-14; 13,10-13.16; 17,11-19; Joh. 4,28-30; 9,1-7; Apg. 3,1-8; 8,5-8; 9,32-35; 14,8-10).

* In einundzwanzig von sechsundzwanzig Heilungen bestand entweder eine »Evangelisations-Situation«, oder aber es wurden Menschen dadurch näher zu Gott geführt.

* Gott scheint schwere Krankheiten besonders gerne in einem »evangelistischen Kontext« zu heilen. Solche Heilungen beglaubigen die Predigt des Evangeliums und sind ein Zeichen der Macht Gottes.

Aufgrund dieser Beobachtungen rät Michael Flynn, chronisch Kranke dorthin zu bringen, wo evangelisiert wird und da für sie um Heilung zu beten. Wenn ein chronisch Kranker durch Gebet im Privatkreis gesund wird, so sollte er später öffentlich, vor einer größeren Gruppe, Gottes heilende Kraft bezeugen.[17]

Aber evangelistische Ziele bieten nur eine unvollkommene Erklärung für die Heilung chronisch Kranker. In Jakobus 5,14-15 finden wir folgende Anweisung:

»Ist jemand unter euch krank, dann rufe er die Ältesten der Gemeinde zu sich, damit sie über ihm beten und ihn mit Öl salben im Namen des Herrn. Und das Gebet, das im Glauben geschieht, wird dem Kranken helfen, und der Herr wird ihn aufrichten; und wenn er Sünden getan hat, wird ihm vergeben werden.«

Dieser Abschnitt geht davon aus, daß Heilung eine Gabe ist, die Gott seinen Kindern gerne gibt; Heilung ist nicht nur ein Mittel, um Menschen zur Bekehrung zu führen. Gott will sein Erbarmen und seinen Segen ausgießen — das ist der Hauptgrund, warum Christen, die an chronischen Krankheiten leiden, darauf vertrauen dürfen, daß Gott auch sie heilt.

Die Heilung, die Jesus brachte, galt zuerst dem Volk Israel; doch nie verweigerte er einem Menschen die Heilung. In Markus 7,24-30 lesen wir von der syrophönizischen Frau; diese Heidin bat Jesus, ihre Tochter, die einen unreinen Geist hatte, zu heilen. Jesus antwortete ihr: »Laß zuerst die Kinder satt werden; es ist nicht recht, den Kindern das Brot wegzunehmen und es den Hunden vorzuwerfen« (Vers 27). Dies ist eine der wenigen Stellen, wo Jesus nicht sofort auf eine Bitte um Heilung eingeht (siehe auch Mt. 12,38-45; Lk. 23,8-12). Die syrophönizische Frau verstand, was Jesus sagte und erwiderte: »Ja, Herr; aber doch fressen die Hunde unter dem Tisch von den Brosamen der Kinder« (Vers 28). Sie glaubte, daß schon Krümel von Jesu Tisch ausreichten, um ihre Tochter zu heilen. Jesu Antwort auf ihre Erwiderung ähnelt der Antwort, die er dem heidnischen Hauptmann in Matthäus 8,5-13 gab: »Frau, dein Glaube ist groß. Dir geschehe, wie du willst« (Mt. 15,28). In demselben Augenblick war ihre Tochter geheilt.

Ich glaube, daß es Jesus nicht so sehr darum ging, die syrophönizische Frau zurückzuweisen, als vielmehr das Wesen seines Auftrages klarzustellen: er war gekommen, um zuerst seinen Kindern das Brot zu geben, danach den anderen. Für chronisch Kranke ist es wichtig zu erkennen, daß Jesus, das Brot des Lebens, seine Kinder mit Brot versorgt. Das Israel Gottes ist heute die Kirche, Menschen, deren Herz beschnitten ist (Röm. 2,28-29; Gal 6,16). So dürfen wir mit Zuversicht und Glauben für die Christen beten, die an chronischen Krankheiten leiden, denn Gott will seinen Kindern das Brot der Heilung geben.

Tod und Sterben

Oft rufen mich Menschen mit der Bitte an, zu kommen, um für einen nahen Freund oder einen Familienangehörigen zu beten, der im Sterben liegt. Ich lasse mir den Zustand des jeweiligen Menschen genauer beschreiben und frage dann Gott: »Ist für diesen Menschen die Zeit gekommen, die du ihm zum Sterben zugedacht hast?« Wenn die Antwort darauf ein Ja ist, so sollten wir den Menschen Gott übergeben. Da wir noch auf die vollkommene Erlösung unseres Leibes warten, ist es notwendig, diese Frage zu stellen.

Gott bestimmt den Zeitpunkt unseres Todes. Die Bibel sagt: »Sterben hat seine Zeit« (Pred 3,2). Der Todeszeitpunkt kann sehr unterschiedlich sein; manchmal läßt Gott einen Säugling oder ein kleines Kind sterben; andere Menschen sterben erst im Alter. Wenn ein Säugling stirbt, fragt man sich sehr oft, warum dieses Kind schon so früh sterben mußte; doch sind die Fragen, die ein solcher Tod auslöst, nur Teil der größeren Frage nach dem Tod an sich. Der Lohn der Sünde ist der Tod, doch Christus kam, um den Tod zu besiegen. Sein Sühnetod ist der Sieg über die Macht des Todes in unserem Leben. Paulus schreibt: »Der letzte Feind, der vernichtet wird, ist der Tod« (1. Kor. 15,26; siehe auch Röm. 5,12; Hebr. 2,14). Für ein Kind Gottes führt der körperliche Tod zur Heilung: »Wir sind aber getrost und möchten am liebsten den Leib verlassen und beim Herrn sein« (2. Kor. 5,8).

Vor einigen Jahren rief mich ein ganz verzweifelter Mann an. Er weinte und konnte kaum sprechen. »Meine kleine Tochter liegt hier im Krankenhaus. Sie ist noch ein Baby«, sagte er, »überall an ihrem Körper sind Schläuche angeschlossen. Die Ärzte sagen, daß sie die Nacht nicht überleben wird. Was kann ich tun?« Ich sagte ihm, ich würde ins Krankenhaus kommen. Als ich den Hörer aufgelegt hatte, betete ich: »Herr, soll dieses Kind sterben?« Ich spürte, wie der Herr antwortete: »Nein!« Ich betrat das Krankenhaus in dem Bewußtsein, ein Vertreter Christi zu sein, ein Bote, der eine Gabe hatte für dieses kleine Mädchen. Als ich das Säuglingszimmer betrat, spürte ich den Tod. So sagte ich still: »Tod, verschwinde hier.« Er verschwand, und die ganze Atmosphäre in dem Raum veränderte sich, es war, als wäre eine Last weggenommen. Dann ging ich zu dem Baby und fing an zu beten. Es vergingen nur wenige Minuten, da wußte ich, daß das Kind geheilt würde, auch der Vater wußte es. Seine Augen drückten Hoffnung aus. »Sie wird gesund werden«, sagte er, »das weiß ich.« Nach zwanzig Minuten hatte sich ihr Befinden wesentlich verbessert; ein paar Tage später wurde sie vollkommen geheilt entlassen.

Ich mache mir keine Illusionen über meinen eigenen Gesundheitszustand. Selbst wenn mein Herz vollkommen geheilt wird, werde ich eines Tages sterben (wenn Jesus bis dahin nicht wiedergekommen ist). Mein Körper wird älter und schwächer; er ist den Folgen des Sündenfalls unterworfen. Zwar weiß ich, daß ich nicht über den Zeitpunkt meines Todes bestimmen kann, aber ich weiß auch, daß ich nicht vor der mir von Gott zugedachten Zeit an den Folgen meiner eigenen Sünde sterben muß.

In 1. Korinther 11,17-34 schreibt Paulus der Gemeinde in Korinth über das Gericht, das sie dadurch über sich gebracht hatten, daß sie das Mahl des Herren mißachteten. Sie nahten sich Gott im Abendmahl, obwohl sie willentlich gesündigt und diese Sünde nicht bekannt hatten. Was hatte dies zur Folge? »Darum sind auch viele Schwache und Kranke unter euch, und nicht wenige sind entschlafen« (Vers 30). Weil die Korinther nicht bereit waren, Gottes Wort zu gehorchen, wurden sie krank und viele starben. Die Geschichte von Hananias und Saphira in Apostelgeschichte 5,1-10 ist ein weiteres Beispiel dafür, wie Gehorsam und Glauben den Tod hätten abwenden können.

Es ist möglich, dem Gericht zu entgehen, das die Korinther und Hananias und Saphira traf: durch den Glauben können wir Christi Sieg und den Schutz des Vaters in Anspruch nehmen und uns von der Sünde abkehren: »Wir wissen, daß jeder, der aus Gott gezeugt ist, nicht sündigt, sondern *die Zeugung aus Gott (Jesus) bewahrt ihn, und der Böse rührt ihn nicht an*« (1. Joh. 5,18).

Dienst an Sterbenden

Es gibt Fälle, in denen der Herr sagt: »Die Zeit des Sterbens ist gekommen.« Wenn man in einem solchen Fall falsche Hoffnungen weckt, so daß der Kranke glaubt, er könne noch geheilt werden, verursacht man nur unnötiges Leid und lenkt die Aufmerksamkeit des Sterbenden davon ab, Gott zu vertrauen, daß er ewiges Leben schenkt. Selbst Gesundheit und Weisheit, Werte, die man sehr hoch schätzen sollte, sind nutzlos, wenn ein Mensch nicht in rechter Beziehung zu Gott steht. Die größte Hilfe, die wir einem Sterbenden erweisen können, ist in vielen Fällen, ihm im Angesicht des Todes die Wahrheit zu sagen. Auf diese Weise ermöglichen wir ihm, über seinen Zustand zu sprechen und sein Leben vor Gott in Ordnung zu bringen.

Jesu Sühnetod hat dem Sterben Bedeutung gegeben. Durch den Sühnetod erlangen wir, trotz unserer Sünden und Begrenzungen, Gottes Wohlgefallen. Beachten Sie, daß ich gesagt habe, daß Gott uns annimmt trotz unserer Sünden *und Begrenzungen*. Begrenztsein ist keine Sünde: wir sind nicht Gott. Viele Menschen denken, wenn sie so leben würden, wie sie sollten, würde es keine Begrenzungen in ihrem Leben geben. Wenn dann jedoch die Zeit des Sterbens kommt und sie über ihre Schwachheit nicht mehr hinwegsehen können, wissen sie nicht, wie sie mit ihren Grenzen umgehen sollen.

Vielen Christen fällt es schwer, ihr Begrenztsein zu akzeptieren; sie haben ihr Leben lang anderen gedient, aber sie haben sich nicht dienen lassen. Solchen Menschen fällt es sehr schwer, Hilfe von anderen anzunehmen, weil sie die Wahrheit, die in Epheser 2,8-9 ausgedrückt ist, nie wirklich verstanden oder angenommen haben: »Denn durch Gnade seid ihr gerettet durch den Glauben, und das nicht aus euch selbst: Gottes Gabe ist es, nicht aus Werken, damit sich niemand rühmen kann« (Eph. 2,8-10). Viele haben weder verstanden noch glauben sie von ganzem Herzen, daß uns das ewige Leben durch Jesu Sühnetod und durch Gottes Treue geschenkt ist; sie haben hart gearbeitet, um Gottes Wohlgefallen nicht zu verlieren. Die Zeit des eigenen Sterbens bedeutet für solche Menschen eine große Glaubensprüfung; man hilft ihnen sehr, wenn man sie zu der Erkenntnis führt, daß sie durch Gottes Treue und nicht durch ihre eigenen Werke gerechtfertigt sind.

Auch Nichtchristen fällt es schwer, ihre Sterblichkeit zu akzeptieren. In der modernen, technisierten Welt, in der sie aufgewachsen sind, wird der Tod nie erwähnt. Sie haben nie der Tatsache ins Auge gesehen, daß sie einmal sterben müssen. Es gibt nur eine Antwort auf ihre Begrenzungen und ihre Schuld: sie brauchen Heilung für ihren Geist; diese können sie durch Buße und den Glauben an Christus erfahren.

Wir können Sterbenden sehr viel Trost und Ermutigung geben. Ein Schlüssel, um ihnen in dieser Weise dienen zu können, ist, daß wir selbst von der Angst vor dem Tod frei sind. Dazu müssen wir in tiefer Gemeinschaft mit Gott leben. Die Begegnung mit einem Sterbenden ist nicht leicht, denn wir werden dadurch an unsere *eigenen* Grenzen erinnert. Nur wenn wir selbst dem Tod ins Auge sehen können, können wir auch anderen helfen, ihr Sterben anzunehmen.

Samuel Southard, Professor der praktischen Theologie am Fuller Seminary, hat zum Thema »Dienst an Sterbenden« ein Seminar durchgeführt. Er sagt, daß das Gebet — sowohl für den Seelsorger als auch für den Sterbenden —»die größte Quelle geistlicher Kraft ist, die Gott seinen Kindern schenkt; das Gebet ist eine starke Medizin für die Seele.«[18] Wir müssen beten, *bevor* wir einen Sterbenden besuchen:»Das Gebet sollte nicht am Schluß eines Besuches stehen; schon bevor wir dem Sterbenden gegenübertreten, sollten wir zu Gott beten.« Wenn wir das nicht tun, bevor wir kommen, bringen wir vielleicht Spannungen, Angst und Abwehr mit, die durch andere Situationen in uns entstanden sind. In dieser Hinsicht bedeutet unser Beten Schutz für den Patienten. Das Gebet ruft uns auch in Erinnerung, daß Gottes Geist vor uns her geht, daß er, und nicht wir, der Tröster ist.

Wenn das Gebet für einen Sterbenden wirkungsvoll sein soll, muß man zuallererst aufmerksam zuhören (Spr. 20,5). Southard weist darauf hin, wie wichtig es ist, einem Kranken zuzuhören:»Die Haltung des Gebetes, die für einen Kranken so wichtig ist, könnte man antwortendes Hören nennen, teilnehmendes Verstehen oder Gemeinschaft des Geistes.« Nur wenn wir die tiefere Bedeutung der Worte des Sterbenden verstehen, wissen wir, wie wir wirkungsvoll beten können.

Als letztes sei erwähnt, daß der Heilige Geist zu uns sprechen will: er möchte uns das offenbaren, was den Sterbenden bewegt, und uns Weisheit geben, so daß wir wissen, wie wir konkret beten sollen.

»Wenn wir ein hörendes Ohr haben, so vernehmen wir vielleicht, was Gottes Geist dem Kranken schon gesagt hat und was sein Geist durch uns diesem Menschen sagen will. Das Gebet, das wir auf die Bitte des Kranken hin sprechen, wird dann nicht leer sein, sondern es wird auf die wahren Nöte des Sterbenden eingehen.«[19]

Der Dienst an Sterbenden führt immer auch zum Dienst an den Freunden und Verwandten, die diesen Menschen verlieren. Auch sie brauchen Heilung für die Wunde, die der Verlust eines geliebten Menschen mit sich bringt. Um einen solchen Verlust annehmen zu können, ist es wichtig, daß man trauern kann, ohne dabei von Schuldgefühlen gequält zu werden. Die Hinterbliebenen plagt manchmal ein schlechtes Gewissen, weil sie an dem Verstorbenen schuldig geworden sind oder eine schlechte Beziehung zu ihm hatten. Wir können ihnen sagen, daß sie in Christus Vergebung für ihre Sünden erfahren können. Oft fällt es den Verwandten und Freunden schwer, den Verlust zu akzeptieren oder den Gedanken an die Zukunft standzuhalten. Jeder Mensch ist anders. Das wichtigste ist wohl, daß wir in solchen Situationen aufmerksame Hörer und voller Mitgefühl sind.

Totenauferweckung

In der Bibel gibt es einige wenige Berichte über die Auferweckung von Toten: Jairus' Tochter (Lk. 8,40-56), der Sohn der Witwe zu Nain (Lk. 7,11-15), Lazarus (Joh. 11,1-44) und Tabita (Apg. 9,40-41) und Eutychus (Apg. 20,7-12), die von Paulus auferweckt wurden. Hier bricht Gottes Reich in diese Welt hinein und läßt uns ahnen, was Christi Wiederkunft bedeuten wird (1. Kor. 15,24-26).

Ich finde es höchst interessant, was sich bei Jesu Tod ereignete; nur Matthäus berichtet davon (Mt. 27,52-52): die Gräber öffneten sich und »viele Heilige« standen auf — vielleicht Heilige aus der Zeit des Alten Testamentes. Sie »gingen in die heilige Stadt und erschienen vielen«. Vom Kreuz strahlte Leben aus, so daß sogar die Toten auferstanden! Dieses Ereignis ist ein unmißverständliches Zeichen dafür, daß Jesus durch seinen Sühnetod den Tod besiegte.

Zusammenfassend sei gesagt, daß Totenauferweckungen nur an einigen Stellen im Neuen Testament vorkommen und dramatische Ereignisse waren. Ich glaube, daß sie auch heute noch geschehen können.

In diesem, dem zweiten Teil des Buches haben wir gesehen, daß wir in jedem Bereich unseres Lebens Christi heilende Kraft erfahren können. Wenn wir ihm unser Herz öffnen, gibt es keine Not, die er nicht heilen kann. Aber zu glauben, daß Jesus heilen kann, und auch tatsächlich Heilung zu erfahren, ist zweierlei. Teil III beschäftigt sich mit der Frage, wie man für Kranke beten und Christi heilende Kraft erfahren kann.

Teil III

Wie heilt Jesus
durch uns?

Kapitel 9

Ein ganzheitliches Modell der Heilung: Grundsätze, Werte, Praktische Schritte

Die beste Methode der Ausbildung und Ausrüstung für eine bestimmte Aufgabe besteht darin, praktische Modelle vorzustellen und Gelegenheit zu geben, die erlernten Fähigkeiten selbst anzuwenden. Dies ist die Methode, die hinter den meisten Trainingsprogrammen für Evangelisation steht. So stellte ich mir schon bald, nachdem ich die erste Heilung erfahren hatte, die Frage: »Ist es möglich, ein Modell der Heilung zu entwickeln, das dazu geeignet ist, andere beim Gebet für Kranke anzuleiten?« Ich glaubte an die Möglichkeit, solch ein Modell zu entwickeln, und widmete mich dieser Aufgabe.

Jesus bildete seine Jünger in der Weise aus, daß er sie erst zusehen ließ, wie er Kranke heilte, dann mit ihnen über das Wahrgenommene sprach, sie selbst an die Arbeit brachte und schließlich als ihr »supervisor« tätig wurde. Nachdem Jesus die Jünger berufen hatte, folgten sie ihm; überall, wohin Jesus kam, lehrte er und heilte die Kranken. Nach der ersten Phase des Beobachtens und Lernens beauftragte Jesus seine Jünger und bevollmächtigte sie, gab ihnen Anweisungen und sandte sie aus, um dieselben Werke zu tun, die er tat (Mt. 10,1.5-8).

Die Erfolge dieser Ausbildungsmethode lassen sich in der Apostelgeschichte nachlesen. Die Zwölf predigten mit großer Kraft und Wirksamkeit, sie heilten Lahme und Blinde und trieben Dämonen aus. Auch zogen sie eine zweite Generation von Jüngern heran; diese lehrten sie zu predigen und das Reich Gottes zu demonstrieren. Zu dieser zweiten Generation gehörten Männer wie Philippus und Stephanus.

Ein Modell der Heilung

Ich mußte erst selbst lernen, bevor ich andere anleiten konnte. Dies geschah in drei Schritten.

Erstens begann ich, für Kranke zu beten, obwohl ich nur sehr wenig

Erkenntnis über göttliche Heilung besaß. Zweitens studierte ich die Theologie und Praxis führender Vertreter der verschiedenen Richtungen im Heilungsdienst.[1] Drittens wandte ich das, was ich aus diesen Modellen lernte, auf unsere Situation in der Vineyard Christian Fellowship an; besonders beschäftigte mich dabei die Frage, welche Hilfe ich anderen Christen bieten konnte, damit auch sie lernen, für Kranke zu beten. Im Laufe dieses Prozesses entwickelte ich ein Modell, das hilfreich war, um die Theologie und Methodik der göttlichen Heilung zu erläutern. Ich nannte dieses Modell ein »ganzheitliches Modell der Heilung«; es ist ein Modell, das jedem Christen helfen soll, zu lernen, für Kranke zu beten. »Ganzheitlich« heißt es, weil erklärt wird, wie Gott den ganzen Menschen nach Leib, Seele und Geist heilt. Über mehrere Jahre hinweg habe ich dieses Modell überprüft und verbessert, sowohl in meiner eigenen Gemeinde als auch in einem Seminar vor Ort, wo ich mich an der Leitung eines Kurses beteiligte; schließlich habe ich ein Heilungsseminar entwickelt, das zum Ziel hat, Menschen dazu anzuleiten, für Kranke zu beten. In den vergangenen Jahren haben ich und etliche meiner Mitarbeiter dieses Seminar immer wieder durchgeführt, und Tausende von Christen mit der unterschiedlichsten konfessionellen Prägung (evangelisch, katholisch, orthodox) haben inzwischen daran teilgenommen.

Leitende Grundsätze

Der Aufbau eines Gebäudes bietet einen guten Vergleich für die verschiedenen Elemente eines Lehrmodells: erst kommt das Fundament, dann die Wände, schließlich das Wasserleitungssystem, die Elektrizität und die Heizungsanlage. Wenn jemand baut, so besteht der erste Arbeitsschritt darin, eine Baugrube auszuheben und das Fundament zu legen. Die Tiefe und das Ausmaß der Baugrube entscheiden über die Höhe und Größe des Gebäudes. Je tiefer und fester das Fundament gelegt wird, um so höher kann man bauen. Grundsätze sind bei einem Modell des Heilungsdienstes wie das Fundament eines Gebäudes. Das ganzheitliche Modell des Heilungsdienstes ist auf sechs grundlegenden Leitsätzen aufgebaut. Die meisten sind bereits in anderen Teilen des Buches erwähnt, aber sie sind so wichtig, daß sie noch einmal zusammengestellt werden sollen.

Der erste Grundsatz heißt: *Gott will auch heute Kranke heilen*. Menschen zu heilen, liegt in Gottes Natur; uns hat er dazu berufen, seine Natur widerzuspiegeln. Matthäus schreibt über Jesus: »Und er rief seine zwölf Jünger zu sich und gab ihnen Macht über die unreinen Geister, daß sie die austrieben und alle Krankheiten und alle Gebrechen heilten« (Mt. 10,1). Viele Christen haben noch nie gehört, daß Gott auch heute noch heilen will! Ich habe festgestellt, daß die meisten Menschen, wenn sie erst einmal ihre Skepsis in bezug auf göttliche Heilung beiseitegelegt haben, durchaus bereit sind zu lernen, für Kranke zu beten.

Ein weiterer Grundsatz heißt: *Es ist wichtig, gemeinsam zu dienen* (siehe 1. Kor. 14,26; Gal. 6,2; 1. Petr. 2,9; 4,10; Jak. 5,16). Die Menschen, die zu den Heilungsseminaren kommen, haben meistens den Wunsch, zu lernen, für Kranke zu beten, und kommen nicht, um selbst geheilt zu werden. Wenn ich trotzdem Kranke bitte, nach vorne zu kommen, so tue ich dies, damit Menschen durch praktische Anschauung und die zugehörige Belehrung mehr über göttliche Heilung erfahren. Auf den Seminaren bete ich selbst nur in Ausnahmefällen für einen Kranken. Der Gebetsdienst wird von Menschen ausgeführt, die bereits Erfahrung haben; ich selbst beschreibe den Seminarteilnehmern, was geschieht und warum es geschieht. So sind diese Seminare nicht so sehr Heilungsgottesdienste, als vielmehr Lehrseminare, wo jeder lernen kann, in Gottes Kraft zu wirken.

Drittens: *Unser Vertrauen auf Gott erweist sich im Tun.* Jackie Pullinger schreibt in ihrem Buch *Licht im Vorhof der Hölle* von ihrer Arbeit unter den chinesischen Prostituierten. Als junges Mädchen folgte sie Gottes Ruf, das Evangelium in die ärmsten Ghettos von Hongkong zu bringen. Jackie erzählte mir, daß Christen ihr sehr oft die Frage stellen: »Wie bringen Sie es fertig, das alles zu tun?«, woraufhin sie antwortet: »Wie bringen Sie es fertig, all dies nicht zu tun?« Wie bringen wir es fertig, nicht für die Kranken zu beten? Ich sage damit nicht, daß jeder, für den wir beten, geheilt wird — sicherlich nicht! Aber die Bibel sagt an keiner Stelle im voraus, wer geheilt wird. Unsere Aufgabe ist es, zu beten; Gott ist derjenige, der heilt. Wir können nicht weniger tun oder lehren als das, was in der Bibel steht.

Weil wir *durch den Heiligen Geist bevollmächtigt* sind, kann jeder Christ wirkungsvoll für Kranke beten — dies ist der vierte Grundsatz für den Heilungsdienst. »Ihr werdet die Kraft des Heiligen Geistes empfangen«, sagte Jesus seinen Jüngern kurz vor Pfingsten (Apg. 1,8). Und Paulus schreibt: Uns »wird durch den Geist gegeben . . . die Gabe, gesund zu machen« (1. Kor. 12,8-9). Gottes Kraft, nicht menschliche Kraft, ist die Quelle der Heilung. Unsere Aufgabe ist es, dem Heiligen Geist unser Herz zu öffnen, ihm zu vertrauen, ihn zu ehren und seine Kraft in unserer Mitte zu empfangen.

Der fünfte Grundsatz der göttlichen Heilung besteht in der *Wichtigkeit der Liebe zu den Brüdern und Schwestern.* Paulus schreibt: »Die Liebe sei ohne Falsch . . . Eure brüderliche Liebe sei herzlich. Einer komme dem andern mit Ehrerbietung zuvor« (Röm. 12,9-10; siehe auch 13,8). Gute und stärkende Beziehungen zählen einerseits zu den Zielen der Heilung, schaffen andererseits aber auch eine Atmosphäre, in der wirkungsvoll für Heilung gebetet werden kann. Heilung geschieht am ehesten, wenn die Vorbereitung, das eigentliche Gebet um Heilung und auch weiterführende Hilfestellung von Hingabe, Verantwortlichkeit, Vollmacht und Verläßlichkeit unter den Christen getragen werden. Mit anderen

Worten, ein Hauptgewinn unseres Einsseins mit Christus ist, daß wir ein Leben in Gemeinschaft mit unseren Brüdern und Schwestern führen können.

Der letzte Grundsatz heißt: *Gott will den ganzen Menschen heilen, nicht nur bestimmte Krankheiten.* In Johannes 7,23 antwortet Jesus den Juden, die gerade erst gesagt hatten, er sei besessen: ».. . wieso zürnt ihr dann mir, weil ich am Sabbat *den ganzen Menschen gesund gemacht habe?*« Das griechische Wort, das hier mit »gesund machen« übersetzt wird (*hygiés*), spiegelt ein weit umfassenderes Verständnis von Gesundheit wider als unsere heutige Vorstellung. In einem Kommentar über die griechischen Wörter, die im Neuen Testament für Gesundheit verwandt werden, schreibt John Wilkinson:

»Gesundheit stellte man sich mit Begriffen wie Ganzsein, Wohlsein, Unversehrtheit, Leben, Stärke und Rettung vor... Was der moderne Mensch auf den Körper begrenzt, gilt in der Bibel für die Gesamtheit des menschlichen Daseins und für alle seine Beziehungen. Nur wenn der ganze Mensch heil wird, auch seine Beziehungen, kann man ihn wahrhaft als gesund bezeichnen.«[3]

Ich hörte einmal folgenden Ausspruch: »Manchmal ist es wichtiger zu wissen, wer der Mensch ist, der die Bazillen hat, als zu wissen, welche Bazillen der Mensch hat.« Mit anderen Worten, es ist wichtiger, daß wir wissen, wie die Beziehung eines Menschen zu Gott und zu anderen Menschen aussieht, als medizinische Kenntnisse über dessen Krankheit zu haben. Um die Würde des einzelnen nicht zu mißachten, ist es wichtig, sich daran zu erinnern, daß wir für *Menschen* beten und nicht einfach nur für die Heilung von *Krankheiten*. Wenn ich für einen Menschen um Heilung bete, so ist mein Ziel, daß er durch das Gebet mehr als je zuvor erkennt, wie sehr Gott ihn liebt. Ich zeige einem Menschen Gottes Liebe zum Beispiel dadurch, daß ich mich für jeden Aspekt seines Lebens interessiere. Das bedeutet, daß man oft sehr viel Zeit braucht, um für einen Kranken zu beten, sowohl beim ersten als auch bei jedem weiteren Gebet.

Werte

Werte sind die Wände, die auf dem Fundament der Grundsätze aufgebaut werden; sie sind die sichtbare Erweiterung unserer grundlegenden Leitsätze. Tragende Wände halten das Gebäude zusammen. Werte bestimmen, in welcher Richtung wir unsere begrenzten Möglichkeiten — Zeit, Kraft, Geld — einsetzen. Mit anderen Worten, die Werte sind das, was unser Tun bestimmt. Die folgenden vier Werte gehen aus den beschriebenen Grundsätzen hervor und sind wichtige Elemente für einen wirkungsvollen Heilungsdienst:

1. *Eine Umgebung, die der Heilung dienlich ist.* Heilung geschieht oft dann, wenn der Heilige Geist gegenwärtig ist und wenn gleichzeitig viele der anwesenden Menschen den Glauben haben, daß Gott heilt. Jesus wußte um die Wichtigkeit solcher Gegebenheiten. In Markus 5,35-42 lesen wir, wie er Jairus' Tochter von den Toten auferweckt. Jesus befand sich bereits auf dem Wege zu dem Mädchen, als er erfuhr, daß es schon gestorben war. Diejenigen, die Jesus diese Nachricht überbrachten, meinten, es sei nicht mehr nötig, daß er komme. Sie hatten nicht den Glauben, daß Jesus das Mädchen heilen könne. Doch Jesus ließ sich von seinem Vorhaben nicht abbringen, sondern bestand darauf zu kommen; er ließ allerdings nicht zu, daß ihn irgend jemand begleitete außer Petrus, Jakobus und Johannes. Indem er die ausschloß, die voller Unglauben waren, schuf er eine Umgebung, die der Heilung dienlich war.

Als Jesus Jairus' Haus erreicht hatte, war dort viel »Lärm . . ., sie weinten und heulten« (Vers 38). Jesus forderte die Leute auf, ihr Klagen zu beenden, weil das Mädchen nur schliefe, doch sie lachten ihn aus. »Er aber trieb sie alle hinaus und nahm den Vater des Kindes mit sich und die Mutter und die bei ihm waren und ging hinein, wo das Kind lag« (Vers 40). Zum zweitenmal schloß er die aus, die wenig oder keinen Glauben hatten; dann betrat er den Raum und weckte das Mädchen mit einem Satz (»Mädchen, ich sage dir, steh auf!«, Vers 41) von den Toten auf.

Wenn ich für Kranke bete, achte ich immer darauf, daß es in einer Umgebung geschieht, die der Heilung dienlich ist, in einer Atmosphäre des Glaubens und der Hoffnung. Ganz bewußt suche ich in drei Richtungen nach Glauben: erstens bei mir selbst und den anderen, die für den Kranken beten; zweitens bei dem Kranken selbst; und drittens bei denen, die sonst noch anwesend sind.

Normalerweise frage ich den Menschen, für den ich bete: »Glauben Sie, daß Jesus heilen kann?« Wenn die Antwort darauf »Ja« ist, frage ich weiter: »Glauben Sie, daß Jesus jetzt heilen wird?« Wenn die Antwort darauf wiederum »Ja« ist, oder wenn jemand anderes oder ich den starken Eindruck hat, daß Gott heilen will, dann bete ich direkt um Heilung. Ich will deutlich machen, daß ich immer nach Glauben suche und die Menschen zusammenbringe, die diesen Glauben haben.

Wenn keiner den Eindruck hat, daß Gott heilen will, dann bitte ich Gott um Glauben. (Wenn keine Heilung geschieht, werfe ich nie dem Kranken vor, er habe zu wenig Glauben gehabt.) Im Hebräerbrief heißt es: »Der Glaube ist eine feste Zuversicht auf das, was man hofft, und ein Nicht-Zweifeln an dem, was man nicht sieht« (Hebr. 11,1). Ich erlebe selten, daß Heilung geschieht, wenn dieses Nicht-Zweifeln, diese Zuversicht des Glaubens fehlt.

Immer wieder bin ich in Situationen gewesen, wo ich — wie Jesus — die Menschen, die voll Unglauben, Angst und Furcht waren, bat wegzugehen. Andere dagegen, von denen ich wußte, daß sie an Heilung glaubten, forderte ich auf, sich dem Gebetsteam anzuschließen. Ich habe auch oft beobachtet, wie eine erste Heilung den Weg für viele weitere Heilungen bahnt. Wenn Menschen erleben, wie ein Kranker geheilt wird, wächst in allen der Glaube, und so entsteht eine Umgebung, die der Heilung dienlich ist.

Wir können konkrete Schritte tun, um den Glauben, daß Gott heilen will, zu stärken. Als Wichtigstes sei die Anbetung genannt. Wenn wir uns Gott nahen, wirkt sein Geist in uns. Gottesdienste, in denen Raum ist für freie, gemeinsame Anbetung, bieten eine Umgebung, in der Gott machtvoll wirken kann und in der Menschen geheilt werden. Die meisten Gottesdienste enthalten Anbetung, die Feier des Abendmahls und Verkündigung des Wortes — auch dies kann zu Gottes mächtigem Wirken führen und zu Heilung gebraucht werden. Ich will einige Elemente nennen, die in unseren Gottesdiensten vorkommen:

✻ In der Vineyard Christian Fellowship beginnen wir den Gottesdienst meistens mit einer Zeit der Anbetung (mindestens eine halbe Stunde); dabei öffnet sich unser Herz für Gott, und der Glaube, daß Gott heilen will, wächst. Wir beten Gott nicht an, damit er uns heilt; wir beten Gott an, weil er Gott ist und wir sein Volk sind. In der Anbetung erwidern wir Gottes Liebe zu uns, und durch Wort und Sakrament läßt er sein Licht auf uns strömen.

✻ Wir bitten den Heiligen Geist, zu kommen und uns zu dienen. Der Heilige Geist läßt unser geistliches Wahrnehmungsvermögen wachsen, und wir spüren seine machtvolle Gegenwart.

✻ Wenn wir glauben, daß Gott heilt, dann müssen wir in unseren Zusammenkünften auch Raum für das Gebet mit den Kranken schaffen. Bei den meisten Zusammenkünften unserer Gemeinde plane ich von vornherein eine Zeit mit ein, wo wir für Kranke beten können, besonders in den Sonntagsgottesdiensten und den Hauskreisen. Wenn Menschen an einer Veranstaltung der Vineyard Christian Fellowship teilnehmen, so wissen die meisten, daß die Möglichkeit besteht, um Gebet für Heilung zu ersuchen oder für andere zu beten.

✻ Während wir um Heilung beten, fordere ich die Anwesenden auf, einen »klaren Kopf« zu bewahren, das heißt, sie sollen sich entspannen und der Versuchung widerstehen, sich gefühlsmäßig »aufheizen« zu lassen. Übermäßige Gefühle sind selten hilfreich für einen Heilungsprozeß; für die, die lernen wollen, für Kranke zu beten, sind sie meistens eher hinderlich. Ich versuche also, eine nüchterne Atmosphäre zu schaffen (auf den Seminaren nenne ich diese Gebetszeit »clinic«-Praxis); dies schließt nicht aus, daß während der Gebetszeit gleichzeitig große geistliche Offenheit herrscht und Gottes Macht spürbar wird. Natürlich ist es völlig normal, daß eine Heilung auch Gefühle auslöst, dies ist keine unerlaubte Reaktion. Ich will nur deutlich machen, daß es beim Gebet um Heilung nicht hilfreich ist, künstlich eine gefühlsmäßig geladene Atmosphäre zu schaffen. Dies stört besonders, wenn man andere anleiten will, für Kranke zu beten.

Wenn wir auf der Straße sind, können wir nicht laut anbeten; aber Gott hört auch, wenn wir ihn in unserem Herzen loben und ihm danken, und er sendet seinen Geist. 1982 schrieb mir ein Freund aus Arizona einen kurzen Brief; er berichtet von seiner Entdeckung, wie wichtig Anbetung ist, wenn wir um Heilung beten. Wenige Wochen vorher hatte er mir noch geschrieben und mich gefragt, warum seine Gebete für Kranke ohne Wirkung bleiben. Nun hatte er entdeckt, wo der Fehler lag: »Gott hat mich erhört, John! Innerhalb der letzten fünf Tage habe ich siebenmal in der Familie um Heilung gebetet, und dabei hat Gott sechsmal innerhalb von zwei Minuten Heilung geschenkt! Nur eine Bitte ist noch nicht erfüllt, B. schielt immer noch. Aber ich will noch fester im Glauben stehen, um auch diese Heilung zu erleben. *Ich weiß jetzt, wo mein Fehler lag: Ich habe mich einfach ins Gebet gestürzt und um Heilung gebetet, ohne Gott vorher zu loben und zu preisen. Ich habe Gott einfach nur als Automaten behandelt.* Dies zeigte mir Gott beim Hören einer Kassette Deines Heilungsseminars. Nachdem ich unter Tränen Buße getan hatte, ging ich nach oben und heilte meine Tochter von einem Ausschlag, der achtzig Prozent ihrer Haut bedeckt hatte. Jesus ist so wunderbar.«

2. *Gebetsdienst.* Wer lernen will, für Kranke zu beten, macht ähnliche Erfahrungen wie ein Kind, das Fahrrad fahren lernt. Anfangs laufen die Eltern neben dem Fahrrad her, um zu verhindern, daß das Kind sich ernsthaft verletzt. Aber mit der Zeit lernt das Kind, selbst zu fahren; aufgeschürfte Knie und Ellbogen gehören am Anfang dazu. Die meisten Eltern lassen sich von den ersten Stürzen nicht sehr beeindrucken. Im Gegenteil, sie ermuntern das Kind, sich wieder auf das Fahrrad zu setzen und einen neuen Versuch zu starten. Sie wissen, es dauert nicht lange, dann kann ihr Kind sicher und geschickt fahren. Wenn wir lernen, für Kranke zu beten, geht es sehr ähnlich zu: wenn wir zum ersten Mal auf uns selbst gestellt sind, machen wir noch viel falsch, aber mit der Zeit bereitet uns dieser Dienst immer mehr Freude. Mir ist es wichtiger, daß wir beten, als daß alles ganz »richtig« läuft. Darum sorge ich dafür, daß jeder weiß, daß er sich auf unsere Anerkennung und Unterstützung verlassen kann, selbst wenn er versagt. Auf meinen Heilungsseminaren und in anderen Gemeindeveranstaltungen gebe ich Raum und Zeit, um diesen Lernprozeß zu ermöglichen.

Auf den Seminaren ist jede Zusammenkunft in drei Teile aufgeteilt: Anbetung, Anleitung, Praxis. In der Praxis-Zeit beobachten die Seminarteilnehmer, wie ausgebildete Mitglieder eines Gebetsteams für Kranke beten. Ich beschreibe gleichzeitig, was geschieht und warum bestimmte Dinge getan werden. Dann teilen sich alle Anwesenden in Gebetsgruppen auf; nun sollen sie selbst für die Kranken beten. (Unter den Teilnehmern befinden sich immer Menschen, die Heilung brauchen.) Mit Hilfe dieser Methode beten die meisten schon in der *ersten* Zusammenkunft für einen Kranken. Ich achte immer darauf, daß diejenigen, die schon Erfahrung haben, in der Nähe der »Novizen« bleiben, um ihnen helfen zu können und die Gebetsgruppe zu ermuntern, miteinander zu sprechen. Dies hilft den Anfängern zu verstehen, in welcher Weise gebetet werden soll.

Ich schlage die Bildung solcher Gebetsgruppen aus mehreren Gründen vor:

✱ Wenn mehrere Menschen zusammen beten, ist mehr geistliche Kraft vorhanden (Mt. 18,19).

✱ Wenn man mit anderen zusammenarbeitet, empfängt man gewöhnlich tiefere Einsicht, besonders an Punkten, wo man nicht weiterkommt.

✱ In der Gruppe ist es leichter zu lernen; Heilung geschieht eher.

✱ Die Gruppe wirkt der Gefahr entgegen, daß diejenigen, auf deren Gebet hin Heilung geschieht, stolz werden.

✱ Wenn eine ganze Gruppe für einen Kranken betet, so hilft dies dem Kranken, auf Jesus zu sehen und nicht auf denjenigen, der für ihn betet.

✱ In einer Gruppe gibt es immer einen Zeugen des Geschehens; dies bedeutet Schutz für den, der betet (Mt. 18,16).

✱ Wenn bei einem Gebet um Heilung Dämonen ausgetrieben werden müssen, ist es in jedem Fall das beste, wenn sich mehrere Menschen dafür zusammenschließen (3. Mose 26,8; 5. Mose 32,30).

Auch kleine Hauskreise mit einem erfahrenen Leiter bieten eine ausgezeichnete Möglichkeit, für Kranke beten zu lernen. In der Vineyard Christian Fellowship bestehen viele solcher Hauskreise. Wir nennen sie »kinship groups« (Verwandtschaftsgruppen). In diesen Gruppen geht es natürlich nicht nur um Gebet für Kranke — auch Lobpreis, Gemeinschaft, Bibelstudium und anderes hat seinen Platz, so daß jeder einzelne in seinem Leben als Christ gestärkt wird und mehr Frucht bringt. Aber es wird dort eben auch regelmäßig für Kranke gebetet. Ein weiterer Segen solcher Gruppen besteht darin, daß man einem Menschen nach seiner Heilung sehr viel leichter weitere Hilfestellung und Stärkung bieten kann; so verringert sich die Wahrscheinlichkeit, daß der frühere Zustand zurückkehrt.

Auf den Seminaren, in Gebetsgruppen oder Hauskreisen mache ich immer deutlich, wie wichtig es ist, daß wir die Menschen, die für die Kranken beten, unsere Anerkennung spüren lassen; dies nimmt dem einzelnen die Angst vor dem Versagen und fördert den Lernprozeß. Ich sage:

»Wir lernen alle, Gottes heilende Kraft immer besser zu verstehen. Haben Sie keine Angst vor dem Versagen — ich versage täglich! Aber je mehr ich übe, desto mehr Erfolg habe ich.«

3. *Anleitung.* Andere Christen dazu auszurüsten, Gottes Werke zu tun, ist meiner Meinung nach eine der wichtigsten und gleichzeitig am meisten vernachlässigten Aufgaben, die den Leitern im Leib Christi aufgetragen ist. Leiter werden andere Menschen gut ausbilden können, wenn sie selbst eine gute Ausbildung erfahren haben.

In Epheser 4,11-13 sagt Paulus:»Und er (Jesus) hat einige als Apostel eingesetzt, andere als Propheten, andere als Evangelisten, andere als Hirten und Lehrer, damit die Heiligen für ihren Dienst zugerüstet werden...« Das griechische Wort, das hier mit»zugerüstet« übersetzt wird, *katartismon,* kommt von dem Verb *katartizein.* In der Medizin bedeutete dieses Wort, einen gebrochenen Knochen wieder einzurichten oder ein Gelenk einzurenken. In der Politik bedeutete es, feindliche Gruppen zusammenzubringen, so daß eine Regierung in gewohnter Weise ihre Aufgaben wieder wahrnehmen kann. In Markus 1,19 bezieht es sich auf das Flicken von Netzen, und in Galater 6,1 wird es verwandt, um zu beschreiben, wie jemand, der sich schuldig gemacht hat, zu behandeln ist, bis er wieder in die Einheit und den Frieden der Gemeinde zurückkehrt. Paulus spricht also davon, die Christen so vollkommen auszurüsten, daß der Leib Christi das darstellt, was er nach Gottes Willen sein soll. Von Leitern wird nicht erwartet, daß sie alle Aufgaben alleine wahrnehmen; sie sollen vielmehr andere dazu anleiten, Aufgaben selbst zu übernehmen. Wenn der Leiter die anderen ausrüstet, so wird der Leib in Einheit aufgebaut. Ich glaube, ich wäre schon völlig am Ende, wenn ich nicht andere Menschen anleiten würde, die Kranken zu heilen.

Es gibt mehrere Hindernisse, die Leiter davon abhalten, andere zum Gebetsdienst für Kranke anzuleiten. Ein erstes Hindernis ist mangelndes Selbstwertgefühl; viele meinen, erst noch wachsen und selbst erst mehr Erfolg haben zu müssen. Ohne Frage ist es wichtig, daß ein Leiter nicht durch unvergebene Sünde belastet ist. Aber ich habe auch festgestellt, daß fast alle, die im Heilungsdienst stehen, selbst noch Wunden haben. Wenn ein Leiter wartet, bis er vollkommen ist, dann wird er vor Christi Wiederkunft nur sehr wenig tun können.

Manche Leiter befürchten auch, daß sie, wenn sie andere ausbilden, ihren eigenen Dienst verlieren könnten. (Dies trifft vor allem auf Menschen mit einem weitreichenden Heilungsdienst zu, deren Veranstaltungen viele Menschen anziehen, entweder in Ortsgemeinden oder auf Konferenzen.) Dieser Furcht kann man mit einem grundlegenden Prinzip des Reiches Gottes entgegentreten; dieses Prinzip gilt für alle, die andere zum Dienst ausrüsten: je mehr man gibt, ganz gleich ob Gaben, Fähigkeiten, materiellen Besitz oder Zeit, desto mehr empfängt man von Gott.

Jesus lehrte: »Gebt, so wird euch gegeben. Ein volles, gedrücktes, gerütteltes und überfließendes Maß wird man euch in den Schoß schütten; denn mit dem Maß, mit dem ihr meßt, wird man euch wieder messen« (Lk. 6,38). Je mehr Menschen ich dazu anleite, die Kranken zu heilen, desto mehr der Heilung bedürftige Menschen schickt uns Gott.

4. *Heilungsdienst als Normalfall.* Wenn der Heilungsdienst zu unserem Leben gehört, so geben wir diese Heilung weiter an die Welt. Für mich ist Heilung ein Lebensstil. Ob ich zu Hause bin oder in einer Veranstaltung, ob ich die Straße entlang gehe, auf dem Marktplatz stehe oder an meinem Arbeitsplatz bin — in allen nur erdenklichen Situationen bin ich dafür offen und bereit, mich von Gott für das Gebet für Kranke gebrauchen zu lassen. Göttliche Heilung ist nicht das Hauptthema meines Dienstes, auch wenn das Gebet für Kranke ein Teil meines Lebens ist. Göttliche Heilung ist nur eines der vielen Werke, zu denen Gott uns berufen hat, um sein Reich auszubreiten.

Ich gebe göttliche Heilung voll Zuversicht an die Welt weiter. Weil ich Gott vertrauen kann, weiß ich, daß er die Umstände in unserem Leben leitet und plant. Wenn ich das Empfinden habe, in einer bestimmten Weise handeln zu sollen, die dem Wesen Christi widerspricht, nehme ich an, daß dieses Empfinden nicht von Gott ist. (Natürlich gibt es Situationen, die sich nicht einfach mit diesen Überlegungen klären lassen. Aber das ist eher die Ausnahme.) Ich stelle mir die Frage: »Ist dies charakteristisch für die Art und Weise, wie Gott wirkt?«

Hin und wieder habe ich zum Beispiel das Gefühl, daß ich mit jemandem, manchmal einem Fremden, über Christus sprechen soll. Wenn ich so einen Impuls bekomme, bewerte ich ihn weder als Folge einer Magenverstimmung — um ihn damit gleichzeitig abzutun, noch halte ich mich lange mit der Frage auf: »Ist es wirklich Gottes Wille, daß ich mit diesem Menschen spreche?« Auf solch einen Impuls hin spreche ich immer mit dem jeweiligen Menschen. Bisher habe ich meistens positive Reaktionen erlebt (viele setzten auf ein solches Gespräch hin ihr Vertrauen auf Christus); manchmal begegnen mir auch negative Reaktionen. Aber selbst dann stelle ich mir nicht die Frage, ob es vielleicht falsch war, den betreffenden Menschen anzusprechen. Warum? Weil ich weiß, daß Gott will, daß jedem Menschen in dieser Welt das Evangelium gepredigt wird (Mt. 28,18-20).

Dasselbe gilt, wenn wir den Armen oder einem Bruder oder einer Schwester in einer Not helfen. Ich sage mir: »Christus ist gestorben, um sich ein Volk zu schaffen, das hier auf der Erde seine Werke tut. Zu seinen Werken gehört auch, den Armen zu helfen. Natürlich werde ich helfen.«

In gleicher Weise reagiere ich, wenn ich gebeten werde, für jemanden um Heilung zu beten, oder wenn ich den Eindruck habe, daß Gott mir sagt, ich soll für einen bestimmten Menschen beten, auch wenn dieser mich nicht dazu aufgefordert hat. Oft werden die Menschen geheilt; hin und wieder geschieht keine Heilung. Aber ich frage mich nie, ob es besser gewesen wäre, wenn ich nicht gebetet hätte. Ich weiß: meine Aufgabe ist es, zu gehorchen, Gottes Sache dagegen, zu heilen. Wenn Gott auf mein Gebet hin nicht heilt, so glaube ich trotzdem, daß es Gottes Wille ist, daß ich bete. Wenn jemand nicht geheilt wird, so entsteht bei mir nicht der Gedanke, ich sei ein Versager oder nicht geistlich genug. Wie kann *ich* ein Versager sein, wenn Gott derjenige ist, der heilt? Oder wie kann *ich* stolz sein, wenn jemand geheilt wird, wo doch Gott derjenige ist, der heilt? Weil Christus der Heiland ist, gehört Heilung zu meinem Leben.

Wenn der Heilungsdienst Bestandteil unseres Lebens ist, werden wir als Folge davon gesunde Gemeinden haben (körperlich und geistlich) und viele Menschen für Gottes Reich gewinnen.[4]

Praktische Schritte

Praktische Schritte entsprechen — in unserem Vergleich des Hausbaus — den Wasserleitungen, der Heizungsanlage und den elektrischen Leitungen. Wir sind froh, daß wir fließend Wasser und Strom haben und heizen können, doch nur selten denken wir an die komplexen Anlagen, die dahinter stehen. Praktische Schritte des Gebetsdienstes sind Fähigkeiten, Einstellungen und konkretes Handeln, womit in den Gemeinden ein ständig wachsender und lebendiger Heilungsdienst gefördert werden kann. Es geht um die Frage, was wir tun, wenn wir für Kranke beten.

Im folgenden will ich konkrete Schritte nennen, die uns vertraut sein sollten, wenn wir einen effektiven Heilungsdienst haben wollen. Sie sind auf dem Hintergrund der oben dargestellten Grundsätze und Werte zu sehen. Ich vergleiche diese praktischen Schritte mit unseren Sinnen: Hören, Sehen, Sprechen, Berühren:

1. *Hören:* Die wichtigste Fähigkeit für einen Heilungsdienst ist die Offenheit und Empfänglichkeit für den Heiligen Geist, für seine Führung und seine Kraft. Das bedeutet auch, von unseren eigenen Vorstellungen entleert zu sein. Oft begegne ich Menschen, die nach einer Heilungsmethode suchen, nach einer Formel, der sie folgen können und die ihnen automatische Heilung garantiert. Aber göttliche Heilung geschieht weder automatisch noch ist sie abhängig davon, ob wir das Richtige tun; vielmehr ist sie in unserer Beziehung zu Gott und in der Kraft seines Geistes begründet.

Heilung ist ein Geschenk Gottes, eine Gabe der Barmherzigkeit und Gnade Gottes. Unsere Aufgabe ist es, auf Gott zu hören und sein Wort auszuführen. Paulus schreibt: »Er hat uns fähig gemacht, Diener des neuen Bundes zu sein, der nicht vom Buchstaben, sondern vom Geist bestimmt ist. Denn der Buchstabe tötet, aber der Geist macht lebendig« (2. Kor. 3,6). Es gibt vieles, was uns hilft, in der Gegenwart Gottes zu leben und immer besser seine Stimme zu hören — vor allem Bibellesen, Lobpreis, Gebet und Nachsinnen über Gottes Wort.

Wenn ich vom Hören auf Gottes Stimme spreche, so meine ich damit, daß wir lernen sollen, in ständiger Gemeinschaft mit dem Vater zu leben und ihn immer wieder zu fragen: »Herr, was willst du jetzt tun? Wie willst du mich gebrauchen? Wie soll ich beten? Wem soll ich von Christus erzählen? Ist hier ein Mensch, den du heilen willst?« Manchmal gibt mir Gott Einblick in das Leben eines Menschen, für den ich bete. Dies geschieht durch bestimmte Eindrücke: ein konkretes Wort, ein Bild in meiner Vorstellung, eine Empfindung in meinem Körper, die mit dem Leiden des Kranken in Zusammenhang steht. Diese Eindrücke helfen mir zu erkennen, für wen, was und wie ich beten soll.

Das soll nicht heißen, daß ich einen ständigen »heißen Draht« zu Gott habe, immer seine Stimme höre und allezeit seiner konkreten Führung folge. Ich will nur deutlich machen, daß ich mich für Gott öffne, daß ich auf seine Stimme höre und das Vertrauen habe, daß er uns führen will (Joh. 14,26; 16,13-15).

2. *Sehen:* Wenn wir geistliches Sehvermögen besitzen, so können wir Gottes Wirken erkennen und bei dem Heilungsprozeß als Gottes Mitarbeiter dienen. Wir hören auf Gottes Stimme und bitten den Heiligen Geist zu kommen. Die meisten Menschen zeigen bestimmte seelische und körperliche Reaktionen, die darauf hinweisen, daß der Heilige Geist gegenwärtig ist.

Einige dieser Reaktionen sind deutlich erkennbar: Weinen, Schreien, länger anhaltendes, überschwengliches Lobgebet, Zittern, große Ruhe, Zucken, Umfallen (manchmal »Ruhen im Geist« genannt), Lachen und Springen. Andere Phänomene sind weitaus unauffälliger: leichtes Zittern, Flattern der Augenlider, leichtes Schwitzen, ein Leuchten des Gesichtes, Schauer, die über die Haut laufen, tiefes Atmen. In Kapitel 12 werde ich noch ausführlicher auf diese Phänomene eingehen. Hier will ich nur deutlich machen, daß solche Reaktionen oft darauf hindeuten, daß der Heilige Geist in einem Menschen wirkt und gegenwärtig ist. Wir können lernen, diese Phänomene zu deuten.

3. *Sprechen:* Es braucht einige Zeit, bis man gelernt hat, wie man für Kranke beten und ihnen mit Worten Liebe, Verständnis und Zuversicht ausdrücken kann. Am leichtesten lernt es sich, für Kranke zu beten, wenn man zusehen kann, wie andere, die schon mehr Erfahrung haben, diesen Dienst tun.

Menschen, die aus einer Familie stammen, in der es nicht üblich war, Liebe und Zuneigung sowohl sprachlich als auch körperlich auszudrücken, müssen erst lernen, wie man mit Worten Liebe und Ermutigung weitergeben kann. Normalerweise brauchen sie ganz praktische Anleitung darin, was es heißt, andere Menschen zu ehren und zu achten; insbesondere müssen sie lernen, das anzuwenden, was in der Bibel über unser Reden gesagt wird.

Im Neuen Testament lesen wir, daß viele Menschen durch einen Befehl geheilt wurden. Jesus wies zum Beispiel das Fieber der Schwiegermutter des Petrus zurück, und es verließ sie (Lk. 4,38-39); nachdem Jesus dem Taubstummen seine Finger in die Ohren gelegt und dessen Zunge mit Speichel berührt hatte, sah er zum Himmel auf und sagte: «Tu dich auf!« (Mk. 7,32-35); und dem Gelähmten am Teich Bethesda befahl Jesus:»Steh auf, nimm deine Schlafmatte und geh!« (Joh._5,8). Kurz nach Pfingsten heilte Petrus einen verkrüppelten Bettler, indem er sagte:»Im Namen Jesu Christi von Nazareth, steh auf und geh umher!« (Apg. 3,6), und mit den Worten :»Tabita, steh auf!« erweckte Paulus eine Frau von den Toten (Apg. 9,40). In der christlichen Literatur wird das Aussprechen solcher Befehle häufig»Gebieten« genannt, es ist ein in der Vollmacht Gottes gesprochenes Wort, durch das große Heilungskraft freigesetzt wird.

Ich habe viele Fälle erlebt, oder es ist mir von ihnen berichtet worden, in denen sich jemand von Gott geführt wußte, einer Krankheit zu gebieten — und der Kranke war sofort geheilt. Meine Frau erlebte einen solchen Fall, bevor sie überhaupt etwas von Gebieten wußte. Im Jahre 1982 kam nach einem unserer Sonntagmorgengottesdienste eine Frau auf Carol zu und bat um Gebet. Sie hatte eine Hautkrankheit, ein Ekzem, das fast ihren ganzen Körper bedeckte. Durch die Gabe der Unterscheidung der Geister spürte Carol, daß die Krankheit von einem bösen Geist verursacht war. Während Carol sprach, stieg in ihr Zorn auf, der immer stärker wurde, bis sie plötzlich den Geist mit lauter Stimme anschrie:»Hör sofort damit auf!« Das Jucken, unter dem die Frau litt, verschwand unmittelbar, und im selben Moment war sie geheilt. Das Ekzem kehrte nicht mehr zurück.

Manchmal heilte Jesus einen Menschen durch eine einfache Behauptung. In Johannes 4,46-50 wird berichtet, wie ein königlicher Beamter zu Jesus kommt und ihn zweimal bittet, seinen Sohn zu heilen. Schließlich sagt Jesus:»Gehe hin, dein Sohn lebt!« In Apostelgeschichte 9,32-35 sagt Petrus zu dem gelähmten Äneas:»Äneas, Jesus Christus macht dich gesund; steh auf und richte selbst dein Lager her.« Nachdem Paulus zu dem toten Eutychus gegangen war und seine Arme um ihn gelegt hatte, sagte er:»Macht keinen Lärm; er lebt« (Apg. 20,7-12).

Es gibt auch Bittgebete. In Markus 7,32-35, bei der Heilung des Taubstummen, sah Jesus»zum Himmel auf, seufzte und sagte zu ihm: *Hefata!*

das heißt: Tu dich auf.« Jesu Aufsehen zum Himmel könnte man als eine Art Bittgebet auslegen. In Apostelgeschichte 9,36-43 kniet sich Paulus neben dem Bett der Tabita nieder und betet. Erst nachdem er gebetet hat, sagt er voll Glauben:»Tabita, steh auf!«

Schließlich geschieht Heilung auch manchmal dadurch, daß Gott einem Menschen aufträgt, etwas Bestimmtes zu tun, und dieser der Anweisung gehorcht. In Johannes 9,1-7 bestrich Jesus die Augen des Blinden mit einem Brei, den er aus Speichel gemacht hatte, und wies ihn an: »Geh zum Teich Siloah ... und wasch dich!« Der Mann gehorchte und wurde geheilt.

Die Fähigkeit des»Sprechens« beinhaltet noch eine weitere Aufgabe: wir müssen lernen, dem Kranken die Aussagen der Bibel verständlich zu machen, auf Grund derer er glauben darf, daß Gott ihn heilen will. So stärken wir den Glauben des Kranken. Häufig sagen mir Menschen:»Ich möchte gerne geheilt werden, aber mir fällt es schwer, zu glauben, daß Gott mich heilen will.« Normalerweise rede ich mit dem Betreffenden dann kurz über Heilung. Ich spreche zum Beispiel von der syrophönizischen Frau, der Jesus sagte, daß die Heilung das Brot der Kinder sei (Mk. 7,27). Dann frage ich:»Sind Sie ein Kind Gottes?«

»So hat mir das noch niemand erklärt.«

»Wenn Sie ein Kind Gottes sind, dann möchte Jesus auch Ihnen Heilung geben.«

Dann stelle ich weiter dar, wie die syrophönizische Frau nicht nachließ, Jesus um Heilung für ihre Tochter anzuflehen, und wie Jesus schließlich auf den Glauben der Frau hin die Tochter heilte. Obwohl diese Frau also nicht einmal zum Volk Israel gehörte, schenkte Jesus Heilung. Wieviel mehr ist er bereit, den Kindern des Neuen Bundes Heilung zu geben. Solche Ausführungen helfen dem Kranken, Heilung besser zu verstehen, und gleichzeitig wächst in ihm der Glaube, daß Gott ihn heilen will.

Wir müssen den Menschen auch erklären, warum wir so beten, wie wir es tun, und warum manchmal Reaktionen auftreten, wie ich sie oben unter Punkt zwei beschrieben habe (Zittern, Fallen und so weiter). Dies hilft den Menschen zu sehen, daß Gott wirkt; und auch diese Erkenntnis läßt den Glauben wachsen.

Es ist auch wichtig, zu wissen, wie man denen, die nicht geheilt werden, Trost und Mitgefühl ausdrücken kann. Vielen, die nicht direkt geheilt werden, fällt es schwer, diese Enttäuschung hinzunehmen; leicht entsteht bei ihnen das Gefühl, von Gott abgelehnt zu sein. Bei göttlicher Heilung geht es um den ganzen Menschen, nicht nur um eine spezielle Krankheit. Wenn wir auf die richtige Weise für die Menschen beten, legen wir dadurch den Grund für eine menschliche Beziehung, die auch nach dem Gebet noch weitergeführt werden kann. Ich sage zum Beispiel: »Ich liebe Sie, und Gott liebt Sie sehr; ich wünschte von ganzem Herzen, daß Gott Sie sofort geheilt hätte. Vielleicht werden Sie beim nächsten Mal, wenn jemand für Sie betet, geheilt. Darf ich noch einmal für Sie beten?« Ich ermuntere die Menschen auch, nicht aufzuhören, um Heilung zu bitten; Gott selbst fordert uns dazu auf. Wir sollen nicht nachlassen, ihn und sein Reich zu suchen. Wenn mir ein Kranker dann antwortet, daß er Gott schon lange sucht und darin nicht nachgelassen hat, so sage ich ihm, daß Gott manchmal solche Wege führt, bevor er Heilung schenkt. Schließlich ist es wichtig, denen, die geheilt wurden, weitere Anweisungen zu geben. Wenn sie bei einem Arzt oder Psychologen in Behandlung waren, ermuntere ich sie, ihrem Arzt bzw. Psychologen von ihrer Heilung zu berichten. Manche Menschen erfahren eine teilweise Heilung und brauchen auch nach dem Gebet weiterhin medizinische Behandlung. Oft ist es wichtig, auch in seelsorgerlicher Hinsicht einen Rat auszusprechen. Wir sollten die Menschen ermuntern, sich einer lebendigen Gemeinde anzuschließen, in der sie durch die Gemeinschaft mit anderen Christen Stärkung und Hilfe erfahren. In manchen Fällen sind die Ursachen der Probleme des jeweiligen Menschen sehr komplex (geistlicher, seelischer oder körperlicher Art); für sie ist es wichtig, daß sie die Hilfe eines Pastors oder eines erfahrenen Seelsorgers in Anspruch nehmen. Solche Menschen erfahren zwar oft eine momentane Heilung, aber nach wenigen Tagen oder Wochen kehrt ihr alter Zustand zurück, weil sie ihr Leben nicht geändert haben.

4. *Berühren:* Eine Frau, die seit zwölf Jahren den Blutfluß hatte, wurde, als sie Jesu Kleider berührte, augenblicklich geheilt. Bemerkenswert an dieser Heilung ist, daß Jesus nicht sah, wie diese Frau ihn berührte (eine große Menge umgab ihn), aber er spürte,»daß eine Kraft von ihm ausgegangen war« (Mk. 5,30). In Genezareth»brachten (die Leute) alle Kranken zu ihm und baten ihn, daß diese nur den Saum seines Gewandes berühren dürften. Und alle, die ihn berührten, wurden gesund« (Mt. 14,35-36).

Im Neuen Testament gab es verschiedene Anlässe, bei denen die Hände aufgelegt wurden: bei Krankenheilung (Mk. 1,41; 6,5; 16,18; Lk. 4,40; Apg. 28,8), Segnung (Mt. 19,13-15; Mk. 10,16), Ordination oder Beauftragung (Apg. 6,6; 13,3; 1.Tim 5,22) und bei der Verleihung geistlicher Gaben (Apg. 8,17; 19,6; 1.Tim 4,14; 2.Tim 1,6). Wenn Jesus Kranke heilte, so berührte er sie meistens und gebot gleichzeitig der Krankheit zu weichen (Mt. 8,1-3; Mk. 7,32-35; Lk. 4,38-39; 7,12-15; siehe auch Apg. 3,1-8; 20,7-12).

1983 war ich in Göteborg Zeuge einer Heilung, die ein gutes Beispiel für die Kraft der Berührung ist. Ich sprach (mit Hilfe einer Übersetzerin) auf einer viertägigen Heilungskonferenz in einer Baptistengemeinde. Die etwa 300 Teilnehmer verhielten sich an den ersten beiden Tagen recht zurückhaltend, es war kaum eine Reaktion auf meine Vorträge und Predigten zu erkennen. Am dritten Tag hatte ich den Eindruck, daß Gott eine Teilnehmerin heilen wollte, die in der linken Brust Krebs hatte. Ich sagte: »Ich glaube, Gott will eine Frau heilen, die in der linken Brust Krebs hat.«

Sofort stand auf der Empore eine Dame auf und sagte, daß sie seit Tagen für eine Frau in San Franzisko bete und faste, die in der linken Brust Krebs hätte. Ihre Bitte um Gebet für diese Frau war eindrücklich und überzeugend, aber ich hatte das Gefühl, daß sich die Frau, der das Wort der Erkenntnis galt, unter den Teilnehmern befand. Darum sagte ich: »Das ist nicht das, was der Herr jetzt tun will.« Dann fuhr ich fort: »Diese Frau ist hier im Raum. Sie wurde erst heute morgen aus dem Krankenhaus entlassen. Sie ist sechzig Jahre alt (ich weiß nicht mehr genau, welches Alter ich nannte), und sie sitzt hier direkt vor mir, etwas zur rechten Seite hin.«

Nun stand eine Dame auf, die einen langen, dunklen Wollmantel trug, und sagte: »Das stimmt, das bin ich.« Ich bat sie, zum Gebet nach vorne zu kommen, und dann forderte ich andere, die sich frei dazu fühlten, auf, für sie zu beten.

Drei Männer aus der ersten Reihe standen auf, zwei stellten sich hinter die Dame, einer trat vor sie. Nun bat ich die Frau, ihre Hände über ihrer Brust zu falten, und ich fragte sie, ob sie damit einverstanden wäre, wenn einer der Männer seine Hand auf ihre Hände lege. (Um meine Achtung vor dem Menschen zu zeigen, frage ich den, für den wir beten, immer erst, ob es ihm recht ist, wenn wir ihm die Hände auflegen.) Die Männer, die hinter der Dame standen, legten ihr die Hände auf die Schultern. Dann trat ich einen Schritt zurück und sagte, sie sollen warten, bis ich beten würde.

Aber bevor die Übersetzerin ihnen diese Anweisung geben konnte, war ich plötzlich so von Glauben erfüllt, daß ich in Englisch laut rief: »Sei geheilt in Jesu Namen!« Ich hatte die Worte kaum ausgesprochen, da kam Gottes Kraft über die vier Menschen; sie begannen zu schwanken und fielen dann zu Boden! Es war, als wäre Gottes heilende Kraft durch die Frau in die drei Männer geströmt oder umgekehrt. Die Übersetzerin war so überwältigt, daß sie anfing, mit mir schwedisch und mit den Zuhörern englisch zu sprechen. Die vier standen auf, sie weinten und priesen Gott, und zu einem späteren Zeitpunkt berichtete die Frau von ihrer Heilung.

Ich habe in diesem Kapitel Grundsätze, Werte und praktische Schritte eines ganzheitlichen Modells der Heilung beschrieben. Das folgende Kapitel soll sich mit der Frage der Programme, der Mitarbeiter und der geistlichen Gaben beschäftigen.

Kapitel 10

Ein ganzheitliches Modell der Heilung: Programme und Mitarbeiter

Programme entsprechen den Räumen und Fluren eines Hauses. Jeder Raum wurde für einen bestimmten Zweck entworfen — das Eßzimmer zum Essen, das Schlafzimmer zum Schlafen, das Badezimmer für die körperliche Hygiene und so weiter. Die Nutzungsmöglichkeiten eines Raumes sind immer davon abhängig, wie weit seine Gestaltung dem Verwendungszweck entgegenkommt. Entsprechend dienen auch die Programme dazu, das ganzheitliche Modell der Heilung zu unterstützen. Für sich genommen können Programme irreführend sein. Immer wieder bekomme ich Briefe und Anrufe von Pastoren, die mich um Rat fragen:»Letztes Jahr war ich eine Woche lang in Ihrer Gemeinde zu Gast; als ich zurückkehrte, begann ich, all die Dinge, die ich in Ihrer Gemeinde gesehen hatte, auch bei uns einzuführen — Heilungsseminare, in allen Gemeindeveranstaltungen Zeit, um für Kranke zu beten, Gebetsteams und wöchentliche Hauskreise. Trotzdem geschieht nicht dasselbe wie bei Ihnen. Woran liegt das?« Die Antwort besteht zum Teil darin, daß diese Pastoren zwar Programme übernehmen, aber versäumen, eine solide Grundlage der Grundsätze, Werte und praktischen Schritte zu legen. Meistens haben sie unsere Werte und Grundsätze in bezug auf Heilung selbst noch nicht völlig verstanden.

In der Vineyard Christian Fellowship gibt es für Kranke viele Möglichkeiten, Heilung zu empfangen: Ich erwähnte bereits, daß in jeder Gemeindeversammlung Zeit für das Gebet um Heilung vorgesehen ist und daß Krankenheilung eines der wichtigsten Elemente in unseren wöchentlichen Hauskreisen ist. Manche Hauskreise senden auch Mitglieder aus, um von Tür zu Tür zu gehen und in den Häusern für Kranke zu beten und das Evangelium zu verkündigen. Jeder unserer Pastoren steht mindestens einen Tag pro Woche zur Seelsorge zur Verfügung, auch dabei wird oft um Heilung gebetet. Menschen, die im Krankenhaus liegen, können einen Pastor zu sich rufen. Erfahrene Gebetsteams stehen jede Woche zwei Nächte und einen Vormittag zur Verfügung. Man kann sich bei ihnen telefonisch melden und einen Termin ausmachen. Unser Ziel ist es, so viele Gebetsgruppen zu haben, daß die ganze Woche morgens, mittags und abends Menschen zur Verfügung stehen, um für Kranke zu beten. Mit Hilfe von Ausbildungsprogrammen werden neue Heilungsteams herangebildet. Wir haben auch ein Ausbildungszentrum, wo spezielle Heilungsseminare und Kurse durchgeführt werden. Über 3000 Menschen haben sich in diesem Zentrum eingeschrieben, es werden dort viele Kurse zu den unterschiedlichsten Themen und Fragen angeboten.

Ich könnte noch sehr viel mehr von unseren Programmen berichten, aber vielleicht sehen sie morgen schon anders aus — je nach den Nöten der Menschen um uns herum. Werte und Grundsätze bleiben konstant; Programme ändern sich. Die meisten Menschen werden unter anderen kulturellen Gegebenheiten leben als wir hier in Südkalifornien; daher werden sich die Programme für den Heilungsdienst in anderen Gemeinden wahrscheinlich von unseren unterscheiden. Das ist einer der Gründe dafür, warum viele enttäuscht sind, wenn sie unsere Programme in ihre Gemeinden übernehmen. Übertragbar sind unsere Grundsätze und unsere Werte — nicht aber unsere Programme.

Mitarbeiter

Zu der »Arbeitstruppe« gehören einerseits diejenigen, die für andere um Heilung beten (die »Praktiker«), andererseits diejenigen, die andere Menschen lehren und anleiten. Jeder Christ, der im Heilungsdienst tätig sein will, muß zwei Vorraussetzungen mitbringen. Erstens muß er glauben, daß Gott heilen will. Dieser Glaube muß weder groß noch vollkommen sein; Gott wird das Wenige, was wir haben, nehmen und es mit der Zeit wachsen lassen. Die zweite Qualifikation ist Offenheit; wir müssen für Gottes heilende Kraft offen sein.

Vielleicht fragen Sie sich, warum ich nicht geistliche Reife als Voraussetzung genannt habe. Die Gaben des Geistes werden nicht nur geistlich reifen Menschen verliehen; sie werden den willigen Menschen gegeben. Einige der dramatischsten Heilungen, die ich erlebt habe, sind durch das Gebet ganz junger Christen geschehen. Damit will ich nicht sagen, charakterliche Reife sei nebensächlich, wenn es um göttliche Heilung geht. Der Charakter kann sich im Dienst des einzelnen sowohl positiv als auch negativ auswirken — die Gabe der Heilung kann in ihrer Wirksamkeit verstärkt oder verringert werden, je nach der Treue des jeweiligen Christen. Ungeachtet dessen kann Gott jedoch jeden Christen gebrauchen — ob jung oder alt, reif oder unreif, um Kranke zu heilen.

Manche meinen, eine natürliche Heilungsgabe komme dem Charisma der Heilung gleich. Es gibt Menschen, die eine ausgesprochene Gabe haben, andere zu ermutigen und aufzubauen. Sie haben ein warmherziges

Wesen; sie sind herzlich und freundlich im Umgang mit anderen. Manche Menschen sind so feinfühlig und verständnisvoll, daß man den Eindruck hat, daß allein von ihrer Gegenwart schon Heilung ausgeht, besonders Heilung zerbrochener Beziehungen. Gott kann ein warmherziges Wesen durchaus für Versöhnung und andere Bereiche der inneren Heilung gebrauchen, aber das Wichtigste bei göttlicher Heilung sind die Gaben des Geistes. Die Fähigkeit, solche Heilung weiterzugeben, ist nicht an einen bestimmten Persönlichkeitstyp gebunden. Menschen, die im Heilungsdienst stehen, mögen ein herzliches und feinfühliges Wesen haben; entscheidender ist jedoch, daß sie sich völlig von den Gaben des Geistes abhängig machen, darauf vertrauen, daß Gott heilt, und lernen, für Kranke zu beten.

Diejenigen, die im Heilungsdienst stehen, wissen, daß sie selbst nicht die Quelle der Heilung sind. Die Quelle göttlicher Heilung ist der Heilige Geist mit seinen Gaben (1. Kor. 12,11; Hebr. 2,4). Die Empfänger dieser Gaben sind alle, die zum Volk Gottes, zum Leib Christi gehören. Mit dem Empfang des Heiligen Geistes stehen uns alle Gaben zur Verfügung, die wir brauchen, um das Reich Gottes voranzutreiben (Apg. 1,5; 2,4; 11,15-16). Die Gaben sind ein Ausdruck der Gnade Gottes: »Dient einander, jeder mit der Gabe, die er empfangen hat, als gute Haushalter über die vielfältigen Gnadengaben Gottes« (1. Petr. 4,10).

Die Gabe der Heilung zu besitzen ist etwas anderes, als zu einer bestimmten Zeit, in einer konkreten Situation von Gott für die Heilung eines Menschen gebraucht zu werden. Viele lehren, daß jeder Christ ein oder zwei Gaben als seinen Besitz hat. Man wird aufgefordert, »seine Gabe zu entdecken«; dahinter steht die Annahme, daß nur einige wenige zu besonderen Diensten wie zum Beispiel dem Heilungsdienst berufen sind. Diese Lehre — daß jeder Christ nur ein oder zwei Gaben besitzt und sich in seiner Wirkungsmöglichkeit auf diese Gaben beschränken muß — halte ich für falsch; ich will meine Auffassung im folgenden begründen.

Paulus befaßt sich in 1. Korinther 12, 4-7 mit diesem Thema. Er sagt: »Es gibt verschiedene Gnadengaben; aber es ist ein Geist. Und es gibt verschiedene Dienste; aber es ist ein Herr. Und es gibt verschiedene Kräfte; aber es ist ein Gott, der alles in allen wirkt. Jedem einzelnen wird die Offenbarung des Geistes gegeben zum Nutzen aller.«

Das griechische Wort, das mit »verschiedene« übersetzt wird, *diaireseis,* deutet darauf hin, daß die Gaben des Geistes auf zweierlei Weise ausgeteilt werden. Es gibt sowohl verschiedene geistliche Gaben als auch eine Vielfalt von Diensten, in denen diese Gaben im Leib Christi wirksam werden.

Um diesen Abschnitt auslegen zu können, ist es wichtig zu verstehen, daß die Gaben in erster Linie der Gemeinde *als Ganzer* verliehen sind. Das bedeutet, daß die Gaben nicht hauptsächlich dem einzelnen, sondern dem gesamten Leib gegeben sind und dazu dienen sollen, den ganzen Leib aufzubauen. Mit dieser Erkenntnis haben wir auch einen Schlüssel in der Hand, der uns hilft, den ganzen Abschnitt von 1. Korinther 11,17-14,40 zu verstehen; dieser Abschnitt enthält wohl die deutlichste Lehre über die Charismen im Neuen Testament. Zwölfmal hält Paulus dem Leser vor Augen, daß die Gaben des Geistes *dem Leib* gegeben sind, er betont, daß das Wesen und Wirken der Kirche nur korperativ, also vom Ganzen her, zu verstehen ist (11,17.18.20.33.34; 14,4.5.19.23.26.28.33-34).

Scheinbar widersprüchliche Aussagen lösen sich, wenn man sie vor dem Hintergrund dieser Erkenntnis sieht; der Erkenntnis nämlich, daß Paulus hier davon spricht, wie die Gaben eingesetzt werden sollen, wenn der Leib Christi zusammenkommt. In 1. Korinther 12,30 fragt Paulus zum Beispiel: »Reden alle in Zungen?« — aus dem Zusammenhang wird deutlich, daß diese Frage verneint werden muß. Im nächsten Vers sagt Paulus jedoch: »Strebt aber nach den höheren Gaben!« — was heißen soll, daß man sich nicht mit ein oder zwei Gaben zufriedengeben sollte. In 1. Korinther 14,5 heißt es dann: »Ich wollte, daß ihr alle in Zungen reden könntet.« Wenn der Leib Christi zusammenkommt, können und sollen nicht alle gleichzeitig die Gaben ausüben — das ist die Aussage, auf die es Paulus hier ankommt. Sonst entstände nur Chaos. In Gemeindezusammenkünften ist aber damit nicht festgelegt, wer welche Gabe ausübt, allen stehen alle Gaben zur Verfügung, nur soll alles in entsprechender Ordnung geschehen.

So kommt es also vor, daß in Situationen, wo spezielle Nöte vorhanden sind, dem einzelnen besondere Gaben verliehen werden. Das heißt, die Gaben werden dem einzelnen in konkreten Situationen gegeben, damit er sie zum Segen für andere einsetzt. Daraus ergibt sich auch, daß jeder Christ für einen Kranken beten kann; wenn er diese Gabe jedoch im Rahmen einer Gemeindezusammenkunft einsetzt, so soll dies in der angeordneten Weise und zum Wohle aller geschehen.

Die meisten Christen üben gewöhnlich ein oder zwei Gaben aus — Lehren, Verwalten, Gastfreundschaft, Beten und so weiter — , aber ab und zu üben sie eine Gabe aus, die sie normalerweise nicht haben. Ich nenne dies eine besondere Verleihung, eine spezielle Salbung, um in einer konkreten Situation eine Aufgabe ausführen zu können. In 1. Korinther 12,7 sagt Paulus: »Jedem einzelnen wird die Offenbarung des Geistes gegeben zum Nutzen aller.« Das griechische Wort *phanerosis,* das hier mit »Offenbarung« übersetzt ist, bedeutet In-Erscheinung-Treten. Das heißt, die Gaben sind Erscheinungen des Geistes; durch die Gaben erscheint der Geist zu bestimmten Zeiten und auf bestimmte Weise unter den Menschen. Der Heilige Geist offenbart sich, er salbt Christen mit Gaben, um konkreten Nöten abzuhelfen. In gleicher Weise wird auch die Gabe der Heilung verliehen.

Die Gaben des Geistes sind zum Nutzen aller gegeben und zur Verherrlichung Gottes. Wir empfangen sie, um sie weiterzugeben. Ich spreche nie von »meiner Gabe«; ich spreche vielmehr von der Gabe, die Gott mir gegeben hat, damit ich sie weitergeben kann. Indem man die Gaben weitergibt, werden sie tatsächlich reicher und größer.

Ich erinnere mich noch gut daran, wie Gott mir zum erstenmal die Gabe der Erkenntnis gab — Fakten und Informationen über spezielle Situationen, Menschen oder Dinge, von denen man nur auf übernatürlichem Wege Kenntnis erlangen kann. Ich wußte die geheimsten Gedanken der Menschen. Diese Gabe gefiel mir, und da sie sonst keinem anderen in der Gemeinde verliehen war, begann ich stolz zu werden.

Dann sagte mir Gott, daß ich die Gabe weitergeben solle; das hieß, ich sollte anderen die Hände auflegen und dafür beten, daß auch sie diese Gabe empfingen. Ich sprach nur ein einfaches Gebet: »Herr, bitte gib diesem Menschen Worte der Erkenntnis«, woraufhin die meisten die Gabe empfingen. Doch dann begann Satan mir einzuflüstern, daß ich selbst die Gabe verlieren würde, wenn ich fortführe, sie weiterzugeben. So hörte ich auf, für andere um diese Gabe zu bitten; in den nächsten vier Monaten empfing ich selbst allerdings kein einziges Wort der Erkenntnis mehr. Schließlich ging ich zu einigen Freunden und bat sie, für mich zu beten, daß die Gabe wieder in mir lebendig würde. Gott erhörte ihr Gebet. Am nächsten Tag begriff ich schließlich, wie Satan mich betrogen hatte; seitdem lag es mir noch mehr am Herzen, für andere Menschen zu beten, daß auch sie diese Gabe empfangen.

Im Laufe der Zeit können sich die Gaben des Geistes auch entwickeln. Ich will beschreiben, wie ein solcher Prozeß aussehen kann. Es wird nur wenige Christen geben, die Gott zu einem speziellen Dienst oder Amt der Heilung berufen wird.

1. *Der Auftrag.* Es gibt wohl eine Entsprechung zwischen unserem Auftrag, für die Kranken zu beten, und dem Auftrag, das Evangelium zu verkündigen. Gott hat allen Christen geboten, anderen Menschen vom Reich Gottes zu erzählen, aber einige haben speziell die Gabe der Evangelisation, eine besondere Begabung und Befähigung, viele zu Christus zu führen. Dies sind die Evangelisten. Andere wiederum sind zwar keine Evangelisten, sind aber trotzdem dazu berufen, das Werk eines Evangelisten zu tun, wie zum Beispiel Timotheus (2. Tim. 4,5).

Bei göttlicher Heilung ist es sehr ähnlich: wir haben alle den Auftrag, für die Kranken zu beten, aber wir sehen auch, daß einige Menschen eine besondere, nicht nur momentane Salbung für Heilung haben (1. Kor. 12,9). Die anderen, die nicht in einem ständigen Heilungsdienst stehen, haben nur bei speziellen Anlässen eine Salbung für Krankenheilung. Dies gilt besonders für Eltern und Gemeindeälteste, denen Gott Vollmacht und Autorität gegeben hat, für ihre Kinder bzw. ihre Gemeindemitglieder zu beten.

In 1. Korinther 12,8-9. 11 heißt es:

»Dem einen nämlich wird durch den Geist Weisheitsrede gegeben, einem anderen aber Erkenntnisrede gemäß demselben Geist, einem anderen Glaube in demselben Geist, einem andern aber Gnadengaben zu Heilungen in dem einen Geist... Alles das aber wirkt ein und derselbe Geist, der jedem für sich zuteilt, wie er will.« (Zürcher)

Ein weiterer Schlüssel zum Verständnis der göttlichen Heilung sei genannt: selbst wenn wir normalerweise nicht die Gabe der Heilung haben, kann es geschehen, daß Gott uns ganz unerwartet dazu gebrauchen will, andere zu heilen. Daher sollten wir offen und bereit sein, damit er uns zu jeder Zeit bevollmächtigen kann. Wenn wir Glauben haben und Gott uns »salbt«, dann geschieht göttliche Heilung.

Das griechische Wort »charismata« (Gnadengaben) in 1. Korinther 12,9 wurde von Dr. Russell Spittler, Theologieprofessor am Fuller Seminary, übersetzt mit «Gnadenbefähigungen« («gracelets«). Es geht hierbei um situationsbezogene Manifestationen oder Salbungen mit den Gaben, die zu einem bestimmten Zweck für das Wohl der Gemeinde gegeben werden. 1. Korinther 12,9 spricht deutlich davon, daß Gott »Befähigungen, zu heilen« verleiht. Im Griechischen stehen hier die Worte für Gabe und für Heilung im Plural. Da es sehr viele unterschiedliche Krankheiten gibt, sind auch die Gnadenbefähigungen, zu heilen, sehr unterschiedlicher Natur.

Neben der Gnadenbefähigung, zu heilen, gibt es noch weitere Befähigungen, die normalerweise bei göttlicher Heilung eine Rolle spielen. Eine Gruppe nenne ich die Befähigungen der Unterscheidung: Worte der Weisheit, Worte der Erkenntnis und die Unterscheidung der Geister (1. Kor. 12,8.10). Dies sind Gaben, die uns übernatürlichen Einblick verleihen; wir »sehen« eine Situation, wie Gott sie sieht.

Ein »Wort der Weisheit« zu empfangen bedeutet, daß Gott uns in einer speziellen Situation seine Weisheit offenbart oder uns Einblick in diese Situation gewährt. Besonders in Seelsorgegesprächen kann dies sehr hilfreich sein; Gott gibt solch ein Wort oft zusammen mit einer Bibelstelle.

Ein »Wort der Erkenntnis« bedeutet, daß Gott einem Menschen Sachverhalte über eine Situation offenbart, von denen er vorher keine Kenntnis hatte.[2] Gott kann zum Beispiel Einzelheiten über das Leben eines anderen Menschen oder Sünde offenbaren, er kann vor Gefahrensituationen warnen und so einen Menschen schützen. Er kann die Gedanken eines anderen offenbaren, Heilung ankündigen oder Weisung geben.

Die »Unterscheidung der Geister« ist die übernatürliche Fähigkeit, zu beurteilen, ob in einem Menschen Gottes Kraft, die eigene menschliche Kraft oder die Kraft böser Geister wirkt. Gott verleiht übernatürlichen Einblick, so daß man erkennt, welche Quelle die geistliche Kraft in einem Menschen hat. Diese Gabe ist besonders wichtig, um gezielt für die Heilung eines Menschen beten zu können.

Gott gibt uns diese Gnadenbefähigungen der Unterscheidung auf verschiedene Weise:

* Inspiration — eine Flut von Gedanken mit speziellen Fakten, die die Beschreibung einer Situation darstellen.
* Träume und Visionen — Bilder in der Vorstellung. Solche Bilder können auch Gesichter, Worte und Situationen enthalten.
* Eindrücke — ein tiefes Wissen, das man in seinem Geist verspürt. Manchmal löst ein Wort am Anfang eines Satzes eine ganze Fülle von Eindrücken aus.
* Bibelverse — Abschnitte der Schrift, die uns plötzlich Einsicht in eine spezielle Situation geben.
* Schmerzen im Körper — Schmerzen oder Empfindungen, die mit der Krankheit des Menschen in Verbindung stehen können, für den gebetet wird.

Eine weitere Gruppe umfaßt die Gnadenbefähigungen der Kraft: Glaube, Wunder und Gaben der Heilung.

Die »Gabe des Glaubens« ist das geheimnisvolle Geschehen, bei dem angesichts einer ausweglosen Situation oder Not ein Mensch plötzlich von einem tiefen Vertrauen zu Gott erfüllt wird. Auf einmal ist in ihm die unerschütterliche Gewißheit, daß Gott durch Wort oder Tat handeln wird. Diese Gabe ist darum so wunderbar, weil Gott sie in Situationen schenkt, wo man am wenigsten mit dieser Gabe rechnet, sie aber am meisten braucht.

»Wunder« sind Ereignisse, bei denen Menschen oder Dinge durch Gottes Kraft sichtbar und zu ihrem Besten verändert werden. Das griechische Wort, das wir mit »Wunder« übersetzen, heißt *dynamis,* was eigentlich Kraft bedeutet. Das größte Wunder, in dem auch die größte Kraft sichtbar wurde, war Jesu Auferstehung (1. Kor. 15,43,44).

Die Gnadenbefähigungen der Kraft äußern sich in folgenden Erfahrungen:

* Salbung — ein plötzliches Einströmen von Kraft; die meisten spüren dies durch ein Prickeln oder eine ungewöhnliche Gewißheit.
* »Losgelöstheit« — der Eindruck, daß etwas außerhalb meiner selbst geschieht, ein Bewußtsein der Gegenwart und des Wirkens des Heiligen Geistes.
* Worte des Glaubens — Worte, die man völlig unerwartet von Gott empfängt und dann ausspricht.
* Träume und Visionen — man sieht in einem Bild, wie eine Heilung oder ein Wunder geschieht. Wenn die entsprechende Situation kommt, kann man mit Kühnheit beten.
* Eindrücke — ein stilles und zuversichtliches Wissen, daß Gott heilen oder ein Wunder wirken wird. Diese Art von Eindrücken habe ich gewöhnlich, bevor ich einen Gebetsdienst beginne.

Bei Heilungen schenkt Gott manchmal ein ganzes Bündel solcher Gaben. Der folgende Brief ist ein Beispiel dafür, wie ein Wort der Erkenntnis, die Unterscheidung der Geister und das Gebieten bei der Heilung einer Frau zusammenwirkten:

12. Juni 1986

»Lieber John!
... Ich will berichten, wie Mary (nicht ihr richtiger Name), eine Schwester aus unserer Gemeinschaft, durch unseren Gebetsdienst geheilt wurde. Während der Gebetszeit empfingen mehrere von uns Worte der Erkenntnis. Eine der Frauen der Gemeinschaft stand auf und sagte, sie glaube, daß eine dunkelhaarige Frau anwesend sei, die Lupus (erythematodes) hätte und die der Herr heilen wolle. Zu meiner Überraschung stand eine Frau auf, die ich kannte und die zu unserer Gemeinschaft gehörte; sie war dunkelhaarig und sagte, sie leide an dieser Krankheit. Kay, die Frau, die das Wort der Erkenntnis gehabt hatte, ging zu ihr und betete für sie; andere schlossen sich an. Während Kay für Mary betete, spürte sie, daß der Herr ihr sagte, sie solle dem »stinkenden Hund« gebieten, Mary zu verlassen. Kay ergriff die Vollmacht, die ihr gegeben war und befahl dem »stinkenden Hund« in Jesu Namen von Mary zu weichen. Kay sah dann das Bild eines Wolfes, der sich in dem Gang zwischen den Stühlen davonschlich und verschwand. Einige Wochen später ging Mary zu ihrem Arzt, bei dem sie schon seit zwölf Jahren wegen ihrer Krankheit in Behandlung war. Der Arzt stellte zu seiner Überraschung fest, daß keine Spur des Lupus mehr zu finden war. Er stand vor einem Rätsel und dachte, er hätte eine falsche Diagnose gestellt; er konnte einfach kein Anzeichen der Krankheit mehr feststellen. Er sagte, selbst bei einem Rückgang dieser Krankheit würden immer noch sichtbare Spuren bleiben. Mary fragte, ob das hieße, daß sie geheilt sei, woraufhin er sagte: »Ja, Sie sind geheilt.« Es gibt noch einen weiteren erwähnenswerten Punkt bei dieser Geschichte: Kay, die dem »stinkenden Hund« gebot zu weichen und den Wolf davonschleichen sah, ahnte nicht, daß diese Krankheit im Volksmund auch Wolfskrankheit genannt wird. Gelobt sei Gott! ...

Ihr Bruder in Christus
Dave Nodar
The Lamb of God
Baltimore, Maryland.«

2. *Der Dienst.* Als göttliche Heilung zu einem festen Bestandteil unseres Gemeindelebens in der Vineyard Christian Fellowship wurde, stellte ich fest, daß auf das Gebet einiger Gemeindemitglieder hin besonders viele Kranke geheilt wurden. Sie hatten einen Dienst der Heilung (siehe

1. Kor. 12,27-31). Von diesen wiederum waren einige besonders erfolgreich, wenn sie für Menschen mit körperlichen Leiden beteten, während das Gebet anderer eher dämonisch gebundenen Menschen half oder Menschen, die innere Heilung brauchten. C. Peter Wagner zum Beispiel (er gehört zu einer anderen Gemeinde) betet mit sehr viel Erfolg für Menschen, die ein zu kurzes Bein und damit zusammenhängend oft auch Rückenschmerzen haben. Seine »Erfolgsquote« beträgt beinahe hundert Prozent.

Diejenigen, die ein Amt in der Gemeinde innehaben, sind dazu berufen, die Christen zu lehren und auszurüsten. Andererseits haben nicht alle, die andere anleiten, auch gleichzeitig ein Amt in einer örtlichen Gemeinde. Um ein Modell des geistlichen Heilungsdienstes weiterzugeben, ist es wichtig, analytisch denken zu können. Wer andere zum Gebetsdienst für Kranke anleiten will, muß natürlich auch durch das eigene Gebet Heilungen erleben, das heißt, er muß selbst auch einen Heilungsdienst haben. Solche Menschen gebraucht Gott auch oft dazu, um durch Gebet und Händeauflegen andere für den Heilungsdienst zu salben. Es hat nicht einfach jeder Christ die Vollmacht, für andere zu beten und zu erleben, wie Gott sie dadurch zum Heilungsdienst salbt.

Die wirkungsvollste Methode bei der Anleitung zum Gebet für Kranke ist, ein in sich stimmiges Konzept zu vermitteln, dem man Schritt für Schritt folgen kann. Die nächsten beiden Kapitel beschreiben das Konzept, das ich entwickelt habe.

Kapitel 11

Einzelschritte im Heilungsdienst: Interview, Diagnose, Entscheidung über die Gebetsart

In der Bibel gibt es Heilungsmethoden, die uns helfen, für Kranke zu beten. Ich bin empirisch vorgegangen und habe ein Konzept entwickelt, das ich »Fünf Schritte zum Gebet für Kranke« nenne. Jeder der fünf Schritte gründet sich auf Methoden, die Jesus anwandte, wenn er für Kranke betete, auch wenn uns in der Bibel diese Schritte nicht in systematischer und chronologischer Anordnung genannt werden. Die Heilungsschritte gründen sich auf biblische Wahrheit und stellen nicht nur einfach meine eigene persönliche Erfahrung dar.

Jeder Schritt soll helfen, eine Frage über den Zustand des Kranken zu beantworten: Was ist sein Leiden? Was ist die Ursache? Wie soll ich dafür beten? Was geschieht mit dem Menschen, während ich bete? Wann soll ich aufhören zu beten? Was soll der Mensch tun, um nicht erneut zu erkranken? Diese Schritte sind sehr praktisch, und es ist einfach, ihnen zu folgen. Meistens vermittelt schon eine Lehreinheit auf einer Konferenz den Menschen genügend Erkenntnisse, um *sofort* für Kranke beten zu können. Mit anderen Worten: diese Methode gibt den Menschen eine Hilfe in die Hand, so daß sie wissen, an welchem Punkt sie ansetzen können, wenn sie für Kranke beten, und wann sie das Gebet beenden sollen.

Diesen fünf Heilungsschritten kann man zu jeder Zeit und an allen Orten folgen: in Hotels, bei Nachbarn, in Flugzeugen, in Büros und natürlich in Gemeindeveranstaltungen. Ich habe schon öfters erlebt, wie mitten in einem Gespräch mein Gesprächspartner — manchmal ein Mensch, den ich vorher nicht kannte — erwähnt, daß er eine Krankheit hat. Dann kann es sein, daß ich ihn frage: »Darf ich für Sie beten?« Die meisten haben, auch wenn sie nicht an Christus glauben, nichts gegen diese Bitte einzuwenden. Ich folge dann den fünf Schritten des Heilungsdienstes und bete voller Zuversicht für sie.

Normalerweise versuche ich, zum Gebet einen ruhigen Raum zu finden, der nicht für die Öffentlichkeit zugänglich ist. Dies schützt nicht nur den jeweiligen Menschen vor möglichen peinlichen Situationen, sondern es hilft ihm auch, seine Nöte offener und ehrlicher darlegen zu können, besonders wenn die Krankheitsursache schwerwiegende Sünde ist. Bei größeren Veranstaltungen kann man in eine Ecke gehen oder sich in einen Gebetsraum oder ein Büro zurückziehen. Die fünf Schritte sind:

> Erster Schritt: das Interview
> Zweiter Schritt: die Diagnose
> Dritter Schritt: die Entscheidung über die Gebetsart
> Vierter Schritt: der Gebetseinsatz
> Fünfter Schritt: nachträgliche Anweisungen

In diesem und im folgenden Kapitel will ich die Schritte im einzelnen beschreiben.

Erster Schritt: das Interview

Der erste Schritt, wenn wir für einen Kranken beten, ist ein Interview. *Das Interwiew sucht Antwort auf die Frage:»Wo tut es weh?«* Ich frage: »Wofür soll ich beten?« Bei der Antwort höre ich auf zwei Ebenen zu: auf der natürlichen und der übernatürlichen. Auf der natürlichen Ebene wäge ich die Antwort im Lichte dessen ab, was ich aus der Bibel weiß; auch meine Kenntnis der jeweiligen Person oder Erfahrungen aus Situationen, wo ich für Menschen mit ähnlichen Problemen gebetet habe, ziehe ich heran. Bei dem Interview geht es nicht darum, die Krankheitsgeschichte mit medizinischen Einzelheiten in Erfahrung zu bringen. Eine Krankheitsgeschichte ist wichtig für eine ärztliche Behandlung, nicht aber, wenn es um Gebet für Heilung geht. Der Heilige Geist ist der Arzt und das Heilmittel; er braucht kein medizinisches Wissen, um zu heilen. Nebenbei sei erwähnt, daß ausführliche medizinische Gespräche normalerweise das Gebet um Heilung nur hinauszögern.

Zweiter Schritt: die Diagnose

Der zweite Schritt beinhaltet, daß man eine Diagnose stellt. Hierbei geht es darum, die Wurzel des Problems zu identifizieren und zu klären. *Die Diagnose beantwortet die Frage:»Warum ist dieses Leiden da?«* Dieser Schritt ist äußerst wichtig für das Gebet um Heilung; wenn wir nämlich die Ursache erkennen, wissen wir, auf welche Weise wir für den Kranken beten können.

Dieser zweite Schritt geht Hand in Hand mit dem ersten. Während ich das Leiden des Kranken in Erfahrung bringe, bitte ich Gott gleichzeitig, mir auf übernatürlichem Wege Einsicht zu schenken, so daß ich den wahren Grund der Krankheit erkennen kann. Gott gebraucht meistens ein Wort der Erkenntnis, ein Wort der Weisheit oder die Gabe der Unterscheidung der Geister, um mir Einblick in den jeweiligen Zustand zu geben. Nur sehr selten kennt ein Mensch selbst die Wurzel seines Problems. Ist dies jedoch der Fall, so gibt mir der Heilige Geist in meinem Herzen eine Bestätigung, daß die Wurzel richtig erkannt ist.

Ich habe immer die Einstellung, daß es einfacher ist, einem Menschen Fragen zu stellen, als zu denken, ich müsse ein Wort der Erkenntnis empfangen. Doch manchmal offenbart mir Gott, daß das Problem eines Menschen, entgegen seiner eigenen Auffassung, an einer ganz anderen Stelle liegt.

Vor zwei Jahren zum Beispiel betete Kevin Springer für eine Frau, die unter starken Rückenschmerzen litt. Während des Gespräches sagte Jane (nicht ihr richtiger Name), daß ihre Rückenschmerzen von einem Unfall herrührten, der sich vor einigen Jahren ereignet hatte. Irgend etwas in ihrer Antwort ließ Kevin jedoch vermuten, daß die eigentliche Ursache ihrer Rückenschmerzen nicht der Unfall war. Nach einer kurzen Zeit erfolglosen Gebetes wandte Jane sich um und kehrte auf ihren Platz zurück; sie war entmutigt, weil ihr Rücken nach wie vor schmerzte — ein weiterer mißglückter Versuch, sie durch Gebet zu heilen.

In dem Moment, als sie sich umwandte, gab Gott Kevin Einblick in die wahre Ursache ihrer Rückenschmerzen: sie standen in Zusammenhang mit der schlechten Beziehung, die Jane zu ihrer Mutter hatte. Diese Einsicht kam durch einen Gedanken: »Ihre Mutter. Ihre Mutter. Jane hat Probleme mit ihrer Mutter.« Kevin bat Jane, noch einmal zurückzukommen, damit er weiter für sie beten könne.

Er fragte sie nun, wie die Beziehung zu ihrer Mutter aussähe und ob sie problematisch sei. Er sagte:»Sie haben zwar gesagt, daß Ihre Schmerzen auf jenen Unfall zurückzuführen seien; aber ich habe den Eindruck, daß der Herr sagt, daß Ihre Rückenschmerzen in irgendeiner Weise mit Problemen, die Sie mit Ihrer Mutter haben, in Zusammenhang stehen. Was denken Sie darüber?« Obwohl sie zuerst keinen Zusammenhang zwischen ihrem Rücken und der Beziehung zu ihrer Mutter sehen konnte, bestätigte sie, daß zwischen ihr und ihrer Mutter Probleme bestanden, die bis in die Kindheit zurückreichten.

Nun war Kevin ganz sicher, daß die Heilung des Rückens mit einer Heilung der Beziehung zu der Mutter in Verbindung stand. Bevor die körperliche Heilung geschehen konnte, war innere Heilung nötig. Kevin half Jane, ihrer Mutter zu vergeben und Vergebung ihrer eigenen Schuld zu empfangen; dann betete er erneut für ihren Rücken. Diesmal wurde sie sofort geheilt. Ein Jahr später schrieb Jane Kevin einen Brief, in dem sie ihm mitteilte, daß die Rückenschmerzen nicht mehr zurückgekehrt seien.

Die Ursachen und Wurzeln eines Problems können sehr komplex sein, wie wir an Janes Geschichte sehen. Symptome, die sich in einem Bereich unseres Lebens zeigen, können durch Probleme in anderen Bereichen verursacht werden. Der folgende Bericht ist ein gutes Beispiel dafür, wie eng alle Bereiche unseres Lebens miteinander verflochten sind — in geistlicher, seelischer, körperlicher und sozialer Hinsicht.

Ich sollte einmal für eine Frau mit Arthritis beten. Ich fragte sie:»Wie steht es mit Ihrer Ehe?« Sie antwortete:»Ich lebe von meinem Mann getrennt. Vor drei Jahren verließ er mich und meine sechs Kinder.« Ich sagte:»Ist es möglich, daß Sie im Gedanken an diese ganze Situation viel Bitterkeit und Groll empfinden und daß dies die Ursache Ihrer Krankheit ist? Was denken Sie darüber?« Sie sagte:»Das glaube ich kaum.« So schlug ich vor:»Lassen Sie uns doch einfach beten und sehen, was Gott tut. Sind Sie einverstanden?«

Als ich zu beten anfing, kam der Heilige Geist auf die Frau und drang in die tiefsten Schichten ihres Herzens ein. Nun konnte sie ihre Bitterkeit und den Groll erkennen, den sie ihrem Ehemann gegenüber hegte. Sie vergab ihm; daraufhin betete ich für sie um Heilung von ihrer Arthritis. Sie sagte, daß sie geheilt sei. Einige Monate später bestätigte sie mir ihre Heilung noch einmal. In diesem Fall bestand die Ursache der körperlichen Krankheit darin, daß die Frau in ihrem Herzen Groll gehegt hatte.

Immer wieder bete ich auch für Menschen, die nicht in der Lage sind, Beziehungen zu anderen aufzubauen, weil sie durch ihren Ehepartner tief verletzt wurden. Sie sind unfähig, Liebe zu empfangen oder zu geben, selbst in Beziehungen mit anderen Christen. So gibt es also auch im sozialen Bereich Probleme, deren Ursache seelische Verletzungen sind, die durch eigene oder fremde Schuld entstanden sein können.

Häufig erlebe ich, daß die eigentliche Ursache eines Problems dämonischer Art ist. Es gibt Dämonen, die Angst verursachen. Diese Angst bringt seelische Schwierigkeiten mit sich und hat schließlich auch körperliche Auswirkungen. Eine Frau zum Beispiel litt unter Angst — verursacht von einem Dämon — und war infolgedessen sehr unsicher in ihrer Beziehung zu ihrem Mann. Das Gefühl, eine schlechte Ehefrau zu sein, wurde immer stärker. Dies bewirkte schließlich, daß sie unfruchtbar wurde. Als der Dämon aus ihrem Leben ausgetrieben war, konnte sie ihren Mann wirklich lieben und empfing ein Kind. Die seelischen Probleme der Frau und die daraus resultierenden körperlichen Schwierigkeiten waren in diesem Fall auf einen Dämonen zurückzuführen.

Manchmal bete ich für Menschen, die als Folge von Ereignissen, die mit einem Unfall oder einer schweren Operation in Zusammenhang standen, schon jahrelang unter Schmerzen oder Lähmungen leiden. In manchen Fällen läßt sich keine körperliche Ursache für ihren Zustand mehr feststellen.

Unfälle und Operationen haben seelische, geistliche und natürlich körperliche Folgen. Menschen, die sich einer Operation unterziehen müssen oder einen Unfall erleben, sind sehr verletzbar durch Prognosen. Solche Prognosen können zu »Prophezeiungen« heranwachsen, die von den betroffenen Personen unbewußt selbst wahrgemacht werden. Dies kann verheerende Auswirkungen auf die Gesundheit haben. Es kommt oft vor, daß ein wohlmeinender Arzt nach einer Operation oder im Zusammenhang eines Unfalls sagt: »Ihr körperlicher Zustand sieht folgendermaßen aus, und Sie können damit rechnen, daß Sie bis an Ihr Lebensende unter diesen und jenen Beschwerden zu leiden haben.« Der Arzt ist davon überzeugt, daß der Patient nichts Besseres zu erwarten hat. Aber solche Aussagen wirken als Hindernis für die Heilung eines Patienten. Dies geschieht in zweierlei Weise.

Erstens stellt der Arzt die Situation so dar, daß der Patient zu der Überzeugung kommt, es könne nicht besser mit ihm werden. Es ist wichtig, daß Ärzte den Patienten gegenüber ehrlich sind; dies lege ich ihnen nicht zur Last. Aber manchmal beenden sie ihre Diagnose mit einer Aussage, die es den Patienten erschwert, die volle Gesundheit wiederzuerlangen. Ärzte üben einen starken Einfluß auf ihre Patienten aus, sie haben große Autorität; ihren Worten wohnt eine starke Kraft inne, die als Segen oder Fluch wirken kann. Manche Menschen leiden unter solchen belastenden Aussagen der Ärzte. »Der Arzt hat mir zu verstehen gegeben, daß ich wahrscheinlich nie wieder werde gehen können; das ist jetzt zehn Jahre her, es muß wohl stimmen.« Ich antworte darauf: »Wir wollen sehen, ob Jesus Ihren Zustand nicht trotzdem verändern will.« Dann bete ich darum, daß Gott die Macht der Worte des Arztes bricht.

Zweitens verhindern manche Ärzte — ohne dies zu beabsichtigen — die Genesung ihrer Patienten dadurch, daß sie sie über die bestehenden Chancen zur Heilung aufklären. Sie sagen zum Beispiel: »Auf Grund von Statistiken ähnlicher Fälle stehen die Chancen fünfzig zu fünfzig, daß die Krankheit innerhalb des nächsten Jahres wieder auftauchen wird.« Der Kranke muß sich auf Grund dieser Aussage als unpersönliche Nummer in einem russischen Roulette vorkommen — solche Prognosen helfen ihm nicht, sich als ein Kind Gottes zu sehen, das unter seiner Gnade lebt. Mit solchen Sätzen schalten die Ärzte Gott aus, auch wenn sie dem Patienten nicht direkt sagen, daß er keine Heilung zu erwarten hat.

So können also wohlmeinende Worte von Ärzten zu ungeheuren Hindernissen für Heilung werden. Es kann vorkommen, daß ein Mensch krank bleibt, weil er der Prognose des Arztes glaubt, die dieser nach einer Operation oder einem Unfall ausgesprochen hat. In vielen Fällen heilt der Heilige Geist körperliche Schäden erst dann, wenn die Macht der Worte des Arztes gebrochen ist.

Manchmal bete ich für Männer, die ihre Frauen schlagen; im Interview erfahre ich oft, daß sie selbst von ihrem Vater, ihrer Mutter oder einem Onkel geschlagen wurden. Fast immer hat sich in solchen Fällen schon in der Kindheit ein böser Geist festgesetzt. Wenn ich diese Geister aus solchen Menschen austreibe, so habe ich es schon mehr als einmal erlebt, daß die Geister mir sagten: »Dieser Mann gehört mir! Er gehörte mir schon als er ein kleiner Junge war.« Häufig erinnern sich diese Männer an negative Erlebnisse aus ihrer Kindheit, die ihr ganzes Leben veränderten. (Dämonen sind Lügner, man kann ihnen nicht trauen. Aber den obigen Satz habe ich von so vielen bösen Geistern gehört, daß ich es für möglich halte, daß sie tatsächlich gerade in das Leben von Kindern, die mißhandelt worden sind, eindringen können.) Dies soll nicht heißen, daß alle Männer, die ihre Frauen schlagen oder ihre Kinder mißhandeln, unter dämonischem Einfluß stehen; bei einigen jedoch trifft dies zu. Zwischen dämonischer Gebundenheit und dieser Art von Mißhandlung besteht eine Beziehung. Ich will deutlich machen, daß die Ursachen dieses Problems oft in sozialen Gegebenheiten und dämonischem Einfluß zu finden sind.

Ich könnte die Liste der Beispiele noch beliebig verlängern, aber ich denke, es ist deutlich geworden, wie wichtig es ist, die richtige Diagnose der Ursache eines Problems zu stellen, bevor man für einen Menschen betet.

Wenn ich die vielen Möglichkeiten von Krankheitsursachen beschreibe (man könnte die Liste endlos verlängern), so denken die meisten Menschen, wenn sie dies zum ersten Mal hören, daß sie nie in der Lage sein werden, die verschiedenen Ursachen zu diagnostizieren. Sie schauen mich an und sagen: »Für Sie ist das ja einfach. Sie haben so viel Erfahrung. Sie haben viele Jahre gebraucht, um diese Dinge zu lernen und zu verstehen!« Ich gebe zu, daß meine Fähigkeit, diese Probleme zu diagnostizieren, im Laufe der Jahre gewachsen ist; aber das größte Wachstum geschah nicht dadurch, daß ich mir immer mehr Wissen über Psychologie und Medizin angeeignet habe, sondern daß ich immer feinfühliger geworden bin für die Leitung des Heiligen Geistes und die Einsichten, die er vermittelt. Damit will ich nicht sagen, daß medizinische oder psychologische Weiterbildung ein Hindernis für göttliche Heilung wären. Aber wir dürfen uns bei dem zweiten Schritt, der Diagnose, auf die Führung des Heiligen Geistes verlassen. Er geht mit uns, er begleitet uns in dem ganzen Prozeß. Letztlich trägt er die Verantwortung für die Heilung, und nicht wir.

Dritter Schritt: Entscheidung über die Gebetsart

Der dritte Schritt auf dem Weg zur Heilung ist die Gebetswahl. *Dieser Schritt gibt Antwort auf die Frage: In welcher Weise soll ich beten, um diesem Menschen zu helfen?* Dahinter liegt eine noch grundlegendere Frage: Was will Gott jetzt für diesen Menschen tun? Ich gehe davon aus, daß Gott heilen will, aber ich kann nicht einfach voraussetzen, daß er den Menschen, für den ich bete, jetzt, in diesem Moment, heilen will. Darum frage ich:»Herr, willst du diesen Menschen jetzt heilen?«

Ein Geheimnis des Gebets um Heilung liegt darin, daß Gott unseren Geist anrührt, um zu zeigen, daß er Heilung schenken will; unser Geist wird eins mit Gott und seinem Willen. Dies beschreibt, wenn auch unvollständig, was es bedeutet, in einer konkreten Situation eine Salbung für das Gebet um Heilung zu empfangen.

Eine Salbung zu empfangen bedeutet, tief in unserem Herzen zu wissen, daß Gott einen Menschen heilen will.»Das ist die Zuversicht, die wir Gott gegenüber haben: Wenn wir um etwas bitten nach seinem Willen, dann hört er uns. Und wenn wir wissen, daß er unsere Bitten hört, wissen wir, daß wir erhalten, was wir von ihm erbeten haben« (1. Joh. 5,14-15).

Es ist der Heilige Geist, der uns diese Zuversicht gibt. Gott gibt uns seinen Geist, der uns seinen Willen zeigt; aber der Heilige Geist kommt auch auf den Menschen, für den wir beten und bringt ihm Heilung.

James Robinson erhielt von einer Frau aus Texas den folgenden Brief. Er wurde am 17. März 1984 geschrieben:

»Lieber Bruder James!

Seit einigen Tagen habe ich den Eindruck, daß der Herr will, daß ich Ihnen schreibe und Ihnen berichte, was der Herr auf der Bibelkonferenz im Januar für mich getan hat. Ich muß gehorchen.

Ich bin jetzt schon mehr als zehn Jahre verheiratet, und wir haben einen Adoptivsohn, den wir sehr lieben. Doch letztes Jahr im August ließ der Herr erneut den Wunsch im mir wachsen, selbst ein Kind auf die Welt zu bringen. Dies bestätigte er mir als erstes durch den Vers in 1. Tim. 5,14 . . . Dann sagte mir der Herr durch 1. Samuel 1,17, daß ich zu unserem Pastor gehen und ihn um Gebet und einen Segen bitten solle:»Eli antwortete (Hanna): Geh hin mit Frieden; der Gott Israels wird dir die Bitte erfüllen, die du an ihn gerichtet hast.«

An diesem Punkt begann in mir Glaube zu wachsen, obwohl noch einige Monate vergingen, bevor aus dem Glauben Schauen wurde.

Anfang dieses Jahres, im Januar, nahmen wir nun in Dallas an der Bibelkonferenz teil. Wir konnten allerdings nicht an allen Veranstaltungen teilnehmen; die letzten beiden Tage mußten wir sogar ganz ausfallen lassen, da sie sich mit unseren Urlaubsplänen überschnitten. Wir waren jedoch da, als John Wimber am Dienstag über Heilung sprach und für Heilung betete. Als er konkrete Krankheiten nannte, für die gebetet werden sollte, spürte ich, wie Gottes Kraft wie eine Energie durch meinen Körper strömte, und ich wußte, daß ich von meiner Unfruchtbarkeit geheilt war, obwohl Bruder Wimber bei seiner Aufzählung der Leiden, für die gebetet werden sollte, dieses nicht erwähnt hatte.

Schon in den nächsten Tagen gab Gott mir in seiner Gnade den Beweis dafür, daß sich in meinem Körper etwas geändert hatte. Der Herr erfüllte mich mit ganz neuer Zuversicht auf seine Verheißung und auf ihn selbst. Mit einer Kühnheit, die mir selbst ganz fremd war, konnte ich von dem sprechen, was Gott in meinem Leben getan hatte und noch tat. Dann wurde aus dem Glauben Schauen. Am 8. März 1984, zwei Tage vor meinem dreißigsten Geburtstag, erfuhren wir, daß ich tatsächlich zum ersten Mal in meinem Leben schwanger war. Ich brauche nicht zu sagen, daß wir seit diesem Tag nicht aufgehört haben, Gott zu loben, denn unser Gott ist wahrhaftig ein großer Gott, und allein durch seine Macht konnte es geschehen, daß in einem unfruchtbaren Leib Leben entstand.

In Jesu Namen
Frau P.»

Frau P. wußte, daß der Herr zu ihr gesprochen hatte, darum glaubte sie und war voll Zuversicht, daß sie geheilt würde. Sie stellte sich im Glauben ganz einfach auf das, was der Herr ihr verheißen hatte. Aber ihre Geschichte geht noch weiter. Eine Woche nachdem sie James Robinson den Brief geschrieben hatte, bekam sie hohes Fieber; eine Woche lang schwankte ihre Temperatur zwischen 39 und 40 Grad. Dann kamen auch noch fürchterliche Nacken- und Rückenschmerzen hinzu. Dies war in der siebten Schwangerschaftswoche. Man überwies sie ins Krankenhaus, und die Ärzte stellten fest, daß ihre Krankheit durch Viren verursacht war. Diese Viruserkrankung führt bei Schwangeren häufig zu Schädigungen des Ungeborenen, es können unter anderem Herzfehler, Blindheit und Microcephalie entstehen.

In einem Brief berichtete sie mir, was weiter geschah:

»Lieber Bruder Wimber!
. . . Sie können sich denken, daß ich völlig verzweifelt war. In den darauffolgenden Monaten suchte ich Gott unaufhörlich und flehte ihn an, er möge mir sagen, daß das Kind gesund sei. Aber er fragte mich nur immer: »Vertraust du mir?« Ich hielt mich an den Satz: »Auch wenn er mich schlägt, vertraue ich ihm.« Ich wußte nur, daß Gott wichtiger war als die Gesundheit meines Kindes. (Der Herr sagte übrigens bis zum achten Monat der Schwangerschaft nein zu allen Tests, einschließlich Ultraschall.)
Anfang Oktober, ungefähr drei Wochen vor dem Geburtstermin, sprach der Herr in meiner morgendlichen Stillen Zeit zu mir. Inzwischen hatte ich aufgehört, ihn zu bitten, mir ein ›Zeichen‹ zu geben, daß das Kind gesund war. So war ich ganz überrascht, als er sagte: ›Glaubst du,

daß ich dir einen Stein gebe, wenn du mich um Brot bittest?‹ Durch meinen Mann bestätigte er dieses Wort noch einmal, und von dem Moment an wußte ich, daß das Kind keinen Schaden genommen hatte.

Zwei Wochen später fing ich bei einer Untersuchung beim Frauenarzt zu bluten an. Der Arzt vermutete, daß mit der Plazenta etwas nicht in Ordnung sei, so gingen wir ins Krankenhaus, um einen Ultraschall machen zu lassen. Doch der Ultraschall zeigte, daß alles in Ordnung war, und der Arzt war sehr erleichtert, als er gleichzeitig feststellte, daß auch der Kopf des Kindes eine normale Größe hatte.

Fünf Tage später wurde unser Kind geboren: es war gesunde acht Pfund schwer und versetzte alle beteiligten Ärzte in Erstaunen.

Gelobt sei Gott!
Frau P.«

Wir können auf sehr verschiedene Weise für einen Menschen um Heilung beten. Ich habe bereits einige Arten dieses Gebetes erwähnt — Bittgebete, Fürbitte, Gebieten und so weiter. Diese verschiedenen Arten des Gebetes um Heilung lassen sich in zwei Kategorien aufteilen: einerseits Bitten, die sich an Gott richten, andererseits Worte, die wir von Gott empfangen und in eine Situation hinein oder zu einem bösen Geist sprechen.

Gebet, das sich an Gott wendet. Ich frage Gott immer, wie ich für einen kranken Menschen beten soll. Wir erinnern uns daran, daß der Schlüssel zur Gebetserhörung darin liegt, daß wir dem Willen Gottes gemäß beten. Wenn wir glauben, daß Gott uns hört, sich unserer Nöte annimmt und für uns sorgt, dann dürfen wir uns mit Zuversicht ihm nahen und ihn fragen, wie wir beten sollen.

Es kommt vor, daß ich, obwohl ich einen klaren Einblick in die Ursache eines Problems habe, nicht weiß, wie ich konkret beten soll. In solchen Fällen bitte ich Gott still in meinem Herzen: »Herr, ich weiß, daß du diesen Menschen heilen willst. Bitte zeige mir, wie ich für ihn beten soll.« Während ich innerlich einfach in Sprachen bete, läßt mich Gott oft (wenn auch nicht immer) erkennen, wie ich seinem Willen gemäß für den Hilfesuchenden beten soll.

Warum bete ich so? In Sprachen zu beten heißt für mich gleichsam, eine geistliche Antenne auszufahren: mein geistliches Wahrnehmungsvermögen wird erweitert. In 1. Korinther 14,4 heißt es: »Wer in Zungen redet, der erbaut sich selbst . . .« Genau das erlebe ich. Wenn ich in Sprachen bete, erbaue ich mich selbst; mein Glaube wird gestärkt, und meine geistliche Offenheit wächst.

Dies führt zu einer weiteren Frage: Kann ein Mensch, der nicht die Gabe des Sprachengebetes hat, wirkungsvoll für einen Kranken beten?

Ich wüßte keinen Grund, der dagegen spräche. Es gibt keinen Vers in der Bibel, der das wirksame Gebet für Kranke an die Gabe des Sprachengebetes binden würde. Auch wenn ich dieses Faktum anerkenne, kann ich doch nicht umhin, festzustellen, daß alle mir bekannten Menschen, die mit Erfolg für Kranke beten, auch die Gabe des Sprachengebetes haben.

Meistens leitet mich Gott, in der Form des Bittgebetes für den Kranken zu beten. Das lateinische Wort, aus dem sich das englische Wort »intercession« (Fürbitte) entwickelt hat, heißt *intercedo* — »dazwischentreten«. Wenn wir für die Heilung eines Menschen bitten, so machen wir sein Anliegen zu unserem eigenen. Wir treten zwischen den Kranken und Gott und bitten für ihn um Heilung. Die wirksamsten Bittgebete sind einfach und direkt: »Herr, bitte heile Robert von dieser Krankheit.« Manchmal wissen wir nicht, wie wir für den Kranken bitten sollen. In solchen Fällen bete ich in Sprachen in dem Glauben, daß der Heilige Geist mein Anliegen vor Gott vertritt (Röm. 8,26; 1. Kor. 14,14).

Manchmal fordere ich den Hilfesuchenden auf, selbst für seine Heilung zu beten. Dies tue ich aus zwei Gründen. Erstens wird der Kranke, wenn er Glauben hat, vielleicht auf seine eigene Bitte hin geheilt. Dies ist die beste Art der Heilung, weil der Geheilte dann weiß, daß die Heilung von Gott kommt — und nicht von mir oder einem anderen Menschen. Zweitens kann es aber auch sein, daß ich an den Worten eines Gebetes höre, daß der Betreffende keinen Glauben hat (zum Beispiel: »Gott, ich weiß nicht, ob du mich heilen willst, aber . . .«); dann ist es nötig, daß ich dem Betreffenden helfe zu verstehen, was Glauben ist und warum wir um Heilung bitten dürfen. Jesus fragte die Menschen in vielen Fällen nach ihrem Glauben: »Glaubst du, daß ich das tun kann?« Er versuchte, ihnen ein Bekenntnis des Glaubens zu entlocken. Wenn er von Menschen gebeten wurde, sie zu heilen, freute er sich. Ein klassisches Beispiel finden wir in Markus 9,14-32, wo Jesus den Jungen heilte, der einen bösen Geist hatte. Als der Vater des Jungen hörte, was Jesus über die Bedeutung des Glaubens sagte, rief er aus: »Herr, ich glaube; hilf meinem Unglauben!« (Vers 24). Daraufhin trieb Jesus den bösen Geist aus.

Worte von Gott. Manchmal, wenn ich für einen Menschen um Heilung bete, habe ich den Eindruck, daß Gott mir sagt, ich solle gebieten. Solche Worte des Gebietens — meistens ganz kurze Sätze — spreche ich aus, ohne sie mir vorher überlegt zu haben. Mit solchen Worten des Gebietens geht gleichzeitig großer Glaube einher. Ich spüre, wie mein Herz plötzlich von einer starken Zuversicht und Gottes Kraft erfüllt wird. Dies gebe ich durch den Befehl weiter. Je nach Situation lege ich meine Hände auf den kranken Körperteil und sage: »In Jesu Namen breche ich die Macht dieser Krankheit!«, oder: »In Jesu Namen, Schluß!« Dies sind sehr kurze, aber wirkungsvolle Gebete.

Ich verstehe nicht, wie diese Befehle wirken, kann jedoch berichten, welche Erfahrungen ich damit gemacht habe. In manchen Fällen spreche ich direkt böse Geister an und gebiete ihnen zu weichen. In anderen Fällen gebiete ich der Krankheit selbst. Meistens sind meine Hände dabei warm und prickeln; wenn ich gebiete, habe ich das Gefühl, als würde eine Art Elektrizität aus meinen Händen strömen. Aus meiner Erfahrung habe ich den Eindruck, daß solche Empfindungen (Prickeln und Hitze) mit einer speziellen Salbung zur Krankenheilung in Verbindung stehen. Es gibt noch weitere Empfindungen, die ich im Zusammenhang mit der Salbung des Heiligen Geistes erlebe. Manchmal verspüre ich zum Beispiel Schmerz oder auch Wärme an einer Stelle meines Körpers, die genau der erkrankten Körperstelle des Menschen entspricht, für den wir beten. Wenn ich für den Kranken bete, weicht der Schmerz in meinem Körper.

Kürzlich erhielt ich von zwei Schweden einen Brief, in dem sie berichten, welche Erfahrungen sie mit Krankenheilung machen:

»... wir erleben, daß Gott uns beim Gebet für Kranke Visionen gibt. Wir sehen jetzt manchmal (mit unseren geistlichen Augen), an welcher Stelle der Körper erkrankt ist. Manchmal zeigt uns Gott auch außen am Körper, über der Stelle, wo die Krankheit liegt, einen dunklen Schatten. Es kommt vor, daß wir sehen, daß sich außen am Körper oder auch im Körper Insekten befinden, oder auch größere Tiere, z. B. Raubvögel, Krokodile, Schlangen usw.... Wenn wir den Tieren gebieten zu weichen, sehen wir manchmal, wie in dem Moment, wo das Tier den Körper des Menschen verläßt, eine Art Licht über den Menschen kommt... Mehrere Male haben wir gesehen, wie so etwas wie eine helle Hand die kranke Körperstelle berührte.«

Auch wenn wir nicht mit ausreichender Klarheit erläutern können, was das Gebieten im einzelnen bewirkt, so ist es doch eindeutig biblisch. Jesus heilte oft durch ein Befehlswort.

Ein einfacher Satz des Zuspruches ist eine weitere Form des Gebetes und ist dem Gebieten sehr ähnlich; der Unterschied besteht nur darin, daß man nicht die Krankheit anspricht, sondern verkündigt, daß die Heilung geschehen ist. Das Gebieten läßt göttliche Kraft wirksam werden; es treten Empfindungen wie Prickeln und Wärme auf, und man hat den Eindruck, daß zwei Mächte aufeinanderprallen; ein Satz des Zuspruches jedoch wird von einem übernatürlichen Frieden begleitet, von dem Gefühl, daß der Kampf zu Ende ist. In solchen Fällen sage ich normalerweise: »Der Herr hat Sie geheilt.« Es ist nur noch nötig, dem Geheilten einige Anweisungen zu geben, die ihm helfen sollen, die Heilung zu bewahren.

Manchmal ist eine solche Zusage mit prophetischer Erkenntnis verbunden. Es gibt Fälle, wo ich plötzlich weiß, daß der Kranke nicht sofort, sondern erst in der nahen Zukunft geheilt wird, zum Beispiel in sechs Tagen. Ich sage dann: »Ich habe den Eindruck, daß Sie in sechs Tagen vollkommen geheilt sein werden.« In meinem Gebet bitte ich Gott dann, sein Wort zu erfüllen.

Es gibt noch eine dritte Art des vollmächtigen Gebetes: die Bibel spricht an einigen Stellen davon, daß Jesus, wenn er Geister austrieb und ihre Macht zerstörte, diese Geister zurückwies. In dieser Art des Gebetes befreien wir einen Menschen aus dem Griff eines Dämons, wir bringen dessen Macht unter Kontrolle und verwehren ihm das Recht, weiter im Leben dieses Menschen zu wirken.

Einen bösen Geist zurückzuweisen bedeutet, etwas Ähnliches zu tun wie ihm zu gebieten. In Markus 9,25 heißt es:»Als nun Jesus sah, daß das Volk herbeilief, herrschte er den unreinen Geist an und sagte zu ihm: Du stummer und tauber Geist, ich gebiete dir: Fahre von ihm aus und fahre nie wieder in ihn hinein!« Hier spricht Jesus dem bösen Geist gegenüber einen einfachen Befehl aus. Ich sage meistens:»In Jesu Namen gebiete ich dir, du böser Geist, zu weichen. Du hast kein Recht am Leben dieses Menschen.«

Gebete, die aus einem inneren Einswerden von Christen erwachsen, sind recht wirkungsvoll. In Matthäus 18,19-20 lehrt Jesus:»Wenn zwei unter euch eins werden auf Erden, worum auch immer sie bitten wollen, dann soll es ihnen widerfahren von meinem Vater im Himmel. Denn wo zwei oder drei in meinem Namen versammelt sind, da bin ich mitten unter ihnen.« Der Schlüssel liegt in den Worten:»Wo zwei oder drei *in meinem Namen* versammelt sind...« Die Bedeutung des Einswerdens ist manchmal verdreht worden; manche legen es so aus, als brauche man nur über einer Sache eins zu werden, dann würde das Gebet erhört. Gemeint ist, daß wir gemeinsam glauben und mit anderen Christen eins werden in Anliegen, die wir als den Willen des Vaters erkennen (siehe Joh. 5,19). Anders ausgedrückt: Eins werden im Gebet heißt, daß unsere Augen auf das sehen, was der Vater tut, und daß wir dann gemeinsam glauben, daß er es auch erfüllen wird.

Die Entscheidung über die für den jeweiligen Fall richtige Gebetsart ist ein sehr wichtiger Schritt. Doch gibt der Heilige Geist auch während des Gebetes oft noch Bestätigung oder auch neue Richtungsweisung, selbst wenn wir anfangs nicht sicher sind, ob wir die richtige Gebetswahl getroffen haben. Darum ist der nächste Schritt, der Gebetseinsatz, der komplexeste und spannendste Teil des gesamten Heilungsdienstes.

Kapitel 12

Heilungsschritte: Gebetseinsatz, Begleitphänomene, nachträgliche Anweisungen

Vierter Schritt: der Gebetseinsatz

Der vierte Schritt innerhalb des Heilungsvorganges ist der Gebetseinsatz. *Bei diesem Schritt geht es um die Frage: Wie wirksam sind unsere Gebete?* Der Gebetseinsatz beinhaltet das Gebet selbst, Handauflegung und, wenn nötig, eine Weiterführung des Interviews. Dieser Bereich ist der komplexeste innerhalb der fünf Schritte; seine Beschreibung wird den größten Teil dieses Kapitels in Anspruch nehmen.

Meistens lege ich den Menschen, für die ich bete, auch die Hände auf. Wenn jemand an einer körperlichen Krankheit leidet, so lege ich, soweit möglich, meine Hände auf die von Schmerzen oder Krankheit befallene Stelle. (Bei Frauen, die zum Beispiel Brustkrebs oder eine Zyste am Eierstock haben, bitte ich den Ehemann oder eine andere Frau, daß sie ihre Hand auf die betroffene Stelle legen; ich lege meine Hand dann auf die Hand des anderen Menschen. Wenn ich alleine für eine Frau bete, so bitte ich sie, ihre Hände über der betreffenden Stelle zu falten und lege meine Hände auf ihre Hände. Es ist wichtig, die Würde des Menschen zu achten.)

Immer wieder werde ich gefragt, warum viele Mitglieder der Heilungsteams der Vineyard Christian Fellowship ihre Hände nicht wirklich auflegen, sondern sie oft in einiger Entfernung halten. Darauf kann ich nur antworten, daß durch gewisse Umstände manchmal seltsame Bräuche entstehen . . .

Bis zum Jahre 1983 traf sich die Vineyard Christian Fellowship von Anaheim immer in der Turnhalle eines Gymnasiums, in der es keine Klimaanlage gab. Im Sommer (und gelegentlich auch im Winter) beträgt die Außentemperatur bei uns oft 32 Grad, manchmal steigt sie sogar bis auf 37 Grad an; in der Turnhalle war es dann natürlich noch viel wärmer. Wegen der Hitze und weil alles klebte, legte immer nur einer dem Kranken richtig die Hände auf, die anderen Mitglieder des Gebetsteams hielten ihre Hände nur über den Menschen, ohne ihn zu berühren. 1983 zogen wir in ein Gebäude mit Klimaanlage um; obwohl die Temperatur nun erträglich war, hielten viele nach wie vor ihre Hände nur über die Kranken, ohne sie richtig aufzulegen. Menschen aus anderen Kirchen und aus anderen Teilen der Welt, die an unseren Heilungsseminaren teilnahmen, haben diese Art zu beten einfach übernommen.

Ich glaube nicht, daß es falsch ist, für einen Kranken mit ausgestreckten Händen zu beten, ohne sie ihm wirklich aufzulegen, besonders dann nicht, wenn wenigstens einer aus dem Gebetsteam dem Hilfesuchenden die Hände auflegt. Trotzdem ist der Gedanke amüsant, daß Tausende von Menschen auf der ganzen Welt sich angewöhnt haben, auf diese Weise zu beten, nur weil wir früher in einer heißen Turnhalle zusammenkamen.

Wenn ich einem Menschen die Hände auflege, bete ich als erstes laut, daß der Heilige Geist kommen möge, um dem Menschen zu dienen. Meine Gebete sind sehr einfach: »Heiliger Geist, ich bitte dich, auf diesen Menschen zu kommen und mit deiner heilenden Kraft in ihm zu wirken.« Oder: »Heiliger Geist, komm, und zeige uns, wie wir beten sollen.« Oder noch knapper: »Heiliger Geist, komm.«

Die Reaktion eines Menschen auf die Kraft des Geistes läßt sich nicht in jedem Falle voraussagen. Diese »Manifestationen« oder Phänomene, mit denen die Menschen auf die Kraft Gottes und seine Wahrheit reagieren, sehen sehr unterschiedlich aus: Umfallen, Zittern, Schluchzen, Lachen, Schreien — die Liste von auffälligen körperlichen und gefühlsmäßigen Reaktionen ist lang. In manchen Reaktionen zeigen sich Schrecken und Abneigung gegenüber der Sünde, die man selbst begangen hat oder durch die ein anderer Mensch an einem schuldig geworden ist. Reaktionen extremerer Art sind dämonischen Ursprungs; in solchen Fällen treffen in dem Menschen, für den gebetet wird, zwei Machtbereiche aufeinander: Gottes Reich (der Heilige Geist) und Satans Reich (die bösen Geister). In vielen Fällen erleben Menschen auf ganz neue Weise Gottes Freude und seine Gnade; der neugefundene Friede und die neue Beziehung zu Gott drücken sich natürlich auch in den Gefühlen aus.

Diese Phänomene sind immer wieder im Zusammenhang mit Erweckungen aufgetreten, und sie haben jedesmal, auch unter Christen, viele Fragen ausgelöst. Männer wie Jonathan Edwards, John Wesley und George Whitefield wußten in der Zeit des »Great Awakening« (Großes Erwachen, 1726—1756) alle von auffälligen gefühlsmäßigen und körperlichen Reaktionen zu berichten, die bei den Menschen auftraten, für die sie beteten; es waren besonders diese Phänomene, die bei anderen Christen sehr viel Kritik hervorriefen.

Manchmal kamen die Kritiker Gottes Wirken zu nahe und mußten die Folgen in Kauf nehmen. John Wesley beschreibt in seinem Tagebucheintrag vom 1. Mai 1769, wie ein erst sehr entrüsteter Quäker in Erstaunen versetzt wurde:

»Ein Quäker, der in der Nähe stand, war nicht wenig empört über das Benehmen dieser Geschöpfe, er biß sich auf die Lippen und runzelte die Stirn, als er selbst plötzlich wie vom Blitz getroffen niederfiel. Es war schrecklich mit anzusehen, in welcher Qual er sich befand. Wir baten Gott, ihm seine Torheit nicht anzulasten. Kurz darauf erhob er sein Haupt und rief laut: ›Jetzt weiß ich, daß du ein Prophet des Herrn bist.‹«[1]

Diese Phänomene lösen bei ernstgesinnten Menschen nach wie vor viele Fragen aus. Sind diese Erscheinungen notwendig, um geheilt zu werden? Oder sind solche Reaktionen rein psychologischer Natur? Könnte es nicht sein, daß diese Phänomene von bösen Geistern verursacht werden? Reagieren einige Menschen vielleicht nur darum so auffällig, damit sich die Aufmerksamkeit auf sie richtet?

Ich bezweifle weder, daß Satan durchaus Erfahrungen, die Menschen durch Gottes Geist machen, nachahmen kann und dies auch sehr wohl tut, noch, daß Menschen durch psychologische Suggestion in ihrem Verhalten beeinflußt werden können. Auch Jonathan Edwards sprach von dieser Möglichkeit:»Je stärker das Wirken des wahren Geistes zu sehen war, desto mehr falsche Erfahrungen gab es auch: der Teufel war erfinderisch, er ahmte sowohl das normale als auch das außergewöhliche Wirken des Geistes nach...«[2] Aber ich habe zu viele Fälle erlebt, in denen Menschen, die diese Phänomene weder kannten noch sie je selbst erfahren hatten, anfingen zu zittern, zu weinen oder umzufallen, wenn die Kraft des Heiligen Geistes auf sie kam. Viele haben später geäußert, daß diese Erfahrung für sie so wichtig und stärkend gewesen sei wie keine andere zuvor in ihrem Leben! Man kann diese ungewöhnlichen Reaktionen nicht anders erklären, als daß die Menschen wirklich von Gottes Kraft und seiner Wahrheit berührt werden. Natürlich habe ich auch Gruppen kennengelernt, in denen die Erwartung bestand, daß diejenigen, für die gebetet wurde, umfielen. Dies ist nichts anderes als eingeübtes Verhalten, Religion im schlechtesten Sinne.

Daß viele durch diese Phänomene beunruhigt werden, liegt vielleicht darin begründet, daß sie ein falsches Verständnis von Gottes Wirken haben; es besteht die Vorstellung, daß gefühlsmäßige und körperliche Reaktionen, besonders Fälle, in denen ein Mensch die Selbstbeherrschung zu verlieren scheint, nicht mit Frieden und Ordnung zu vereinbaren sind. Diese Beschuldigung ist nicht neu; Jonathan Edwards sagt im Hinblick auf die Erweckung in Neu-England im achtzehnten Jahrhundert:»Manche lehnen (die Erweckung) ab, weil sie sagen, diese sei ein einziges Durcheinander; wenn die Menge zusammen sei... sei nur ein Lärmen zu hören; auch sagen sie, Gott kann nicht der Urheber dieses Geschehens sein, denn Gott ist ein Gott der Ordnung, nicht der Unordnung.«[3]

Ich kann dies nur unterstreichen: Jesus *ist* der Gott des Friedens und der Ordnung; aber um diesen Frieden und diese Ordnung zu erlangen, muß man manchmal auch Unordnung in Kauf nehmen. C. S. Lewis spielt in seinen *Chronicles Of Narnia* bei der Beschreibung der Figur, die für Christus steht, auf diesen Wesenszug Gottes an:»Aslan ist kein zahmer Löwe.« Lewis scheint damit ausdrücken zu wollen, daß sich Gottes Wirken weder voraussagen noch beeinflussen läßt.

Ich behaupte nicht, daß körperliche Reaktionen notwendig sind oder in jedem Fall das Wirken des Heiligen Geistes begleiten müssen. Ich stelle nur fest, daß sie dort, wo der Heilige Geist wirkt, häufig auftreten. Wenn tiefer innerer Unfrieden geheilt wird, wenn ein Mensch Vergebung für schwerwiegende Sünde empfängt oder wenn Erinnerungen an schmerzliche Erfahrungen geheilt werden, dann sollte es uns eigentlich nicht wundern, wenn dabei auch körperliche Reaktionen auftreten. Göttliche Heilung bringt für den Menschen einen Prozeß grundlegender Veränderung mit sich. Ist es da nicht verständlich, daß solche Veränderungen auch von körperlichen Reaktionen begleitet werden? Wenn unsere Kultur in dieser Hinsicht nicht so gehemmt wäre, würden diese Phänomene weitaus weniger Aufmerksamkeit und Besorgnis erregen; dies läßt sich jedenfalls in vielen Ländern der dritten Welt beobachten.

Wir sollten beachten, daß diese Phänomene auftreten, wenn Menschen grundlegende Heilung oder geistliche Erneuerung erfahren; sie gehören normalerweise nicht zum Alltagsleben eines gesunden Christen. Menschen, die solche Phänomene erfahren und weiter in der Kraft des Heiligen Geistes leben, sollten nicht die Erwartung hegen, daß diese außergewöhnlichen Reaktionen bei ihnen auch nach der Heilung noch auftreten. Das Ziel der Heilung ist, daß die Menschen gesund werden und ihr Leben in ganzer Hingabe an Gott führen können.

Wenn ich unterwegs bin, wird mir häufig die Frage gestellt, ob unsere wöchentlichen Zusammenkünfte der Vineyard Christian Fellowship in Anaheim ein Konglomerat bizarrer Erscheinungen seien. Meine Antwort darauf ist:»Nein, normalerweise nicht, auch wenn ab und zu solche Phänomene auftauchen, besonders dann, wenn wir Besucher haben, die Heilung brauchen.« Auf den Heilungsseminaren treten diese Phänomene in der Tat weitaus häufiger auf als in unserer Gemeinde, da viele der Teilnehmer Heilung nötig haben.

Die Bibel ist voll von Beispielen, in denen Menschen als Reaktion auf die Kraft des Heiligen Geistes umfallen, zittern, sich wie betrunken verhalten, lachen oder weinen. Im folgenden will ich die am häufigsten auftretenden Phänomene aufführen und beschreiben. Auch werde ich Hinweise auf Bibelstellen geben, in denen entsprechende Reaktionen genannt werden:

Zittern und Beben. Dies wird manchmal durch Angst ausgelöst, kann aber auch unabhängig davon auftreten. Es kann unterschiedlich stark sein, manchmal ist nur ein Teil des Körpers davon betroffen (zum Beispiel ein Arm oder ein Bein). Es kann von Schwitzen, tiefem Atmen oder erhöhtem Pulsschlag begleitet sein. Meistens jedoch tritt ein leichtes Zittern auf, das mit tiefem Frieden und stiller Freude einhergeht. Es unterscheidet sich jedoch von Hyperventilation (übersteigerte Atmung) z. B. bei Angstzuständen. Dieses Zittern kann auch extreme Formen von Geschütteltwerden annehmen. Ich habe erlebt, wie Menschen zu Boden fielen und stundenlang am ganzen Leib stark zitterten, manchmal überkam sie noch mehrere Tage danach zeitweilig ein Zittern. Die leichtere Art des Zitterns tritt häufig auf, wenn der Heilige Geist Menschen zu einem Dienst oder zur Erneuerung bevollmächtigt. Stärkeres Zittern weist manchmal darauf hin, daß der Heilige Geist auf einen bösen Geist trifft; auch tritt es manchmal auf, wenn eine starke Verletzung oder schwerwiegende, noch nicht bekannte Sünde ans Licht gebracht wird.

Es gibt zahlreiche biblische Beispiele für das Zittern. Häufig tritt Zittern in Zusammenhang mit der Furcht vor Gott auf (Ps. 9,11; Ps. 119, 120). Die Propheten wurden meistens von einem Zittern befallen, wenn sie in Gottes Gegenwart traten (Jes. 66,5; Jer. 5,22 — Zürcher; 23,9; Dan. 10,10-11). Im Neuen Testament taucht das Phänomen des Zitterns häufig auf (Mt. 28,4 — Zürcher; Mk. 5,33; Apg. 7,32; 16,29; 1. Kor. 2,3; 2. Kor. 7,15; Phil. 2,12; Hebr. 12,21).

Umfallen (oder »Ruhen im Geist«, wie es auch genannt wird). Dieses Phänomen, daß Menschen umfallen und manchmal mehrere Stunden auf dem Rücken oder auf dem Bauch liegenbleiben, kennen wir nicht nur aus vielen Berichten der Kirchengeschichte, sondern es tritt auch heute häufig auf. Die meisten Menschen verspüren dabei ein Gefühl der Ruhe und großer Gelassenheit in bezug auf ihre Lebensumstände. Gewöhnlich lassen sich nachträglich weder positive noch negative Auswirkungen feststellen. Gelegentlich kann dieser Zustand zwölf bis achtundvierzig Stunden anhalten; in solchen Fällen wird von den Menschen berichtet, daß sie eine tiefgehende geistliche Veränderung erlebt haben.

Dramatisch kann es sein, wenn ein Pastor oder ein geistlicher Leiter in dieser Weise umfällt; manche scheinen regelrecht vom Geist auf ihr Angesicht geworfen zu werden und bleiben dann auf dem Bauch liegen. Es hat auch einige Fälle gegeben, bei denen ein Pastor etwa eine Stunde lang rhythmisch seinen Kopf auf den Boden geschlagen hat. (Merkwürdigerweise scheint dies weder Kopfschmerzen noch irgendwelche Schäden hervorzurufen.) Die Veränderungen, die einer solchen Erfahrung folgen, können sehr groß sein. Es scheint, als ob gerade Pastoren durch dieses Erlebnis neue Vollmacht und Wirksamkeit für ihren Dienst empfangen. Im August 1984 erhielt ich von dem Pastor eines meiner Freunde folgenden Brief:

»Lieber Pastor John!

Ich möchte Ihnen gerne von meinen Erfahrungen berichten, die ich auf der Konferenz über Zeichen und Wunder gemacht habe. Abgesehen von meiner Bekehrung habe ich noch nichts erlebt, was für mein Leben so einschneidende Bedeutung gehabt hätte wie diese Konferenz.

Am Montagabend der Konferenz empfing ich die Sprachengabe und erlebte das Ruhen im Geist (aus meinem theologischen Denken heraus hatte ich das Ruhen im Geist vorher als unmöglich abgetan) . . . Auch am Dienstag und Mittwoch wurde ich entsprechend oder sogar noch mehr gesegnet. Donnerstag war ein Tag der Buße, Gott reinigte mein Herz. In einer Vision, die mich zuerst sehr erschreckte und bedrückte, zeigte mir Gott die Frucht meiner Arbeit. Ich hatte als Pastor mehrere Gemeinden gegründet. Da ich meine Arbeit fast völlig aus eigener Kraft getan hatte, war das Bild sehr trostlos. Die Tatsache, daß ich bisher keine Erfahrung mit dem Wirken des Heiligen Geistes hatte, war nur eine schwache Entschuldigung. Doch in seiner Barmherzigkeit zeigte mir Gott in derselben Vision, welche Frucht meine Arbeit bringen könnte . . . (Es folgt eine Beschreibung der Vision.)

Fast den ganzen Donnerstag über war ich sehr betrübt. Ich weinte wie nie zuvor, war schrecklich niedergedrückt (eine Haltung, die meinem Wesen völlig fremd ist), ja, ich verzweifelte fast an meinem Leben. An jenem Abend prüfte der Herr meinen Glauben. War ich bereit, ihn auch in diesem Zustand zu preisen? Ich tat es, und als wir sangen: »O Herr, erbarme dich meiner und heile mich«, da heilte unser himmlischer Vater voll Liebe mein Herz. Gelobt sei sein wunderbarer Name! Als ich auf der Erde lag und diesmal vor Freude weinte, heilte er mich von seelischen und geistlichen Wunden, die ich schon seit langer Zeit mit mir herumtrug.

Freitag war ein Tag der Kraft, der Herr salbte mich und begann mich zu gebrauchen. Die Freude über meine Errettung kehrte zurück, und Gott gab mir Visionen, in denen er mir meinen Dienst hier im Norden Idahos zeigte . . .

Seit ich zurück bin, hat Gott sich als der Starke erwiesen, und unsere Gemeinde hat eine radikale Veränderung erfahren. Gaben, Segnungen, Salbungen und Dienste nehmen ständig zu. Auch hat uns Gott sehr gedemütigt, und es ist sehr viel Buße, Vergebung und Heilung von Beziehungen geschehen . . .

. . . Wären Sie nicht bereit gewesen, Glaube als ›*Risiko*‹ zu beschreiben, dann würde ich noch immer tote Schafe weiden. In dieser Dimension zu wirken, ist nicht immer einfach, noch macht es immer Spaß, aber es ist wunderbar, und es ist richtig, und ich preise Gott, daß ich daran beteiligt sein darf.

Gott überschütte Sie mit seinem reichsten Segen

Pastor K.T.«

Ich bin weit davon entfernt, Versuche zu starten, die auf das Umfallen von Menschen hinwirken sollen. Im Gegenteil, ich ermuntere die Menschen, die das Gefühl haben, kurz vor dem Umfallen zu sein, sich hinzusetzen; ich sage ihnen, daß ich in der Zeit des Gebetsdienstes gerne mit ihnen sprechen möchte. Das Umfallen an sich ist ohne Bedeutung, wenn nicht gleichzeitig eine tiefere Erkenntnis der Heiligkeit und Gnade Gottes hinzukommt.

Die Bibel berichtet von mehreren Fällen, in denen Menschen unter der Kraft Gottes umfielen; zu ihnen zählen Daniel (zweimal — Dan. 8,17; 10,8-9), Paulus bei seiner Bekehrung (Apg. 9,4), die Soldaten bei der Gefangennahme Jesu (Joh. 18,6), die Wachsoldaten am Grab (Mt. 28,4) und Johannes auf der Insel Patmos (Offb. 1,17). Von Hesekiel werden zwei Situationen berichtet, in denen er auf sein Angesicht fiel, als er die Herrlichkeit Gottes sah (Hes. 1,28; 3,23). Es gibt auch Fälle, wo Menschen, wenn sie in die Gegenwart Jesu treten, von Dämonen zu Boden geworfen werden (Mk. 9,20).

Trunkenheit. Oft geraten Seele und Leib auch in einen rauschähnlichen Zustand. Manche Menschen werden euphorisch; dies folgt häufig auf eine tiefe Erkenntnis der Gnade Gottes, auf ein neues Staunen über seine Vergebung. Menschen in diesem Zustand fühlen sich »schwer«, manche können nicht aufstehen oder brauchen jemanden, der sie stützt, um gerade gehen zu können und nicht zu taumeln; auch die Sprache wird oft schwerfällig. Zwischen Betrunkenheit und Erfülltsein mit dem Heiligen Geist, die schon Paulus gegenüberstellte, besteht vielleicht eine größere Ähnlichkeit als man im ersten Moment annimmt (Eph. 5,18). Gewöhnlich ist solch ein Zustand mit einer neuen Treuezusage an den Herrn verbunden. Zu den biblischen Beispielen der »Trunkenheit« durch den Heiligen Geist gehört Hanna, als sie sich im Gebet befand (1. Sam. 1,12-17), und die Jünger am Pfingsttag (Apg. 2,13.15).

Fr. John Bertolucci, ein Evangelist der Universität Steubenville in Steubenville, Ohio, den Gott mächtig gebraucht, erzählte meinem Mitautor eine erstaunliche Geschichte. Sie handelt davon, wie Bertolucci für einen jungen Mann bei dessen Ordination betete. Eigentlich beginnt die Geschichte einen Tag vorher:

»An einem Sonntag im Mai 1985 nahm ich an einem Treffen teil, in dem Doug Gavrilides, ein Laienevangelist, der vor allem in Zentral- und Südamerika dient, berichtete, wie der Heilige Geist auf ihn gekommen war, als John Wimber für ihn betete. Ich kannte Doug schon seit vielen Jahren, und ich konnte sehen, welch radikale Veränderung mit ihm geschehen war; Gottes Kraft und Salbung waren in ganz neuer Weise auf ihn gekommen. Ein Punkt seines Berichtes war mir besonders wichtig. Er erzählte, daß John gebetet hatte: ›Der Heilige Geist und Gottes Reich komme auf dich und verzehre dich.‹ Die katholische Lehre besagt, daß die Gebete ›Dein Geist komme und reinige uns‹ und ›Dein Reich komme‹ dasselbe beinhalten. Ich war bewegt von dem, was Doug erzählte, noch mehr aber beeindruckte mich, daß Gottes Kraft so deutlich in seinem Leben zu spüren war.

Am darauffolgenden Tag nahm ich an einem Besinnungstag teil, der in einem theologischen Seminar stattfand. Ich verbrachte den Tag zusammen mit Studenten und Mitgliedern der Fakultät. Nach dem Erlebnis mit Doug am Tag zuvor spürte ich, wie Gottes Gegenwart in ganz besonderer Weise auf mir ruhte. Der Höhepunkt des Tages war die Ordination eines Diakons. Der Ortsbischof stand dem Gottesdienst vor. Ich hatte die Predigt gehalten und sollte nun gemeinsam mit anderen Priestern für den jungen Mann beten. Die Liturgie schreibt vor, daß sich der Kandidat in der Mitte der Gemeinde ausgestreckt auf den Boden legt, während die Anwesenden die Allerheiligenlitanei sprechen, ein weltumfassendes Fürbittegebet. Beim Gebet dachte ich zurück an Dougs Bericht und hatte den Eindruck, daß Gott mir sagte, ich solle für den Kandidaten beten. Aus unserer katholischen Tradition heraus glauben wir, daß auch stilles Gebet ohne Handauflegung wirksam ist. Es gab für mich in diesem Moment keine andere angemessene Möglichkeit, um zu beten. So richtete ich meinen Blick auf den Kandidaten und betete: ›Herr, dein Reich komme auf ihn.‹ Zu meinem Erstaunen fing der junge Mann an zu zittern! Dies war innerhalb einer Ordination etwas sehr Ungewöhnliches.

Später, als wir die Ordination bei einer Mahlzeit feierten, bat der junge Diakon, mich sprechen zu dürfen. Er erzählte mir, daß er, als er ausgestreckt auf dem Boden lag, eine so tiefe geistliche Erfahrung gemacht hätte wie selten zuvor. Seit Jahren litt er an Kopfschmerzen, die durch Migräne verursacht wurden und die so stark waren, daß die verantwortlichen Geistlichen sogar in Betracht gezogen hatten, mit der Ordination so lange zu warten, bis er geheilt wäre. Durch die Aufregung und Vorfreude auf die Ordination hatte er auch an diesem Tag wieder unter starken Schmerzen gelitten. Doch während der Allerheiligenlitanei geschah etwas Erstaunliches. Er sagte: ›Ich spürte, wie eine ungeheure Kraft über mich kam. Dann wich etwas von mir, und etwas anderes kam in mich hinein. Bis zum Schluß des Gottesdienstes fühlte ich mich wie betrunken. Alle Symptome der Migräne hörten auf. Ich bin geheilt! Ich fühle mich stärker als je zuvor in meinem Leben.‹

Einige Wochen später kehrten Doug Gavrilides und Fr. Michael Scanlan von einem Heilungsseminar, das John Wimber gehalten hatte, in das ›Holy Spirit Monastery‹ (Heilig Geist Kloster) in Steubenville zurück (ich selbst gehöre auch diesem Kloster an). An einem Samstagabend saßen etwa zwölf oder dreizehn von uns zusammen, und Doug und Michael erzählten uns, wie der Heilige Geist auf dem Seminar Heilung gewirkt und Menschen erneuert hatte. Unser Prior sagte: ›Wollt ihr nicht auch für uns beten?‹ Als sie daraufhin den Heiligen Geist baten, zu kommen, brach ein Bruder sofort in Lachen aus, und es dauerte nicht lange, da lachten wir alle. Dann kam etwas über mich, was ich nur als die Herrlichkeit Gottes beschreiben kann — ich fiel zu Boden und fühlte mich wie betrunken. Ich versuchte aufzustehen, aber es gelang mir nicht. Ich rief: ›Herr, ich bin doch ein vernünftiger Mensch, aber ich kann nicht aufstehen!‹ Seit diesen Erlebnissen ist mir Gottes Gegenwart in stärkerem Maße bewußt, und ich erfahre eine neue Salbung seiner Kraft.«

Zuckungen und Verrenkungen des Körpers. Dies kann viele Formen annehmen: es gibt Menschen, die auf und ab hüpfen, bei anderen verkrampfen sich Arme und Hände (Pfotenhaltung); das Gesicht kann sich verzerren, der Körper steif werden und so weiter. Ich glaube, daß sich in einigen dieser Bewegungen ein innerer Kampf mit Sünde widerspiegelt, manchmal mit Sünde im sexuellen Bereich. Wenn die Verkrampfung sehr stark ist und besonders wenn der Mensch dabei gleichzeitig ein Zischen von sich gibt, so weist dies auf böse Geister hin. Zu den biblischen Beispielen gehört die Geschichte des Mannes in der Synagoge von Kapernaum, der von einem bösen Geist geplagt war (Mk. 1,21-26), die Heilung des Jungen, der einen bösen Geist hatte (Mk. 9,26) und der Bericht über den besessenen Gerasener (Lk. 8,28).

Lachen und Weinen. Manche Menschen brechen in Kichern oder Lachen aus, das manchmal mehrere Stunden anhalten kann, in seltenen Fällen sogar Tage. Mit dem Weinen ist es ähnlich — ich weiß von einem Mann, Blaine Cook, der drei Monate lang immer wieder weinen mußte. Meistens weisen Lachen und Weinen darauf hin, daß der betreffende Mensch seelische Heilung braucht. Manche Menschen reagieren aber auch in dieser Weise, wenn sie eine ganz neue Erfahrung der Heiligkeit oder Gnade Gottes machen (im ersten Fall mit Weinen, im letzten mit Lachen).

Zu den biblischen Beispielen des Lachens und Weinens gehören Abraham (1. Mose 17,17), Sara (1. Mose 21,6), Hiob und das Volk Israel, das weinte, als Esra das Gesetzbuch vorlas (Neh. 8,9). In Sprüche 14,13 heißt es: »Auch beim Lachen kann das Herz trauern . . .«

Anhaltendes und überschwengliches Lobgebet. Es gibt viele Fälle, in denen Menschen Gott stundenlang ununterbrochen preisen. Ihr persönliches Gebetsleben wird dadurch sehr gesegnet. Oft empfangen Menschen zur gleichen Zeit auch die Gabe des Sprachengebetes. Dies ist ein Anzeichen einer neuen Salbung mit dem Heiligen Geist.

Es würde mehrere Seiten in Anspruch nehmen, alle biblischen Beispiele großer Lobgebete aufzuführen. So will ich nur einige aus dem Neuen Testament nennen: das Magnifikat (Lk. 1,46-55), Zacharias' Lobgesang (Lk. 1,64.68-79), das Lob des Lahmen, der geheilt wurde (Lk. 5, 25), des Samaritaners, der vom Aussatz befreit wurde (Lk. 17,15), und das des lahmen Bettlers (Apg. 3,8-10).

Angesichts solcher extremen gefühlsmäßigen und körperlichen Reaktionen bin ich auf Anfragen und Kritik eingestellt, sogar von Christen.

Für die Menschen jedoch, die Gottes heilende Kraft erleben, sind diese Erfahrungen lebensverändernd.

Tom Rabaut aus Ann Arbor, Michigan, erzählt, wie er seine Skepsis auf einer meiner Heilungskonferenzen ablegte:

»Ich war sehr skeptisch, als ich davon hörte, wie der Heilige Geist auf ganz neue Weise unter uns wirkt. Ich vertrat den Standpunkt: ›Warum muß man denn körperliche Erscheinungen so sehr betonen?‹ Auch hegte ich die Vermutung, daß die Menschen, die eine körperliche Reaktion auf die Gegenwart des Geistes zeigten (zum Beispiel Zittern, Umfallen, Lachen) sowieso in die Kategorie der merkwürdigen Leute fielen. So befand ich mich also nicht in Hochstimmung, als ich den Saal betrat, in dem die Heilungskonferenz stattfinden sollte. ›Ich weiß wirklich nicht, was ich hier verloren habe‹, sagte ich zu meiner Frau. Ich bin Inhaber einer Firma und meinte, für einen so vielbeschäftigten Mann wie mich sei es verlorene Zeit, drei Tage lang herumzusitzen und sich Vorträge anzuhören.

Doch sobald die Konferenz begann, wurde mein Herz angerührt; ich erkannte Einstellungen, die ich ändern, und Sünde, die ich bekennen mußte. Schon bei einer der ersten Veranstaltungen löste das starke Bewußtsein der Gegenwart Gottes ein körperliches Zittern bei mir aus; das Zittern wurde stärker und ich mußte weinen. Ausgerechnet in diesem Moment wurden alle, die in irgendeiner Weise Gottes Salbung erfuhren, aufgefordert, nach vorne zu kommen, damit alle Anwesenden die vielen verschiedenen Formen der körperlichen Reaktionen sehen konnten. Das war das letzte, wozu ich bereit gewesen wäre! Gleichzeitig wußte ich, daß es für mich ein ganz wichtiger Schritt sein würde, nach vorne zu gehen; ein Zeichen dafür, daß ich mich selbst aus der Hand gab und Gott die Verantwortung überließ. So schloß ich mich der Gruppe der ›merkwürdigen‹ Leute an und stand eine halbe Stunde lang zitternd vor der ganzen Versammlung. ›Tom, das ist dir doch bestimmt nicht schwergefallen, oder?‹ sprach mich später jemand an. ›Du gehörst doch zu einer Theatergruppe und bist an Publikum gewöhnt.‹ Das stimmt, ich bin wirklich ruhig auf der Bühne, aber nur, wenn *ich* über meine Bewegungen bestimme. Mich in Gottes Hand zu geben und ihn bestimmen zu lassen, während 6000 Menschen zuschauen, ist etwas völlig anderes.

Aber ich achtete nicht auf die Menschen, sondern auf Gottes Wirken. Er schenkte mir eine wahre Erneuerung und eine große Umwandlung. Er drang tief in mich ein und heilte Wunden aus der Vergangenheit. Er liebte mich so, wie ich war, unabhängig von meinem Hintergrund und dem, was ich getan hatte. Ganz kann ich es nicht verstehen, warum diese körperliche Reaktion bewirkte, daß ich Gott mein Herz öffnete und seine Liebe in viel größerem Maße erkennen konnte. Ich war durch das Geschehen so gestärkt und mit neuem Leben erfüllt, daß ich den Konferenzsaal tagsüber gar nicht verließ, nicht einmal zum Essen ging ich hinaus. Ich verbrachte die Zeit damit, für andere Menschen zu beten und für mich beten zu lassen. Während ich dies tat, gab Gott mir eine besondere Liebe für Menschen, die verwundet sind.

Durch das, was Gott auf der Konferenz an mir tat, bin ich, geistlich gesehen, viel feinfühliger für Wunden geworden, die andere Menschen mit sich herumtragen; ich versuche, ihnen Gottes Liebe weiterzugeben, so wie Gott mir seine Liebe offenbarte. Ich liebe den Herrn und sein Wort in einer Weise wie nie zuvor. Manchmal, wenn ich meiner Arbeit nachgehe und irgendeine ganz normale Tätigkeit verrichte, muß ich innehalten, weil mir die Tränen kommen: in solchen Momenten werde ich überwältigt von Gottes liebevollem Erbarmen. Es gibt vielleicht noch andere unter uns, die die gleiche Skepsis haben wie ich damals. Aber ich glaube, Gott will uns alle ›erwischen‹. Und wenn wir Gott erst einmal die Führung überlassen, sind wir andere Menschen.«[5]

Diese Phänomene sind offensichtlich, aber es gibt auch verborgenere Reaktionen auf die Gegenwart des Heiligen Geistes. Oft kommt der Heilige Geist auf einen Menschen, ohne daß dieser es merkt. Manche meinen, die Tatsache, daß ihr Körper leicht zittert, daß ihre Augenlider flattern, daß sie tief atmen oder schwitzen, sei auf Nervosität oder zuviel Kaffee zurückzuführen. Andere haben das Gefühl, daß sich etwas wie ein Gewicht auf sie legt, oder sie spüren eine »Schwere« in der Luft. Solche Empfindungen sind normalerweise Anzeichen für die Gegenwart des Heiligen Geistes; sie deuten darauf hin, daß er gekommen ist, um zu dienen. Ich habe gelernt, diese Zeichen zu erkennen, und ich frage die Menschen, ob sie sie auch wahrnehmen. Wenn sie diese Dinge verspüren, ermuntere ich sie, Gott ihr Herz noch mehr zu öffnen. Und ich bitte den Heiligen Geist, noch tiefer im Leben des jeweiligen Menschen zu wirken. Ich bete: «Herr, gib mehr von deiner Kraft, gib mehr!«

Eine Bemerkung zum Schluß: das Wirken des Heiligen Geistes geschieht mehr innerlich als äußerlich; entscheidend ist die Haltung unseres Herzens, nicht äußere Erscheinungen. Bei vielen Menschen, für die ich bete, scheint *nichts* Sichtbares zu geschehen, und trotzdem wirkt Gott mit seiner heilenden Macht in diesen Menschen.

Erst kürzlich ist mir das wieder klargeworden, als ich die Geschichte eines Priesters der episkopalen Kirche hörte, der in einem Eucharistiegottesdienst den Heiligen Geist bat, auf die Gemeinde zu kommen. (Ein anderer Priester hatte ihm wunderbare Dinge berichtet: Menschen seien in ihrem Innersten von Gott erschüttert worden und hätten Heilung und Erneuerung erlebt.) Daraufhin sprach der Priester in seiner Predigt über Gottes heilende Kraft und bat Gott, seinen Geist auszugießen.

Dann wartete er — fünf Minuten, zehn Minuten; die Gemeinde saß mit steinernen Gesichtern da und rührte sich nicht. Dem Priester war dies schrecklich peinlich, er fühlte sich wie ein Narr. Schließlich brachte er den Gottesdienst zum Abschluß und entließ die Gemeinde. Er selbst konnte nicht schnell genug die Kirche verlassen.

Aber es war etwas geschehen. In den folgenden zwei Monaten strömten die Menschen förmlich in sein Büro und erzählten ihm, was Gott in ihrem Leben getan hatte. Manche hatten Heilung erfahren, viele hatten Erneuerung erlebt. Schließlich wagte er es noch einmal, den Heiligen Geist »einzuladen«; dieses Mal zeigten sich dramatische Reaktionen — manche Menschen fielen um, andere zitterten, etliche wurden geheilt. Aber wer wollte sagen, daß in diesem Gottesdienst mehr geschehen war als im ersten?

Aus dieser kurzen Übersicht lassen sich mehrere Schlußfolgerungen ziehen. Erstens sollten wir nicht überrascht sein, wenn die Gegenwart des Heiligen Geistes bei Menschen sichtbare Reaktionen hervorruft. Zweitens wissen wir sowohl aus der Bibel als auch aus der Kirchengeschichte und von Berichten aus der heutigen Zeit, daß auffällige gefühlsmäßige und körperliche Reaktionen nichts Ungewöhnliches sind. Drittens sind diese Phänomene keine Garantie für Heilung; Heilung ist ein inneres Wirken des Heiligen Geistes. Und viertens ist das Ziel unseres Gebets um Heilung nicht, daß Menschen solche Phänomene erleben, sondern daß Gott mit seiner Macht auf sie kommt und sie heilt.

Ich habe die körperlichen Reaktionen auf die Gegenwart des Heiligen Geistes deshalb so ausführlich beschrieben, damit es uns leichter fällt, die Gegenwart und die Kraft des Heiligen Geistes zu erkennen, wenn wir für einen Menschen um Heilung beten. Warum ist dies notwendig? Wenn wir erkennen, daß Gottes heilende Kraft in einem Menschen wirkt, dann können wir Gott für seine Gegenwart preisen und ihn um mehr Kraft bitten. Dies ist ein grundlegendes Prinzip für wirksames Gebet um Heilung: wenn Sie Gott für das danken, was er tut, dann tut er meistens noch mehr.

Wenn wir erkennen, daß Gottes Gegenwart auf einem Menschen ist, dann können wir auch dieser Person, für die wir beten, helfen, Gottes Wirken zu verstehen und sich auf dieses Wirken einzulassen. Manche Menschen rechnen nicht damit, daß Gott sich ihnen durch diese Phänomene zeigen will, sie reagieren mit Passivität und Angst und sind nicht in der Lage, ihre Heilung anzunehmen. Wenn ich nicht weiß, was der Heilige Geist tut, stelle ich Fragen: »Spüren Sie irgend etwas? Wärme oder ein Prickeln?«; »Sagt Gott Ihnen irgend etwas?« Der Glaube mancher Menschen ist so klein, daß sie, selbst wenn Gott sich ihnen in machtvoller Weise zeigt, nicht glauben, daß er sie heilt. Ich ermutige sie, keine Angst zu haben, Gott ihr Herz zu öffnen und seine heilende Kraft zu empfangen. Ich bete eine Weile für sie, dann spreche ich wieder mit ihnen, bete wieder und so weiter. Dies kann oft eine ganze Stunde in Anspruch nehmen, in einzelnen Fällen dauert es sogar noch länger.

Manche Menschen haben kein Gefühl für ihren eigenen Körper. Sie sind nicht in der Lage zu erkennen, daß gewisse Phänomene vom Heiligen Geist verursacht werden.

Vor einigen Jahren sprach ich mit einer Gruppe von zehn Theologie-studenten aus Deutschland über göttliche Heilung. Am Ende unseres Gespräches äußerten sie, daß sie alles, was ich gesagt hatte, ernsthaft in Frage stellten. Daraufhin schlug ich ihnen ein Experiment vor: »Laßt uns doch den Heiligen Geist bitten, jetzt hier zu uns zu kommen, uns zu dienen und Heilung und Erneuerung zu schenken.« Die Studenten sagten mit einem Lachen: »Gut, warum nicht.« Zu meiner großen Überraschung machten die meisten von ihnen Erfahrungen mit Gottes Kraft.

Während wir beteten, konnte ich erkennen, daß der Heilige Geist besonders mächtig auf einen der jungen Männer gekommen war; er war sehr groß und stand ganz aufrecht. Ich fragte ihn: »Spüren Sie irgend etwas?« Er antwortete: »Nein, nichts.« Ich sagte: »Das ist seltsam, ich bin ganz sicher, daß der Heilige Geist auf Ihnen ist. Setzen Sie sich doch mal hin.« Er gab zur Antwort: »Ich kann mich nicht hinsetzen. Ich kann mich nicht bewegen. Ich spüre nichts, und ich kann mich nicht bewegen.« Er war ganz verwirrt — er hatte geglaubt, Gott wirke nicht in dieser Weise. Ich fuhr fort, für ihn zu beten, zwischendurch unterbrach ich immer wieder, um zu erklären, was geschah. Je mehr er das Wirken des Heiligen Geistes verstand, desto mehr öffnete er sein Herz für Gottes Kraft und wurde so von inneren Verletzungen geheilt.

Wenn man sich innerhalb des vierten Schrittes, des Gebetseinsatzes, Zeit nimmt, um Fragen zu stellen, so kann dies auch zutage bringen, daß die Wurzel des Problems eine ganz andere ist als anfänglich angenommen. Es geschieht zum Beispiel öfters, daß man während des zweiten Schrittes, der Diagnose, zu der Erkenntnis gelangt, daß ein Mensch innere Heilung braucht, daß man dann aber während des Gebetes erkennt, daß es auch nötig ist, den Hilfesuchenden von einem bösen Geist zu befreien.

Wie bereits in Teil II beschrieben, gibt es vier Bereiche, in denen Heilung nötig sein kann: Heilung für den Geist, Heilung von den Folgen früherer Verletzungen, Heilung des Körpers und Befreiung von dämonischen Bindungen. Unser Gebet um Heilung sieht in jedem dieser Fälle anders aus. (Im folgenden will ich ausführlicher beschreiben, wie das Gebet für die einzelnen Bereiche aussehen kann.) Es ist wichtig zu wissen, daß die Probleme der meisten Menschen mindestens zwei dieser Bereiche berühren. Manchmal bete ich zum Beispiel für einen Menschen zuerst um innere Heilung; doch dann kann sich herausstellen, daß er auch körperliche Heilung braucht, und schließlich entdecke ich vielleicht noch, daß er auch gebunden ist und Befreiung braucht! Oft habe ich gedacht: »Wie komplex ist das doch alles!« Doch der Herr hat mir vor Augen gehalten, daß der Mensch *in der Tat* komplex *ist* — wir sind ja nach Gottes Bild geschaffen. Aber der Heilige Geist ist in der Lage, alle unsere Probleme zu lösen.

Heilung des Geistes

Die Ursache der meisten geistlichen Probleme liegt in nicht bekannter Sünde und in Unglauben. Wenn ich erkenne, daß ein Mensch Heilung für den Geist braucht, gehe ich folgende Schritte.

Erstens fordere ich den Menschen auf, vor Gott einzugestehen, daß er gesündigt hat. Ich frage:»Können Sie erkennen, daß Sie schuldig geworden sind? Glauben Sie, daß Sie dafür Gottes Vergebung brauchen? Sind Sie bereit zu beten und dies Gott einzugestehen? Ich will mit Ihnen dafür beten.« Wenn ein Mensch nicht weiß, wie er beten soll, so helfe ich ihm. Wenn jemand nicht bereit ist, zu beten, dann erkläre ich ihm, was Sünde ist und wie die Sünde den Menschen tötet. (Wenn jemand auch dann noch nicht bereit ist zu beten, so sage ich ihm, daß ich ihm nichts anderes anzubieten habe.)

Zweitens helfe ich dem Menschen, Gottes Vergebung zu erfahren; ich diene ihm, indem ich ihm die Vergebung zuspreche. Dies tue ich auf Grund der Vollmacht, die uns in Johannes 20,23 gegeben ist:»Wem ihr die Sünden erlaßt, dem sind sie erlassen; und wem ihr sie anrechnet, dem sind sie angerechnet.« Ich sage:»In Jesu Namen vergebe ich dir deine Sünden.« Gleichzeitig bete ich darum, daß der Heilige Geist dem Menschen in der Tiefe seines Herzens die Gewißheit der Vergebung schenkt:»Herr, hilf diesem Menschen, deine Vergebung anzunehmen und sie wirklich zu erfahren.« Dann trete ich zurück und bete still weiter. Nur der Heilige Geist kann in die Tiefe unseres Wesens eindringen, dorthin, wo wir von Schuld und Scham gebunden waren, und uns Vergebung bringen. Dieses Geschehen, das viele als ein überwältigendes Gefühl der Vergebung beschreiben, wird häufig von einer körperlichen Reaktion begleitet, von der Empfindung, es würden Hitze- oder Energiewellen durch den Körper laufen.

Nach dem Gebet frage ich drittens:»Wie fühlen Sie sich jetzt?« Mein Ziel bei dieser Frage ist, dem Menschen zu helfen, die empfangene Vergebung zu bestätigen und Gottes Sieg wirklich fest zu ergreifen. Danach bete ich erneut und danke Gott, daß er die Gefangenen befreit. In manchen Fällen, wo ein Mensch etwas gestohlen oder einem anderen Menschen Schaden zugefügt hat, ist es nötig, daß der Betreffende den Schaden erstattet oder sich entschuldigt. In solchen Fällen gebe ich konkrete Ratschläge und betone, wie wichtig es ist, in verbindlicher Gemeinschaft mit anderen Christen zu stehen.

Als letztes spreche ich mit dem Menschen darüber, daß Gott in ihm die Gewißheit der empfangenen Vergebung wachsen lassen möchte; durch diesen Prozeß dringt die Vergebung in immer tiefere Schichten seines Lebens ein. Satan wird versuchen, die neu erfahrene Vergebung zu rauben: er betrügt uns mit dem Gefühl, Gott habe uns nicht vergeben; er will uns dazu verleiten, dieses Gefühl mit der Tatsache gleichzusetzen, daß Gott uns nicht wirklich vergeben hat. Man gerät schnell in Versuchung, sich die Schuld für die begangene Sünde wieder aufzuladen, besonders, wenn man Christi Vergebung nicht ganz angenommen hat. Ich sage den Menschen: »Diese Gefühle kommen wie Vögel, die sich niederlassen wollen. Schütteln Sie sie in Jesu Namen ab. Diese Gefühle gehören nicht zu Ihnen. Im Laufe der Zeit werden auch Ihre Gefühle von Christi Wahrheit durchdrungen sein.«

Heilung von den Folgen früherer Verletzungen

Menschen, die unter den Folgen negativer Erlebnisse in der Vergangenheit leiden, die entweder mit eigener Schuld oder mit der Schuld anderer Menschen zusammenhängen, müssen Gottes Vergebung empfangen oder selbst Vergebung aussprechen. Sie brauchen Gottes heilende Kraft, die sie von Bindungen an frühere Verletzungen befreien kann.

Die meisten Menschen brauchen Hilfe, um zu verstehen, welche Auswirkungen Verletzungen aus der Vergangenheit haben können. Die im folgenden geschilderte Situation ist zwar erdacht, ich habe sie jedoch mehrfach in ähnlicher Form erlebt. Es geht um einen Mann, der als Kind von seiner Mutter mißhandelt wurde und nun an Krebs erkrankt ist — eine sehr typische Folgewirkung.

Ich frage den Mann: »Welche Gefühle haben Sie in bezug auf Ihre Mutter? Ich kann mir vorstellen, daß man voll Bitterkeit und Zorn ist, wenn man so etwas erlebt hat.«

Er antwortet: »Solche Gefühle habe ich nicht, ich bin doch Christ.«

Diese Antwort bestätigt meine Vermutung über die wahre Wurzel der seelischen und geistlichen Probleme dieses Menschen, und ich sage: »Sind Sie sicher? Ich habe den Eindruck, daß Sie durchaus solche Gefühle haben, auch wenn Sie sie nicht richtig in Worte fassen können.« Ganz selten werde ich in einem solchen Fall auch hart und sage: »Sie belügen sich selbst, wenn Sie sagen, daß Sie diese Gefühle nicht haben. Sie hassen Ihre Mutter, weil diese Sie mißhandelt hat, und das ist auch der Grund dafür, daß Sie krank sind.«

»Woher wissen Sie denn, daß ich Zorn gegen meine Mutter hege?«

»Sie reagieren nach wie vor jedesmal verletzt, wenn dieses Thema zur Sprache kommt. Wenn Sie ohne Zorn wären, würde Sie der Gedanke an Ihre Mutter nicht mehr schmerzen. Ihr Herz ist verwundet; ich will Ihnen helfen, damit Sie frei werden.«

Dadurch, daß ich den Mann mit diesen Tatsachen konfrontiere, möchte ich bewirken, daß er sich seinen Zorn und seine Bitterkeit eingesteht und bereit ist, sich mit diesen Gefühlen zu befassen. Mein zweites Ziel ist es, ihn zur Befreiung zu führen, ihn von der Bindung an Zorn und Bitterkeit zu lösen. Meine Unterstützung besteht darin, daß ich ihm helfe, seiner Mutter zu vergeben.

Vielen Menschen fällt es schwer, denen zu vergeben, die an ihnen schuldig geworden sind; diese Schwierigkeit liegt häufig darin begründet, daß sie Gott anklagen, er habe diese Umstände zugelassen. Darum ist es sehr wahrscheinlich, daß der Mann in unserer Situation als nächstes die Frage stellt: »Warum hat Gott das zugelassen? Warum ließ er mich in einer so schrecklichen Familie zur Welt kommen?«

Denen, die uns verletzt haben, vergeben wir oft darum nicht, weil wir Gott nicht vergeben. Ich warte eine Weile, bis sich die Empörung des Mannes gelegt hat und sage dann: »Ich möchte Ihnen etwas sagen: als Sie verletzt wurden, wurde Jesus mit Ihnen verletzt. Er kennt Ihren Schmerz, denn er war bei Ihnen.« Den meisten Menschen ist der Gedanke fremd, daß Jesus in gleicher Weise durch die Schuld anderer Menschen verletzt wurde wie sie selbst; daß er am Kreuz jede sündige Tat erlitten hat, die jemals begangen wurde.

»Meinen Sie das wirklich, daß er bei mir war und daß ihn diese Situation genauso verletzt hat?«

»Ja«, bestätige ich. »Wir wollen Gott jetzt einfach die ganze Situation bringen. Wir wollen ihn bitten, Sie reinzuwaschen von dem Schmutz dieser Schuld — sowohl Ihrer eigenen als auch der der anderen Menschen; dann braucht Sie der Gedanke an diese Situation nie wieder zu schmerzen.« Wir beten, und ich helfe ihm, seiner Mutter Vergebung auszusprechen, seine eigene falsche Haltung zu bekennen und Gottes Vergebung zu empfangen.

Manchmal, wenn ich den Heiligen Geist bitte, auf einen Menschen zu kommen, werden in dem Betreffenden schon längst vergessene Erlebnisse und Verletzungen wieder wach. Vielen Menschen stehen plötzlich Dinge vor Augen, die schon viele Jahre zurückliegen und die ihnen aus dem Gedächtnis entschwunden waren. Es kann vorkommen, daß sich der Schmerz, der mit solchen Erinnerungen verbunden ist, in bizarren Erscheinungen äußert. (Ich erinnere mich daran, wie ich für einen Mann betete, der als Junge ganz tief von seinem Vater verletzt wurde. Als ich den Heiligen Geist bat, zu kommen und dem Mann zu dienen, wurde dieser zu Boden geworfen und begann, wie ein Hund zu heulen. Sein Schmerz war offensichtlich.) Wenn solche schmerzenden Erinnerungen ans Licht kommen, versuche ich den Menschen dadurch zu helfen, daß ich ihnen erkläre, daß Jesus selbst in dieser schrecklichen Situation bei ihnen war und daß sie jetzt vergeben können. Anders ausgedrückt: ich verhelfe ihnen — im Lichte des Planes, den Gott mit ihnen hat — zu einem neuen Verständnis ihrer Erfahrungen.

In vielen Fällen müssen wir in Vollmacht Bindungen lösen, die dadurch entstanden, daß Sünden der Eltern auf die Kinder übergegangen sind. In 2. Mose 20,5-6 heißt es: »Ich, der Herr, dein Gott, bin ein eifersüchtiger Gott, der die Schuld der Väter heimsucht bis ins dritte und vierte Geschlecht an den Kindern derer, die mich hassen, der aber Gnade übt bis ins tausendste Geschlecht an den Kindern derer, die mich lieben und meine Gebote halten« (siehe auch 2. Mose 34,7). Alkoholismus ist ein gutes Beispiel. Siebzig Prozent der Kinder von Alkoholikern werden später selbst alkoholsüchtig. Wenn ich von einem erwachsenen Menschen erfahre, daß dessen Eltern Alkoholiker waren (auch wenn der Betreffende selbst nicht alkoholabhängig ist), dann bete ich für ihn und breche die Macht des Alkoholismus und den Einfluß, den seine Familie auf ihn ausgeübt hat. Ich bete: »In Jesu Namen breche ich die Macht des Alkoholismus, und ich löse dich los von der Sünde deiner Eltern.« Dieses Gebet wirkt mächtig. Ich habe erlebt, wie Menschen, die mit Trunksucht oder anderen Zwängen, wie Pornographie oder Homosexualität zu kämpfen hatten, von diesen Bindungen befreit wurden.

Auch der Zwang, im sexuellen Bereich immer wieder zu sündigen, kann mit Sünden der Eltern zusammenhängen. Wenn dies der Fall ist, so bete ich um Heilung für diesen Bereich. Wenn ein Mann zum Beispiel Schwierigkeiten mit Homosexualität hat, so bete ich: »Herr, ich bitte dich, daß du die Geschlechtsorgane dieses Menschen heilst und wieder völlig zurechtbringst. Reinige seine Organe mit der Kraft deines Blutes.« Viele Menschen, für die ich in dieser Weise gebetet habe, berichteten mir später, daß sie sich nach einiger Zeit kaum noch an ihre Homosexualität erinnern konnten und wieder heterosexuell wurden.

Es gibt Menschen, die an gewisse Sünden regelrecht gebunden sind, weil sie sie über einen langen Zeitraum hinweg immer wieder begangen haben. Sie haben die Situation nicht mehr unter Kontrolle und stehen unter dem Zwang, das tun zu müssen, was sie hassen. Viele können sich dieses Verhalten nicht erklären und sind durch ihre mangelnde Selbstbeherrschung entmutigt und niedergedrückt. Ich bete zum Beispiel immer wieder für Menschen, die es einfach nicht verhindern können, immer wieder Affären anzufangen, obwohl sie wissen, daß dies nicht richtig ist und daß sie dadurch sowohl ihr eigenes Leben als auch das anderer Menschen zerstören.

Ich glaube, daß Gott uns die Macht gegeben hat, Menschen von solchen Bindungen zu befreien. In Matthäus 16,19 sagt Jesus seinen Jüngern: »Ich will dir die Schlüssel des Himmelreichs geben, und alles, was du auf Erden binden wirst, soll auch im Himmel gebunden sein, und alles, was du auf Erden lösen wirst, soll auch im Himmel gelöst sein.« Bei dieser Vollmacht, die Christus uns gegeben hat, geht es nicht darum, Schuld oder Unschuld zu ermitteln, sondern einen Menschen schuldig oder freizusprechen. Genau das geschieht, wenn ich für einen Menschen bete, der durch Unzucht oder Ehebruch gebunden war: ich spreche Gottes Wahrheit über ihm aus.

So, wie man einzelne Teile des Körpers dem Herrn weihen kann, so kann man auch die Macht körperlicher Bindungen brechen. Manchmal sind Körperteile, die im Dienst der Sünde standen, noch als Folge der begangenen Sünde gebunden. Auch dieser letzte Rest muß weichen, damit die Heilung vollkommen ist. Ich habe erlebt, wie junge Frauen, die in Unzucht gelebt haben, dafür beten ließen, daß Gott die Geschlechtsorgane reinigt, so daß der ganze Leib heilig ist. Bei einigen zuckte und zitterte der Körper während des Gebetes, so daß man in der Tat den Eindruck hatte, daß der Heilige Geist ihn reinigte. Die Folge dieses Gebetes ist vollkommene Befreiung von den Sünden der Vergangenheit, Freude und eine positive Einstellung zur eigenen Geschlechtlichkeit.

Gelegentlich ist es notwendig, Menschen von gefühlsmäßigen Bindungen an andere Personen zu lösen. Menschen stehen oft noch Jahre, nachdem sie eine Affäre beendet haben, seelisch unter dem Einfluß ihres früheren Liebhabers. Auch habe ich beobachtet, daß Menschen, die zu einer kultischen Gruppe gehörten oder unter dem Einfluß von sehr ungerecht handelnden Führungspersonen standen, oft noch lange Zeit mit Angst und Zorn zu kämpfen haben. Die Befreiung von Angst und Zorn geschieht in vielen Fällen dadurch, daß man das seelische Band, das zu der Gruppe oder dem Leiter bestand, durchschneidet.

Heilung des Leibes

Wenn ich bete, lege ich meine Hände immer auf die erkrankte Stelle oder, wenn dies nicht möglich ist, in die Nähe dieser Stelle. Wie bereits geschildert, kann das Gebet sehr unterschiedlich aussehen: Fürbitte, Gebieten, Zusage; in manchen Fällen fordere ich den Kranken auch auf, selbst zu beten.

Häufig richte ich meine Worte direkt an die Krankheit. Vor einigen Jahren zum Beispiel betete ich für eine junge Frau, die an Rückgratverkrümmung litt. Da sie ein T-Shirt trug, konnte ich sehen, wie sehr ihr Rücken deformiert war. Die Krümmungsspanne betrug etwa fünf Zentimeter. Ich stand hinter ihr und sagte zum Rückgrat:»In Jesu Namen gebiete ich dir, gerade zu werden.« Dann legte ich meine Hand nacheinander auf jeden einzelnen Wirbel und beobachtete, wie sich die Wirbelsäule streckte. Ich sagte:»Herr, jetzt ist dieser Wirbel dran, bring jetzt diesen an seinen Platz.« Und ein weiterer Wirbel bewegte sich. Während ich betete, spürte die Frau, wie ihr ganzer Körper heiß wurde (sie begann zu schwitzen), und sie geriet, wie sie es später beschrieb, in eine Art Ekstase. Sie sah aus wie betrunken. Als wir unser Gebet beendeten, betrug die Krümmung nur noch etwa eineinhalb Zentimeter.

Während ich bete, höre ich auf Gott, ob er mir spezielle Anweisungen oder Worte der Erkenntnis gibt; solche Weisungen können die heilende Kraft wirksam werden lassen. Genau das geschah, als Jesus den Blindgeborenen heilte (Joh. 9,1-12). Nachdem er ihm einen Brei aus Speichel auf die Augen gestrichen hatte, wies er ihn an, sich im Teich Siloah zu waschen. Der Mann wurde geheilt.

Ich achte sehr genau darauf, ob sich bei dem Menschen, für den ich bete, irgendwelche Reaktionen auf die Gegenwart des Heiligen Geistes zeigen. Aus diesem Grunde halte ich meine Augen, wenn ich bete, geöffnet. Wenn ich bemerke, daß Phänomene auftreten wie die, die ich zu Anfang des Kapitels beschrieben habe, dann teile ich dem, für den ich bete, meine Beobachtungen mit und frage ihn, was er erlebt:»Wie fühlen Sie sich? Was geht in Ihnen vor?« Gelegentlich kann ich äußerlich nicht erkennen, daß etwas geschieht; wenn ich jedoch die Menschen frage, so ist die Antwort häufig:»Ja. Ich bin Gott in einer Weise begegnet wie nie zuvor.« Oft stellt sich heraus, daß sie geheilt sind.

In manchen Fällen erkläre ich den Menschen, was geschieht. Einmal betete ich für einen Mann, doch es schien sich nichts zu ereignen. Er sah sehr angespannt aus, darum fragte ich ihn:»Was ist los?« Er antwortete:»Mein Kopf lenkt mich ab. Er kribbelt ganz eigenartig.« Wir hatten für seinen Magen gebetet und nun kribbelte sein Kopf! Ich dachte:»Herr, du hast einen Fehler gemacht. Du heilst den falschen Körperteil.« Doch dann kam ich zu der Ansicht:»Gut, Herr, wenn es das ist, was du tun willst, dann lobe ich dich eben dafür.« So legte ich meine Hände auf den Kopf des Mannes und begann, Gott für sein Werk der Heilung zu preisen — und der Magen des Mannes wurde geheilt.

Befreiung der dämonisch Gebundenen

Wenn man für einen dämonisch gebundenen Menschen betet, so ist es ratsam, dies nicht in der Öffentlichkeit zu tun. Dämonen aus stark gebundenen Menschen auszutreiben, kann manchmal Stunden in Anspruch nehmen, auch können weitere Gebetstreffen nötig sein, um solch starke Bindungen zu lösen.

Wenn man für einen stark gebundenen Menschen betet, so ist es am besten, dies in einer Gruppe von zwei bis fünf Menschen zu tun. Dabei sollte ganz klar sein, wer der Leiter ist; die anderen sollten ihn mit ihrem Gebet unterstützen und ihm Ratschläge geben. Wenn ich für einen so gebundenen Menschen bete, so weise ich diejenigen, die helfen, in der Regel an, sich rechts und links von dem Gebundenen hinzustellen und zu beten. In manchen Fällen bitte ich jemanden, das Geschehen zu notieren; er soll schriftlich festhalten, in welcher Weise die Dämonen wirken und in welcher Beziehung sie zueinander stehen; dies ist hilfreich, um später im Rückblick klären zu können, ob wirklich alle Dämonen gewichen sind. Wenn sich die Gebetszeit über einen langen Zeitraum erstreckt, kann es nötig sein, einzelne Beter auszuwechseln, damit die Konzentration der Beter erhalten bleibt.

Häufig stellen Christen falsche Diagnosen; oft wird eine psychische Störung als starke dämonische Gebundenheit eingestuft. Bevor ich nicht wirklich mit einem Dämon gesprochen habe, hüte ich mich davor, zu sagen, ein Mensch habe einen Dämon. Es gibt einige Kriterien, mit Hilfe derer ich prüfe, ob ich es wirklich mit einem Dämon zu tun habe. Wenn ein böser Geist durch einen Menschen spricht, kann man zum Beispiel eine auffallende Persönlichkeitsveränderung feststellen (Mk. 5,1-5). Auch die Augen des Menschen deuten darauf hin, daß ein Dämon anwesend ist. Manchmal sind sie zurückgerollt und flackern. Die Pupille kann ganz verschwinden, so daß nur noch das Weiße des Auges zu sehen ist. In anderen Fällen bewegen sich die Augen unabhängig voneinander, oder sie werden starr und scheinen von einer Art Film überdeckt zu sein. Es kommt auch vor, daß sich die Pupille derart weitet, daß von der Iris nichts mehr zu sehen ist.

Es gibt noch andere körperliche Erscheinungen, die auf die Anwesenheit eines Dämons hinweisen, z. B. aufgeblähte Nasenlöcher, aufgestülpte Lippen, scheinbar wachsende Zähne (in Wirklichkeit jedoch ändert sich ihre Größe nicht); manchmal bläht sich der Hals oder der ganze Körper auf. Auch habe ich erlebt, daß Menschen zu Boden fielen, schlängelnde Bewegungen machten und wie Schlangen zischten. Ich habe gehört, wie Menschen die verschiedensten Tierlaute von sich gaben — Bellen, Heulen, Brüllen. Manchmal tritt aus fast allen Körperöffnungen eine faulige und stinkende Flüssigkeit aus. Viele dieser Erscheinungen treten nur bei sehr stark gebundenen Menschen auf, doch wenn sie auftreten, dann besteht kein Zweifel, daß ein Dämon in dem Menschen anwesend ist.

Wenn ich weiß, daß ich es mit einem Dämon zu tun habe, gebiete ich ihm, mir zuzuhören. Dabei sehe ich dem gebundenen Menschen gerade in die Augen und sage: »Sieh mich an!« Dann gebiete ich den Dämonen, ihre Namen zu nennen (siehe Mk. 5,9). Ich sage: »In Jesu Namen gebiete ich dir, Geist, deinen Namen zu nennen.«

Böse Geister nennen nicht gerne ihren Namen, weil dieser manchmal verrät, in welcher Weise sie den Menschen gebunden halten. Sie antworten zum Beispiel: »Warum soll ich dir denn meinen Namen sagen?« Oder: »Ich will meinen Namen nicht nennen.« Oder: »Ich habe keinen Namen.« Sie werden alles tun, um zu verhindern, daß sie ihren Namen nennen müssen. Wenn sie in dieser Weise anfangen zu verhandeln, sage ich: »Schluß damit! Sage mir sofort, wie du heißt.«

An diesem Punkt sei eine Warnung ausgesprochen: Ich gebiete einem bösen Geist nur, sich zu erkennen zu geben, wenn der Mensch selbst eindeutig die Herrschaft über sich verloren hat, wenn es ganz offensichtlich ist, daß durch den Menschen, für den ich bete, ein böser Geist spricht. Ich ermuntere Menschen nie, innerlich die Führung dem bösen Geist zu übergeben.

Wenn die Geister ihren Namen nennen, tun sie dies gewöhnlich in einer mir unbekannten Sprache. Kürzlich sagte mir zum Beispiel ein

Dämon, er hieße Kimutu. In einem solchen Falle frage ich:»Was bedeutet das?«Der Geist versuchte mir Widerstand zu leisten, doch schließlich sagte er:»Schmerz.«Das paßte in die Situation; der Mann, für den ich betete, hatte sowohl im Nacken als auch im Kopf Schmerzen. Sofort gebot ich dem Dämon zu weichen:»In Jesu Namen gebiete ich dir, diesen Menschen zu verlassen.«Der Mann war geheilt.

Manchmal frage ich den Geist nach weiteren Einzelheiten seines Wirkens. Wenn einer zum Beispiel sagt, er heiße»Angst«, frage ich manchmal weiter:»Vor welchen Dingen flößt du diesem Menschen Angst ein?«Wenn ich die Menschen später frage, ob sie unter dieser speziellen Furcht gelitten haben, sagen sie meistens, daß genau diese Angst sie am meisten daran gehindert hätte, wirklich in allen Bereichen ihres Lebens als Christ zu leben.

Dämonen reden gerne; dies benutzen sie als Taktik, um mich von meinem Ziel abzulenken, sie auszutreiben. Darauf reagiere ich immer in derselben Weise: ich bringe sie zum Verstummen (Mk. 1,34). In manchen Fällen versuchen sie zu verhandeln, sie machen Vorschläge:»Laß uns dies oder jenes tun …«Darauf antworte ich:»Seid still. Ich verhandle nicht mit euch. Ihr müßt weichen!«Sie können sich auch einen sehr religiösen, ja»geistlichen«Anstrich geben. Es kommt vor, daß sie prophezeien, in Sprachen reden, ja sogar Bibelverse zitieren. Manchmal bringen sie sehr überzeugende Argumente hervor. Sie versuchen, mich glauben zu lassen, sie seien keine Dämonen. Manchmal kreischen sie, um die Aufmerksamkeit auf sich zu ziehen. In all diesen Fällen gibt es jedoch nur eins: ihnen zu gebieten zu verstummen und sie auszutreiben.

In den meisten Fällen erkennen die Gebundenen erst, wenn für sie gebetet wird, daß sie einen Dämon haben. Dies löst bei ihnen häufig Angst aus, auch werden sie oft von den bösen Geistern bedroht.»Wenn ich dich nachher alleine habe,«sagen sie,»dann werde ich dich töten.«Wenn ich die Vermutung habe, daß ein Mensch in dieser Weise bedroht wird, gebiete ich dem Dämon zu verstummen und versuche, die Aufmerksamkeit des Menschen zu erlangen. Wenn ich sicher bin, daß ich mit dem Menschen spreche und nicht mit dem Dämon, erkläre ich, daß es keinen Grund zur Furcht gibt, weil Christus stärker ist als alle Dämonen. Ich fordere den Menschen auf, Jesu Wirken beim Austreiben des Dämons, so weit er nur irgend kann, zu unterstützen.

Die Austreibung böser Geister ist eine Art Zusammenprall der Mächte, das Reich Satans wird durch das Reich Gottes ausgetrieben.[6] Dies ist nicht leicht. Es ist eine Prüfung des Glaubens, für die man Konzentration, Ausdauer und Gottes Salbung braucht. Die eigentliche Austreibung besteht darin, daß man dem Dämon gebietet, zu weichen:»Ich gebiete dir in Jesu Namen, diesen Menschen zu verlassen.«Doch sind diese Worte noch keine Garantie dafür, daß der Dämon auch tatsächlich weicht. Jesus wies darauf hin, daß das Austreiben von Dämonen unterschiedlich schwer sein kann (Mk. 9,29). In einigen Fällen ist größerer Glaube und mehr Gebet erforderlich.

Wenn ein böser Geist einen Menschen verläßt, so ist dies normalerweise von gewissen Reaktionen des Gebundenen begleitet: Hinfallen, Schreien, Stöhnen, tiefes Ausatmen, faulige Gerüche — worauf in allen Fällen ein ungewöhnlich tiefer Friede folgt (Mk. 9,26). Gelegentlich bin ich nicht sicher, ob der böse Geist auch tatsächlich gewichen ist. Dämonen beherrschen viele Taktiken, um sich zu verstecken und vorzutäuschen, sie seien ausgetrieben. Wenn ein Mensch zum Beispiel auf Grund meines Gebietens zu Boden fällt und schreit, bedeutet dies noch nicht, daß der Geist gewichen ist. Normalerweise knie ich mich neben den Menschen, sehe ihm in die Augen und sage:»Wenn noch ein Geist da ist, so gebiete ich dir: Gib dich zu erkennen!«

Eine weitere Methode, um die Anwesenheit böser Geister aufzudecken, besteht darin, daß man nacheinander für die einzelnen Teile des Körpers betet und den Heiligen Geist bittet, diese zu heilen (siehe Röm. 12,1-2). Ich bete:»In Jesus Namen weihe ich die Füße, die Knöchel . . . (und so weiter) dem Herrn. Ich weihe diese Körperteile gemäß Römer 12,1-2.« Manchmal ruft dieses Gebet an irgendeinem Punkt in dem Menschen eine Reaktion hervor. Es kann zum Beispiel vorkommen, daß sich seine Augen öffnen und nach hinten verdrehen. Wenn dies geschieht, halte ich in meinem Gebet inne und beginne erneut mit der Dämonenaustreibung: ich gebiete dem Geist, sich zu erkennen zu geben, zu verstummen und zu weichen.

Gelegentlich kommt es vor, daß ein Dämon sehr hartnäckig ist und den Befehlen nicht gehorcht. Ich habe festgestellt, daß es in solchen Fällen hilfreich ist, zurückzutreten und zu sagen:»Jesus, hier ist ein Dämon aus der Hölle, der sich dir und deiner Kirche widersetzt. Kümmere du dich um ihn.« Dann folgen Schreie, denn die Dämonen haben Angst vor Jesus und seinem Heiligen Geist.

Damit die Geister nach der Austreibung nicht wieder zurückkehren können, ist es wichtig, daß der Mensch eine vollkommene Wiederherstellung erfährt (Mk. 9,25; siehe auch Mt. 12,43-45). Nur Jesus kann die Leere füllen, die durch die gewichenen Geister entstanden ist. Durch Fragen versuche ich herauszufinden, ob der betreffende Mensch eine echte Beziehung zu Christus hat. Wenn dies nicht der Fall ist, verkündige ich ihm das Evangelium und lade ihn ein, mit mir zu beten und Christus anzunehmen. In den meisten Fällen ist es nötig, daß ich dem Menschen helfe, sich im Gebet von Okkultismus oder anderen Formen spiritistischer Aktivitäten loszusagen. Oft geht es auch um innere Heilung und die Abwendung von Sünden. Dann bitte ich den Heiligen Geist zu kommen und den Menschen vollkommen zu erfüllen.

Fälle, wo Menschen nur »leicht gebunden« sind, kommen sehr viel häufiger vor als diese Art der starken Gebundenheit — und es ist sehr viel einfacher, für jene zu beten. Ich spreche hier von Menschen, die von Zeit zu Zeit in gewissen Bereichen ihres Lebens von bösen Geistern attackiert werden, Menschen, die z. B. sexuellen Versuchungen erliegen oder der Versuchung zu lügen und zu stehlen. Gewöhnlich frage ich diese Menschen, ob sie Probleme in jenen Bereichen haben; wenn sie dies bejahen, so jage ich den Dämon mit einem einfachen Befehl fort:»In Jesu Namen gebiete ich dir, du böser Geist, zu weichen.«Danach helfe ich dem Menschen, Vergebung zu empfangen, Buße zu tun und mit dem Heiligen Geist erfüllt zu werden.

Weil der Heilungsdienst ein Prozeß ist, ist es wichtig zu wissen, wann man das Gebet beenden soll. Als ich anfing, für Kranke zu beten, dachte ich, ich müsse jedesmal so lange beten, bis der Mensch geheilt sei. So nahm dann ein Gebet manchmal mehrere Stunden in Anspruch, trotzdem wurde nur selten ein Mensch geheilt. Bald jedoch lernte ich zu fragen: »Wann soll ich aufhören zu beten?«

Gewisse Kriterien helfen mir, zu wissen, wann der Gebetseinsatz (Schritt vier) zu beenden ist. Am häufigsten geschieht dies dadurch, daß der Heilige Geist selbst andeutet, daß die Gebetszeit zum Abschluß kommt, ich merke, daß er seine Kraft zurückzieht. Ich sehe, daß der Mensch, für den ich bete, auf meine Gebete nicht reagiert, und ich stelle fest, daß die Empfindungen, die bei mir normalerweise in Zusammenhang mit dem Gebet um Heilung auftreten — Prickeln in den Händen, Wärme, übernatürlicher Friede — aufhören. Manchmal gibt auch der Mensch, für den gebetet wird, das Schlußzeichen, indem er sagt, daß er empfangen hat, worum er bat. Auch höre ich auf, wenn ich nicht mehr weiß, wofür ich noch beten soll oder wenn ich zwar für alles gebetet, aber keinen Boden gewonnen habe. In solchen Fällen ermuntere ich den Hilfesuchenden, ein andermal erneut zum Gebet zu kommen.

Fünfter Schritt: Nachträgliche Anweisungen

Der letzte Schritt innerhalb des Heilungsdienstes besteht darin, dem Menschen Anweisungen zu geben. *Die nachträglichen Anweisungen geben Antwort auf die Frage:»Was kann man tun, um die Heilung zu bewahren?«Und:»Was soll man tun, wenn man nicht geheilt wurde?«* Menschen, die keine Heilung erfahren haben, lasse ich nochmals ausdrücklich wissen, daß Gott sie liebt, und ich ermuntere sie, erneut für sich beten zu lassen. Dies bedeutet in den meisten Fällen, sie an eine Gebetsgruppe oder einen Hauskreis zu verweisen, wo über längere Zeit hinweg für sie gebetet werden kann.

Diejenigen, die geheilt wurden, weise ich an, nicht mehr zu sündigen und den Begierden des Fleisches nicht mehr nachzugeben (Joh. 8,11). Je nach Situation können da sehr praktische Ratschläge nötig sein. Es ist wichtig, auf die Bedeutung des Bibellesens, des Bibelstudiums, des Gebetes und der Werke der Gerechtigkeit hinzuweisen. Der Schlüssel zu einem siegreichen Leben als Christ liegt vor allem darin, fest in eine Gemeinde eingebunden zu sein. Der vorbereitende Dienst und die nachträgliche Hilfe für göttliche Heilung kann nur dort stattfinden, wo unter Christen wirklich Verbindlichkeit, Verantwortung und Verläßlichkeit bestehen. Dies bedeutet, daß man zu einer Gemeinde und innerhalb der Gemeinde, wenn irgend möglich, zu einem kleinen verbindlichen Kreis gehören muß, in dem durch die Beziehungen untereinander Glaube und Gerechtigkeit gefördert und herausgefordert werden.

Nachwort

Einer der wichtigsten Beiträge, die die Reformation zum Leben der Kirche leistete, war die Wiederentdeckung der zentralen Bedeutung der Bibel. Die Reformatoren erkannten die Notwendigkeit, zur Beantwortung der vielfältigen Fragen des Glaubens und des christlichen Lebens objektive Kriterien zur Hand zu haben; diese Kriterien fanden sie im Alten und Neuen Testament. Auch lehrten sie, daß alle Christen ihren Glauben und ihr Leben direkt nach der Schrift ausrichten sollten. In den vergangenen Jahren haben auch die Katholiken neu entdeckt, wie wertvoll das persönliche Bibelstudium ist und daß Gott machtvoll durch sein geschriebenes Wort wirkt.

Wenn das Alte und Neue Testament eine ständige Kraftquelle kirchlicher Erneuerung sein sollen, dann, so meine ich, müssen auch Lehre und Praxis der göttlichen Heilung biblisch fundiert werden. Auf dieser Grundlage wurde das Buch geschrieben; mein Gebet ist, daß dieser Ansatz dazu dient, Ihr Verständnis der göttlichen Heilung zu erweitern und Ihr Gebet um Heilung zu verstärken.

Wenn es uns mit der reformatorischen Lehre ernst ist, daß nämlich die Kirche ständiger Erneuerung bedarf (eine Aussage, die wir auch in der Bibel finden), dann müssen wir in der heutigen Kirche Raum schaffen, damit wir in der Vollmacht wachsen können und unsere Erfahrung im Bereich der göttlichen Heilung (sowie in anderen Bereichen) immer reicher wird. Heilung war eindeutig ein wichtiger Teil des Wirkens Christi hier auf der Erde, und Christus erwartet, daß Heilung auch zum Leben seiner Gemeinde gehört. Daher haben wir, selbst wenn unsere Erkenntnis über göttliche Heilung wahrscheinlich immer Stückwerk bleibt, den Auftrag, für die Kranken zu beten.

Es bleiben viele unbeantwortete oder nicht beantwortbare Fragen über göttliche Heilung bestehen. Warum geschieht nicht immer Heilung, wenn wir darum bitten? Warum werden einige Menschen geheilt, andere aber, besonders »gute« Menschen, nicht? Warum werden manche Menschen nur teilweise geheilt? Warum kann man in der Kirchengeschichte beobachten, daß es Zeiten gab, wo viele Heilungen geschahen, jedoch auch Zeiten, wo nur von wenigen Heilungen berichtet wird? Werden wir jemals eine endgültige Antwort auf die Frage finden, ob Gott Krankheit zuläßt? Welche Beziehung besteht zwischen Krankheit und Heiligung? Warum beten einige mit mehr Erfolg für Kranke als andere? Mit all diesen Fragen beschäftigt sich das Buch, und doch muß ich zugeben, daß meine Antworten bestenfalls Teilerklärungen sind. Es könnte und sollte noch viel mehr zu diesen Themen geschrieben werden, und zwar von Menschen, die dafür besser qualifiziert sind als ich.

Wenn wir anfangen wollen, für die Kranken zu beten, brauchen wir, so glaube ich, keine *erschöpfenden* Antworten auf diese und ähnliche Fragen. Ich betone das Wort »erschöpfend«; ich bin durchaus der Überzeugung, daß ein Glaube ohne Erkenntnis seines Gegenstandes und Inhaltes wertlos ist. Aber ich glaube auch, daß manche Christen die Forderung nach erschöpfenden Antworten als Entschuldigung gebrauchen, um das, was sie bereits wissen, nicht glauben und nicht danach handeln zu müssen. Ich will damit weder sagen, daß die oben genannten Fragen unwichtig sind, noch daß es falsch ist, in der Erkenntnis zu wachsen. Obwohl ich weiß, daß ich nie zu vollkommener Erkenntnis göttlicher Heilung gelangen werde, bin ich doch damit zufrieden, auf Grund der Erkenntnis zu handeln, die ich bereits habe, mit der Zuversicht, daß ich einst mehr wissen werde. Um Blaise Pascal zu paraphrasieren: »Ich glaube, darum werde ich... eines Tages... wissen.«

Mein Gebet für Sie, den Leser, ist, daß Sie, was göttliche Heilung betrifft, damit zufrieden sind, jetzt noch »undeutlich wie in einem trüben Spiegel« zu sehen und »stückweise« zu erkennen; es kommt der Tag, wo wir erkennen werden (1. Kor. 13,12). Weil wir wissen, daß Gottes Reich in Fülle kommen wird, können wir zuversichtlich mit dem leben, was Gott uns schon jetzt gegeben hat.

Heilung im Alten Testament

1. MOSE
20,17

2. MOSE
4,6-7
15,26
21,18-19
23,25

3. MOSE
13,1-46
14,1-32
15,1-33
16,29-30

4. MOSE
12,1-15
16,41-50
21,4-9

5. MOSE
7,15
32,39

JOSUA
5,8

1. SAMUEL
6,3
16,14-23
25,6

1. KÖNIGE
13,4-6
17,17-24

2. KÖNIGE
2,19-22
4,8-37
5,1-14
13,21
20,1-11

2. CHRONIK
7,14
20,9
28,15
30,20
32,24-26

HIOB
5,18

PSALMEN
6,3
30,3
32,3-5
34,20-21
38,4.8
41,4
103,1-5
107,17-20
147,3

SPRÜCHE
3,8
4,22
12,18
13,17 (Zürcher)
15,30
16,24

PREDIGER
3,3

JESAJA
6,10
19,22
30,26
32,3-4
33,24
35,5-6
38,1-8.16
53,5
57,18-19

58,6-8
61,1

JEREMIA
3,22
8,15.22
14,19
17,14
30,12-17
33,6
46,11
51,8-9

KLAGELIEDER
2,13

HESEKIEL
30,21
34,4.16
47,12

DANIEL
4,34.36

HOSEA
5,13
6,1
7,1
11,3 (Zürcher)
14,5

NAHUM
3,19

SACHARJA
11,16

MALEACHI
3,20

Anhang B

Eine Übersicht über Jesu Heilungsdienst

A Austreibung eines bösen Geistes
B in Vollmacht gesprochene Worte
C Jesus berührt den Kranken
D ein anderer Mensch betet
E Glaube eines anderen Menschen

F Jesus predigt
G Glaube des Geheilten
H Jesus ist von Erbarmen ergriffen
I der Kranke berührt Jesus
J Jesus lehrt

Beschreibung	Matthäus	Markus	Lukas	Johannes	A	B	C	D	E	F	G	H	I	J
1. Mann mit unreinem Geist		1,21-28	4,31-37		x	x								
2. Petrus' Schwiegermutter	8,14-15	1,30-31	4,38-39			x	x	x						
3. große Menge	8,16-17	1,32-34	4,40-41		x	x	x			x				
4. viele Geister		1,39			x					x				
5. Aussatz	8,2-4	1,40-42	5,12-13			x	x				x	x		
6. der Gelähmte	9,2-8	2,3-12	5,17.26			x			x					
7. Mann mit abgestorbener Hand	12,9-14	3,1-6	6,6-11			x					x			
8. große Menge	12,15-16	3,10-11			x									
9. Gerasener	8,28-34	5,1-17	8,26-39		x	x								
10. Jairus' Tochter	9,18-19.23-26	5,22-24.35-43	8,40-42.49-56				x	x	x					
11. Frau mit Blutfluß	9,20-22	5,24b-34	8,42b-48								x		x	
12. einige Kranke	13,58	6,5-6					x							
13. große Menge	14,34-36	6,54-56									x		x	
14. Tochter der syrophönizischen Frau	15,21-28	7,24-30			x			x	x					
15. Taubstumme		7,31-37				x	x	x						
16. Blinde		8,22-26				x	x	x						
17. Kind mit bösem Geist	17,14-18	9,14-27	9,38-43		x	x	x		x					
18. der blinde Bartimäus	20,29-34	10,46-52	18,35-43			x	x				x	x		
19. Knecht des Hauptmanns	8,5-13		7,1-10					x	x					
20. zwei Blinde	9,27-31					x	x				x			
21. der stumme Besessene	9,32-34				x									
22. der blinde und stumme Besessene	12,22		11,14		x									

231

| --- | --- | --- | --- | --- | --- | --- | --- | --- | --- | --- | --- | --- | --- | --- |
23. große Menge	4,23		6,17-19						x					x
24. große Menge	9,35								x					x
25. große Menge	11,4-5		7,21-22						x					x
26. große Menge	14,14		9,11	6,2							x			
27. große Menge	15,30								x					x
28. große Menge	19,2													
29. Blinde und Lahme im Tempel	21,14													
30. Sohn der Witwe			7,11-17		x						x			
31. Maria Magdalena und andere			8,2			x								
32. von Satan gebundene Frau			13,10-13		x	x								
33. der Wassersüchtige			14,1-4			x								
34. zehn Aussätzige			17,11-19		x						x	x		
35. Malchus' Ohr			22,49.51			x								
36. große Menge			5,15											
37. Sohn des königlichen Beamten				4,46-53	x		x							
38. Mann am Teich Bethesda				5,1-9	x						x			
39. der Blindgeborene				9,1-7	x	x								
40. Lazarus				11,1-44	x									

Der Heilungsdienst der Jünger

Beschreibung	Matthäus	Markus	Lukas	Apostel-geschichte
1. Beschreibung von Jesu Wirken	11,2-6		7,18-23	
2. Aussendung der Zwölf	10,1-11,1	3,13-19	9,1-11	
3. Aussendung der Siebzig			10,1-24	
4. Versuch der Jünger, Dämonen auszutreiben	17,14-21	9,14-29	9,37-45	
5. Macht zu binden und zu lösen	16,13-20			
6. Missionsbefehl	28,16-20	16,14-20	24,44-53	1,1-11
7. Beschreibung von Jesu Wirken				2,22
8. Zeichen und Wunder durch die Apostel				2,42-47
9. Heilung des lahmen Bettlers				3,1-4,22
10. Gebet um Unerschrockenheit, Zeichen und Wunder				4,23-31
11. Zeichen und Wunder durch die Apostel				5,12-16
12. Wirken des Stephanus				6,8-15
13. Wirken des Philippus				8,4-13
14. Hananias und Saulus				9,10-19
15. Petrus heilt Äneas (Lydda)				9,32-35
16. Petrus heilt Tabita (Joppe)				9,36-43
17. Jesu Wirken				10,34-41
18. Zauberer blind durch Paulus				13,4-12
19. Paulus und Barnabas in Ikonion				14,1-7
20. der Lahme in Lystra				14,8-18
21. Paulus auferweckt in Lystra				14,19-20
22. Magd in Philippi				16,16-40
23. Paulus in Ephesus				19,8-20
24. Eutychus von den Toten auferweckt				20,7-12
25. Paulus erzählt von Hananias				22,12-21
26. Paulus auf Malta				28,1-10
27. GALATER 3,5				
28. HEBRÄER 2,4				

Zeichen und Wunder in Sheffield

Eine Sozialanthropologische Analyse
von Worten der Erkenntnis, Manifestationen des Geistes
und der Wirksamkeit göttlicher Heilung

Von Dr. David C. Lewis
Religious Experience Research Project, Nottingham Universität,
und Alister Hardy, Research Centre, Oxford

»Es ist hier eine Frau anwesend, deren Vorname mit L beginnt... Sie ist zweiunddreißig Jahre alt und leidet seit acht Jahren an Halsschmerzen; die Medikamente, die sie eingenommen hat, haben ihr nicht geholfen.«

»Hier ist eine Frau, die Blinddarmreizung hat; sie ist auch schwanger; ich weiß nicht, ob sie davon bereits weiß oder nicht.«

»Es befindet sich ein junger Mann hier, ungefähr fünfunddreißig Jahre alt, der in seiner Ehe viele Schwierigkeiten hat. Er wohnt in den Midlands. In dieser Woche hat er überlegt, ob er seine Frau verlassen soll; aber der Herr will, daß Sie bleiben und nicht vor den Problemen weglaufen. Sie sollen Ihre Frau nicht verlassen.«

Diese Beispiele, jeweils von unterschiedlichen Personen ausgesprochen, sind nur drei aus einer Fülle sogenannter »Worte der Erkenntnis«, welche auf einer Konferenz über »Zeichen und Wunder und Gemeindewachstum« empfangen wurden, die vom 28. bis 31. Oktober 1985 in der Stadthalle in Sheffield stattfand.

Jeden Tag strömten mehr als 2800 Menschen in der Halle zusammen, die Mehrheit waren Anglikaner. Der Rest kam größtenteils aus Freikirchen, wahrscheinlich waren auch einige Katholiken anwesend, so wie 1984 auf einer entsprechenden Konferenz in London.[1]

John Wimber, der Hauptsprecher, betonte, wie wichtig es sei, diese Trennungen aufzugeben; jeder Teilnehmer erhielt bei der Anmeldung ein Buch des katholischen Priesters Francis MacNutt zum Thema Heilung.[2] Ganz gleich aus welcher Kirche, alle Teilnehmer kamen mit dem Wunsch, durch praktische Anleitung zu lernen, wie sie in ihrer eigenen Gemeinde einen Heilungsdienst aufbauen könnten.

Als Sozialanthropologe (tätig für das Religious Experience Research Project an der Nottingham Universität und das Alister Hardy Research Centre in Oxford) versuchte ich, mit der in der Anthropologie üblichen Methode der Beobachtung und des ausführlichen Interviews die Geschehnisse auf der Konferenz zu analysieren.

Anthropologen untersuchen normalerweise kleinere Gruppen über einen längeren Zeitraum hinweg; in diesem Fall stand ich vor der Aufgabe, in nur wenigen Tagen Studien über eine sehr große Gruppe betreiben zu müssen. In den Pausen befragte ich die Menschen um mich herum über ihre Erfahrungen — unter den gegebenen Umständen ein ganz natürliches Gesprächsthema. Die meisten meiner Gesprächspartner waren daher frei von den Hemmungen, die bei »künstlich« initiierten Gesprächen manchmal auftreten, wenn der Gesprächspartner weiß, daß seine Antworten festgehalten werden; viele merkten erst im Laufe der Unterhaltung, mit welcher Intention ich ihnen bestimmte Fragen stellte.

Um die Ergebnisse der Gespräche und auch meine eigenen Beobachtungen des Geschehens analysieren zu können, war es nötig, sowohl Theorien der Anthropologie, Soziologie, Psychologie, ja sogar der Parapsychologie heranzuziehen, als auch die theologischen Erklärungen zu verarbeiten, die die Gesprächspartner selbst anführten. Diese verschiedenen Erklärungsmodelle zu einer Aussage zusammenzufügen, erwies sich als eine weitaus größere Aufgabe, als ich anfangs annahm.

Worte der Erkenntnis

Die oben erwähnten »Worte der Erkenntnis« bergen für den, der sie rational zu erklären versucht, etliche Probleme in sich. Die Möglichkeit, daß jemand im voraus die in den Worten der Erkenntnis ausgesprochenen Krankheiten hätte ermitteln können, war in den meisten Fällen ausgeschlossen. Die Konferenzteilnehmer kamen aus den unterschiedlichsten Teilen des Landes; bei der Anmeldung wurde nur nach dem Namen und der jeweiligen Adresse gefragt. Das Verhältnis Männer/Frauen war unter den Teilnehmern ungefähr gleich, und auch die Altersverteilung war in etwa repräsentativ für die erwachsene Bevölkerung. Es waren zwar verhältnismäßig viel Geistliche anwesend, doch waren die Mehrheit der Teilnehmer Laien, die sich speziell für diese Konferenz Urlaub genommen hatten. Die meisten waren Weiße und gehörten der Mittelklasse an; dies läßt auf ein ungefähres Bild der Zusammensetzung der Gemeinden schließen, die an der Konferenz Interesse zeigten: noch bis vor zwanzig oder dreißig Jahren geschahen Phänomene wie die auf der Konferenz beobachteten, fast ausschließlich in schwarzen Pfingstgemeinden, deren Mitglieder zur Arbeiterklasse gehörten. Durch diese Konferenz jedoch (und durch entsprechende Konferenzen, die in den beiden vorausgegangenen Wochen in Brighton und London stattfanden sowie 1984 in London) hat in vielen Großkirchen etwas Neues begonnen: das Modell des Heilungsdienstes, in dem Worte der Erkenntnis eine wichtige Rolle spielen, breitet sich immer weiter aus.

Diese Konferenzen stellen einen nächsten Entwicklungsschritt innerhalb dessen dar, was in den Kirchen »charismatische Erneuerung« genannt wird. Der verstorbene Pfarrer der St.-Michael-Belfry-Gemeinde in York, David Watson, gehörte zu den anglikanischen Leitern dieser Erneuerungsbewegung. Daß solche Konferenzen in England durchgeführt werden, ist letztlich auf David Watsons Freundschaft mit John Wimber zurückzuführen.

John Wimber war der Hauptsprecher auf der Konferenz; David Pytches, ein anglikanischer Bischof (früher Bischof einer anglikanischen Diözese in Südamerika und zur Zeit Pfarrer von St. Andrews in Chorleywood, Hertfordshire) leitete nachmittags einen der Workshops.

Sowohl Wimber als auch Pytches hatten Mitarbeiter mitgebracht, die im Heilungsdienst bereits geschult waren. Meistens waren es diese Mitarbeiter, die für die Menschen beteten, die als Antwort auf ein Wort der Erkenntnis um Heilung baten; Wimber blieb vorne stehen und kommentierte das Geschehen.

Die Worte der Erkenntnis bewirkten, daß sowohl in denjenigen, die auf der Konferenz den Heilungsdienst ausübten, als auch in denen, die Gott um Heilung baten, der Glaube und die Erwartung wuchsen, daß Gott heilen würde. Wenn Gott ein Wort der Erkenntnis über eine Krankheit gibt, dann, so wurde gelehrt, darf man auch erwarten, daß Gott diese Krankheit heilen wird, ganz gleich, um was es sich dabei handelt. (Daß die Erkenntnis von Gott kommt, wird vorausgesetzt.) Es wird auf Jesu Vorbild verwiesen, der sagte: ». . . Der Sohn kann . . . nur (tun) . . . was er den Vater tun sieht« (Joh. 5,19); wenn der Vater nun ein Wort der Erkenntnis gibt, wird dies als ein Hinweis auf das angesehen, »was er tut«. Wimbers Theologie geht an diesem Punkt noch einen Schritt weiter: Jesus lehrte seine Jünger, Kranke zu heilen, Dämonen auszutreiben und so weiter; wenn nun die heutige Kirche der »Leib Christi« ist, sollten die Christen auch heute in der Lage sein, entsprechend zu handeln.

Nun stellt sich die Frage, ob sich die Worte der Erkenntnis, die Heilungen und andere damit verbundene Phänomene auch durch alternative, nicht theistische Modelle erklären lassen.

Die Hypothese liegt nahe, daß Worte der Erkenntnis eine Art außersinnliche Wahrnehmung sind wie etwa Telepathie oder Hellsehen. In einigen Fällen wird man an Veranstaltungen von Heilern erinnert, in denen ein Medium oder ein Hellseher sagt, daß jemand mit einer bestimmten Krankheit anwesend sei; gelegentlich kommt es wohl auch vor, daß angedeutet wird, wo die betreffende Person ungefähr sitzt. Auch die Art und Weise, wie diese Erkenntnis empfangen wird, ist sehr ähnlich wie z. B.

bei Hellsehern: zu den Phänomenen gehören Bilder, sehr starke Eindrücke — »ich weiß es einfach, ich habe nicht die leisesten Zweifel« — und das Verspüren eines Schmerzes im eigenen Leib, von dem man aber weiß,»daß es nicht der eigene Schmerz ist« (dies wird als Hinweis dafür angesehen, an welcher Stelle der kranke Mensch Schmerzen hat). Relativ selten kommt es vor, daß jemand auf dem Körper eines anderen Menschen oder in der Luft (für andere nicht sichtbare) Worte geschrieben sieht. Blaine Cook, ein Mitarbeiter von Wimber, berichtet, daß er sogar einmal einen medizinischen Begriff sah, den er selbst nicht kannte, »Osgood-Slatter-Krankheit«; Blaine hatte beruflich keinerlei Berührung mit medizinischen Fragen.

Es lassen sich jedoch zwischen dem, was ich in Sheffield beobachtete, und dem, was von spiritistischen Sitzungen berichtet wird, wichtige Unterschiede feststellen.

Der erste Unterschied betrifft den Grad der Genauigkeit, der einige Worte der Erkenntnis auszeichnet (siehe das erste Beispiel zu Anfang des Artikels); er scheint höher zu sein als bei scheinbar ähnlichen Phänomenen, die von anderer Seite berichtet werden.[3] In Sheffield schien es manchmal, als ob dann, wenn sich die betreffende Person nicht zu erkennen gab, weitere, ergänzende Worte der Erkenntnis gegeben wurden. Ein Beispiel einer solchen »Serie« von John Wimber soll dies erläutern: »Hier ist jemand mit gebrochenen Rippen — er ist letzten Winter auf Schnee oder Eis hingefallen, die Rippen sind nicht richtig geheilt. Er ist mit dem linken Fuß ausgerutscht. Der Schmerz ist in der ganzen linken Seite . . .« (Pause). »Es war im Februar dieses Jahres, Schneematsch und vereist — Sie sind ganz hart hingefallen . . .« (längere Pause). »Der Vorname ist George.«

Ein zweiter Unterschied zu dem, was von Veranstaltungen von Heilern berichtet wird, betrifft die Möglichkeit des Betruges. Es ist bekannt, daß viele Heiler immer wieder in denselben Städten ihre Veranstaltungen abhalten; es ist wahrscheinlich, daß sie auf diese Weise mit der Zeit immer mehr über die zu ihren Veranstaltungen kommenden Menschen in Erfahrung bringen.[4] Allein die Tatsache jedoch, daß Wimber und sein Team aus den Vereinigten Staaten anreisten und keinerlei Einfluß darauf hatten, wer sich auf die Ankündigung in christlichen Zeitschriften hin zu der Konferenz anmelden würde, läßt die auf der Konferenz ausgesprochenen Worte der Erkenntnis glaubwürdiger erscheinen.

Verglichen mit Praktiken von Medien oder Hellsehern, die privat aufgesucht werden, fällt auf, daß im christlichen Bereich keine persönlichen Gegenstände des Hilfesuchenden verwandt werden, um Erkenntnis über den anderen Menschen zu erlangen.

Wimber und seine Mitarbeiter behaupten, daß man auch außerhalb großer Veranstaltungen Worte der Erkenntnis empfangen kann — eine Behauptung, die schwer nachzuprüfen ist, da solche Erfahrungen in den

Bereich des privaten Lebens fallen. Auch läßt sich nicht voraussagen, wann oder wie Worte der Erkenntnis gegeben werden; daher ist es unmöglich, zu empirischen Zwecken künstlich Situationen zu schaffen, in denen unter vier Augen ein Wort der Erkenntnis ausgesprochen wird. (Selbst in Großveranstaltungen kann die Anzahl der geäußerten Worte der Erkenntnis beachtlich schwanken.)

Da ich auf dieser persönlichen Ebene keine Beobachtungen anstellen kann, verweise ich auf Berichte wie den, der in Wimbers Buch *Vollmächtige Evangelisation* (Projektion J Verlag, 1986) wiedergegeben wird. Dort beschreibt Wimber, wie er im Flugzeug auf der Stirn eines Mitreisenden das Wort »Ehebruch« geschrieben sah; Wimber wurde auch der Name der Geliebten dieses Mannes offenbart. Als Wimber den Fremden fragte, ob dieser Name ihm irgend etwas bedeute und ihm erklärte, daß Gott ihm diese Einzelheiten offenbart hatte, wurde der Mann überführt, brach unter Tränen zusammen und bekehrte sich schließlich.[5]

Statistische Wahrscheinlichkeit

Die angeführten Tatsachen erschweren es auch, solche Worte der Erkenntnis auf statistische Wahrscheinlichkeit hin zu überprüfen. Dies zu tun, wäre einfacher, wenn sich beweisen ließe, daß die Worte der Erkenntnis, die unter vier Augen ausgesprochen werden, zutreffend sind (dies ließe sich im beschriebenen Fall wahrscheinlich dadurch feststellen, daß man sich die genannte Tatsache unabhängig sowohl von dem betreffenden Mann als auch von seinen Bekannten bestätigen ließe). Wir hätten es dann mit einem weitaus höheren Grad von Wahrscheinlichkeit zu tun, als wenn in einer Menge von fast 3000 Menschen eine recht weit verbreitete Krankheit genannt wird. In Sheffield gab es viele solcher »allgemeinen« Worte der Erkenntnis; diese kamen von Menschen, die zum ersten Mal wagten, Worte, die sie von Gott empfangen zu haben glaubten, auszusprechen. Doch gab es auch sehr spezifische Worte, denen man nach den Regeln der Wahrscheinlichkeitstheorie nur schwer die Glaubwürdigkeit abstreiten kann.

Der Fall der Frau, deren Name mit L begann, läßt sich gut als Beispiel heranziehen. Es gelang mir, dieser Frau am nächsten Tag einige Fragen zu stellen. Ihr Name war Linda. Sie erzählte, daß sie spürte, wie Gott ihr in ihrem Herzen die Gewißheit gab, daß sie mit diesem Wort gemeint sei — obwohl Wimber bei der Nennung des Namens etwas unsicher war. Als Wimber weitere Einzelheiten aussprach, wurde Linda immer sicherer, daß sie gemeint war; sie kam von der Empore herunter und ging nach vorne. Ihr Fall ist der einzige mir bekannte, in dem ein Wort der Erkenntnis nicht hundertprozentig korrekt war: Linda wird erst im April dieses Jahres zweiunddreißig. (Wimber gestand auch öffentlich ein, daß er sich bei dem Namen nicht sicher war, er meinte, er könne ›Lorma‹ oder ›Lerman‹ heißen; sicher war er sich nur, daß er mit L begann.)

Wenn ungefähr 1500 Frauen unter den Teilnehmern der Konferenz waren und wenn wir davon ausgehen, daß es etwa zwanzig verschiedene Anfangsbuchstaben unter den üblichen Frauennamen gibt (ausgenommen sind dabei Buchstaben wie X, Z oder Q), dann kommen wir in Lindas Fall auf die Schätzung, daß die ersten beiden Angaben in dem Wort der Erkenntnis (eine Frau, deren Name mit L beginnt) auf etwa fünfundsiebzig Frauen zutreffen könnten.

Wenn die Mehrheit der anwesenden Frauen zwischen zwanzig und sechzig war — Wimber aber in der Altersangabe um ein Jahr (oder einige Monate) von dem wahren Alter abwich —, dann könnten wir dreizehn Altersgruppen aufstellen, jeweils drei Jahre umfassend, und würden so die Möglichkeit einschließen, daß die Angabe des Alters ein Jahr nach oben oder unten schwanken könnte. Nach dieser Rechnung kommen wir auf ungefähr sechs mögliche Frauen.

Es ist schwierig, die Gesamtzahl der Organe zu schätzen, die erkranken können, besonders da auch noch Angaben wie rechts oder links oder Einzelheiten wie »die fünfte Bandscheibe der Halswirbelsäule« oder ähnliches hinzugefügt werden können. Ein Arzt könnte wahrscheinlich Hunderte verschiedener Körperteile aufzählen; für unsere Zwecke jedoch wollen wir von einer sehr vorsichtigen Schätzung ausgehen und legen die wichtigsten Organe oder Körperteile auf dreißig fest. Selbst wenn wir von dieser niedrigen Zahl ausgehen, würde die Wahrscheinlichkeitstheorie ergeben, daß die Krankheitsbeschreibung nur auf 0,2 Menschen zutreffen könnte.

Nun kommen wir noch zu der Angabe »acht Jahre«; diese Zeitspanne liegt weit über dem Durchschnitt der üblichen Dauer einer Halserkrankung für Frauen des genannten Alters. Wenn wir von einer willkürlichen Zahl ausgehen, nämlich daß in fünfzig Fällen von Halsschmerzen nur bei einem Menschen diese Beschwerden acht Jahre lang anhalten, dann kommen wir unter der Gesamtzahl der Teilnehmer auf eine Möglichkeit von 0,004 Menschen, auf die nach der Wahrscheinlichkeitsrechnung alle genannten Angaben zutreffen könnten. Mit anderen Worten: selbst wenn man bei der Schätzung der Zahlen die untersten Werte annimmt (wie zum Beispiel dreißig Organe des Körpers), dann hätte die Versammlung 250mal größer sein müssen, damit rein zufällig alle beschriebenen Einzelheiten wenigstens auf einen Menschen hätten zutreffen können.

Die Tatsache, daß mehr oder weniger auf jedes Wort der Erkenntnis hin jemand aufstand und damit zu erkennen gab, daß die beschriebene Krankheit auf ihn zutraf, zeigt, daß die Worte an sich als zutreffend angesehen wurden, wenigstens subjektiv. Es ist allerdings ein Unterschied, ob ein Mensch nur nach eigener Einschätzung glaubt, Arthritis zu haben, oder ob diese Diagnose von einem Arzt gestellt wurde; alle jedoch, mit denen ich auf der Konferenz sprach und die bezeugten, sie seien geheilt worden, konnten auf eine ärztliche Diagnose hinweisen.

Ein anderer Fall, in dem ich schon vorher von der Krankheit wußte, betrifft eine Krankenschwester, mit der ich in der vorausgegangenen Woche in anderem Zusammenhang bereits ein Gespräch geführt hatte. Die Frage nach ihrer Einstellung zu Kindern hatte sie dazu veranlaßt, mir zu erzählen, daß sie an Endometritis (Entzündung der Gebärmutter) litt und daher kein Kind empfangen könne; diesen Tatbestand hatte das Ehepaar bisher nur einem einzigen Menschen in seiner Gemeinde anvertraut.

Aus beruflichen Gründen konnte das Ehepaar nur umschichtig an der Konferenz in Sheffield teilnehmen; die Frau war bei einem der nachmittäglichen Workshops über Heilung zugegen; gerade in diesem Workshop hatte Blaine Cook ein Wort der Erkenntnis über Endometritis — er gebrauchte denselben medizinischen Fachausdruck, den die Krankenschwester mir in der Woche zuvor genannt hatte. Ihr verschlug es vor Erstaunen fast den Atem — soviel ich weiß, gab sich auf dieses Wort der Erkenntnis hin keine andere Frau zu erkennen —, und Cook betete, daß Gott ihr das Kind schenken möge, das sie sich so sehr wünschte. Dieses Gebet schien wie ein weiteres Wort der Erkenntnis, aber unter den gegebenen Umständen kann man nicht ausschließen, daß Cook diesen Wunsch einfach aus der Situation ableitete. Die Erwähnung von Endometritis war das einundzwanzigste Wort der Erkenntnis von insgesamt fünfunddreißig, die allein in diesem Workshop gegeben wurden.

An den Nachmittagen wurden in verschiedenen Räumen parallel insgesamt vier Workshops zu unterschiedlichen Themen durchgeführt, so daß sich die Teilnehmer in mehrere Gruppen aufteilten. Da der oben erwähnte Workshop an jenem Nachmittag mit einem anderen zusammengelegt wurde, können wir schätzen, daß etwa 1500 Menschen anwesend waren, etwa die Hälfte davon Frauen. Wenn sich unter ungefähr 750 Frauen eine befindet, die an Endometritis leidet, so ist dies nach statistischer Rechnung allein einem glücklichen Zufall zuzuschreiben.

Es gab zudem an jenem Nachmittag viele Fälle, in denen sehr viel mehr konkrete Einzelheiten genannt wurden als in dem oben beschriebenen. Im folgenden sollen einige Beispiele der insgesamt fünfunddreißig von Blaine Cook genannten Krankheiten aufgeführt werden; in jedem dieser Fälle meldete sich jemand, der sagte, daß die Beschreibung auf ihn zuträfe:

»Eine Ohrerkrankung — eine Entzündung —, es ist viel Flüssigkeit im Ohr, so daß morgens, wenn Sie aufwachen, sogar auf dem Kopfkissen Flüssigkeit zu sehen ist.« (Es meldet sich eine Frau auf der rechten Seite.)

»Eine Frau, die am linken Eierstock eine Zyste hat — sechs oder sieben Tage bevor ihre Regel eintritt, hat sie immer starke Schmerzen.« (Eine Frau auf der linken Seite meldet sich; Cook bittet, daß eine Frau in ihrer Nähe ihr die Hände auf die linke Seite legt und für sie betet.)

»Ein Pilz am linken Fuß — der Pilz ist unter dem Fuß, tritt aber zwischen den drei äußeren Zehen nach oben.« (Ein Mann auf der Empore.) »Neununddreißig Menschen mit Herzbeschwerden oder zu hohem Blutdruck.« (Sie wurden gebeten, aufzustehen und ein Handzeichen zu geben, damit andere in ihrer Nähe für sie beten konnten.) Ein wenig später sagte Cook: »Es ist noch jemand mit einem Herzklappenfehler da, der sich nicht gemeldet hat.« (Daraufhin meldet sich ein Mann auf der linken Seite.) »Jemand mit einem Abszeß im Unterkiefer, am zweiten Backenzahn.« (Eine Frau auf der rechten Seite.) »Jemand, dessen fünfte Bandscheibe in der Halswirbelsäule beschädigt ist.« (Eine Frau auf der rechten Seite.) »Es ist noch ein Mann mit demselben Leiden anwesend.« (Inzwischen standen sehr viele Menschen, und es hatten sich viele Gruppen gebildet, die für diejenigen beteten, die sich gemeldet hatten; so konnte ich nicht mehr beobachten, ob sich auf dieses Wort hin jemand zu erkennen gab.) »Jemand, dessen rechter Fersenknochen verletzt ist. Er ist mit viel Schwung gegen etwas gestoßen und hat sich dabei verletzt.« (Ein Mann hinten links.) »Jemand, der sich demnächst einer Wurzelbehandlung an einem Zahn in der oberen rechten Hälfte des Mundes unterziehen muß — er plant, in den nächsten Tagen zur Untersuchung zu gehen.« (Eine Frau auf der rechten Seite.) Dies sind Beispiele von Fällen, deren Beschreibung in Einzelheiten ging. In jedem der genannten Fälle gaben sich Menschen zu erkennen. Cook nannte drei weitere Krankheiten, bei denen er den Vorschlag machte, daß die Betreffenden, anstatt sich zu melden, lieber »jemandem auf die Schulter klopfen und diesen bitten sollten, für sie zu beten«. Es handelte sich bei diesen Krankheiten um einen Pilz am After, einen Herpes in der Vagina und eine Entzündung in der rechten Brust, durch die die Brustwarze eine Flüssigkeit absonderte. Cook schien die Erwähnung dieser letzten Krankheit peinlich zu sein, er sagte: »O nein, warum gibt er ausgerechnet mir solch ein Wort!«

Telepathie

Cook, Wimber und alle anderen, die Worte der Erkenntnis haben, schreiben ihre Erkenntnis göttlicher Offenbarung zu; von außen betrachtet, erscheint es »natürlicher«, diese Phänomene mit Begriffen der Telepathie zu erklären.

Die Telepathie wird innerhalb der orthodoxen Wissenschaft sehr in Frage gestellt; daher gibt es nur relativ wenige wissenschaftliche Untersuchungen über Telepathie und verwandte Phänomene (wie Hellsehen usw.). Bei entsprechenden Experimenten wird die Anzahl der zu erkennenden Möglichkeiten auf bestimmte, ausgewählte Punkte beschränkt; so versucht man die statistische Wahrscheinlichkeit von »Glückstreffern« einzukalkulieren. Einem Menschen mit telepathischen Fähigkeiten wird zum Beispiel die Aufgabe gestellt, eine vorher von anderen ausgewählte Karte zu erkennen; oder es wird jemand aufgefordert, vorauszusagen, welche von mehreren Lampen aufleuchten wird. Die Ergebnisse Hunderter solcher Experimente werden tabellarisch festgehalten und auf ihre statistische Bedeutung hin analysiert. Wir wollen hier voraussetzen, daß bei hundert Antworten fünf durch Zufall richtig sind; wenn nun die Prozentzahl der korrekten Antworten steigt, nimmt entsprechend die Möglichkeit ab, daß die richtigen Antworten auf Zufall zurückzuführen sind. Bei den meisten Experimenten liegt der Korrektheitsgrad der Antworten weit unter 100 Prozent, selbst wenn die Ergebnisse nach wie vor statistisch gesehen beachtenswert sind; doch kommt es auch vor, daß Menschen, die entsprechende Praxis haben, eine höchst bemerkenswerte Prozentzahl erreichen.[6]

Es scheint, als ob sowohl in wissenschaftlichen Experimenten als auch bei dem, was ich in Sheffield beobachtete, der Korrektheitsgrad durch vermehrte Praxis deutlich ansteigt. In Sheffield war zu bemerken, daß die detaillierteren Worte der Erkenntnis von Menschen ausgesprochen wurden, die bereits Erfahrung mit diesem Phänomen hatten; ihre Worte enthielten zum Beispiel Informationen über Alter, Name oder ausgefallene Krankheiten. Diejenigen, die nie zuvor ein Wort der Erkenntnis hatten, wurden ermuntert, Gott um ein solches zu bitten; die daraufhin ausgesprochenen Worte waren eher allgemeiner Art wie »ein dumpfer Schmerz über dem rechten Auge, zwischen Auge und Ohr«, »Gallensteine«, »unregelmäßiger Herzschlag« oder »Schmerz im linken Fuß«.

Gelegentlich gibt es auch außerhalb wissenschaftlich festgelegter experimenteller Situationen Berichte telepathischer Phänomene. Nahe Verwande, Ehegatten oder gute Freunde stellen fest, daß sie zur selben Zeit an dasselbe gedacht haben. Gehören auch solche Erfahrungen in den Bereich der Telepathie? Solange es nicht möglich ist, die Frage zu beantworten, ob etwa ein gleicher Stimulus bei beiden Personen die gleichen Gedanken ausgelöst hat, ist es schwierig, den wissenschaftlichen Wert dieser Phänomene einzuschätzen. Selbst wenn man beweisen könnte, daß es sich bei derartigen Fällen um Telepathie handelt, scheinen sich solche Vorkommnisse auf Menschen zu beschränken, die in enger Verbindung miteinander stehen.

Bei den in Sheffield beobachteten Phänomenen kam es vor, daß in dem überfüllten Saal jemand Einzelheiten über das Leben eines ihm völlig fremden Menschen wußte; Menschen, die sich vorher nie begegnet waren, behaupteten, Kenntnis von persönlichen Dingen zu haben, die man selbst dann nicht hätte besitzen können, wenn man sich gegenüber gestanden hätte. Die meisten Personen, die mehr in Einzelheiten gehende Worte der Erkenntnis hatten, waren erst kürzlich aus den USA eingetroffen; allein schon diese Tatsache zeigt, daß, wenn es sich hier um eine Form der Telepathie handeln sollte, die Telepathie andersgeartet wäre als bei Fällen, wo zwischen den Betroffenen enge Bindungen bestehen.

Unser Wissen über Telepathie und ähnliche Phänomene befindet sich noch im Anfangsstadium; wenn also die Phänomene in Sheffield andersgeartet sind als entsprechende Fälle, die von nahen Freunden oder Verwandten berichtet werden, so bedeutet dies nicht, daß es unmöglich ist, jene Phänomene mit einer Hypothese der Telepathie zu erklären. Vielmehr bedeutet es, daß unser Wissen erweitert wird und daß es nötig ist, neue Dimensionen parapsychologischer Phänomene zu bedenken.

Das konventionelle Modell der Telepathie beschreibt diese als eine Art »Radio« mit einem Sender und einem oder mehreren Empfängern. Die Phänomene in Sheffield jedoch machen deutlich, daß dieses Modell angesichts bestimmter Einzelheiten nicht mehr zutreffend ist. Dies ist der Fall, wenn ein Wort der Erkenntnis zum Beispiel Informationen darüber enthält, wie viele Menschen eine bestimmte Krankheit haben: genannt wurden »drei Menschen mit Legasthenie« oder »neununddreißig Menschen mit Herzbeschwerden oder zu hohem Blutdruck«.

Am ersten Abend hatte Wimber ein Wort der Erkenntnis, wo ihm im Zusammenhang mit dem Wort »unfruchtbar« die Zahlen eins und vier kamen; er war sich jedoch unsicher, ob dies »vierzehn« oder »einundvierzig« bedeutete. Er forderte alle, die keine Kinder haben konnten, egal ob Mann oder Frau, auf, nach vorne zu kommen. Langsam bildete sich vorne eine Gruppe; manche kamen allerdings auch noch auf vorher ausgesprochene Worte der Erkenntnis hin. Deshalb hatte ich Schwierigkeiten beim Zählen. Wimber, der von vorne einen besseren Überblick hatte, kam bei seiner Zählung auf einundvierzig, plus minus eins. (Einer der Vorgegangenen allerdings war der Mann, dessen Frau Endometritis hatte; als er vorne stand, wurde ihm klar, daß das Problem eigentlich auf seiten seiner Frau lag. So ging er leise wieder auf seinen Platz zurück, ohne daß für ihn gebetet wurde oder er jemand von der Krankheit seiner Frau erzählt hätte. Daher ist es auch nicht möglich, daß Blaine Cook, der drei Tage später das Wort über Endometritis hatte, vorher erfuhr, daß jemand mit diesem Leiden anwesend war.)

Wenn konkrete Zahlen wie »drei«, »neununddreißig« oder »einundvierzig« genannt werden, so bedeutet dies für den Vergleich der Telepathie mit einem Radio, daß man sich vorstellen muß, daß ein Radio so ausgestattet ist, daß es erkennen kann, wie viele Sender auf verschiedenen Frequenzen zur gleichen Zeit ihre Sendungen ausstrahlen. Das Radio müßte also erstens die möglichen Wellenlängen in kürzester Zeit absuchen; dann müßte es erkennen, wie viele der ausgestrahlten Sendungen gleich sind, und schließlich müßte es die Anzahl dieser speziellen Sender zusammenzählen. Dies ist ein weitaus komplizierteres Modell als das eines einzelnen Senders und eines oder mehrerer Empfänger, die eine einzige Botschaft aufnehmen; der Vergleich mit einem Radio kann hier angesichts der Tatsache mehrerer »Sender« und der Aufgabe, die einzelnen Sender zusammenzuzählen, nicht mehr ohne weiteres angewandt werden.[7]

Wenn der Geist kommt

Worte der Erkenntnis zeigen, welche Menschen Gott heilen will. Nachdem sich die entsprechenden Personen gemeldet haben, wird für sie gebetet; dies geschieht durch andere, in der Nähe sitzende Teilnehmer (am Anfang der Konferenz beteten nur die Mitarbeiter von Wimber und Pytches für die Kranken).

Die Kraft, zu heilen, wird dem Heiligen Geist zugeschrieben; zu Beginn jedes Gebetsdienstes, der »clinic« genannt wird, werden alle Anwesenden aufgefordert, darauf zu »warten«, daß der Heilige Geist auf sie kommt. Wimber spricht ein kurzes Gebet und bittet den Geist, zu »kommen«; er selbst bleibt vorne stehen, während alles schweigend wartet. Viele der Teilnehmer stehen, etliche halten ihre Hände erhoben und strecken sie nach vorne aus, so, als wollten sie etwas in Empfang nehmen. Manche halten allerdings auch ihre Hände hinter ihrem Rücken gefaltet, so, als weigerten sie sich, an dem Geschehen teilzunehmen.

Manchmal läßt Wimber von vorne Bemerkungen fallen wie: »Es braucht hier keiner einen frommen Eindruck zu machen«, aber kurz darauf, wenn er die ersten körperlichen Reaktionen auf die Gegenwart des Heiligen Geistes sieht, ruft er: »Laßt den Geist wirken!« Die Reaktionen können von tiefer Ruhe und Stille, die sich über einen Menschen legen, bis dahin reichen, daß jemand zu Boden fällt. Zwischen diesen beiden Extremen gibt es noch viele andere Phänomene: Zittern einer oder beider Hände, Lachen, Weinen oder Steifwerden des Körpers.

Derartige Phänomene sind in der Kirchengeschichte mindestens seit der Zeit Wesleys bekannt, obwohl die Tatsache, daß das Verhalten der Jünger an Pfingsten in der Bibel mit Trunkenheit verglichen wird, darauf hindeutet, daß es auch in der Kirche des ersten Jahrhunderts ähnliche Phänomene gab.[8] Zwar gab es zu Wesleys Zeiten die beschriebenen Phänomene, doch würden heute die meisten Methodisten mit Mißtrauen reagieren, wenn diese Dinge in ihren Gemeinden geschehen würden. Auch die heutigen Quäker wissen nichts mehr von dem Zittern, dem sie ihren Namen verdanken (to quake = zittern). Es scheint jedoch, daß in Sheffield Menschen aus den unterschiedlichsten Kirchen diese Phänomene zum Teil unwillkürlich erlebten.

In der ersten Gebetszeit auf der Konferenz, der ersten »clinic«, merkte eine fünfundvierzigjährige Frau, daß ihre rechte Hand zitterte. Außer bei ihr war sonst bei keinem anderen Teilnehmer in ihrer Nähe eine körperliche Erscheinung zu beobachten. Die Frau versuchte, das Zittern ihrer Hand zu unterdrücken, indem sie mit ihrer rechten Hand die linke festhielt; doch schließlich zitterten beide so stark, daß auch andere Menschen darauf aufmerksam wurden. Die Frau hatte auf keinen Fall eine Reaktion wie dieses Zittern erwartet; erst am dritten Tag der Konferenz erklärte Cook, wie sie, die Leiter der Konferenz, solche Phänomene deuten. Da bis dahin nie öffentlich ausgesprochen wurde, daß man derartige körperliche Reaktionen erwarten kann, versuchten in der ersten »clinic« sowohl diese Frau als auch andere Teilnehmer, die auftretenden Phänomene zu unterdrücken. Sicherlich stieg im Laufe der Konferenz die Erwartung, derartiges Verhalten zu erleben; daher kann man bei späteren körperlichen Reaktionen das Element der psychischen Suggestion nicht ausschließen; es ist jedoch schwierig, diese Theorie zur Erklärung der Phänomene in der ersten »clinic« heranzuziehen.

In den Workshops über körperliche Heilung erklärte Cook am dritten Tag, daß die körperlichen Reaktionen ihrer Meinung nach zum Teil auf eine »Überladung« des Nervensystems zurückzuführen seien. Dies treffe besonders auf Phänomene wie Zittern der Hände zu. Ein junger Mann (29) zum Beispiel war vollkommen überrascht, als man ihm erzählte, daß zu einem bestimmten Zeitpunkt während des Gebets seine Hände stark gezittert hatten. Die Tatsache, daß er davon nichts wußte, würde bedeuten, daß das autonome Nervensystem oder die motorischen Anteile des Gehirns tätig sein können, ohne daß man die dadurch ausgelösten körperlichen Vorgänge bewußt wahrnehmen muß.

Phänomene wie das Steifwerden des Körpers werden als Hinweis auf einen Kampf zwischen dem Heiligen Geist und Sünde oder anderen Hindernissen angesehen. Lautes Schreien wird in manchen Fällen darauf zurückgeführt, daß unterdrückte Verletzungen aus der Vergangenheit an die Oberfläche kommen; manchmal kann es aber auch in Zusammenhang mit dem Austreiben dämonischer Kräfte stehen. Die Mehrheit derjenigen, die schrieen, schienen Frauen zu sein; zwei Frauen konnte ich einige Fragen stellen — die eine war die Ehefrau eines anglikanischen Vikars. Beide Frauen sagten übereinstimmend, daß sie in der Öffentlichkeit normalerweise nie so laut schreien würden, daß dieses Schreien jedoch ungewollt über sie kam, als der Heilige Geist Verletzungen aus der Vergangenheit an die Oberfläche brachte. Es ist schwierig, dieses »unkonventionelle« Verhalten mit Hilfe des Modelles zu erklären, welches besagt, daß sich das eigene Verhalten an das Verhalten der Gruppe anpaßt.

Die Tatsache, daß einige laut schrieen oder daß ein Mann plötzlich anfing zu knurren und zu grunzen und von mehreren Menschen festgehalten werden mußte (von den Anwesenden als Anzeichen der Gegenwart eines Dämons bewertet), könnte als Massenhysterie gedeutet werden;

dem widerspricht jedoch, daß sich bei nur relativ wenigen Menschen derartige Phänomene zeigten. Weitaus häufiger waren Reaktionen wie das Zittern der Hände, Weinen oder Steifwerden. Von der Gesamtzahl der Teilnehmer aus gesehen war es trotzdem nur ein kleinerer Teil der Anwesenden, die während einer Gebetszeit solche Phänomene erlebten. Die anderen beobachteten einfach oder beteten für solche Menschen; ich schätze, daß niemals mehr als einer von zehn durch körperliche Reaktionen auffiel. Am Ende der vier Tage hatte fast jeder der Teilnehmer eines der Phänomene selbst erfahren; einige jedoch warteten immer noch auf besondere Erfahrungen. (Es schien, als versuchten manche, Phänomene wie das Zittern der Hände nachzuahmen; dies war jedoch erkennbar, und Teammitglieder, die schon Erfahrung hatten, forderten sie auf, damit aufzuhören.)

Von außen gesehen neigt man schnell dazu, derartiges Verhalten als übermäßige Emotionalität zu bewerten; wenn man jedoch die entsprechenden Personen später nach ihren Erfahrungen befragt, so überrascht es, daß relativ viele berichten, sie hätten sich von dem Geschehen losgelöst gefühlt und gleichzeitig eine innere Ruhe oder Frieden verspürt. Natürlich läuft das Geschehen nicht ohne Gefühle ab, doch sind diese nicht so bestimmend, daß man das Verhalten mit »übermäßiger Emotionalität« abstempeln und damit abtun könnte.

Dieses Gefühl, vom eigenen Körper losgelöst zu sein, ja fast eine Beobachterrolle zu haben, wird selbst von denen beschrieben, die extreme Phänomene wie lautes Schreien erlebten. Eine junge Frau zum Beispiel (24) hatte eine Vision von Jesus; erst sah sie nur seine Arme, später seinen ganzen Körper; die Gesichtszüge blieben verschwommen. Sie versuchte, sich von allen ihr bekannten Gesichtern, wie zum Beispiel dem ihres Vaters, zu lösen, um nicht Züge dieser Gesichter in das Bild, das sie sah, hineinzuprojizieren. Sie erzählt: Ich hatte das Gefühl, daß »Satan mir sagte, daß ich mir das alles nur einbilde«. Als sie versuchte, ihre Arme auszustrecken, um Jesus zu fassen, spürte sie einen starken Schmerz im Magen, so, als würden irgendwelche Kräfte versuchen, sie davon abzuhalten, Jesus zu berühren. Die Schmerzen waren so stark, daß sie einfach schreien mußte. Trotz dieser körperlichen Empfindungen hatte sie die ganze Zeit das Gefühl, in irgendeiner Weise von ihrem Körper losgelöst zu sein. Sie war sich der Ereignisse zwar bewußt, war aber nicht wirklich »in« ihnen oder ein Teil von ihnen. Während des Geschehens wurden ihre Arme und Beine taub, und es dauerte etwa eine halbe Stunde, bis diese Taubheit wieder verschwand.

Etliche Menschen erlebten am Anfang der Konferenz »starke« körperliche Reaktionen, später aber nur noch »leichtere«. Manche erfuhren in den ersten Tagen Heilung von Verletzungen aus der Vergangenheit oder erlebten, wie sich ihr Körper versteifte, während sich in ihnen ein Kampf abspielte — Wimber beschreibt dies mit dem Ausdruck »power encounter«, Zusammenprall der Mächte: der Heilige Geist stößt auf Widerstand. An denselben Menschen zeigten sich am Ende der Woche weitaus weniger dramatische Symptome, ihre Reaktionen drückten nun Freude oder Begeisterung aus. Viele von denen, die am Anfang der Konferenz erlebten, daß ihre Hände prickelten oder zitterten, legten dies später als ein Zeichen dafür aus, daß sie zu einem Heilungsdienst berufen waren. In den letzten Tagen beteiligten sich diese Menschen daran, für andere zu beten. Bei manchen kehrte bei diesem Gebetsdienst das »Handzittern-Syndrom« zurück, bei anderen nicht. Es scheint, als ob die verschiedenen Formen, die diese Phänomene in den einzelnen Menschen annehmen können, sehr von den persönlichen Faktoren abhängig sind: den unterschiedlichen persönlichen Nöten, der Persönlichkeitsstruktur und der jeweiligen Prägung. Dies geht sogar so weit, daß bei den meisten Menschen die Hand stärker zittert oder anfängt zu zittern, mit der sie schreiben, ganz gleich, ob sie Rechts- oder Linkshänder sind.[9]

Einige Menschen fallen auch zu Boden oder verspüren den Drang, sich setzen zu müssen. Dieses Phänomen wird unterschiedlich beschrieben, alle sprechen jedoch von einem Gefühl der Überwältigung. (Wimber lehrt, daß das griechische Wort, auf das unser Wort »Taufe« zurückgeht, mehr die Bedeutung von »überwältigt« hat und nicht nur einfach mit »untergetaucht« wiedergegeben werden kann; darum deutet er in manchen Fällen diese Erfahrung als ein Zeichen des »Überflutetwerdens« — der »Taufe« — mit dem Heiligen Geist.)

Eine junge Frau (23) beschrieb, wie zuerst ihre Beine stark zu zittern begannen, wieder zur Ruhe kamen, dann »wieder zitterten, doch diesmal zusammen mit meinen Händen«. Nach einiger Zeit legte sich das Zittern der Hände, doch die Beine zitterten nach wie vor so stark, daß sie nicht mehr stehen konnte, sondern auf ihren Stuhl fiel und schließlich flach auf den Boden. Dort lag sie »eine ganze Weile in völligem Frieden«. Schließlich half ihr jemand wieder auf den Stuhl. Sie berichtet: »Ich hatte das Gefühl, als könnte ich eine Stunde lang nur so sitzen bleiben und einfach den Geist in mir wirken und durch mich strömen lassen, in völligem Frieden.« Sie hatte das Gefühl, daß Gott sie mit »seiner Liebe erfüllt« hatte. Andere beschreiben ähnliche Erfahrungen mit Worten wie »Liebe«, »Freude« oder »Frieden«; die Erfahrungen einer anderen jungen Frau klangen in meinen Ohren mehr wie die Beschreibung einer Ekstase: »Freude wechselte sich mit tiefem Schmerz ab, der von Verletzungen aus der Vergangenheit herrührte: erst Freude, dann Schmerz, dann wieder Freude, dann wieder Schmerz . . .«

Es schien, als ob die extremeren Emotionen bei Frauen häufiger vorkamen als bei Männern, und dies wiederum stärker bei jungen als bei älteren Frauen. Jedoch erlebten auch ältere Menschen, wie sie unter einem Gefühl der »Überwältigung« zu Boden fielen, nach meiner Beobachtung wiederum mehr Frauen als Männer. Manche beschreiben, daß sie »durch ein schweres Gewicht umgeworfen« wurden, oder daß sie »ein Gewicht oder einen Druck auf der Brust« spürten, so daß sie sich hinsetzen mußten.

Die Erwähnung dieses »Gewichtes« ist besonders interessant, da weder Wimber noch einer der anderen Sprecher dieses Merkmal in ihren Darstellungen erwähnten. Die Tatsache, daß etliche Menschen von diesem »Gewicht« sprachen, kann also nicht auf Suggestion zurückgeführt werden. Wimber hatte von »Wellen« gesprochen, davon, daß der Heilige Geist manchmal plötzlich wie eine Welle kommt, die einen überflutet; häufiger jedoch komme es vor, daß sein Wirken wie immer stärker werdende »Wellen« erscheine: anfangs seien nur einige Menschen vom Geist »ergriffen«, später immer mehr.

Ich finde derartige Erfahrungen deshalb besonders interessant, weil sie große Ähnlichkeit mit den Erfahrungen haben, die ein baptistischer Pastor machte. Dieser berichtet, daß er vor dreißig Jahren, als er sich allein im Gebet befand, Gottes Liebe wie »Wellen« spürte. Er war schließlich so überwältigt, daß er »Gott bat, innezuhalten«; er vermochte nicht zu sagen, wie lange diese Erfahrung gedauert hatte, er vermutete, daß es vielleicht eine Stunde oder auch länger gewesen war.[10] Bis heute hat er etwas Derartiges nie wieder erfahren, im Rückblick jedoch kann er das Erlebnis am deutlichsten mit den Worten »Wellen« und »Gewicht« beschreiben. Die übereinstimmenden Worte in der Beschreibung dieses Pastors und der Menschen in Sheffield und die Tatsache, daß diese Erfahrungen auftraten, während Christen beteten, deuten darauf hin, daß es sich dabei um sehr ähnliche Phänomene handelt — vom soziologischen Standpunkt aus betrachtet ist es bemerkenswert, daß solche Erfahrungen auch im Privatraum und unerwartet, ohne menschliche Anstöße, gemacht werden können.

Der Vorgang der Heilung

In Sheffield gaben oft Worte der Erkenntnis den Impuls, für welche Menschen gebetet werden sollte. Manchmal wurden auch ganze Gruppen von Menschen aufgefordert, aufzustehen, so wie am letzten Abend, wo für Pastoren und Gemeindeleiter gebetet wurde. Bei dieser Segnung hatten die Gebete einen mehr allgemeinen Charakter — man bat um Gottes »Segen«, um »Stärke«, »Mut« und anderes — wohingegen das Gebet um Heilung oft ein Vorgang mit mehreren konkreten Schritten ist. Der Kranke wird zuerst über seine Krankheit und damit zusammenhängende Einzelheiten befragt; dann wird auf »natürlichem« oder »übernatürlichem« Wege eine Diagnose gestellt; als nächstes wird entschieden, in welcher Weise gebetet werden soll, und dann folgt die eigentliche Gebetszeit, die von weiteren Fragen an den Kranken und dessen Antworten unterbrochen sein kann. Schließlich werden nach dem Gebet manchmal noch weitere Anweisungen gegeben.

Jeder Fall sieht anders aus, doch das folgende Beispiel ist sehr typisch: es enthält ein Wort der Erkenntnis, das Interview und Gebet. Es ereignete sich im ersten Workshop zum Thema körperliche Heilung, der von John McClure geleitet wurde, einem der Mitarbeiter Wimbers und Pastor einer Gemeinde in Newport Beach in Kalifornien.

McClure war am Morgen aus London in Sheffield eingetroffen, und es wurde ihm mitgeteilt, daß er am Nachmittag einen Workshop leiten sollte. Zwei Tage zuvor war er um fünf Uhr morgens in seinem Hotelzimmer in London aufgewacht, weil irgend etwas seine Luftröhre verstopfte oder sie sich durch einen Krampf verengt hatte. Er war so sehr in Atemnot, daß er dachte, er müsse sterben; doch er berichtet, wie er »den Feind anherrschte und dieser (ihn) verließ«. Dann »sagte mir der Herr, daß einer der Konferenzteilnehmer ein entsprechendes Leiden hätte und daß er diesen Menschen heilen wollte«. So sagte McClure im Workshop, daß jemand anwesend sei, der kürzlich große Atemnot erfahren habe; McClure wußte nicht zu sagen, ob dies mit Asthma oder Verschleimung zusammenhing, jedenfalls handelte es sich um eine Verengung der Luftröhre.

Eine Frau kam nach vorne; McClure stellte ihr einige Fragen, wie lange sie schon krank sei und wie sich ihr Leiden äußerte. Sie sagte, daß sie im Alter von sechs Wochen einen Hautausschlag gehabt hätte und dann vom zweiten Lebensjahr an Asthma. Dies hätte sich langsam gebessert, doch »in den letzten sechs Monaten hat sich bei mir sehr viel zäher Schleim gebildet, der alles verstopft«. McClure sagte, daß er den Eindruck habe, »daß der Feind Sie in Schrecken versetzen will, ja sogar versucht, Sie dadurch zu töten«. Dann betete er; die wichtigsten Sätze seines Gebetes waren: »Gottes Reich komme auf dich ... In Jesu Namen sage ich euch, ihr Lungen: ›Werdet rein!‹ ... In Jesu Namen befehle ich allen Atemorganen: ›Werdet rein!‹ ... ›Werdet rein in Jesu Namen!‹«

Danach stellte McClure der Frau weitere Fragen, er betonte, daß sie ganz ehrlich sagen solle, ob sie irgendeine Veränderung spüre oder nicht. Sie antwortete, daß sie in der Tat freier atmen könne, auch höre sie beim Atmen keine Geräusche mehr wie sonst immer. McClure bestätigte, daß er am Anfang das Atmen der Frau hatte hören können, »aber jetzt nicht mehr«. Die Frau ging daraufhin auf ihren Platz zurück, ihr letzter Satz war, daß sie das Gefühl habe, sie könne »einen Kilometer ohne Unterbrechung laufen«!

Fälle wie dieser, in denen von einer wie auch immer gearteten direkten Veränderung berichtet wird, sind durchaus nicht die Regel. Viele berichten von allmählicher Veränderung, es kommt auch vor, daß gar nichts geschieht. Wimber selbst zitiert Zahlen von Studien, die in den USA durchgeführt wurden: dreißig Prozent bezeugen, daß bereits beim ersten

Mal, wo für sie gebetet wurde, Heilung geschehen ist, allerdings in unterschiedlichem Grad; weitere zehn Prozent erlebten Heilung, nachdem zum zweiten Mal für sie gebetet wurde; und bei über siebzig Prozent mußte zehnmal gebetet werden, bevor Veränderung eintrat.[11] Gedeutet werden diese Ergebnisse auf dem Hintergrund der Tatsache, daß es auch bei Jesus in einem Fall vorkam, daß er zweimal für einen Blinden beten mußte; auch einige von Paulus' Freunden scheinen über längere Zeit hinweg krank gewesen zu sein. Angesichts der Tatsache, daß aber doch eine beachtliche Prozentzahl wirklich Heilung erfahren hat — wenn auch in unterschiedlichem Grad —, stellt sich nun die Frage, wie eine solche Heilung geschieht.

Viele der bereits beschriebenen körperlichen Phänomene, die in der Gegenwart des Heiligen Geistes auftreten, ähneln einem Trancezustand. Dies überrascht nicht, wenn man bedenkt, welche Konzentration nötig ist, um zum Beispiel eine wie oben beschriebene Vision von Jesus zu haben; die körperliche Verfassung, die mit der Konzentration bei einer Vision einhergeht, kann sehr leicht einem Trancezustand gleichkommen. Die Tatsache jedoch, daß dieser Zustand tatsächlich einer Trance ähnelt, die durch Hypnose hervorgerufen werden kann, führt uns zu der Frage, ob die Heilung, die geschieht, nicht auch eine Form der Hypnose ist.

Empirisch gesehen ist es sehr schwer, diese Frage zu beantworten, weil durch recht unterschiedliche Stimuli dieselben Ergebnisse erzielt werden können; Bräune zum Beispiel kann durch »natürliche« Sonnenstrahlen hervorgerufen werden, aber auch durch »künstliches« UV-Licht. Das Problem vergrößert sich noch dadurch, daß die Ergebnisse sehr ähnlich sind; echte Heilung kann sowohl durch Hypnose als auch auf die berichtete Weise, als Antwort auf Gebet, geschehen. Allein schon die Tatsache, daß eine ganze Gruppe von Menschen für einen Kranken betet und auf diese Weise Anteilnahme ausdrückt, kann als eine Form der Therapie wirken. In einer Situation, in der ein Mensch für Suggestion offen ist und die Erwartung hat, daß wirklich etwas geschieht, zudem Vertrauen zu Gott und der Gruppe der Beter hat, muß man davon ausgehen, daß das Element der Suggestion durchaus eine Rolle spielt.

Aber diese Theorie allein reicht nicht aus, um die ganze Fülle der Phänomene von Sheffield zu erklären. Sie erklärt nicht die Genauigkeit, die einige Worte der Erkenntnis auszeichnete (auch befanden sich die, die sich auf entsprechende Worte hin meldeten, in dem Moment, als sie die Informationen aufnahmen, nicht in einem tranceähnlichen Zustand); die Theorie gibt auch keine Erklärung für das Verhalten, das im folgenden beschrieben werden soll.

Sarah, eine junge Frau, dreiundzwanzig Jahre alt, setzte sich absichtlich nicht neben ihre beste Freundin Lynne, um nicht von ihr oder deren Ehemann beeinflußt zu werden. Die Tatsache, daß die meisten Teilnehmer Weiße waren und zur Mittelklasse gehörten, »stieß« Sarah am Anfang »ziemlich ab« und machte sie ein wenig skeptisch, da ihr besonders die Armen, die Arbeiterklasse und die Immigranten am Herzen lagen, unter denen sie gearbeitet hatte.

Während einer der Gebetszeiten jedoch warf Sarah einen Blick in die Richtung, wo Lynne saß, und sah, daß für sie gebetet wurde. Plötzlich, »im Bruchteil einer Sekunde, ohne im geringsten über Lynne nachzudenken oder Mitleid mit ihr zu empfinden, krümmte ich mich vor Schmerzen, aber vor Schmerzen *seelischer,* nicht körperlicher Art. Es war, als würde ich am eigenen Leibe alle Schmerzen und Verletzungen erleben, die Lynne in ihrem Leben erfahren hatte.«

Sarah »schoß wie eine Rakete« von ihrem Platz hoch und lief sofort zu Lynne, warf sich ihr zu Füßen und rief: »Ich spüre deinen ganzen Schmerz.« Daraufhin verschwand Sarahs Schmerz, und gleichzeitig schien der Widerstand in Lynne, den die Gruppe der Beter gespürt hatte, wegzuschmelzen.

Dann fragte einer der Mitbeter: »Hat Ihr Vater Sie im Alter von elf Jahren verlassen?« Dieser Eindruck stellte sich als richtig heraus. Die Gruppe betete nun um seelische Heilung für Lynne und um »Heilung der Erinnerungen«.

Verhalten wie das von Sarah läßt sich nicht einfach durch den Hinweis auf einen Trancezustand erklären; man muß versuchen, es mit anderen Arten psychischer Mechanismen zu interpretieren, wie zum Beispiel einem tiefen und plötzlichen Einfühlungsvermögen. Es ist interessant, daß Sarah sozusagen stellvertretend für ihre Freundin Schmerzen empfand und daß auch manche der Worte der Erkenntnis in Form von Schmerzen kommen, »von denen man weiß, daß es nicht die eigenen Schmerzen sind«. Solche Erfahrungen sind in einer Gruppe von Menschen, die alle an das stellvertretende Leiden Christi glauben, nicht aus der Luft gegriffen. Hinzu kommt noch, daß die Christen sich zu einer Gruppe zugehörig fühlen, die im Neuen Testament als ein Leib mit vielen Gliedern beschrieben wird: »Und wenn ein Glied leidet, so leiden alle Glieder mit, und wenn ein Glied geehrt wird, so freuen sich alle Glieder mit« (1. Kor. 12,26).

Die Wirksamkeit der Heilung

Die ganze Konferenz hatte zum Ziel, Christen zum Heilungsdienst anzuleiten, wobei sich die Prüffrage nach der Echtheit der Gebete ganz einfach daran entscheidet, ob Menschen gesund werden oder nicht. Ich versuchte zwar mit denen, für die um Heilung gebetet wurde, nachträglich zu sprechen, aber es zeigte sich, daß an etlichen Punkten nicht genügend Klarheit zu gewinnen war, um ein eindeutiges Urteil über die tatsächlich geschehene Heilung zu fällen.

Zum ersten ist es extrem schwierig, ärztliche Berichte aus der Zeit vor oder nach der Konferenz zu überprüfen, vor allem, da nicht in allen Fällen Berichte zur Verfügung stehen. Selbst dann, wenn Berichte vorliegen, besteht immer noch die Möglichkeit, daß die Ärzte eine falsche Diagnose getroffen haben oder aber, wenn ihnen nicht alle nötigen Informationen zur Verfügung standen, eine unvollständige. Bei manchen Krankheiten ist es sehr wahrscheinlich, daß der Betreffende seine Gesundheit auch durch einen »natürlichen« Heilungsvorgang wiedererlangt hätte, selbst wenn einige der Teilnehmer glaubten, daß der Heilungsvorgang bei ihnen durch Gottes Eingreifen auf der Konferenz beschleunigt wurde. In anderen Fällen können Erkrankungen auch psychosomatischer Art sein; wenn nun der Mensch seelisch geheilt wird, so verschwinden auch seine körperlichen Symptome. Auch kann eine vorübergehende Linderung der Beschwerden auftreten, wobei dann die Frage bleibt, ob nicht ein späterer Rückfall eintritt. Diese Frage stellte sich besonders im Falle einer Frau, die an multipler Sklerose litt; sie stand aus ihrem Rollstuhl auf und konnte gehen. Bei den ersten Schritten war sie zwar darauf angewiesen, daß sie von zwei Menschen gestützt wurde, da ihre Knie noch schwach waren; als daraufhin ein anderer Teilnehmer, der selbst früher einmal behindert war, extra für ihre Knie betete, konnte sie am nächsten Tag fünfundvierzig Minuten lang alleine umhergehen.

Eine weitere Schwierigkeit beim Nachprüfen der Heilungsberichte bestand darin, daß für so viele Menschen gleichzeitig gebetet wurde; so konnte ich nicht jeden Fall einzeln beobachten. Daher konnte ich auch nicht alle Berichte bestätigen. Es wurde zum Beispiel für einen Mann mit einem Klumpfuß gebetet; während des Gebetes veränderte sich das Aussehen des Fußes so weit, daß dieser nach einem Zeitraum von fünfzehn Minuten weitaus mehr einem gesunden Fuß glich als vorher.

Angesichts der genannten Schwierigkeiten lasse ich die Frage nach der Wirksamkeit der Gebete um Heilung offen und möchte meine Untersuchung schließen mit zwei Berichten von Menschen, die bezeugen, auf der Konferenz geheilt worden zu sein.[12]

Linda, die Frau mit den Halsschmerzen, ging nach vorne, und Wimber stellte ihr einige Fragen. Da sie beide das Mikrophon benutzten, konnten alle Teilnehmer hören, wie heiser Lindas Stimme klang. Nach einer verhältnismäßig kurzen Zeit des Gebetes fragte Wimber Linda nach ihrem Befinden. Sie antwortete, daß sie keine Veränderung spüre, aber es war zu hören, daß ihre Stimme nicht mehr heiser war. Wimber bat sie, zu zählen; als sie bei »drei« angelangt war, merkte sie selbst, daß sie mit klarer Stimme sprechen konnte.

Als ich sie am nächsten Tag interviewte, sagte sie, daß alle Symptome verschwunden seien. Nur an einer Stelle des Halses verspürte sie noch Hitze; sie glaubte, daß dort die Heilung noch weitergehe.

Ginny ist einunddreißig Jahre alt; im Alter von einundzwanzig Jahren zeigten sich bei ihr an der Lendenwirbelsäule degenerative Erscheinungen. Die Ärzte sagten ihr, daß sie eines Tages auf einen Rollstuhl angewiesen sein würde. Um die Degeneration aufzuhalten, wurden im Januar 1985 in einen der Wirbel zwei Metallstifte hineinoperiert.

Im September ergab die Untersuchung der Spezialisten, daß der Knochen über den Stiften zusammengewachsen war. Damit Ginny ihren Rücken aufrecht halten konnte, mußte sie anfangs einen Gipsverband tragen, der später durch ein metallverstärktes Korsett ersetzt wurde. Sie sagte, daß es für sie medizinisch gesehen unmöglich war, ihren Rücken zu beugen; doch nachdem auf der Konferenz für sie gebetet wurde, war sie in der Lage, sich so weit zu beugen, daß sie ihre Zehen berühren konnte. Als sie dies bemerkte, ging sie nach vorne auf die Bühne und beugte sich mehrere Male nacheinander hinunter; dann zog sie ihren Pullover vorne hoch, um ihr Korsett abzunehmen. Dabei erklärte sie, was mit ihr geschehen war.

Offensichtlich kam ihr erst bei meinem Interview am nächsten Tag zu Bewußtsein, daß die Metallstützen ihres Korsetts vorübergehend elastisch geworden sein mußten, denn sonst hätte sie sich beim Vorführen auf der Bühne nicht nach vorne beugen können. Sie beschrieb mir voller Freude, wie sie sich zum erstenmal seit vielen Monaten wieder über ein Waschbecken beugen, die Haare waschen und auch andere alltägliche Bewegungen hatte ausführen können. Sie war selbst neugierig zu erfahren, was mit den Metallstiften in ihrer Wirbelsäule geschehen war.

Gebet um Heilung im Krankenhaus

Es gibt kaum einen Ort, wo es schwieriger ist, für Kranke zu beten, als im Krankenhaus. Ich glaube, dies liegt darin begründet, daß Krankenhäuser der Autorität von Menschen unterstehen, denen es zwar um die Gesundheit der Patienten geht, die sich aber in vielen Fällen göttlicher Heilung widersetzen (siehe Röm. 13,1-7). Die Methoden der Ärzte sind von der Naturwissenschaft und oft von Materialismus und Rationalismus geprägt. Diese Einstellung wirkt dem Gebet um göttliche Heilung, beabsichtigt oder unbeabsichtigt, entgegen. Wir müssen einerseits lernen, die ärztliche Autorität zu ehren, doch andererseits dürfen wir unsere Autorität, zu heilen, nicht aufgeben.

Wenn ich im Krankenhaus für Menschen bete, so gehe ich dabei auf dieselbe Weise vor wie sonst auch. Doch damit die Gebete in der besonderen Umgebung des Krankenhauses gleichermaßen wirkungsvoll sind, bedarf es spezieller persönlicher Vorbereitung. Ich vergleiche diese Vorbereitung mit der eines Soldaten, der die richtige Uniform und Ausrüstung anlegt. Im folgenden will ich zusammenfassend darstellen, welche vorbereitenden Schritte ich zu Hause unternehme:

1. Ich lese in der Bibel und mache mir erneut klar, wer Jesus ist und was er getan hat. Er ist der mächtige Gott, der heilen kann (Jes. 9,5). Er ist der barmherzige Gott, der heilen will (Mk. 1,41). Er gab sein Leben, um uns heil zu machen (1. Petr. 2,24). Er hat das Böse überwunden und herrscht nun über alle Autoritäten und Gewalten (Eph. 1,18-23).

2. Ich lese in der Bibel und mache mir erneut klar, wer ich in Christus bin. Ich bin Gottes Kind und sein Diener (1. Joh. 3,1). In Christus bin ich gerecht und kostbar in Gottes Augen. (2. Kor. 5,21). Ich bin mit Christus in die himmlische Welt versetzt (Eph. 2,4-6). Ich bin Gottes Mitarbeiter (2. Kor. 6,1).

3. Ich lese in der Bibel und mache mir erneut klar, daß ich die Vollmacht und den Auftrag habe, zu heilen. Ich bin gesandt, so wie Jesus gesandt war (Joh. 20,21). Ich habe den Auftrag empfangen, zu heilen (Mt. 10,7-8). Ich habe die Vollmacht empfangen, zu heilen (Apg. 1,8).

4. Ich lege meine eigenen Überlegungen, Ängste, Vermutungen und Gedanken ab. Aus mir selbst kann ich nichts tun (Joh. 5,19-20; 15,5). Wenn im Krankenhaus irgendeine Heilung geschieht, so geschieht sie durch Jesus. Ich frage Gott, was er tun will, und bitte ihn, mir zu zeigen, welchen Platz ich in seinen Plänen habe.

Wenn ich im Krankenhaus bin, folge ich dann, wie üblich, den fünf Schritten des Heilungsdienstes. Es ist jedoch nötig, einige Punkte besonders zu unterstreichen. Gewöhnlich gehe ich folgendermaßen vor:

1. Wenn ich das Krankenzimmer betrete, bitte ich als erstes den Heiligen Geist um Führung und um Unterscheidungsvermögen.
2. Ich achte besonders darauf, daß eine Umgebung vorhanden ist, die der Heilung dient. Ich frage mich selbst: »Welche Atmosphäre herrscht hier? Ist sie vom Tod geprägt? Von Zweifeln? Angst? Verzweiflung?« Es kommt immer wieder vor, daß ich die anderen Besucher bitte, das Zimmer zu verlassen. Meistens handelt es sich dabei um Verwandte, die keinen Glauben für Heilung haben. Wenn ich den Eindruck habe, daß böse Geister anwesend sind, so gebiete ich ihnen zu weichen. Dies bewirkt eine ungeheure Veränderung in der Atmosphäre des Zimmers. Auch sind Menschen in der Zeit schwerer Erkrankungen empfänglicher für den Einfluß böser Geister als zu gesunden Zeiten. So achte ich auf die Führung des Geistes und rechne mit der Möglichkeit, daß ich für den Patienten um Befreiung beten muß.
3. Ich richte meine Konzentration auf das, was Gott mich tun heißt, nicht auf den Zustand des Patienten. Allein schon der Anblick eines kranken Menschen — der körperliche Verfall, technische Anlagen, Infusionen und weiße Kittel — können meinen Glauben dämpfen. Wenn ich meine Konzentration auf den Patienten richte, so werde ich von der Unmöglichkeit der Heilung überwältigt. Aber wenn ich meine Aufmerksamkeit auf Gott richte, bin ich voll Vertrauen, daß er heilen kann.
4. Ich bitte Gott, mir zu helfen, dem Patienten auf besondere Weise Liebe zu zeigen. Ich versuche, soweit irgend möglich, den Kranken zu berühren; indem ich ihm die Hand halte oder ihm meine Hand auf die Schulter lege, versuche ich, ihm Gottes Liebe und meine Liebe zu zeigen.
5. Ich lese laut aus der Bibel vor; auf diese Weise wächst sowohl im Patienten als auch in mir der Glaube für Heilung.
6. Ich bete laut und bitte Gott um Erbarmen und um den Glauben für Heilung. Ich ermuntere den Kranken, laut mit mir zu beten.

Begriffserklärungen

Animismus: Der Glaube, daß alle Dinge in der materiellen Welt eine Seele oder einen Geist haben.

Auslegung des Sprachengebetes: Die von Gott gegebene Fähigkeit, ein lautes Sprachengebet in der Gemeinde für alle verständlich auszulegen (1. Kor. 12,10).

Austreibung von Dämonen: Das Austreiben und Vertreiben von Dämonen.

Befehlen: (Gebieten) Ein machtvolles und wirksames Gebet, in dem der Sprecher in einem kurzen Satz einem Geist oder einer Krankheit befiehlt zu weichen.

Befreiung: Einen Menschen von einer Bindung befreien; meistens ist eine Bindung dämonischer Art gemeint.

Bindung: Die Tatsache, daß man in irgendeiner Form an einen Zwang, eine Einschränkung oder Behinderung gebunden oder davon abhängig ist. Zu »binden und zu lösen« heißt, die Macht dieser Bindung zu zerstören und den Menschen zu befreien. Die Wurzel solcher Bindungen kann geistlicher, seelischer oder körperlicher Art sein.

Einswerden im Gebet: Das Gebet, in dem zwei oder mehr Menschen Gottes Willen erkennen und daraufhin im Glauben handeln. Einswerden im Gebet heißt nicht, sich willkürlich über eine Sache einigen und erwarten, daß Gott sie dann automatisch tut.

Ererbte Dämonen: Dämonen, die von den Eltern auf die Kinder gekommen sind.

Exorzismus: Gebet um Befreiung von bösen Geistern.

Gabe des Glaubens: Eine unerklärbare, plötzliche Welle des Vertrauens auf Gott, die angesichts einer ausweglosen Situation oder Not in einem Menschen aufsteigt. Der betreffende Mensch hat die Gewißheit und Zuversicht, daß Gott durch Wort oder Tat handeln wird (1. Kor. 12,9; 13,2).

Gebet der Zusage: Ein machtvolles und wirksames Gebet, in dem der Betende ausspricht, daß eine Heilung geschehen ist oder in naher Zukunft geschehen wird.

Gebieten: (Anherrschen) Ein Gebet, durch das Dämonen ausgetrieben werden oder eine dämonische Macht gebrochen wird (Mk. 9,25).

Gebundenheit: In irgendeiner Weise von dämonischen Mächten beeinflußt, verletzt oder gequält zu werden.

Glaubensheilung: Heilung, die dem Glauben eines Menschen zugeschrieben wird, nicht Jesus.

Gnadenbefähigungen: Gelegentliche Manifestation oder Salbung mit Gaben für besondere Situationen und zum Wohl der Gemeinde.

Göttliche Heilung: Heilung durch direktes Eingreifen des einen und einzig wahren Gottes, des lebendigen und persönlichen Gottes, der sich in der Bibel und vor allem in Jesus Christus offenbart hat.

Holistische Medizin: Eine säkulare Heilungsbewegung, die von östlichen Religionen und Okkultismus beeinflußt ist. Sie steht im Gegensatz zu den Aussagen des Christentums. (Siehe auch *New-Age-Bewegung*.)

Innere Heilung: Ein Prozeß, in dem der Heilige Geist Menschen, die in ihrem Denken, Wollen und Fühlen verletzt wurden, Vergebung der Sünden und seelische Erneuerung schenkt.

New-Age-Bewegung: Eine große und viele verschiedene Elemente umfassende Gruppe von Organisationen, religiösen Gruppen, Veröffentlichungen und einzelnen, die von östlichen Religionen und Okkultismus beeinflußt sind und ihrerseits die westliche Kultur und viele Christen beeinflussen. Das religiöse Gebäude der meisten Anhänger der New-Age-Bewegung ist geprägt von den Gedanken des Monismus (der Vorstellung, daß alles eins ist), des Pantheismus (der Vorstellung, daß alles Gott ist), der Erleuchtung (der Vorstellung, daß die Menschen erkennen müssen, daß sie Gott sind), des Synkretismus (der Vorstellung, daß alle Religionen eins sind) und der kosmischen Evolution (der Vorstellung, daß dieses Zeitalter auf ein »Neues Zeitalter« zugeht, welches von einem neuen Bewußtsein und einer neuen Einheit bestimmt sein wird).

Prophetie: Verkündigung von Gottes Herzensanliegen für die Gemeinde mit dem Ziel, daß diese auferbaut wird. Dies ist weder eine Fähigkeit noch eine Begabung oder ein Talent. Es ist das Aussprechen von Worten, die man von Gottes Geist empfangen hat (1. Kor. 12,10.28; Röm. 12,6).

Psychiatrisch: Dieser Begriff bezieht sich auf seelische, geistige oder das Verhalten betreffende Störungen.

Psychisch: Der Teil des Menschen, der empfänglich ist für geistliche oder übernatürliche Kräfte, sei es von Gott oder vom Teufel.

Übernatürliche Heilung: Ein wissenschaftlich nicht erklärbares Wunder, das durch göttliche Heilung, aber auch durch Satan oder Dämonen geschehen kann.

Unterscheidung der Geister: Die übernatürliche Fähigkeit, zu beurteilen, ob ein Mensch von sich selbst, von Gott oder dämonischen Mächten motiviert wird (1. Kor. 12,10).

Verschiedene Arten von Sprachen: Vom Geist inspiriertes Reden (Glossolalie), bei dem der Verstand nicht beteiligt ist. Die gesprochene Sprache (Menschen- oder Engelsprache) ist von dem Sprecher nicht erlernt worden (1. Kor. 12,10.18).

Weltanschauung: Eine Reihe von Vorstellungen oder Annahmen über die grundlegende Zusammensetzung dieser Welt, die wir bewußt oder unbewußt voraussetzen und die unser Verständnis der und unser Verhältnis zur Welt sehr stark beeinflussen.

Wort der Erkenntnis: Eine geistliche Gabe, durch die Gott Einzelheiten einer Situation offenbart, von denen der betreffende Mensch vorher keine Kenntnis hatte (1. Kor. 12,8).

Wort der Weisheit: Eine geistliche Gabe, durch die Gott seine Weisheit oder Einsicht in einer speziellen Situation offenbart (1. Kor. 12,8).

Wunder: Ereignisse, in denen Gott mit seiner Kraft durch einen Menschen andere Personen oder Situationen sichtbar und zum Guten verändert (1. Kor. 12,10.29).

Wunderheilung: Jegliche, auf übernatürliche Weise geschehende Heilung, ganz gleich ob sie auf Gott oder Satan und Dämonen zurückgeht.

Anmerkungen

Einleitung

1 Für weitere Erklärungen siehe David Watson, *Fear No Evil* (London: Hodder and Stoughton, 1984), Kapitel 8; und Edward England, ed., *David Watson, A Portrait By His Friends* (Crowborough; Highland Books, 1985), Kapitel 12.

2 Dieser Vers findet sich in dem sogenannten jüngeren Markusschluß, den viele Theologen für nicht zum Originaltext zugehörig halten. Aber wir merken an, daß (1) das Markusevangelium in dieser Form von der Kirche durch alle Jahrhunderte hindurch kanonisch anerkannt wurde, selbst wenn es eine spätere Hinzufügung beinhaltet, und (2) gibt dieser Schluß Zeugnis davon, was Jesus nach dem Glauben der frühen Kirche als letztes gesagt hat.

Kapitel 1

1 Dieses Verständis der Sprachengabe und der Auslegung würden einige Christen sicherlich in Frage stellen. Mir geht es an dieser Stelle nur darum, zu erzählen, warum wir uns damals von der charismatischen Bewegung zurückzogen. Wie Carols Gedanken über die Sprachengabe und die Auslegung zu beurteilen sind, ist ein anderes Thema.

2 Siehe meine ausführlichen Anmerkungen zu holistischer Heilung in Anmerkung 4 von Kapitel 4. Siehe auch Douglas R. Groothuis, *Unmasking The New Age* (Downers Grove, IL: InterVarsity Press, 1986), Kapitel 3.

3 J. Sidlow Baxter, *Divine Healing Of The Body* (Grand Rapids, MI: Zondervan, 1979), Seiten 18-25.

4 Ebd., Seite 23.

5 Linda Coleman, »Christian Healing: Is It Real?«, SCP (*Spiritual Counterfeits Projects) Journal* (August 1978), Seite 42.

6 A. J. Krailsheimer, trans., *Pascal Pensees* (Harmondsworth: Penguin Books, 1976), Seite 255, Pensees 735.

7 Zu ausführlicheren Erklärungen über den Einfluß von Weltanschauungen siehe mein Buch *Vollmächtige Evangelisation* (Projektion J Verlag, Hochheim, 1986), Kapitel 5.

8 Siehe zum Beispiel John W. Beardslee III, ed. and trans., *Reformed Dogmatics* (Grand Rapids, MI: Baker Book House, 1977), Seite 141. Dieser Abschnitt über Wunder ist dem *Compendium Of Christian Theology* entnommen, einer bewundernswerten Zusammenfassung reformierter Theologie des reformierten Gelehrten Johannes Wollebius aus Basel, der im siebzehnten Jahrhundert lebte.

9 John T. McNeill, ed., Ford Lewis Battles, trans., *Calvin: Institutes Of The Christian Religion,* The Library of Christian Classics, Band 21 (Philadelphia, PA: The Westminster Press, 1973), Seiten 1, 467 (4.19.18).

10   Jaroslav Pelikan, ed., *Luther's Works*, Band 24 (Philadelphia, PA: Fortress Press), Seite 367. Luther sagte auch:»Wie oft ist es geschehen und geschieht es nach wie vor, daß im Namen Christi Teufel ausgetrieben werden; auch werden Kranke geheilt, wenn im Gebet sein Name angerufen wird!«, zitiert in J. Sidlow Baxter, *Divine Healing Of The Body* (Grand Rapids, MI: Zondervan, 1979), Seite 76.

11   Francis MacNutt, *Die Kraft zu heilen* (Ernst Franz Verlag, Metzingen, 1976), Seite 16.

12   C.I. Scofield, ed., *The New Scofield Reference Bible* (New York: Oxford University Press, 1967), Seite 1207, Anmerkung zu Apg. 28,8. Zur Lehre über göttliche Heilung, die von den Dispensationalisten vertreten wird, siehe Wade Bogg's *Faith Healing And The Christian Faith* (Richmond, VA: John Knox Press, 1956).

13   *Vollmächtige Evangelisation*, Seiten 94-95, 116-117; siehe auch Charles Hodge, *Systematic Theology*, Band 1 (Grand Rapids, MI: William B. Eerdmans, 1975), Seite 636.

14   C. S. Lewis, *Über den Schmerz* (Kösel-Verlag, München, 1978).

15   Diese Argumentation geht auch davon aus, daß Paulus' Stachel im Fleisch, den er als »Engel Satans« bezeichnete, eine körperliche Krankheit war. 2. Korinther 12,7-10 sagt nicht deutlich, daß es sich um ein körperliches Leiden handelte; es ist sogar wahrscheinlicher, daß Paulus sich mit dem Ausdruck »Stachel im Fleisch« auf die Opposition einiger spezieller Menschen bezog, die sich ihm beständig widersetzten. Im Alten Testament kommt der Ausdruck »Stachel« an zwei Stellen vor (4. Mose 33,55 — »zu Stacheln in euren Seiten«; Josua 23,13 — »zum Stachel in euren Augen«); in beiden Fällen bezieht es sich auf die Opposition von Menschen — in keinem Fall auf Krankheit. Zweitens, nachdem Paulus seinen »Stachel im Fleisch« einen »Boten Satans« genannt hat, dessentwegen er dreimal zum Herrn flehte, daß er von ihm ablassen möge (2. Kor. 12,8), rühmt er sich seiner Schwachheit und ist »guten Mutes . . . in Mißhandlungen, in Nöten, in Verfolgungen und Ängsten« (Vers 10). Warum wird Krankheit nicht erwähnt? Drittens ist der gesamte zweite Korintherbrief eine Verteidigung gegen Menschen, die sowohl Paulus' Unbescholtenheit als auch seine Autorität als Apostel in Frage stellten. Alle drei Gründe deuten darauf hin, daß sich Paulus mit dem Begriff »Stachel im Fleisch« wahrscheinlich auf Opposition anderer Menschen bezieht.

16   Albert Camus, *Die Pest* (Rowohlt Verlag, Reinbek, 1950). Beachten Sie: Camus war kein Christ, aber es gibt Christen, die sein »christliches« Verständnis von Leiden vertreten.

17   Die Frage, welchen Grad und welches Ausmaß das Leiden erreichen kann, dem sich Christen unterstellen sollen, wird hier nicht behandelt. Paulus spricht von typischer gesellschaftlicher, emotionaler und verbaler Mißachtung, der Christen ausgesetzt sind. Ganz gewiß befürwortete er nicht, schwere Mißhandlung passiv hinzunehmen, zum Beispiel Situationen, wo ein Mann seine Frau schlägt oder Schikane am Arbeitsplatz, wenn man in einer Gesellschaft lebt, in der man sich nach eigener Wahl eine andere Arbeitsstelle suchen kann — Christen sollten allerdings nicht überrascht sein, wenn ihnen in dieser Weise Widerstand entgegengebracht wird. Die im Neuen Testament erwähnten Leiden schließen sogar Folter bis zum Tod ein (Hebr. 11,35-38). Was Sklaven und Herren betrifft, so befürwortet Paulus nicht die Institution der Sklaverei, wie manche irrtümlicherweise annehmen. Sein Anliegen war es, daß Beste aus einer Situation zu machen, an der sich in der damaligen Zeit nichts ändern ließ.

18   Kathryn Kuhlman, *Ich glaube an Wunder* (Fix Verlag, Schorndorf, 1978).

19   Damit will ich allerdings nicht sagen, daß ich alle heute üblichen Modelle und Methoden der göttlichen Heilung befürworte. Manchmal heilt Gott *trotz* unserer merkwürdigen Modelle. In Teil 3 werde ich ein Modell vorstellen, das ich »ganzheitliches Modell der Heilung« nenne; es ist leicht zu verstehen, und viele Christen haben mit Hilfe dieses Modelles gelernt, mit Erfolg für Kranke zu beten.

Kapitel 2

1   Es gibt auch Fälle, wo Gott, wenn er eine gesamte Gruppe bestrafte, doch einen einzelnen Gerechten befreite. Zum Beispiel Lot (1. Mose 19,1-29; 2. Petr. 2,7) und Jeremia (Jer. 38,7-13).

2 Die folgenden Abschnitte aus dem Alten Testament sind Beispiele dafür, wie auf Ungehorsam Gericht folgte:

4. Mose 11,1-35 — Murren über schwierige Lebensumstände
4. Mose 12,1-5 — Miriam und Aaron murren über Mose
4. Mose 16,41-50 — Murren nach Korahs Aufstand
1. Sam. 5,1-6.21 — Die Bundeslade
2. Sam. 24,1-25 — Davids Volkszählung
2. Kön. 5,15-27 — Gehasis Gier

Die folgenden Abschnitte aus dem Alten Testament sind Beipiele dafür, wie Buße oder Gehorsam belohnt wurde:

2. Mose 12,1-51 — Das Passahfest
4. Mose 21,4-9 — Die eherne Schlange
5. Mose 7,1-16 — Verheißung von Gesundheit und Wohlstand
2. Kön. 5,1-14 — Heilung Naemans
2. Kön. 20,1-11 — Hiskias Genesung

3 Meredith B. Kline, *By Oath Consigned* (Grand Rapids, MI: William B. Eerdmans, 1968), Seite 21.

4 C.F.Keil and F.Delitzsch, J.Martin, trans., *Biblical Commentary On The Old Testament*, Band 2 (Edinburgh: T.and T.Clark, 1864), Seite 59.

5 Siehe auch Morton T. Kelsey, *Healing & Christianity* (London: SCM Press, 1973), Seiten 33-45.

6 Werner Foerster, *»Sozo«,* Theological Dictionary Of The New Testament, Band 7 (Grand Rapids, MI: William B. Eerdmans, 1984), Seite 990.

7 John Wilkinson, *Health And Healing* (Edinburgh: The Handsel Press, 1980), Seite 33.

8 Ebd., Seite 31.

9 Ebd., Seite 33.

10 Nur in wenigen Fällen bringt Gott im Neuen Testament Leiden über die Gerechten. Die Tatsache, daß es im Alten Testament an einigen Stellen heißt, daß Gott eine Krankheit schickte, ist wahrscheinlich darauf zurückzuführen, daß Satan noch nicht erwähnt ist. In 2. Samuel 24 steht zum Beispiel, daß Gott David versuchte, während an anderer Stelle, wo dieselbe Geschichte noch einmal erzählt wird, steht, daß Satan David versuchte (1. Chron. 21). In dem Moment, wo Satan offenbart wird, werden Dinge, die vorher Gott zugeschrieben wurden, ihm zugerechnet. Dies trifft auch auf die Literatur in der Zeit zwischen dem Alten und dem Neuen Testament zu sowie auf die Schriften der Qumran-Rollen (siehe z. B. das *Manual Of Discipline* [IQS 13]).

11 Wilkinson, Seiten 19-20.

12 Alexander Roberts and James Donaldson, eds., *The Ante-Nicene Fathers,* Band 1, *Against Heresie* (Grand Rapids, MI: William B. Eerdmans, 1973), Seite 409.

13 Zu diesem Thema siehe John Wimber und Kevin Springer, *Vollmächtige Evangelisation* (Projektion J Verlag, Hochheim, 1986).

Kapitel 3

1 Ralph C. Martin, *Hungry For God* (London: Collins Fontana, 1976).

2 Francis MacNutt, *Die Kraft zu heilen* (Ernst Franz Verlag, Metzingen, 1976).

Kapitel 4

1 J. Gresham Machen, *The Christian View Of Man* (London: The Banner of Truth Trust, 1937), Seiten 144-148.

2 Hans Walter Wolff, *Anthropologie des Alten Testamentes* (Chr. Kaiser Verlag, München, 1984).
3 G. C. Berkouwer, *Man: The Image Of God* (Grand Rapids, MI: William B. Eerdmans, 1962).
4 Was ich über göttliche Heilung und Heilung des ganzen Menschen geschrieben habe, darf nicht mit »holistic healing« (»ganzheitliche Heilung«) verwechselt werden, einer säkularen Bewegung, die von östlichen Religionen und Okkultismus beeinflußt ist. Weil bei der holistischen Heilung betont wird, daß der Mensch eine Einheit aus Leib, Seele und Geist ist, scheinen sich auf den ersten Blick holistische Heilung und christliche Heilung zu gleichen. Aber weitere Übereinstimmungen sind nicht vorhanden, denn die philosophischen und geistlichen Antworten, die die holistische Medizin anbietet, stehen im Gegensatz zu den Aussagen der Bibel.

Brooks Alexander schreibt in einem Artikel zu dem Thema »Holistic Health from the Inside« (SCP *Journal*, August 1978, Seite 4):

»Was ist ›holistic health‹? Die breite Öffentlichkeit verbindet mit holistischer Medizin wahrscheinlich den Rückgriff auf ungewöhnliche Behandlungsmethoden wie Akupunktur oder ›psychic healing‹. Dies trifft nur zum Teil zu, ist aber verständlich, da in den Medien in dem Bemühen, holistische Medizin zu definieren, nur über die auffallendsten und sichtbaren Phänomene berichtet wurde . . .«

Als nächstes zitiert Alexander einen Abschnitt aus einem Artikel mit der Überschrift »What is Holistic Health?« von Richard B. Miles, veröffentlicht in einer Zeitschrift der »ganzheitlichen« Bewegung *Holistic Health Review* (August 1977, Seite 4):

»›Holistic Health‹ ist eine bestimmte Sichtweise des Universums, eine Sichtweise des menschlichen Lebens im Universum, eine Vorstellung davon, wie man das besondere Etwas im Leben finden kann . . . die Freude der Kreativität, das Wissen des Bewußtseins, die Erfüllung der Selbstverwirklichung . . .

›Holistic Health‹ geht von der Grundannahme aus, daß das Universum als eine freundliche Umgebung, die das Leben unterstützt, gesehen werden muß . . . Harmonie und Resonanz entstehen dort, wo bestimmte Schwingungen miteinander in Einklang sind. Unter der Voraussetzung, daß das Universum freundlich ist . . . wird jeder einzelne durch die kreative Intention, die aus seinem Innersten heraussteigt, dazu geführt . . .

— in Gemeinschaft mit dem wohlwollenden Universum zu stehen;

— danach zu streben, durch kreative Intuition und Imagination Erkenntnis der inneren Vision und des Geistes des Höheren Selbst (Gott in uns) zu erlangen;

— durch einen furchtlosen und klaren Verstand wahrzunehmen und zu deuten und auf diese Weise intellektuelle Autonomie und Integrität zu praktizieren . . .«

Alexander zieht folgenden Schluß:

»In dieser kurzen Darstellung lassen sich mehrere Punkte erkennen, die eindeutig darauf hinweisen, daß es sich hier im klassischen Sinne um eine okkulte Philosophie handelt . . . Die religiöse Sichtweise, die die ›ganzheitliche‹ Bewegung verkörpert, ist ein integrierter Bestandteil der okkult-mystischen Weltanschauung, die in alle Aspekte unseres kulturellen Bewußtseins eindringt. Es handelt sich hierbei durchaus nicht um eine Modeerscheinung, die schon bald wieder veraltet sein wird; wir sollten erkennen, daß die Sichtweise der ›ganzheitlichen‹ Bewegung in fundamentalem Gegensatz zum biblischen Christentum steht.«

Siehe auch Paul C. Reisser, Teri K. Reisser and John Weldon, *The Holistic Healers* (Downers Grove, IL: InterVarsity Press, 1983), Seiten 14-49. Die Autoren beschreiben »zehn Glaubensartikel der neuen Medizin«:

1. Grundsatz: Das Ganze ist größer als die Summe seiner Teile . . .
2. Grundsatz: Gesundheit ist mehr als Krankheit . . .
3. Grundsatz: Der einzelne ist letztlich selbst dafür verantwortlich, ob er gesund oder krank ist . . .
4. Grundsatz: Natürliche Heilungsmethoden sind Medikamenten und operativen Eingriffen vorzuziehen . . .
5. Grundsatz: Jede Methode, die die Gesundheit fördert oder Krankheit verhindert, hat das Potential, holistisch zu sein . . .

6. Grundsatz: Gesundheit bedeutet Evolution...

7. Grundsatz: Um Gesundheit und Krankheit zu verstehen, brauchen wir ein alternatives Modell, das in erster Linie von Energie ausgeht und nicht von Materie...

8. Grundsatz: Der Tod ist die letzte Stufe des Wachstums...

9. Grundsatz: Das Denken und die Praxis vieler alter Völker birgt Schätze der Erkenntnis über eine gesunde Lebensweise...

10. Grundsatz: Durch Einflußnahme auf die Politik soll versucht werden, die Praktiken der holistischen Heilung in das Leben und die Gesundheitsfürsorge zu integrieren...

Die Autoren zeigen auf, daß in der »New Consciousness«-Bewegung (oder »New Age«) das Konzept der »Energie des Universums« die Grundlage aller Existenz ist, »insbesondere in der holistischen Medizin«; dieses Konzept »erscheint unter verschiedenen Decknamen, wie universelle Lebenskraft, Vitalkräfte, Ch'i, Prana, Bioplasma, Para-Elektrizität und animaler Magnetismus«. Hinter diesen Konzepten stehen, so stellen die Autoren fest, »vier grundlegende Vorstellungen, die in fast allen Formen östlicher Mystik und okkulter Metaphysik die Ecksteine bilden«. Diese dem Christentum entgegenstehenden Vorstellungen sind:

1. »Alles ist eins« (Pantheismus).
2. »Der Mensch ist ein göttliches Wesen.«
3. »Der Sinn des Lebens besteht darin, sich seiner göttlichen Natur bewußt zu werden.«
4. »Erleuchtung führt zur Ausübung ›psychospiritueller‹ Kraft.«

Da der Begriff »Energie« im okkulten Bereich eine wichtige Rolle spielt, war ich mir unsicher, ob es weise ist, gerade mit diesem Wort die Phänomene zu beschreiben, die Menschen erleben, wenn das Heilige Geist auf sie kommt und die Heilung erfahren. Aber da einerseits so viele Menschen diesen Begriff verwenden, wenn sie beschreiben, welche Empfindungen sie hatten, als der Heilige Geist auf sie kam, und da andererseits in der christlichen Tradition der östlichen Orthodoxie der Begriff »göttliche Energie« verbreitet ist und keinen okkulten Beiklang hat, habe ich mich entschlossen, doch von »Energie« zu reden.

Es sei noch einmal deutlich ausgesprochen: Wenn ich Begriffe wie »Energie« oder »Elektrizität« verwende, beziehe ich mich damit auf ein Phänomen, das auftritt, wenn der unendliche, persönliche, dreieinige Gott der Bibel seinen Geist, die dritte Person der Trinität, auf Menschen ausgießt. Es sind Worte, die Menschen gebrauchen, um ihre Erfahrung zu beschreiben. Mit dieser Erfahrung geht häufig Heilung einher. Ich glaube weder, daß Gott eine unpersönliche Kraft ist, noch daß die Menschen ein göttliches Wesen haben oder irgendwann einmal zu Gott werden.

5 Leon Morris, *The Gospel According To John* (Grand Rapids, MI: William B. Eerdmans, 1971), Seite 496.

6 Ebd., Seite 497.

7 Alan Anderson, »How the Mind Heals«, *Psychology Today* (December 1982), Seite 51.

8 O. Carl Simonton, Stephanie Matthews-Simonton und James Creighton, *Wieder gesund werden* (Rowohlt Verlag, Reinbek, 1982), und William A. Nolen, *Healing: A Doctor In Search Of A Miracle* (New York: Random House, 1974).

9 *The Sword Of The Spirit Newsletter* (Januar 1986), Seite 6.

10 Paul Reisser, »Implications of the Holistic Medicine Movement«, SCP *Journal* (August 1978), Seite 32.

11 David C. Needham, *Birthright* (Portland, OR: Multnomah Press, 1979), Seite 88.

12 D. Marty Lloyd-Jones, *The Cross* (Eastbourne: Kingsway Publications, 1986) Seite 179.

13 David W. Torrance and Thomas F. Torrance, eds., *Calvin's Commentaries*, St John 1-10 (Edinburgh: St Andrew Press, 1974), Seite 119.

14 Lloyd-Jones, *The Cross*, Seite 184-195.

15 Needham, *Birthright*, Seite 61.

Kapitel 5

1 Da mit dem Begriff »innere Heilung«, der in vielen Büchern verwandt wird, die unterschiedlichsten Vorstellungen verbunden sind und da ich den meisten dieser Vorstellungen nicht zustimme, gehe ich in diesem Kapitel mit dem Begriff sehr vorsichtig um und gebrauche ihn nur an wenigen Stellen. In vielen Fällen basiert der Begriff der »inneren Heilung« auf Vorstellungen über Formung und Prägung der menschlichen Persönlichkeit, die aus der säkularen Psychologie stammen. An den Punkten, wo diese Sichtweise der biblischen Lehre widerspricht, muß sie unmißverständlich zurückgewiesen werden.

2 David Seamands, *Healing For Damaged Emotions* (Wheaton, IL: Victor Books, 1981), Seite 7.

3 Michael Scanlan, *Inner Healing* (New York: Paulist Press, 1974), Seite 9.

4 Rita Bennett, *How To Pray For Inner Healing For Yourself And Others* (Old Tappan, NJ: Fleming H. Revell, 1984), Seite 25.

5 Karen Horney, *Our Inner Conflicts* (London: Routledge, 1946).

6 Zum Thema Inzest unter konservativen Christen berichtet Dr. Vincent E. Gil in seinem Vortrag unter der Überschrift »In Thy Father's House: Incest in Conservative Christian Homes«, gehalten anläßlich des achtundzwanzigsten Jahrestreffens der Society for the Scientific Study of Sex, San Diego, Kalifornien, 19.-22. September 1985: »Trotz strenger Tabus und religiöser Sanktionen gegen derartige Praktiken erreichen uns aus solchen Familien immer mehr Berichte über interfamiliären sexuellen Kindesmißbrauch.« Aus meiner eigenen Erfahrung kann ich sagen, daß ich in den vergangenen Jahren vermehrt von Menschen gehört habe, die, obwohl sie in einer christlichen Familie aufgewachsen sind, in ihrer Kindheit Inzest erlebt haben. Ob dies ein Anzeichen dafür ist, daß Inzest häufiger vorkommt oder daß einfach eine größere Offenheit besteht, von diesen Erfahrungen zu sprechen, vermag ich nicht zu beurteilen. Paul Vitz, Professor der Psychologie an der New Yorker Universität, sagte im Juni 1985 in einer Unterhaltung mit meinem Mitautor Kevin Springer, daß heute, auf die Gesamtbevölkerung gesehen, die Zahl der Fälle von Inzest sehr viel höher sei, als es die Psychologen in der Vergangenheit angenommen haben.

7 Theodore Elliott Dobson, *Inner Healing: God's Great Assurance* (New York: Paulist Press, 1978), Seite 125.

8 Scanlan, *Inner Healing*, Seite 52.

9 Francis MacNutt, *Die Kraft zu heilen* (Ernst Franz Verlag, Metzingen, 1976), Seite 116.

10 Bennett, *How To Pray For Inner Healing For Yourself And Others*, Seite 26.

11 Agnes Sanford, *The Healing Gifts Of The Spirit* (Philadelphia: Trumpet Books, 1966), Seite 48.

12 William Barclay, *The Daily Study Bible: The Letters Of James And Peter*, Revised Edition (Edinburgh: The St Andrews Press, 1976), Seite 46.

13 Scanlan, *Inner Healing*, Seiten 17-19.

14 S. Scott and B. Alexander, »Inner Healing«, *SCP Journal* (April 1980), Seite 15.

15 Scanlan, *Inner Healing*, Seite 51.

16 W. Penfield, »Memory Mechanism«, *American Medical Association Archives Of Neurology And Psychiatry*, 67 (1952), Seiten 178-198.

17 Dobson, *Inner Healing: God's Assurance*, Seite 130.

18 Scanlan, *Inner Healing*, Seite 49.

19 Ebd., Seiten 29, 49.

20 Selbst Herodes hätte eine Summe in dieser Höhe nicht aufbringen können; die gesamten Kriegsreparationen, die 180 v. Chr. an Rom gezahlt werden mußten, betrugen nur einige hundert Talente; diese Summe war von Antiochus III. zu entrichten, der Herrscher über Palästina, Babylonien und Syrien war.

Kapitel 6

1 Randy Frame, »Putting Satan's Work into Perspective«, *Christianity Today* (18. April 1986), Seiten 30-32.

2   Wir Menschen im Westen leben in einer Zeit, in der der Glaube an den Teufel und an Dämonen im Schwinden, der Glaube an das Übernatürliche dagegen im Kommen zu sein scheint. Oberflächlich betrachtet widersprechen sich diese beiden Trends, tatsächlich aber beschreiben sie eine nicht zu übersehende kulturelle Strömung und das, was heute viele Menschen unter Spiritualität verstehen. Der moderne Glaube an das Übernatürliche löst sich immer mehr von seinen christlichen Wurzeln; Bewegungen wie Scientology, Forum (schon länger bestehend), Lifespring, Transzendentale Meditation, Silva Mind Control und Parapsychologie stellen sich selbst als eine Mischung aus Wissenschaft und Metaphysik dar. Ich glaube, daß diese sogenannten »New Age«-Bewegungen östlichen Religionen, Okkultismus und direktem dämonischen Wirken als Einfallstore in die westliche Kultur dienen. Diese Bewegungen führen die Menschen zu übernatürlichen Erfahrungen, verschweigen aber, daß hinter diesen Erfahrungen zerstörerische Kräfte stehen, die ungeheure Macht haben: böse Geister. So besteht also einerseits eine viel größere Offenheit für übernatürliche Erfahrungen, andererseits jedoch Unwissenheit darüber, daß hinter diesen Erfahrungen Satan und Dämonen stehen.

3   C. S. Lewis, *Dienstanweisung für einen Unterteufel* (Herder-Verlag, Freiburg, 1975), Seiten 33-34.

4   Jeffrey Burton Russell, *Satan: The Early Christian Tradition* (Ithaca, NY: Cornell University Press, 1981), Seite 221. Die frühe Kirche glaubte auch nach Abschluß des biblischen Kanons an die Existenz Satans und der Dämonen. Cyprian zum Beispiel, Bischof der nordafrikanischen Stadt Karthago (250-258), nahm die Welt der Dämonen sehr ernst. In seiner Abhandlung *On The Vanity Of Idols* beschreibt er, wie gewisse Magier falscher Religionen von Dämonen besessen waren:
»Diese Geister lauern unter den Statuen und geweihten Bildern: sie erfüllen die Brust ihrer Propheten mit ihrer Inspiration, beleben das Gewebe ihrer Eingeweide, lenken den Flug der Vögel, haben in der Hand, wie das Los fällt, machen Orakel wirksam, vermischen ständig Wahrheit mit Irrtum, denn sie sind selbst betrogen und betrügen andere; sie bringen Unruhe in das Leben der Menschen und stören den Schlaf; die Geister dringen auch in den Körper ein und versetzen heimlich die Gedanken in Schrecken, verzerren die Glieder, zerstören die Gesundheit, erregen Krankheiten, um zu erzwingen, daß sie angebetet werden, damit die Propheten, wenn sie vom Rauch der Altäre umwölkt sind und in der Fülle der Opfertiere fast verschwinden, das lösen, was sie vorher gebunden haben, und auf diese Weise scheinbar Heilungen vollbringen.« (Cyprian, *Treatise*, 6.7, *The Ante-Nicene Fathers*, Band 5, Grand Rapids, MI: William B. Eerdmans, 1975, Seite 465.)
Der auch in Karthago lebende Tertullian (ca.160-ca.220) lehrte, daß hinter vielen Problemen der Menschen Dämonen stehen:
»Ihr Ziel ist es, die Menschheit zu zerstören; der Geist des Bösen war von Anfang an darauf gerichtet, den Menschen zu vernichten. Dämonen plagen daher den menschlichen Körper mit Krankheiten und anderen bitteren Leiden, die Seele aber mit plötzlichen und außergewöhnlichen Gewaltausbrüchen.« (Tertullian, APOLOGY, Defferari, Joseph, ed., *The Fathers Of The Church*, Band 10, [Washington DC: The Catholic University of America Press], Seite 69.)
Russell verfolgte die Entwicklung der Vorstellung des Bösen im christlichen Denken bis zum fünften Jahrhundert und stellt fest, daß »im fünften Jahrhundert die Hauptströme der Tradition bereits festlagen« (S.5).
Alle protestantischen Reformatoren glaubten, daß sich die Menschheit in einem Kampf mit Satan und den Dämonen befindet. Calvin zum Beispiel schrieb in seiner *Institutio*:
»Auch daß der Satan immer wieder Gottes und unser Feind genannt wird, muß uns zum ständigen Kampf wider ihn treiben . . . Wenn wir, wie es sich gebührt, mutig für Christi Reich eintreten wollen, so müssen wir gegen den unversöhnlich kämpfen, der es niederzureißen trachtet . . . Alles in allem: was Christus von ihm sagt (Joh. 8,44), daß er von Anfang an ein Mörder und Lügner sei, erfahren wir in allen seinen Taten. Denn mit Lügen kämpft er wider Gottes Wahrheit, er verdunkelt das Licht mit Finsternis, verwickelt den Sinn der Menschen in Irrtum, erregt Haß, Streit und Krieg — alles zu dem Zweck, Gottes Reich zu stürzen und die Menschen mit sich in das ewige Verderben zu ziehen. So steht fest, daß er selbst ein verkehrtes, böses und boshaf-

tes Wesen ist. Ein Geist, der ganz darauf gerichtet ist, wider Gottes Ehre und der Menschen Heil zu kämpfen, muß durch und durch verkehrt sein. Das meint auch Johannes, wenn er schreibt (1. Joh. 3,8): ›Der Teufel sündiget von Anfang.‹ Er ist selbst Quell, Führer und Bereiter aller Sünde und Bosheit.« (Johannes Calvin, *Unterricht in der christlichen Religion*, übers. von D. E. F. K. Müller, Verlag der Buchhandlung des Erziehungsvereins, Neukirchen, Kreis Moers, Seite 75).

5 Russell, *Satan*, Seite 225.

6 Michael Scanlan und Randell J. Cirner, *Und erlöse uns von dem Bösen* (Styria Verlag, Köln, 1983), Seiten 20-21.

7 Siehe John Wimber und Kevin Springer, *Vollmächtige Evangelisation* (Projektion J Verlag, Hochheim, 1986), Kapitel 1-2.

8 C. S. Lewis, *Dienstanweisung für einen Unterteufel*, Herder-Verlag, Freiburg, 1975 (Dies findet sich nicht im Vorwort der deutschen Ausgabe.)

9 Origenes, *The Fundamental Doctrines*, in *The Faith of The Early Fathers* (Collegeville, MN: The Liturgical Press, ed. Jurgens, W.A.), Seite 192.

10 C. S. Lewis, siehe Anm. 8 (Dies findet sich nicht im Vorwort der deutschen Ausgabe.)

11 Scanlan und Cirner, *Und befreie uns von dem Bösen*, Seite 32.

12 Merrill F. Unger, *Demons In The World Today* (Wheaton, IL: Tyndale House Publishers, 1971), Seite 113.

13 Ausführlichere Kriterien für stark Gebundene siehe auch John L. Nevius, *Demon Possession* (Grand Rapids, MI: Kregel Publications, 1968), Seiten 45-59; John Warwick Montgomery, ed., *Demon Possession* (Minneapolis, MN: Bethany Fellowship, 1976), Seite 224; Kurt Koch, *Demonology, Past And Present* (Grand Rapids, MI: Kregel Publications, 1973), Seiten 136-147; und Merill F. Unger, *Demons in the World Today*, Seiten 102-108. Das römisch-katholische Missale nennt vier Zeichen, an denen man Besessenheit erkennen kann:

1. Kenntnis einer Sprache, die vorher nicht bekannt war;
2. Kenntnis verborgener oder geheimer Dinge;
3. Erweise übermenschlicher Kraft;
4. Aversion gegen alles, was mit Gott zusammenhängt.

14 John Warwick Montgomery, ed., *Demon Possession*, Seiten 225-226.

15 Dom Robert Petitpierre, OSB, ed., *Exorcism* (London: SPCK, 1972), Seiten 18-19.

16 Scanlan und Cirner, *Und erlöse uns*, Seite 67.

17 Ebd., Seite 69.

Kapitel 7

1 Siehe auch John Wilkinson, *Health And Healing* (Edinburgh: The Handsel Press, 1980), Seiten 21, 85, 103. Wilkinson schreibt:

»Die Spärlichkeit der Erwähnung von Gesundheit und Heilung in den Briefen ist angesichts der Tatsache, daß diese Schriften ein Drittel des Neuen Testamentes ausmachen, sehr interessant. Einige, aber nicht alle Hinweise sprechen von denselben Ereignissen, die auch in der Apostelgeschichte berichtet werden; aber man kann nicht umhin anzuerkennen, daß die Briefe, wenn man sie mit der Apostelgeschichte vergleicht, ein geringeres Interesse an Gesundheit und Heilung zeigen als jene, wobei die Apostelgeschichte ihrerseits schon weniger von Heilung spricht als die Evangelien. Man kann argumentieren, daß sich der Charakter eines Briefes von dem eines chronologischen Berichtes wie dem der Apostelgeschichte unterscheidet und nicht in gleicher Weise dazu geeignet ist, Ereignisse wie Heilungen zu erwähnen. Die paulinischen Briefe behandeln größtenteils Probleme, in denen sich die Christen der jeweiligen Gemeinde an Paulus gewandt und ihn um Rat gebeten haben; da in den Briefen Heilung nur beiläufig erwähnt wird, können wir nicht anders als annehmen, daß Heilung damals kein Problem war« (Seite 103). J. Sidlow Baxter schreibt in *Divine Healing Of The Body* (Grand Rapids, MI: Zondervan, 1979):

»Was fällt uns als erstes auf? Ist es nicht die Tatsache, daß körperliche Heilung (in den Briefen) nur an *sehr wenigen Stellen* erwähnt wird? Ja man könnte sogar sagen, daß es enttäuschend wenige sind. Wir wollen es einmal anders nennen: es ist die vergleichsweise geringe Wichtigkeit, die *Gott* diesem Thema beimißt. Wir wollen davon ausgehen, daß die Tatsache der geringen Erwähnung darauf hinweist, daß dieses Thema gegenüber den Hauptaussagen der neutestamentlichen Briefe nur eine vergleichsweise geringe Bedeutung hat.

Ich weise darauf hin, daß ich es eine *vergleichsweise* geringe Bedeutung nenne. Für sich selbst genommen ist dieses Thema wichtig genug, so wie viele andere wichtige Fragen, denen auch nur wenige Sätze der Bibel gewidmet sind; aber *relativ* betrachtet, das heißt, verglichen mit den großen geistlichen und ewigen Aussagen, die das Zentrum der christlichen Botschaft ausmachen, ist körperliche Heilung eher eine Nebensache von geringerer Bedeutung.

Die spärliche Erwähnung dieses Themas in den Briefen steht in scharfem Gegensatz zu der Fülle von Wundern und Heilungen, von denen in den Evangelien und der Apostelgeschichte berichtet wird. Wir wollen uns vor Augen halten, daß es die neutestamentlichen *Briefe* sind und nicht die Evangelien oder die Apostelgeschichte, die insbesondere an die ganze Kirche, an die jeweiligen Gemeinden und an einzelne Christen gerichtet sind. Und es sind die Briefe, die ausschließlich der Besitz der Kirche sind; sie enthalten die Lehre, die spezifisch ›kirchlich‹ ist; sie offenbaren, in welcher besonderen Weise der Herr Vorsorge für seine Kirche getroffen hat; sie setzen die Norm für das Leben der Gemeinden, für die Gemeinschaft, das Zeugnis und die Erfahrung in diesem Zeitalter...« (S. 157).

Ich möchte Baxter an zwei Punkten widersprechen. Ich stimme mit ihm überein, daß die neutestamentlichen Briefe an die Kirche gerichtet sind, aber das trifft auch für das Matthäus- und Johannesevangelium zu. Das Matthäusevangelium ist als Handbuch für die Kirche gedacht (daher die thematische Anordnung der Reden Jesu), und das Johannesevangelium hat wahrscheinlich mehr zum Ziel, den Glauben derer zu stärken, die bereits Christen sind, als Ungläubige zum Glauben zu führen. Markus ist eine Ansammlung von Berichten, die Petrus der Gemeinde in Rom weitergab. Wie in Kapitel 7 bereits dargestellt, setzen die Briefe die Evangelien als grundlegende Lehre der Kirche voraus. Außerdem sind die Briefe in keiner Weise systematisch (selbst der Römerbrief nicht), sondern ihre Themen werden von anstehenden Problemen und Fragen bestimmt. Daher werden die angesprochenen Themen nicht systematisch ausgewählt. Themen, die in der frühen Kirche keine Probleme darstellten, werden sehr selten in den Briefen behandelt. Daher unser Problem unter anderem mit der Taufe und dem Abendmahl. Wenn es bei den Korinthern nicht Auseinandersetzungen zur Frage des Abendmahles gegeben hätte, hätten wir wahrscheinlich nie erfahren, wie die von Paulus gegründeten Gemeinden Abendmahl feierten. In Anbetracht dieser beiden Faktoren sagt die Tatsache, wie ausführlich ein bestimmtes Thema in den Briefen behandelt wird, nichts darüber aus, welche Bedeutung die jeweilige Frage für das Leben der Kirche hat.

In Baxters Abhandlung folgt als nächstes eine Betrachtung der fünf Abschnitte, die in den Briefen von göttlicher Heilung sprechen. Sein Schluß sieht folgendermaßen aus:

»Auch wenn die heute verbreitete Lehre über göttliche Heilung nach meinem Dafürhalten vielfach auf einer falschen Auslegung der Schrift basiert, bleibt die Tatsache doch bestehen, daß das Neue Testament genügend Aussagen macht, aus denen erkennbar wird, daß es auch heute noch, zumindest in den Ortsgemeinden, einen Heilungsdienst für den Leib Christi geben sollte. Wie wir gesehen haben, gibt es (1) eine klare Verheißung der Heilung als Folge des Glaubens; (2) ist bei der Verleihung der ›Gaben‹ des Geistes an die Gläubigen eindeutig Heilung miteingeschlossen; (3) wird eindeutig berichtet, daß das Volk des Herrn in jener Zeit der frühen Kirche solche Heilungen erlebte... Ja, auch die Kirche heute soll göttliche Heilungen erfahren« (S. 180).

2   Zu besonderem Dank bin ich Dr. Paul Reisser, einem Arzt aus Thousand Oaks, Kalifornien, verpflichtet, dessen Kommentare mir beim Schreiben dieses Teiles sehr hilfreich waren. Siehe auch: Morton T. Kelsey, *Healing And Christianity* (London: SCM Press, 1973), Seiten 69-79. Wilkinson teilt in *Health And Healing*, Seiten 24-25, die Störungen in folgende Gruppen auf: (1) körperliche Erkrankungen; darunter fallen (a) akute und (b) chronische Krankheiten; (2) dämonische Gebundenheit; darunter fallen (a) Störungen, bei denen bestimmte körperliche Erscheinungen auftreten, und (b) Störungen, in denen keine besonderen körperlichen Erscheinungen auftreten.

3   Paul Reisser, »Implications of the Holistic Medicine Movement«, *SCP Journal* (August 1978), Seite 33.

4   Es sei extra darauf hingewiesen, daß keiner aus dem Team Denis Metzker dazu anregte, Bilder zu haben; diese Möglichkeit wurde nicht erwähnt; auch hatte keiner geäußert, daß die Bilder und Worte, die er sah, in sich selbst schon Heilungskraft besitzen würden. Es wurde hier nicht die okkulte Methode der »Visualisation« eingesetzt. Die Heilung geschah, weil der Heilige Geist Gottes Gnade in Denis Metzkers Herz ausgoß, und nicht etwa, weil den Worten und Bildern, die er sah, eine Kraft innewohnte.

5   Gerald C. Davison and John M. Neale, *Abnormal Psychology: An Experimental Clinical Approach* (New York: John Wiley and Sons, Inc., 3 1982), Seiten 70-72. Siehe auch James C. Coleman, James N. Butcher and Robert C. Carson, *Abnormal Psychology And Modern Life* (Glenview, IL: Scott, Foresman and Company, 7 1984), Seite 231.

6   Wilkinson, Seite 25.

7   Siehe meinen Kommentar zum Gebrauch der Begriffe »Elektrizität« und »Energie« in Anmerkung 4, Kapitel 4.

8   Francis MacNutt, *Heilendes Gebet* (Ernst Franz Verlag, Metzingen, 1984), Seite 144.

Kapitel 8

1   Es könnte sein, daß Timotheus' Beschwerden daher rührten, daß er keinen Wein trank. Daß Paulus ein Gelübde ablegte, ist bekannt; Timotheus enthielt sich aus denselben oder aus ähnlichen Gründen des Weines. Die Griechen und die Israeliten glaubten, es sei ungesund, sowohl Wasser als auch Wein unvermischt zu trinken. »Wasser allein ist schlecht, und Wein allein ist schlecht, aber vermischt (ein Teil Wein und zwei Teile Wasser) ergibt es einen göttlichen Trunk.« So rät Paulus hier also nicht so sehr zu dem Gebrauch von Medizin als vielmehr zu gesunden Eßgewohnheiten.

2   Das griechische Wort, das hier mit »krank« übersetzt ist (*asthenounta*), bedeutet an anderen Stellen auch schwach im Glauben (Röm. 4,19), schwach bezüglich Fragen der Erkenntnis (1. Kor. 8,11), dann wird es fast mit sündig gleichgestellt (Röm. 5,6; Hebr. 4,15), oder es bedeutet innere Schwachheit (Gal. 4,9) oder Armut (Apg. 20,35). Alle Übersetzer stimmen überein, daß in 2. Timotheus 4,20 die richtige Übersetzung »krank« ist. Siehe Gustav Stählin, »*Asthenes*«, *Theological Dictionary of The New Testament*, Band 1 (Grand Rapids, MI: William B. Eerdmans, 1964), Seiten 490-493.

3   Vermutungen über Paulus' Krankheit in Galater 4,13-14 sollte man nicht mit Vermutungen über den »Stachel im Fleisch« in 1. Korinther 12,7-10 vermischen. Zu meinem Kommentar über Paulus' »Stachel im Fleisch« siehe Anmerkung 15, Kapitel 1.

4   Viele Theologen glauben, daß Paulus' »Stachel im Fleisch« irgendeine Krankheit war. Die Bibel gibt keine Antwort auf diese Frage. Ich glaube nicht, daß es sich um eine Krankheit handelte. Zu meiner Argumentation siehe Anmerkung 15, Kapitel 1. Den entgegengesetzten Standpunkt vertritt zum Beispiel John Wilkinson, in *Health And Healing* (Edinburgh: The Handsel Press, 1980), Kapitel 11.

5   Einige Theologen meinen, daß die Krankheit dieser Männer darauf zurückzuführen sei, daß sie gesündigt haben. Sie kommen zu dieser Aussage, weil sie glauben, daß in Jesu Sühnetod auch Heilung zu finden ist und daß uns Heilung in gleicher Weise zusteht wie Erlösung — d. h. sofort und automatisch. Wenn ein Kranker nicht geheilt wird, gibt es, so folgern sie, nur einen Grund dafür: Sünde im Leben des Kranken, insbesondere mangelnder Glaube. In derselben Weise erklärten Hiobs Freunde dessen Leiden, doch tadelte Gott sie deswegen sehr hart (Hiob 13,7).

6   R. A. Torrey, *Divine Healing* (Grand Rapids, MI: Baker Book House, 1974), Seite 53.

7   Daß Jesu Sühnetod Heilung nicht mit einschließt, lehren zum Beispiel Trevor Martin, *Kingdom Healing* (London: Marshalls, 1981) und Gordon D. Fee, *The Disease Of The Health and Wealth Gospel* (Costa Mesa, CA: The Word for Today, 1979). Als Vertreter der Gruppe, die lehrt, daß der Sühnetod Heilung mit einschließt, seien genannt John P. Baker, *Salvation and Wholeness:*

The Biblical Perspectives of Healing (London: Fountain Trust, 1973), T. J. McCrossan, edited by Roy Hicks and Kenneth E. Hagin, *Bodily Healing And The Atonement* (Tulsa, OK: Taith Library Publications, 1982) und Hugh Jeter, *By His Stripes* (Springfield, MO: Gospel Publishing House, 1977).

8 J. Sidlow Baxter, *Divine Healing of the Body* (Grand Rapids, MI: Zondervan, 1979), Seite 137.
9 Colin Brown, *That You May Believe* (Grand Rapids, MI: William B. Eerdmans, 1985), Seite 200.
10 Ebd., Seiten 202-203.
11 Baxter, *Divine Healing Of The Body*, Seite 133.
12 Donald Gee, *Trophismus I Left Sick* (London: Elim Publishing Co., 1952), Seiten 21-22.
13 Ebd., Seite 26.
14 Ebd., Seiten 27, 29.
15 Ebd., Seite 27.
16 Siehe John Wimber und Kevin Springer, *Vollmächtige Evangelisation* (Projektion J Verlag, Hochheim, 1986), Kapitel 1.
17 Ebd., Kapitel 3.
18 Aus einem unveröffentlichten Manuskript von Samuel Southard, Fuller Seminary, 1984. Meine Überlegungen zum Dienst an Sterbenden und Hinterbliebenen verdanke ich zum großen Teil Samuel Southard.
19 Samuel Southard empfielt, unsere Gebete für die Kranken aufzuschreiben oder wirkungsvolle Gebete anderer Menschen zu gebrauchen. Unser Gebet schriftlich zu hinterlassen, kann für die, die wir besucht haben, eine große Hilfe bedeuten. Zwei ausgezeichnete Sammlungen von Gebeten sind: Ernest A. Payne and Stephen F. Winward, eds., *Orders And Prayers For Church Worship* (London: The Baptist Union, 1972), und Catherine Marshall, ed., *The Prayers Of Peter Marshall* (New York: McGraw-Hill Book Company, nd.).

Kapitel 9

1 In der folgenden kurzen Zusammenfassung will ich mit wenigen Sätzen beschreiben, in welcher Weise sie den Heilungsdienst ausführen, und will einige wenige Vertreter nennen. Ein Wort der Vorsicht, was die Aufteilung dieser Gruppen betrifft: Diese Aufteilung soll nicht eine Gruppe scharf von der anderen trennen. Viele Vertreter ließen sich in mehreren Gruppen nennen. Ich unterscheide fünf Modelle:

1. *Das Modell der Pfingstler*: Die Pfingstler waren in unserer Zeit die Pioniere der göttlichen Heilung; sie stellen die Gruppe dar, die im 20. Jahrhundert mit dem größten Erfolg für Kranke betet; zu den Pfingstlern zählen weltweit 59 000 000 Mitglieder, so berichtet es David Barrett in *The World Christian Encyclopedia* (Nairobi: Oxford University Press, 1982). Erweckungsprediger oder Evangelisten sind meistens auch diejenigen, die für Heilung beten; die meisten Heilungen geschehen in Großversammlungen. Große Bedeutung wird der Verbindung von Heilung und Evangelisation beigemessen; dies erklärt auch das explosive Wachstum der Pfingstkirchen in diesem Jahrhundert. In den letzten siebzig Jahren hat es ungefähr fünfzig bekannte pfingstlerische Heilungsevangelisten gegeben. Zu den Hauptvertretern heute zählen Oral Roberts, Kenneth Copeland und Morris Cerullo.

2. *Das liturgisch-sakramentale Modell*: Dies ist die Art des Heilungsdienstes, die vor allem in der anglikanischen und der katholischen Kirche praktiziert wird. Wie der Ausdruck schon sagt, sind die Hauptelemente, durch die Heilung weitergegeben wird, der priesterliche Dienst und die Sakramente, insbesondere das Sakrament der Eucharistie, der Beichte und der Krankensalbung. Der Heilungsdienst beschränkt sich im wesentlichen auf die offiziellen Gottesdienste. Hauptvertreter sind Morris Maddocks, anglikanischer Bischof von Selby, England, und F. Edward McDonough, katholischer Priester von Roxbury, Massachusetts.

3. *Das Modell der Neu-Pfingstler*: Die Vertreter dieses Modells sehen sich selbst als Heiler und als Lehrer, die andere zum Heilungsdienst anleiten. Es wird Nachdruck auf die Entstehung von Heilungsteams gelegt, der Heilungsdienst soll nicht in erster Linie von einzelnen Heilungsevangelisten abhängig sein. Heilungen finden meistens innerhalb gemeindlicher Situationen statt, wie zum Beispiel Heilungsretraiten, besonderer Tagungen, Gemeindeveranstaltungen und in den Häusern der Gemeindemitglieder. Gebet ist das wichtigste Mittel der Heilung; daher ist es wichtig, zu lernen, wie man wirkungsvoll beten kann. Innere Heilung geht der körperlichen Heilung oft voraus. Hauptvertreter sind Francis MacNutt, Ralph A. DiOrio, Michael Scanlan und Leanne Payne.

4. *Das Befreiungsmodell der Pfingstler*: Dieses Modell betont besonders Evangelisation und Befreiungsdienst, der in Heilungsveranstaltungen von einem Evangelisten durchgeführt wird. Nur in begrenztem Maße werden andere zu diesem Befreiungsdienst angeleitet. Zu den Hauptvertretern gehören Gordon Lindsey, ein Evangelist aus der Pfingstkirche, der in den 50er und 60er Jahren wirkte, T. L. Osborn, Lester Sumrall, Kenneth Hagin und Derek Prince.

5. *Das psychologisch-geistliche Modell oder das Modell der inneren Heilung*: Dieses Modell betont Heilung der Erinnerungen, Verletzungen aus der Vergangenheit, Bitterkeit und Schuld, all der Dinge, die im Unterbewußtsein verborgen sind. Beim Heilungsprozeß spielen folgende Elemente eine Rolle: Worte der Erkenntnis, Seelsorge, Glaubens-Imagination und Rollenspiel. Hauptvertreter sind Dennis und Matthew Linn, Ruth Carter Stapleton, David Seamands, Barbara Pursey, John Hampsch und John und Paula Sandford.

Fast jedes dieser Modelle bot mir Einsicht in Aspekte göttlicher Heilung, aber ich fand nur bei wenigen Autoren Anregungen für ein Modell, das man als Werkzeug benutzen kann, um andere zum Heilungsdienst anzuleiten. Die meisten Bücher hatten zum Ziel, den Leser davon zu überzeugen, daß Gott auch heute noch heilen kann und daß er dies fast ausschließlich durch einige wenige Menschen tut, die die Gabe der Heilung haben. Nur die Bücher von Francis MacNutt, Dennis und Rita Bennett und Michael Scanlan machten eine Ausnahme. Doch waren diese wiederum nicht auf dem Hintergrund des evangelikalen Protestantismus geschrieben, welcher die Tradition ist, in der ich stehe. Zu den Büchern der genannten Autoren gehören: Francis MacNutt, *Die Kraft zu heilen und beauftragt zu heilen*; Michael Scanlan, *Inner Healing* und (zusammen mit Randall J. Cirner) *Und erlöse uns von dem Bösen*; und Rita Bennett, *How To Pray For Inner Healing For Yourself And Others*. Aus diesen Büchern habe ich zwar viel gelernt, doch weitaus wichtiger waren Bibelstudium und eigene Erfahrung.

2   Jackie Pullinger, *Licht im Vorhof der Hölle* (Verlag Schulte und Gerth, Aßlar, 1982).

3   John Wilkinson, *Health And Healing* (Edinburgh: The Handsel Press, 1980), Seiten 9 und 1.

4   Dies gehört zu den Themen meines ersten Buches *Vollmächtige Evangelisation* (Projektion J Verlag, Hochheim, 1986).

Kapitel 10

1   Howard A. Snyder and Daniel V. Runyon, *The Divided Flame* (Grand Rapids, MI: Zondervan, 1986), Seiten 101-108.

2   Anhang D beinhaltet eine sozialanthropologische Studie über Worte der Erkenntnis.

Kapitel 12

1   John Wesley, *The Works Of John Wesley*, Band 1 (Peabody, MA: Hendrickson Publishers), Seite 190.

2   Jonathan Edwards, *The Works Of Jonathan Edwards*, Band 2 (Edinburgh: The Banner of Truth Trust, 1975), Seite 260.

3 Ebd., Seite 271.

4 Dieses Material stammt größtenteils aus einem unveröffentlichten Vortrag John Whites, den er im Februar 1986 auf der *Church Growth Leadership And The Kingdom Of God In The '90s Konferenz* in Anaheim, Kalifornien, hielt. Gebrauch mit Erlaubnis.

5 *The Sword Of The Spirit Newsletter* (January 1986), Seiten 6-7.

6 John Wimber und Kevin Springer (Projektion J Verlag, Hochheim, 1986), Kapitel 2.

Anhang D

* Anmerkung des Autors: Auf der Konferenz in Sheffield 1985 hatte ich keine Kenntnis davon, daß Dr. Lewis eine Studie durchführte. Ich war Dr. Lewis bisher weder begegnet, noch hatte ich von ihm gehört. Als ich dann später seine Studie las, fand ich die Ergebnisse bemerkenswert genug, um sie in diesem Buch mitzuveröffentlichen. Ich möchte Dr. Lewis für seine freundliche Genehmigung danken, seine Studie dem Buch anfügen zu dürfen.

1 Auf der Konferenz, die 1984 in London stattfand, wurde ein Fragebogen verteilt, der von Douglas G.T. McBain des Manna Ministry Trust, London, und von C. E. Fryer, Pastor der Ilfracombe Baptist Church, Devon, ausgewertet wurde. Die Ergebnisse zeigten die Selbsteinschätzung der Teilnehmer hinsichtlich ihrer Konfessionszugehörigkeit: Anglikaner (42,5 %), Baptisten (25,5 %), house churches (16 %), Pfingstler (4 %) und Evangelikale (3,5 %). Eine Restgruppe von 8,5 % wurde in dem unveröffentlichten Bericht als »Andere, einschließlich katholisch« bezeichnet.

2 Francis MacNutt, *Die Kraft zu heilen* (Ernst Franz Verlag, Metzingen, 1976).

3 Im *European Journal Of Parapsychology*, Band 5 (1985), Seiten 327-371, ist ein zweiteiliger Artikel von Hendrik G. Boerenkamp veröffentlicht, mit dem Titel »A Study of Paranormal Impressions of Psychics«. Es wurde eine Gruppe von vierzehn Medien, sechs männlich und acht weiblich, untersucht (zwei schieden allerdings nach der ersten Sitzungsserie aus); jedes Medium hatte die Erlaubnis, in der gewohnten Weise zu wirken — zu Hause, unter Benutzung von »inductors« (Gegenständen, die der Person gehören oder mit ihr in Verbindung stehen, über die das Medium etwas in Erfahrung zu bringen sucht); auch wurde ihnen gewährt, auf ihre Aussagen hin von den Verantwortlichen der Untersuchung das jeweils nötige Feedback zu bekommen. Alle Sitzungen wurden auf Band aufgenommen. Die Ergebnisse besagten, daß auf etwa zehn Prozent der Aussagen der Medien das Kriterum »nicht mit Mitteln der Vernunft zu erklären« zutraf, doch nur auf eine von zehn solcher Antworten traf das Kriterium des »hohen Grades von Übereinstimmung« zwischen Aussage und Realität zu. Der Bericht sagt jedoch auch, daß das eine Prozent der »unerklärlichen« und »wahren« Aussagen immer noch ausreichend durch Zufall erklärt werden könne (Seiten 365-366).

4 Dr. Alan Gauld, in einem persönlichen Gespräch. Dr. Gauld ist Dozent der Psychologie an der Nottingham University und Autor des Buches *Mediumship And Survival: A Century Of Explorations* (London: W. Heineman Ltd, 1983). Ein allgemeiner, einführender Artikel über Medien findet sich in: Rosalind Heywood, *Man Myth And Magic*, Band 4 (London: Purnell, 1970), Seiten 1781-1789. Eine ausführlichere Einleitung findet sich in den ersten Kapiteln von D. J. West, *Psychical Research Today* (Harmondsworth: Penguin Books Ltd, 1962).

5 Von diesem Vorfall berichtet auch David Pychtes auf den Seiten 101-102 seines Buches *Come, Holy Spirit* (London: Hodder and Stoughton, 1985). Wimbers eigene Wiedergabe findet sich auf den Seiten 43-45 in *Vollmächtige Evangelisation* (Projektion J Verlag, Hochheim, 1986).

6 Die klassischen Pionierstudien über außersinnliche Wahrnehmung wurden von J.B. Rhine, Professor der Psychologie an der Duke University, durchgeführt; er war der erste, der bei der Erforschung dieser Phänomene Methoden der Statistik anwandte. Details finden sich in J. B. Rhine, *The Reach Of The Mind* (London: Faber and Faber Ltd, 1948). Weitere Untersuchungen zu außersinnlichen Wahrnehmungen finden sich in J. B. Rhine and J. G. Pratt, *Parapsychology* (Springfield, IL: Charles C. Thomas, 1957); siehe auch S. G. Soal and F. Bateman, *Modern Experiments In Telepathy* (London: Faber and Faber Ltd, 1954).

Beispiele hoher Prozentzahlen richtiger Antworten in telepathischen Experimenten sind 2 923 von 11 000 oder 466 von 1 600, wobei die »immanente Prozentzahl« (nachdem sie u.a. mit Hilfe statistischer Wahrscheinlichkeitsrechnung an die Diskrepanzen angepaßt wurde) in diesen Fällen 8,2 Prozent beziehungsweise 11,4 Prozent beträgt (Soal and Bateman, Seite 313). Es sei bemerkt, daß Personen, an denen das Phänomen der außersinnlichen Wahrnehmung erforscht wurde — selbst wenn sie in einzelnen Fällen sehr bemerkenswerte Ergebnisse erzielten (z. B. 270 von 950, wobei die Rate der »Zufallstreffer« 190 betragen würde) —, früher oder später ihre Fähigkeit verloren (D. J. West, *Psychical Research Today*, Seiten 133, 147-148).

7 Die Analogie zwischen Telepathie und Radiowellen findet sich in einer der Pionierstudien der Telepathie: Upton Sinclair, *Mental Radio* (New York: Collier-Macmillan, 1971). Viele gehen in ihren Denkmodellen zur Telepathie immer noch von der »Radioanalogie« aus; da es über die Phänomene der außersinnlichen Wahrnehmung bisher nur sehr wenig Wissen gibt, stellt diese Analogie nach wie vor ein mögliches Arbeitsmodell dar, das man vielleicht eines Tages zur Seite legen kann, wenn neue Fakten bekannt werden.

8 Apg. 2,13-16. Ins Detail gehende Beschreibungen dieser Erscheinungen, wie sie John Wesley berichtet, werden zitiert in Wimber, *Vollmächtige Evangelisation* (Projektion J Verlag, Hochheim, 1986), Seite 36.

9 Diese Beobachtung von Rechts- und Linkshändern verdanke ich Rev. Nigel Wright, dem Pfarrer der Lytham St Annes Baptist Church.

10 Rev. Michael Caddick, in einem persönlichen Gespräch. Er erklärte mir auch, daß das hebräische Wort *kabod*, das mit »Herrlichkeit« übersetzt wird, seinem Ursprung nach »Gewicht« oder »Substanz« heißt. Siehe auch Alan Richardson, ed., *A Theological Word Book Of The Bible* (London: SCM, 1950), Seite 175.

11 Diese siebzig Prozent schließen die vorher genannten Fälle (30% direkte Veränderung, 10% nach zweimaligem Beten) mit ein. Von hundert Kranken, für die gebetet wurde, hat sich also bei über 70% eine Veränderung bemerkbar gemacht, in unterschiedlichem Grad und nach unterschiedlicher Zeit.

12 Rex Gardner, *FRCOG*, Geburtshelfer und Gynäkologe, hielt als Präsident der Newcastle and Northern Counties Medical Society eine Rede vor dieser Gesellschaft, veröffentlicht im *British Medical Journal* (Band 287, 24.-31.Dezember 1983, Seiten 1927-1933); sie hatte den Titel »Miracles of healing in Anglo-Celtic Northumbria as recorded by the Venerable Bede and his contemporaries: a reappraisal in the light of twentieth-century experience« (Heilungswunder im anglo-keltischen Northumbria, berichtet von dem Ehrwürdigen Bede und seinen Zeitgenossen: eine Neubewertung im Lichte der Erfahrungen des zwanzigsten Jahrhunderts). Gardner vergleicht Wunder, die dem heiligen Cuthbert von Lindisfarne und dessen Zeitgenossen zugesprochen werden, mit gut dokumentierten medizinischen Krankheitsgeschichten aus dem zwanzigsten Jahrhundert; diese gleichen in vielen Details jenen, die im siebzehnten Jahrhundert niedergeschrieben wurden. Trotz ausführlicher und detaillierter medizinischer Beweise und der Diagnose von vier Fachärzten, die nach wie vor nicht an der Korrektheit ihrer Diagnose zweifeln, stellen diejenigen, die nicht erklären können, wie das Auge eines Menschen nach dem Gebet geheilt wurde (wozu die herkömmliche Medizin nicht in der Lage war), die Korrektheit der ärztlichen Diagnosen in Frage. Gardner zieht den Schluß, daß »es selbst in einem Fall, der bestens dokumentiert ist, wo Patient und Ärzte bereit sind, sich allen Fragen zu stellen, und wo man die medizinischen Berichte überprüfen kann, praktisch unmöglich ist, eine Wunderheilung zu beweisen« (Seite 1929).

Aus diesen Gründen versuche ich hier nicht, mich ausführlicher mit den medizinischen Faktoren der Heilungen zu beschäftigen, die außerhalb meiner beruflichen Kompetenz als Sozialanthropologe liegen, noch dazu, wo selbst medizinische Experten in manchen Fällen nicht zu einer einheitlichen Aussage gelangen. Ich kann mich nur Gardners Aussagen anschließen; er schließt seinen ausführlichen Bericht von sieben Krankheitsgeschichten, die auch »Wunder«-Heilungen miteinschließen, mit der Beobachtung, daß »nicht versucht wurde zu beweisen, daß tatsächlich Wunder geschehen sind; solch ein Beweis ist auch praktisch unmöglich. Der Zusatz ›Wunder‹ ist jedoch eine erlaubte Abkürzung für eine sonst fast unerklärbare Heilung, die nach dem Gebet zu Gott eintritt und dem Herrn Jesus Christus Ehre bringt« (S. 1932).

Bibliographie

Alexander, William Menzies. *Demonic Possession In The New Testament.* Grand Rapids, MI: Baker Book House, 1980.

Backus, William, und Chapian, Marie. *Befreiende Wahrheit.* Projektion J Verlag GmbH, Hochheim, 1983.

Baker, John P. *Salvation And Wholeness: The Biblical Perspectives Of Healing.* London: Fountain Trust, 1973.

Basham, Don. *Befreie uns vom Bösen.* Ernst Franz Verlag, Metzingen, 1983.

Baxter, J. Sidlow. *Divine Healing Of The Body.* Grand Rapids, MI: Zondervan, 1979.

Baylay, Joseph. *The View From A Hearse.* Elgin, IL: David C. Cook, 1977.

Bennett, Dennis und Rita. *Die Trinität des Menschen.* Leuchter Verlag, Erzhausen, 1980.

Bennett, Rita. *How To Pray For Inner Healing For Yourself And Others.* Old Tappan, NJ: Fleming H. Revell, 1984.

Berkouwer, G. C. *Man: The Image Of God.* Grand Rapids, MI: William B. Eerdmans, 1962.

Bogg, Wade. *Faith Healing And The Christian Faith.* Richmond, VA: John Knox Press, 1956.

Bounds, Edward M. *Satan: His Personality, Power, and Overthrow.* Grand Rapids, MI: Baker Book House, 1972.

Brown, Colin. *That You May Believe.* Grand Rapids, MI: Eerdmans, 1985.

Bubeck, Mark I. *Overcoming The Adversary.* Chicago, IL: Moody Press, 1984.

Camus, Albert. *Die Pest.* Rowohlt Verlag, Reinbek, 1950.

DiOrio, Ralph A. *Called To Heal.* Garden City, New York: Doubleday, 1982.

Dobson, Theodore Elliot. *Inner Healing: God's Great Assurance.* New York, Paulist Press, 1978.

East, Reginald. *Heal The Sick.* London: Hodder and Stoughton, 1978.

England, Edward, ed. David Watson. *A Portrait By His Friends.* Crowborough: Highland Books, 1985.

Fee, Gordon D. *The Disease Of The Health And Wealth Gospels.* Costas Mesa, CA: The Word for Today, 1979.

Gee, Donald. *Concerning Spiritual Gifts.* Springfield, MO: Gospel Publishing House, 1972.

Ghezzi, Bert, and Mark Kinzer. *Emotions As Resources.* Ann Arbor, MI: Servant Books, 1983.

idem. *Facing Your Feelings.* Ann Arbor, MI: Servant Books, 1983.

Glennon, Jim. *Your Healing Is Within You.* London: Hodder and Stoughton, 1978.

idem. *How Can I Find Healing?* London: Hodder and Stoughton, 1984.

Gordon, A. J. *The Ministry Of Healing: Miracles Of Cure In All Ages.* Harrisburg, PA: Christian Publications, 1882.

Green, Michael. *I Believe in Satan's Downfall.* Grand Rapids, MI: William B. Eerdmans, 1981.

Groothuis, Douglas R. *Unmasking The New Age.* Downers Grove, IL: InterVarsity Press, 1986.

Hagin, Kenneth E. *Die Salbung.* Wort des Glaubens, München, 1986.

Harper, Michael. *Erleuchtete Augen im Kampfe des Glaubens.* Fliß-Verlag, Hamburg, 1984.

Hunt, Dave, and T. A. McMahan. *The Seduction Of Christianity.* Eugene, OR: Harvest House Publishers, 1985.

Jeter, Hugh. *By His Stripes.* Springfield, MO: Gospel Publishing House, 1977.

Judisch, Douglas. *An Evaluation of Claims To The Charismatic Gifts.* Grand Rapids, MI: Baker Book House, 1978.

Kallas, James. *Jesus And The Power Of Satan*. Philadelphia, PA: Westminster Press, 1968.
idem. *The Real Satan*. Minneapolis, MN: Augsburg Publishing House, 1975.
Kelsey, Morton T. *Christianity As Psychology*. Minneapolis, MN: Augsburg Publishing House, 1986.
idem. *Healing & Christianity*. London: SCM Press, 1973.
Koch, Kurt E. *Between Christ And Satan*. Grand Rapids, MI: Kregel Publications, 1961.
idem. *Geistesgaben*. Bibel- und Schriftenmission Dr. Kurt Koch, Aglasterhausen, 1974.
idem. *Seelsorge und Okkultismus*. Bibel- und Schriftenmission Dr. Kurt Koch, Aglasterhausen, 1953.
idem. *Demonology, Past And Present*. Grand Rapids, MI: Kregel Publications, 1973.
idem. *Okkultes Abc*. Bibel- und Schriftenmission Dr. Kurt Koch, Aglasterhausen, 1984.
Krailsheimer, A. J., trans. *Pascal Pensees*. Harmondsworth: Penguin Books, 1976.
Kreeft, Peter. *Making Sense Out Of Suffering*. Ann Arbor, MI: Servant Books, 1986.
idem. *Occult Bondage And Deliverance*. Grand Rapids, MI: Kregel Publications, nd.
Kuhlman, Kathryn. *Ich glaube an Wunder*. Fix Verlag, Schorndorf, 1978.
Langton, G. Edwards. *Essentials Of Demonology: A Study Of Jewish And Christian Doctrine, Its Origin And Development*. London: The Epworth Press, 1949.
Lawrence, Roy. *Christian Healing Rediscovered*. Downers Grove, IL: InterVarsity Press, 1980.
Levitt, Zola and John Weldon. *Psychic Healing*. Chicago, IL: Moody Press, 1982.
Lewis, C. S. *Über den Schmerz*. Kösel-Verlag, München, 1978.
Linn, Dennis and Matthew Linn. *Deliverance Prayer*. New York, Paulist Press, 1981.
idem. *Beschädigtes Leben heilen*. Styria Verlag, Köln, 1981.
Lloyd-Jones, C. Martyn. *The Cross*. Eastbourne: Kingsway Publications, 1986.
Machen, J. Gresham. *The Christian View Of Man*. London: The Banner of Truth Trust, 1937.
MacNutt, Francis. *Die Kraft zu heilen*. Ernst Franz Verlag, Metzingen, 1976.
idem. *Beauftragt zu heilen*. Ernst Franz Verlag, Metzingen, 1979.
idem. *Heilendes Gebet*. Ernst Franz Verlag, Metzingen, 1984.
Maddocks, Morris. *The Christian Healing Ministry*. London: SPCK, 1981.
Martin, George. *Healing: Reflections On The Gospel*. Ann Arbor, MI: Servant Books, 1977.
Martin, Trevor. *Kingdom Healing*. London: Marshalls, 1981.
McCrossman, T. J., edited by Roy Hicks and Kenneth E. Hagin. *Bodily Healing And The Atonement*. Tulsa, OK: Faith Library Publications, 1982.
Montgomery, John Warwick, ed. *Demon Possession*. Minneapolis, MN, Bethany Fellowship, 1976.
Needham, David C. *Birthright*. Portland, OR: Multnomah Press, 1983.
Nevius, John L. *Demon Possession*. Grand Rapids, MI: Kregel Publications, 1968.
Newport, John P. *Demons, Demons, Demons*. Nashville, TN: Broadman Press, 1972.
Nolen, William A. *Healing: A Doctor In Search Of A Miracle*. New York, Random House, 1974.
Payne, Leanne. *Real Presence*. Westchester, IL: Crossway Books, 1979.
Petitpierre, Dom Robert, ed. *Exorcism*. London, SPCK, 1972.
Pytches, David. *Come Holy Spirit*. (dtsch. Titel liegt noch nicht fest) Fix-Verlag 1987.
Reisser, Paul C., Teri K. Reisser, and John Weldon. *The Holistic Healers*. Downers Grove, IL: InterVarsity Press, 1983.
Roberts, Alexander and James Donaldson, eds. *The Ante-Nicene Fathers*. Grand Rapids, MI: William B. Eerdmans Publishing Company, 1973.
Russell, Jeffrey Burton. *The Devil. Perceptions Of Evil From Antiquity To Primitive Christianity*. Ithaca, NY: Cornell University Press, 1977.
idem. *Satan: Early Christian Tradition*. Ithaca, NY: Cornell University Press, 1981.
Sandford, John and Paula. *Healing The Wounded Spirit*. South Plainfield, NJ: Bridge Publishing, 1985.
idem. *The Transformation Of The Inner Man*. South Plainfield, NJ: Bridge Publishing, 1982.
Sanford, Agnes. *The Healing Power Of The Bible*. Philadelphia, PA: A. J. Holman Company, 1969.
idem. *Heilendes Licht*. Verlag Michael Claren, Lüdenscheid, 1978.
idem. *The Healing Gifts Of The Spirit*. Philadelphia: Trumpet Books, 1966.

Scanlan, Michael. *Inner Healing*. New York: Paulist Press, 1974.
idem. *Let The Fire Fall*. Ann Arbor, MI: Servant Books, 1986.
idem. *The Power Of Penance, Confession And The Holy Spirit*. Notre Dame, IN: Ave Maria Press.
Scanlan, Michael, und Randall J. Cirner. *Und erlöse uns von dem Bösen*. Styria Verlag, Köln, 1983.
Seamands, David A. *Healing For Damaged Emotions*. Wheaton, IL: Victor Books, 1981.
idem. *Healing of Memories*. Wheaton, IL: Victor Books, 1985.
idem. *Putting Away Childish Things*. Wheaton, IL: Victor Books, 1982.
Seeberg, Reinhold. *Lehrbuch der Dogmengeschichte*. Wissenschaftliche Buchgesellschaft, 1922, vergriffen.
Seybold, Klaus, und Ulrich B. Mueller. *Krankheit und Heilung*. Kohlhammer, Stuttgart, 1978.
Shiels, W. J. *The Church And Healing*. Oxford: The Ecclesiastical History Society, 1982.
Shlemon, Barbara Leahy. *Heilendes Gebet*. Ernst Franz Verlag, Metzingen, 1984.
Simonton, O. Carl, Stephanie Matthews-Simonton und James Creighton. *Wieder gesund werden*. Rowohlt Verlag, Reinbek, 1982.
Simpson, A. B. *Frohe Botschaft — Heilung für dich*. Fliß Verlag, Hamburg, 1986.
Sipley, Richard M. *Understanding Divine Healing*. Wheaton, IL: Victor Books, 1986.
Snyder, Howard A., and Daniel V. Runyon. *The Divides Flame*. Grand Rapids, MI: Zondervan Publishing House, 1986.
Stapleton, Ruth Carter. *The Gift Of Inner Healing*. Waco, TX: Word, 1976.
Synan, Vinson. *In The Latter Days*. Ann Arbor, MI: Servant Books, 1984.
Tapscott, Betty. *Innere Heilung*. Leuchter Verlag, Erzhausen, 1979.
Thomas, W. Ian. *Christus in euch, Dynamik des Lebens*. Hänssler Verlag, Neuhausen, Stuttgart, 1972.
Torrey, R. A. *Divine Healing*. Grand Rapids, MI: Baker Book House, 1974.
idem. *I Talk Back To The Devil*. Harrisburg, PA: Christian Publications, 1972.
Unger, Merrill F. *The Baptizing Work Of The Holy Spirit*. Grand Rapids: Zondervan Publishing House, 1964.
idem. *Biblical Demonology*. Wheaton, IL: Scripture Press, 1952.
idem. *Demons In The World Today*. Wheaton, IL: Tyndale House Publishers, 1971.
idem. *What Demons Can Do To Saints*. Chicago, IL: Moody Press, 1977.
Vitz, Paul. *Psychology As Religion*. Tring, Lion Publishing, 1981.
Wallace, C. H. *Witchcraft In The World Today*. New York: Board Books, 1967.
Watson, David. *Fear No Evil*. London: Hodder and Stoughton, 1984.
Wilkinson, John. *Health & Healing*. Edinburgh: The Handsel Press, 1980.
Wimber, John, und Kevin Springer. *Vollmächtige Evangelisation*. Projektion J Verlag, Hochheim, 1986.
Wink, Walter. *Naming The Powers: The Language Of Power In The New Testament*. Philadelphia, PA: Fortress Press, 1984.
Wise, Robert L. *Healing Of The Past*. Oklahoma City, OK: Presbyterian and Reformed Renewal Ministries International, 1984.
Wolff, Hans Walter. *Anthropologie des Alten Testamentes*. Chr. Kaiser Verlag, München, 1984.